Mitarbeiterbeteiligungen
im Venture Capital

Europäische Hochschulschriften Recht

European University Studies in Law

Publications Universitaires Européennes de Droit

Band/Volume 6753

Finn Hohenschwert

# Mitarbeiterbeteiligungen im Venture Capital

## Regulatorischer Rahmen und Rechtsfragen der Vertragsgestaltung unter steuer- und gesellschaftsrechtlichen Gesichtspunkten

PETER LANG

Lausanne - Berlin - Bruxelles - Chennai - New York - Oxford

**Bibliografische Information der Deutschen Nationalbibliothek**
Die Deutsche Nationalbibliothek verzeichnet diese Publikation in der Deutschen Nationalbibliografie; detaillierte bibliografische Daten sind im Internet über http://dnb.d-nb.de abrufbar.

Zugl.: Hamburg, Bucerius Law School, Diss., 2023

H 360
ISSN 0531-7312
ISBN 978-3-631-90584-5 (Print)
E-ISBN 978-3-631-90651-4 (E-PDF)
E-ISBN 978-3-631-90652-1 (EPUB)
DOI 10.3726/b21075



Verlegt durch:
Peter Lang GmbH, Berlin, Deutschland

info@peterlang.com http://www.peterlang.com/

*Meinem Vater*

# Vorwort

Die vorliegende Arbeit wurde am 15. Dezember 2022 durch die Bucerius Law School – Hochschule für Rechtswissenschaft – in Hamburg, als Dissertation angenommen. Die mündliche Prüfung fand am 1. März 2023 statt. Gesetzgebung, Rechtsprechung und Literatur wurden bis zum 3. Mai 2023 berücksichtigt.

Die Arbeit wäre ohne die Unterstützung einer Reihe von Personen nicht möglich gewesen, denen ich zu Dank verpflichtet bin.

Für die Betreuung und Förderung danke ich zunächst meinem Doktorvater Herrn Prof. Dr. Thilo Kuntz LL.M. (University of Chicago), der mir jede Freiheit gelassen hat und doch stets gesprächsbereit war, wenn ich ihn um Rat ersuchte. Frau Prof. Dr. Birgit Weitemeyer danke ich für die zügige Erstellung des Zweitgutachtens.

Herrn Rechtsanwalt Dr. Jens Wolf von Taylor Wessing danke ich herzlich für die Anregung des Themas und die Vermittlung der für diese Arbeit wichtigen Praxiserfahrung im Venture Capital. Mein Dank gilt seinem gesamten Team für die freundliche Unterstützung und wertvollen Gespräche über mein Dissertationsthema.

Meinen Freunden, die mich während meines Promotionsvorhabens in vielfältiger Art und Weise motiviert und mir Rückhalt gegeben haben, danke ich ebenso. Hervorheben möchte ich Herrn Dr. Lukas Vossen für seine stets erhellenden Ratschläge und die kritische Durchsicht meiner Arbeit.

Nicht entstanden wäre die Arbeit schließlich ohne die Unterstützung meiner Familie. Am schwersten in Worte zu fassen ist der Dank an meinen Vater, der während meines Promotionsvorhabens verstarb. Er hat mich nicht nur bei der Erstellung dieser Arbeit bedingungslos unterstützt, sondern mir darüber hinaus in jedweder Hinsicht ein wunderschönes Leben ermöglicht. Ohne ihn hätte ich meinen Weg so nicht gehen können. Ihm sei diese Arbeit daher gewidmet.

*Finn Hohenschwert* Hamburg, im Mai 2023

# Inhaltsverzeichnis

# Abkürzungsverzeichnis

| | |
|---|---|
| a.A. | anderer Auffassung/Ansicht |
| ABl. | Amtsblatt |
| Abs. | Absatz |
| Abschn. | Abschnitt |
| a.F. | alte Fassung |
| AG | Aktiengesellschaft; Amtsgericht; Die Aktiengesellschaft (Zeitschrift) |
| AGB | Allgemeine Geschäftsbedingungen |
| AGP | Arbeitsgemeinschaft Partnerschaft in der Wirtschaft e.V. |
| AktG | Aktiengesetz |
| AO | Abgabenordnung |
| ArbRB | Arbeits-Rechtsberater |
| Art. | Artikel |
| Aufl. | Auflage |
| BAG | Bundesarbeitsgericht |
| BayObLG | Bayerisches Oberstes Landesgericht |
| BB | Der Betriebs-Berater |
| BBiG | Berufsbildungsgesetz |
| BeckOK | Beck'scher Online-Kommentar |
| Beschl. | Beschluss |
| BewG | Bewertungsgesetz |
| BFH | Bundesfinanzhof |
| BFH/NV | Sammlung der (bis 1997 amtlich nicht veröffentlichten) Entscheidungen des Bundesfinanzhofs |
| BGB | Bürgerliches Gesetzbuch |
| BGBl. | Bundesgesetzblatt |
| BGH | Bundesgerichtshof |
| BMF | Bundesministerium der Finanzen |
| BMWi | Bundesministerium für Wirtschaft und Klimaschutz (vorher: Bundesministerium für Wirtschaft und Energie) |
| BStBl. | Bundessteuerblatt |
| BT-Drucks. | Bundestag-Drucksache |
| BVerfG | Bundesverfassungsgericht |

| | |
|---|---|
| bzw. | beziehungsweise |
| CDU | Christlich Demokratische Union Deutschlands |
| CSU | Christlich Soziale Union in Bayern |
| DB | Der Betrieb |
| Ders. | Derselbe |
| Dies. | Dieselben |
| DiRUG | Gesetz zur Umsetzung der Digitalisierungsrichtlinie |
| Diss. | Dissertation |
| DrittelbG | Gesetz über die Drittelbeteiligung der Arbeitnehmer im Aufsichtsrat |
| DStR | Deutsches Steuerrecht |
| DStR-Beih | Deutsches Steuerrecht-Beiheft |
| DStRE | Deutsches Steuerrecht – Entscheidungsdienst |
| DStRK | Deutsches Steuerrecht – kurzgefasst |
| EG | Europäische Gemeinschaft; Einführungsgesetz |
| ErbStG | Erbschaftsteuer- und Schenkungsteuergesetz |
| ErfK | Erfurter Kommentar zum Arbeitsrecht |
| ESOP | Employee Stock Option Plan (Akronym) |
| EStB | Der Ertragsteuerberater |
| EStG | Einkommensteuergesetz |
| etc. | et cetera |
| EU | Europäische Union |
| EUR | Euro |
| e.V. | eingetragener Verein |
| Fb. | Formularbuch |
| FDP | Freie Demokratische Partei |
| f. | folgende |
| ff. | fortfolgende |
| FG | Finanzgericht |
| Fn. | Fußnote |
| FoStoG | Fondsstandortgesetz |
| FR | Finanz-Rundschau |
| GBP | Britische Pfund |
| GbR | Gesellschaft bürgerlichen Rechts |
| GewStG | Gewerbesteuergesetz |
| GG | Grundgesetz |
| ggf. | gegebenenfalls |
| GmbH | Gesellschaft mit beschränkter Haftung |

| | |
|---|---|
| GmbHG | Gesetz betreffend die Gesellschaften mit beschränkter Haftung |
| GmbHR | GmbH-Rundschau |
| GmbH-StB | Der GmbH-Steuerberater |
| Großkomm. | Großkommentar |
| GWR | Gesellschafts- und Wirtschaftsrecht |
| Habil. | Habilitation |
| Hdb. | Handbuch |
| HGB | Handelsgesetzbuch |
| h.L. | herrschende Lehre |
| h.M. | herrschende Meinung |
| Hs. | Halbsatz |
| IAB | Institut für Arbeitsmarkt- und Berufsforschung |
| IAW | Institut für Angewandte Wirtschaftsforschung |
| IPO | Initial Public Offering |
| i.S.v. | im Sinne von |
| i.V.m. | in Verbindung mit |
| KAGB | Kapitalanlagegesetzbuch |
| KG | Kommanditgesellschaft |
| KÖSDI | Kölner Steuerdialog |
| KStG | Körperschaftsteuergesetz |
| KWG | Kreditwesengesetz |
| lit. | litera (Buchstabe) |
| LSK | Leitsatzkartei des deutschen Rechts |
| LStDV | Lohnsteuer-Durchführungsverordnung |
| M&A | Mergers and Acquisitions |
| MitbestG | Gesetz über die Mitbestimmung der Arbeitnehmer |
| MINT | Mathematik, Informatik, Naturwissenschaften, Technologie (Akronym) |
| MittAB | Mitteilungen aus der Arbeitsmarkt- und Berufsforschung |
| MoMiG | Gesetz zur Modernisierung des GmbH-Rechts und zur Bekämpfung von Missbräuchen |
| MüKo | Münchener Kommentar |
| NJOZ | Neue Juristische Online-Zeitschrift |
| NJW | Neue Juristische Wochenschrift |
| NJW-RR | Neue Juristische Wochenschrift Rechtsprechungs-Report |
| Nr. | Nummer |

| | |
|---|---|
| NVwZ | Neue Zeitschrift für Verwaltungsrecht |
| NZA | Neue Zeitschrift für Arbeitsrecht |
| NZG | Neue Zeitschrift für Gesellschaftsrecht |
| OLG | Oberlandesgericht |
| PE | Private Equity |
| Rn. | Randnummer |
| RNotZ | Rheinische Notar-Zeitschrift |
| Rz. | Randziffer |
| S. | Seite |
| SGB IV | Viertes Buch Sozialgesetzbuch |
| SPD | Sozialdemokratische Partei Deutschlands |
| StB | Der Steuerberater |
| StEntlG | Steuerentlastungsgesetz |
| stRspr. | Ständige Rechtsprechung |
| sog. | sogenannte/r/s |
| SWK | Stichwortkommentar |
| TVG | Tarifvertragsgesetz |
| Tz. | Textziffer |
| TzBfG | Teilzeit- und Befristungsgesetz |
| u. | und |
| UG (haftungsbeschränkt) | Unternehmergesellschaft (haftungsbeschränkt) |
| unveröff. | unveröffentlicht |
| Urt. | Urteil |
| US | United States |
| USA | United States of America |
| USD | United States Dollar |
| v. | von; vom |
| Var. | Variante |
| VC | Venture Capital |
| VermBG | Vermögensbildungsgesetz |
| vgl. | vergleiche |
| VSOP | Virtual Stock Ownership Plan (Akronym) |
| WM | Zeitschrift für Wirtschafts- und Bankrecht |
| z.B. | zum Beispiel |
| ZEV | Zeitschrift für Erbrecht und Vermögensnachfolge |
| ZGR | Zeitschrift für Unternehmens- und Gesellschaftsrecht |
| ZHR | Zeitschrift für das gesamte Handelsrecht |
| Ziff. | Ziffer |

| | |
|---|---|
| ZIP | Zeitschrift für Wirtschaftsrecht |
| ZPO | Zivilprozessordnung |
| ZRP | Zeitschrift für Rechtspolitik |
| zzgl. | zuzüglich |

# Einleitung

## A. Thematischer Einstieg

Im Umfeld mittelständischer Betriebe und etablierter Großkonzerne sind Mitarbeiterbeteiligungen ein beliebtes Mittel, um Mitarbeiter bei der Verrichtung ihrer Arbeit zusätzlich zu motivieren.[1] Mit Belegschaftsaktien, stillen Beteiligungen, Boni, Tantiemen und unzähligen weiteren Gestaltungsformen hat sich im dortigen Umfeld über Jahrzehnte hinweg eine rege Beteiligungskultur entwickelt. Bemerkenswerterweise gilt dies nicht für den zukunftsweisenden Wirtschaftszweig junger, innovativer Wachstumsunternehmen („Start-ups").[2] Im Gegensatz zu den bereits etablierten Unternehmen verfügen Start-ups nicht über die notwendige Liquidität, um hohe Festgehälter zu zahlen.[3] Durch die Aussicht auf eine spätere finanzielle Beteiligung am Wertzuwachs der Gesellschaft könnten sie diesen systematischen Nachteil kompensieren. Hierzulande hindern jedoch gesellschafts- und steuerrechtliche Vorgaben Start-ups an der praktischen Einführung von Mitarbeiterbeteiligungen. Junge Unternehmen laufen dadurch Gefahr, im internationalen Wettstreit um qualifizierte Fachkräfte den Anschluss zu verlieren und ihr Wachstumspotential nicht voll auszuschöpfen. Vor diesem Hintergrund hat sich eine gesellschaftspolitische Diskussion über die Notwendigkeit besserer Rahmenbedingungen für Mitarbeiterbeteiligungen entwickelt.[4] Gleichwohl bleiben die bisherigen Änderungen auf legislativer Ebene deutlich hinter den Erwartungen der Praxis zurück.[5]

---

1 *Lowitzsch*, Verbreitung der Mitarbeiterkapitalbeteiligung in Deutschland und Europa, S. 79–88; *Waschbusch/Sendel-Müller*, StB 2020, 41 ff.

2 *Lowitzsch*, Verbreitung der Mitarbeiterkapitalbeteiligung in Deutschland und Europa, S. 89 ff.; *Sieg*, NZA 2015, 784, 785.

3 *Bank/Möllmann*, VC Agreements in Germany, Rn. 418; *Weitnauer*, Hdb Venture Capital, Teil F Rn. 126.

4 Über 700 Start-ups fordern im Rahmen der Initiative *Not Optional* die europäischen Gesetzgeber in einem offenen Brief dazu auf, bessere Voraussetzungen für Mitarbeiterbeteiligungen in Start-ups zu schaffen (Link zur Initiative: http://www.notoptional.eu). Hierzulande setzt sich insbesondere der *Bundesverband Deutsche Startups e.V.* mit seiner Kampagne *ESOPasap* für eine Überarbeitung des Rechtsrahmens ein (Link zur Kampagne: https://startupverband.de/presse/pressemitteilungen/esopasap--wie-bessere-rahmenbedingungen-fuer-mitarbeiterbeteiligungen-innovation-und-wachstum-foerdern-22-06-2020/).

5 *Waschbusch/Beyer/Sendel-Müller*, StB 2020, 41, 43 ff. Dazu umfassend im 4. Teil A. I.

Bei einem internationalen Vergleich der regulatorischen Rahmenbedingungen von Mitarbeiterbeteiligungen in Start-ups belegt Deutschland einer jüngeren Studie zufolge nur den vorletzten Platz.[6] Trotz dieses Befundes ist der Thematik in der rechtswissenschaftlichen Forschung bisweilen nicht die ihr gebührende Aufmerksamkeit geschenkt worden.[7]

## B. Untersuchungsgegenstand

### I. Forschungsziel und Gang der Untersuchung

Die vorliegende Untersuchung verfolgt das Ziel, die eingangs benannte Forschungslücke zu schließen. Dazu vermittelt der *1. Teil* zunächst Grundlagen zu Mitarbeiterbeteiligungen einerseits und dem Venture Capital andererseits. Sodann wird verdeutlicht, wie eine Verknüpfung beider Bereiche Synergieeffekte entstehen lässt.

Bisweilen können Mitarbeiterbeteiligungen im Venture Capital weder auf eine jahrzehntelange verlässliche Rechtsanwendung noch eine umfassende Behandlung im Schrifttum zurückblicken. Letzterem wirkt der *2. Teil* der Untersuchung durch eine Darstellung der drei in diesem besonderen Umfeld gängigen Beteiligungsformen entgegen. Der Schwerpunkt liegt hier auf der Behandlung gesellschafts- und steuerrechtlicher Gestaltungsfragen. Dabei werden erste Defizite der gegenwärtigen Gesetzeslage deutlich.

Im *3. Teil* erfolgt dann der Einstieg in Detailfragen zu einzelnen Regelungen in den Vertragswerken. Hier werden die Gestaltungsziele der verschiedenen Parteien herausgearbeitet und auf ihre rechtliche Umsetzbarkeit hin überprüft. In diesem Zusammenhang findet auch eine kritische Würdigung neuer Vertragsklauseln aus der jüngeren Beteiligungspraxis statt. Ein weiteres Ziel besteht darin, die Vertragsbeziehungen als ein wechselseitiges System aus Anreizmechanismus einerseits und der Kontrolle und Bindung der begünstigten Mitarbeiter andererseits darzustellen.

Nachdem der aktuelle Stand der hiesigen Beteiligungspraxis feststeht, richtet sich der Blick im *4. Teil* in die Zukunft. Zunächst werden die jüngsten legislativen Verbesserungsversuche durch das Fondsstandortgesetz einer kritischen Würdigung unterzogen. Darauf aufbauend erfolgt die Erarbeitung eigener Reformvorschläge. Hierbei fließen auch die Erkenntnisse aus dem 2. und 3. Teil

---

6 *Index Ventures*, Rewarding Talent: A Guide to Stock Options for European Entrepreneurs, 2018, Country by Country Review.

7 Dazu sogleich unter B. II.

der Untersuchung ein. Der Arbeit liegt die Prämisse zugrunde, dass die gegenwärtigen rechtlichen Rahmenbedingungen in Deutschland nicht ausreichen, um Start-ups diejenigen Beteiligungsformen zu ermöglichen, die nötig wären, um auf dem globalen Arbeitsmarkt um bestqualifiziertes Personal zu konkurrieren. Mit diesem Teil der Untersuchung wird ein eigener innovativer Beitrag zur aktuellen gesellschaftspolitischen Diskussion über die Verbesserung der Rahmenbedingungen für Mitarbeiterbeteiligungen in deutschen Start-ups geleistet.

## II. Stand der Forschung

Die Behandlung von Mitarbeiterbeteiligungen im Venture Capital war bisher kaum Gegenstand umfassender rechtswissenschaftlicher Arbeiten. *Dorothee Erttmann* untersuchte zwar die Beteiligung von Mitarbeitern unter besonderer Beachtung von jungen Unternehmen der Technologiebranche.[8] Indes beschränkt sie ihre Forschung auf das Gesellschaftsrecht, steuerrechtliche Fragestellungen werden nicht vertieft behandelt. Auch liegt die Veröffentlichung der Arbeit über ein Jahrzehnt zurück, womit neuere Beteiligungsmodelle und Vertragsklauseln aus diesem dynamischen Wirtschaftszweig keine Berücksichtigung finden.

Etwaige Fragestellungen rund um Mitarbeiterbeteiligungen im Allgemeinen, das heißt ohne die Einbeziehung der Besonderheiten des Venture Capital, wurden häufiger behandelt. Hier ist die Dissertation von *Bettina Otto* hervorzuheben, in der sie die Rahmenbedingungen von Mitarbeiterbeteiligungen rechtsvergleichend untersucht.[9] Daneben befassen sich zahlreiche Praxisratgeber mit der Einführung von Mitarbeiterbeteiligungsmodellen in Betrieben. Hervorzuheben ist das Handbuch von *Florian Holzner, Felix Mantke und Roman Stenzel*, ebenfalls mit Schwerpunkt auf gesellschafts- und steuerrechtlichen Fragen.[10] Ganz überwiegend behandeln die bislang veröffentlichten Arbeiten eine etwaige Beteiligung von Mitarbeitern allerdings nur auf Ebene des Managements.

---

8 *Erttmann, Dorothee*: Die Beteiligung von Mitarbeitern am Stammkapital einer GmbH, Diss. Münster 2005.

9 *Otto, Bettina*: Mitarbeiterbeteiligung in Deutschland, Österreich und Großbritannien, Diss. Berlin 2011.

10 *Holzner, Florian/Mantke, Felix/Stenzel, Roman*: Handbuch Managementbeteiligung: Rechtliche und steuerliche Gestaltungen sowie regulatorische Rahmenbedingungen, München 2017.

Zudem werden die Chancen, die sich durch eine Finanzierung mit Venture Capital ergeben, entweder gar nicht oder nur am Rande thematisiert.

Darüber hinaus gibt es einige Arbeiten, die sich mit juristischen Fragestellungen rund um das Venture Capital auseinandersetzen.[11] Im Fokus dieser Werke stehen indes die Beteiligungsverträge zwischen den Wagniskapitalgebern, den Start-ups und dessen Altgesellschaftern. Eine Untersuchung von Mitarbeiterbeteiligungsverträgen spielte bislang allenfalls eine untergeordnete Rolle. Die Verknüpfung von Mitarbeiterbeteiligungen und Venture Capital erfolgte bereits in einzelnen Fachzeitschriftsaufsätzen, wobei vereinzelt auch erste Reformvorschläge diskutiert wurden.[12] Dem Umstand geschuldet, dass es sich nur um kurze Beiträge handelt, vermitteln diese nur eine überblickartige Zusammenfassung einzelner Mitarbeiterbeteiligungsmodelle, Reformvorschläge wurden nur im Ansatz diskutiert.

## III. Themenbegrenzung

### *1. Mitarbeiterbeteiligung als Querschnittsmaterie*

Insgesamt erstreckt sich der Regelungsbedarf bei der Ausgestaltung von Mitarbeiterbeteiligungen auf das Schuld-, Gesellschafts-, Steuer-, Bilanz-, Kapitalmarkt-, Arbeits-, und Sozialversicherungsrecht.[13] Der Untersuchungsgegenstand stellt damit eine Querschnittsmaterie zahlreicher Rechtsgebiete dar. Um den Rahmen einer Dissertation nicht zu sprengen, muss eine Begrenzung des Untersuchungsgegenstands vorgenommen werden.

Wegen ihrer besonders spürbaren Auswirkungen auf die beteiligten Parteien, liegt der Schwerpunkt überwiegend auf steuer- und gesellschaftsrechtlichen, in Teilen aber auch arbeitsrechtlichen Fragestellungen. Die Darstellung

---

11 *Bank, Stephan/Möllmann, Peter*: Venture Capital Agreements in Germany, München 2017; *Brehm, Christian*: Das Venture Capital Vertragswerk, Diss. Passau 2011; *Kuntz, Thilo*, Gestaltung von Kapitalgesellschaften zwischen Freiheit und Zwang: Venture Capital in Deutschland und den USA, Habil. Tübingen 2016; *Weitnauer, Wolfgang*, Handbuch Venture Capital, München 2019; *Winkler*, *Christoph*, Rechtsfragen der Venture Capital-Finanzierung, Diss. Berlin 2004; *Ziegert, Nicholas*, Der Venture Capital-Beteiligungsvertrag, Diss. Freiburg 2004.

12 Genannt seien hier exemplarisch: *Grisar/Zantopp*, DStR 2020, 1768 ff.; *Kuntz/Engelhardt*, ZGR 2021, 348 ff.; *Sieg*, NZA 2015, 784 ff.; *Wagner*, DStR 2000, 1707 ff.; *Walter*, ZRP 2019, 227 ff.

13 *Rödding/Brinkmann/Fischer* in: Lüdicke/Sistermann, Unternehmenssteuerrecht, § 14 Rn. 146.

und anschließende Bewertung einzelner Gestaltungsfragen erfolgt dabei nicht ausschließlich aus einer rein juristischen Betrachtungsweise. Zum Verständnis der Steuerungswirkung einzelner Abreden müssen zwingend ökonomische Aspekte berücksichtigt werden.[14] Das ergibt sich schon aus der Natur von Mitarbeiterbeteiligungen in Start-ups als Substitut für niedrige Festgehälter.[15] Ausdrücklich nicht Gegenstand dieser Untersuchung sind die Regelungen zur Mitbestimmung von Arbeitnehmern und Arbeitnehmervertretern, namentlich die betriebliche Mitbestimmung und die Unternehmensmitbestimmung.[16]

### 2. *Begrenzung der zu untersuchenden Rechtsformen*

Die Rechtsform der GmbH genießt unter deutschen Start-ups ausweislich ihrer zahlenmäßigen Verbreitung hohe Popularität. Schätzungsweise 95 % der jungen Wachstumsunternehmen wählen im Rahmen ihrer Gründung hierzulande die Rechtsform der GmbH.[17] Das wird insbesondere auf steuer- und haftungsrechtliche Gründe, aber auch auf den im Vergleich zur AG insgesamt überschaubaren administrativen und finanziellen Aufwand einer Gründung und gleichzeitiger Flexibilität bei der Ausgestaltung der zugrundeliegenden Rechtsbeziehungen zurückgeführt.[18] Da sich Mitarbeiterbeteiligungen an einer GmbH strukturell deutlich von den anderen Rechtsformen unterscheiden, droht die Behandlung zusätzlicher Rechtsformen den Rahmen einer Dissertation ebenfalls zu

14 So auch *Hohaus* in: Jesch/Striegel/Boxberger: Rechtshandbuch PE, 4. Teil § 13 A. I. Rn. 1 oder *Kuntz*, Gestaltung von Kapitalfreiheiten zwischen Freiheit und Zwang, S. 30 ff.

15 Ausführlich dazu 1. Teil C. I. 1.

16 Angesichts hoher Anwendungsvoraussetzungen spielen Fragen der betrieblichen Mitbestimmung in den meisten deutschen Start-ups (noch) keine Rolle. Die Anwendungsvoraussetzungen der einschlägigen Gesetze zur Unternehmensmitbestimmung sind schlicht zu hoch. Das Drittelbeteiligungsgesetz kommt bei einer GmbH erst ab 500, das Mitbestimmungsgesetz sogar erst ab 2000 beschäftigten Arbeitnehmern zur Anwendung, vgl. § 1 Abs. 1 Nr. 3 DrittelbG und § 1 Abs. 1 Nr. 2 MitbestG. Ausführlicher hierzu: *Deutscher Gewerkschaftsbund Bundesvorstand* (Hrsg.): Offensive Mitbestimmung – Vorschläge zur Weiterentwicklung der Mitbestimmung, Berlin 2015.

17 Dazu zählt auch die UG (haftungsbeschränkt) als Rechtsformvariante der GmbH, vgl. *Jellinghaus/Eickmann*, VC Magazin Start-up 2018, S. 44; *Lowitzsch*, Verbreitung der Mitarbeiterkapitalbeteiligung in Deutschland und Europa, S. 98; *Mohr*, GmbH-StB 2005, 305; *Rupp*, EStB 2006, 192, 194.

18 *Fox/Hüttche/Lechner*, GmbHR 2000, 521, 522.

sprengen. Insofern behandelt diese Untersuchung ausschließlich Mitarbeiterbeteiligungsmodelle an einer GmbH.[19]

### 3. *Begrenzung der Beteiligungsmodelle*

Zur Beteiligung von Mitarbeitern am Erfolg oder Kapital einer Gesellschaft kommen zahllose Möglichkeiten in Betracht.[20] Der Schwerpunkt dieser Untersuchung liegt auf solchen Beteiligungsformen, die im Umfeld des Venture Capital am häufigsten eingesetzt werden.[21] Dazu zählt erstens die Eigenkapitalbeteiligung in Gestalt einer direkten Übertragung von Gesellschaftsanteilen an den Mitarbeiter,[22] zweitens die Einräumung von Optionen auf Geschäftsanteile, die in der Beteiligungspraxis auch unter der Bezeichnung „ESOP" bekannt sind,[23] und schließlich schuldrechtliche Nachbildungen von Vermögensrechten aus den gesellschaftsrechtlichen Beteiligungen, den sogenannten „VSOP".[24]

---

19 In Einzelfällen kommt die AG auch schon in der Gründungs- und Frühphase als Rechtskleid eines Start-ups in Betracht. Sie gewinnt typischerweise aber erst im Vorfeld eines geplanten IPO-Exits an Bedeutung. Ausführlich zur Rechtsform der AG im Umfeld des Venture Capital, vgl. *Möller*, Rechtsformen der Wagnisfinanzierung, S. 46.

20 Dazu sogleich unten 1. Teil B. II.

21 Zur Verbreitung der Mitarbeiterbeteiligungsformen in deutschen Start-ups, ESOPasap-Studie, S. 36–40; *Weitnauer*, GWR 2017, 391; *Weitnauer/Dunkmann*, GWR 2013, 349.

22 14 % der befragten Gründer gaben in der ESOPasap-Studie an, „echte" Unternehmensanteile in ihren Start-ups an Mitarbeiter zu vergeben (Mehrfachauswahl möglich), vgl. ESOPasap-Studie, S. 36.

23 22 % der Gründer nutzen hingegen Anteilsoptionen, vgl. ESOPasap-Studie, S. 38. Zum Begriff „ESOP" noch umfassend unter 2. Teil B. I.

24 73 % der Gründer setzen virtuelle Anteilsoptionen ein, vgl. ESOPasap-Studie, S. 40. Zum Begriff „VSOP" noch umfassend unter 2. Teil C. I.

# 1. Teil Terminologie und Grundlagen

## A. Merkmale einer Venture Capital-Finanzierung

Gegenstand dieser Untersuchung sind Mitarbeiterbeteiligungen in solchen Gesellschaften, deren Finanzierung durch Venture Capital erfolgt. Einführend wird ein isolierter Überblick über das Venture Capital und Mitarbeiterbeteiligung verschafft, ehe anschließend eine Verknüpfung beider Bereiche stattfindet.

### I. Der Begriff „Venture Capital"

Eine Legaldefinition des „Venture Capital" (im Deutschen „Wagniskapital", gelegentlich auch „Chancen-", „Beteiligungs-" oder „Risikokapital") gibt es ebenso wenig wie eine einheitliche Kodifikation der diesem Bereich zugrundeliegenden regulatorischen Rahmenbedingungen.[25] Nach heutigem Verständnis erfasst der Begriff den außerbörslichen Einsatz von Eigenkapital oder eigenkapitalähnlichem Mezzaninekapital durch spezialisierte Investoren („Wagniskapitalgeber").[26] Zielgesellschaften entsprechender Finanzierungsvorhaben sind Start-ups, womit vorwiegend junge, technologisch innovative Wachstumsunternehmen gemeint sind.[27] Im Gegenzug für die Einbringung von Kapital in die Rücklage der Gesellschaft zeichnen Wagniskapitalgeber Gesellschaftsanteile, die dem prozentualen Anteil ihrer Investitionssumme am Stammkapital der Gesellschaft entsprechen.[28] Ihre Beteiligungsquoten bewegen sich regelmäßig

---

25 *Kuntz*, Kapitalgesellschaften zwischen Freiheit und Zwang, S. 11; *Weitnauer*, Hdb Venture Capital, Teil A Rn. 1, 98 ff.

26 *Bank/Möllmann*, VC Agreements in Germany, Rn. 5; *Wenzel/Höhn* in: Meyer-Sparrenberg/Jäckle, Beck'sches Hdb M&A, § 59 Rn. 1; *Kuntz*, Kapitalgesellschaften zwischen Freiheit und Zwang, S. 11; *Möller*, Rechtsformen der Wagnisfinanzierung, S. 21; *Weitnauer*, Hdb Venture Capital, Teil A Rn. 1; *Winkler*, Rechtsfragen der VC-Finanzierung, S. 30.

27 Insbesondere der erhöhte Innovationsgrad unterscheidet Start-ups von sonstigen Existenzgründungen; nur ein geringer Teil der Existenzgründer stuft das eigene Geschäftsmodell oder die entwickelte Technologie als innovativ ein, vgl. *Bundesverband Deutsche Startups e.V.*, Deutscher Startup Monitor 2021, S. 10. Da die Einschätzung des Innovationsgehalts stark von subjektiven Wertungen geprägt ist, gelingt eine trennscharfe Abgrenzung nicht immer.

28 *Weitnauer*, Hdb Venture Capital, Teil A Rn. 1.

in einem Umfang zwischen 15 % und 35 %.[29] Im Unterschied zu vielen traditionellen Finanzierungen im Umfeld des Private Equity werden die Beteiligungen also nicht als Mehrheitsbeteiligung und einer damit einhergehenden Restrukturierung der Zielgesellschaft ausgestaltet.[30]

Finanzierungen mit Venture Capital sind auf einen kurz- bis mittelfristigen Zeitraum angelegt. Nach vier bis acht Jahren erfolgt regelmäßig ein „Exit", womit die Veräußerung der Kapitalbeteiligung der Wagniskapitalgeber gemeint ist.[31] Angesichts des erhöhten Wachstumspotentials der innovationsgetriebenen Start-ups beträgt die Renditeerwartung der Wagniskapitalgeber in der Regel 30 % bis 40 % und kann, je nach Zeitpunkt des getätigten Investments, bei bis zu 70 % liegen.[32] Die Veräußerungserlöse liegen damit deutlich über den Renditen herkömmlicher Finanzprodukte, weshalb die Investoren trotz des erhöhten Verlustrisikos das „Wagnis" einer entsprechenden Finanzierung eingehen.[33]

Neben der Einbringung von Kapital zeichnet sich Venture Capital durch nicht-monetäre Unterstützung der Investoren aus, sogenanntes „informelles Wagniskapital".[34] Hierzu zählt eine aktive Beratung in unternehmerischen Belangen oder der Zugang zu bestehenden Netzwerken und Vertriebskanälen. Davon profitieren nicht nur die Gründer, sondern auch die Wagniskapitalgeber selbst. Sie können den Entwicklungsprozess der Zielgesellschaft vorantreiben und positiven Einfluss auf den Erfolg ihres Beteiligungsvorhabens ausüben.[35]

---

29 *Jäckle/Strehle/Clauss* in: Meyer-Sparrenberg/Jäckle, Beck'sches Hdb M&A, § 54 Rn. 102.

30 *Weitnauer*, Hdb Venture Capital, Teil A Rn. 2.

31 *Möller*, Rechtsformen der Wagnisfinanzierung, S. 24.

32 *Achleitner*, BB 2001, 927, 929; *Gabrysch* in: Breithaupt/Ottersbach, Kompendium Gesellschaftsrecht, Teil 1 C. § 1 II. 3. Rn. 28.

33 Schätzungsweise 80 % der Start-ups scheitern einer Expertenbefragung zufolge noch vor dem Eintritt eines Exits, vgl. *Lowitzsch*, Verbreitung der Mitarbeiterkapitalbeteiligung in Deutschland und Europa, S. 89.

34 Gelegentlich auch „Venture Management", *Weitnauer*, Hdb Venture Capital, Teil A Rn. 4.

35 *Möller*, Rechtsformen der Wagnisfinanzierung, S. 22. Der Erfolg dieses Modells hat zu einem Zuwachs sog. „Inkubatoren" und „Acceleratoren" geführt, die in der besonders risikobehafteten Early Stage der Start-ups eine umfassende Betreuung in sämtlichen Fragen der Unternehmensgründung und -führung anbieten und darüber hinaus auch die benötigte Infrastruktur zur Verfügung stellen, vgl. *Weitnauer*, Hdb Venture Capital, Teil A Rn. 18.

## II. Parteien

### *1. Start-ups als Wagniskapitalnehmer*

Auf der Seite der Kapitalnehmer befinden sich mit Start-ups solche Gesellschaften, die noch am Anfang ihres unternehmerischen Lebenszyklus stehen.[36] Zu diesem frühen Zeitpunkt gibt es kaum verlässliche Unternehmensdaten und andere Kalkulationsgrundlagen, anhand derer der wirtschaftliche Erfolg des unternehmerischen Vorhabens sicher prognostiziert werden könnte.[37] Die Gründer müssen ihre kaufmännischen Fähigkeiten und das Marktpotential ihrer Produkte erst noch unter Beweis stellen. Auch verfügen die jungen Unternehmen regelmäßig kaum über materielle Vermögenswerte, die als Kreditsicherheiten dienen könnten. Traditionelle Bankinstitute sehen daher regelmäßig von einer Fremdkapitalfinanzierung entsprechender Gesellschaften ab.[38] Um stattdessen als Zielgesellschaft einer Finanzierung mit Venture Capital in Betracht zu kommen, muss das eigene Geschäftsmodell oder die entwickelte Technologie innovationsgetrieben und dadurch auf schnelles Wachstum ausgerichtet sein. Das überdurchschnittliche Wachstumspotential eines Start-ups und die damit verbundene Möglichkeit, im Wege einer Eigenkapitalbeteiligung unbegrenzt an dessen Wertsteigerung zu partizipieren, stellt das zentrale Motiv für die risikobehafteten Beteiligungen der Investoren dar.[39] Als Ausgleich für den Verzicht auf materielle Sicherheiten bestehen die Wagniskapitalgeber auf eine umfassende Einräumung von Rechten zur Mitbestimmung und Kontrolle der Zielgesellschaft.[40] Wegeweisende Entscheidungen auf Ebene

---

36 Ein weiterer Unterschied gegenüber „traditionellen" Private Equity-Transaktionen. Hier finden die Finanzierungen in reife, mittelständische Unternehmen mit einem vergleichsweise geringen Verlustrisiko statt, *Jäckle/Strehle/Clauss* in: Meyer-Sparrenberg/Jäckle, Beck'sches Hdb M&A, § 54 Rn. 99; *Kuntz*, Kapitalgesellschaften zwischen Freiheit und Zwang, S. 12; *Weitnauer*, Hdb Venture Capital, Teil A Rn. 2.

37 *Jäckle/Strehle/Clauss* in: Meyer-Sparrenberg/Jäckle, Beck'sches Hdb M&A, § 54 Rn. 103; *Winkler*, Rechtsfragen der VC-Finanzierung, S. 27.

38 *Jäckle/Strehle/Clauss* in: Meyer-Sparrenberg/Jäckle, Beck'sches Hdb M&A, § 54 Rn. 104; *Kuntz*, Kapitalgesellschaften zwischen Freiheit und Zwang, S. 45; *Weitnauer*, Hdb Venture Capital, Teil A Rn. 1.

39 *Möller*, Rechtsformen der Wagnisfinanzierung, S. 22.

40 *Jäckle/Strehle/Clauss* in: Meyer-Sparrenberg/Jäckle, Beck'sches Hdb M&A, § 54 Rn. 102; *Kuntz*, Kapitalgesellschaften zwischen Freiheit und Zwang, S. 45; *Möller*, Rechtsformen der Wagnisfinanzierung, S. 22.

der Geschäftsführung werden oft von der Zustimmung eines Beirats abhängig gemacht, der mit Vertretern der Wagniskapitalgeber besetzt ist.[41]

## 2. *Wagniskapitalgeber*

Auf Kapitalgeberseite sind am häufigsten renditeabhängige Fonds anzutreffen, die das Kapital zahlreicher Anleger bündeln, um sodann als Finanzintermediär in mehrere Start-ups zu investieren.[42] Ehe es zu einer entsprechenden Finanzierung durch Wagniskapitalgesellschaften kommt, sammeln die Gründer oft Kapital aus dem eigenen familiären Umfeld oder von „Business Angels", die privates Vermögen gezielt als Venture Capital einsetzen.[43] Bei Letzteren handelt es sich nicht selten um ehemalige Gründer oder Mitarbeiter von Start-ups, die Erlöse aus der erfolgreichen Veräußerung ihrer eigenen (Mitarbeiter-)Beteiligung als Venture Capital in den Wirtschaftskreislauf reinvestieren.[44] Um sich an späteren Finanzierungsrunden, die regelmäßig einen höheren Kapitaleinsatz erfordern, beteiligen zu können, organisieren sich private Investoren oder Anlegerfamilien auch in „Family Offices".[45] Daneben kommt der Wirtschaftsförderung durch öffentliche Förderprogramme auf Bund- und Länderebene eine wichtige Rolle zu.[46]

Eine weitergehende Differenzierung der Wagniskapitalgeber ergibt sich aus einer Betrachtung der mit einem Investment verfolgten Absichten. Für institutionelle Investoren steht die bereits angesprochene Vervielfachung des

41 Ausführlich zur Einflusssicherung der Wagniskapitalgeber: *Kuntz*, Kapitalgesellschaften zwischen Freiheit und Zwang, S. 556 ff.

42 *Weitnauer*, Hdb Venture Capital, Teil A Rn. 6.

43 *Bank/Möllmann*, VC Agreements in Germany, Rn. 2; *Weitnauer*, Hdb Venture Capital, Teil A Rn. 9. 74,9 % der deutschen Start-ups greifen einer jüngeren Umfrage zufolge auf eigene Ersparnisse der Gründer zurück. 30,1 % ziehen Business Angels als weitere Finanzierungsquelle hinzu, vgl. *Bundesverband Deutsche Startups e.V.*, Deutscher Startup Monitor 2021, S. 36.

44 15 % der befragten Mitarbeiter in Start-ups gaben im Rahmen der ESOPasap-Studie an, die Erlöse aus ihrer Mitarbeiterbeteiligung in das Start-up Ökosystem reinvestiert zu haben, vgl. ESOPasap-Studie, S. 20.

45 *Weitnauer*, Hdb Venture Capital, Teil A Rn. 12.

46 z.B. der High-Tech Gründerfonds oder die Förderprogramme EXIST und INVEST vom Bundesministerium für Wirtschaft und Energie sowie die Gründerstipendien der Bundesländer. Vgl. eine Übersicht über die Förderlandschaft in *Weitnauer*, Hdb Venture Capital, Teil A Rn. 20–22. 43,2 % der deutschen Start-ups nutzen staatliche Fördermittel als Finanzierungsquelle, vgl. *Bundesverband Deutsche Startups e.V.*, Deutscher Startup Monitor 2021, S. 36.

eingebrachten Kapitals in einem kurz- bis mittelfristigen Anlagezeitraum im Vordergrund. Das sind insbesondere renditeabhängige Fonds, die einerseits dem Druck ihrer Anleger ausgesetzt sind, andererseits aufgrund gesetzlicher Vorschriften einer Maximallaufzeit unterliegen und damit zwangsläufig einen baldigen Exit anstreben müssen.[47] Strategische Investoren erhoffen sich unterdessen einen langfristigen unternehmerischen Vorteil für das eigene Geschäft. Vor allem etablierte Großunternehmen forcieren mit der Beteiligung an einem jungen innovativen Wachstumsunternehmen Zugang zu neuen Technologien und versprechen sich Synergieeffekte.[48]

## III. Finanzierungsablauf

Eine Finanzierung durch Venture Capital erfolgt in mehreren aufeinanderfolgenden Runden („Finanzierungsrunden“).[49] Die zeitlichen Abstände und finanziellen Volumen der Finanzierungsrunden variieren mitunter stark, da sie von der individuellen Entwicklung der Zielgesellschaften abhängig sind. Erste Wagniskapitalfinanzierungen erfolgen grundsätzlich in der als „Early Stage“ bezeichneten Gründungs- und Frühphase des Unternehmens.[50] Finanzierungen in dieser Phase („Seed-Finanzierungen“) dienen der Ausreifung einer Geschäftsidee, der Erarbeitung des Geschäftskonzepts und schließlich einem erfolgreichen Markteintritt.[51] Aber auch vor der Gründung der Gesellschaft sind Finanzierungen mit Venture Capital denkbar. Diese „Pre-Seed-Finanzierungen“ dienen vor allem der Finanzierung des Gründungsprozesses.[52]

Im Anschluss folgen in der „Growth“ oder „Expansion Stage“ sowie den anschließenden „Later Stages“ immer größer werdende Finanzierungsrunden, die typischerweise alphabetisch bezeichnet werden und mit einer „Series A“-Finanzierungsrunde beginnen (im Anschluss Series B, C, D, etc.).[53]

47 *Weitnauer*, Hdb Venture Capital, Teil A Rn. 7 u. Teil E Rn. 21.

48 Ausführlich zu den verschiedenen Arten von Wagniskapitalgebern und ihren unterschiedlichen Zielsetzungen, *Weitnauer*, Hdb Venture Capital, Teil A Rn. 6–29.

49 *Bank/Möllmann*, VC Agreements in Germany, Rn. 1; *Jäckle/Strehle/Clauss* in: Meyer-Sparrenberg/Jäckle, Beck'sches Hdb M&A, § 54 Rn. 107; *Kuntz*, Kapitalgesellschaften zwischen Freiheit und Zwang, S. 13.

50 In den USA wird eine weitere Differenzierung der Early Stage in „Seed Phase“ und „Start-ups Phase“ vorgenommen, dazu ausführlich *Kuntz*, Kapitalgesellschaften zwischen Freiheit und Zwang, S. 14–15.

51 *Weitnauer*, Hdb Venture Capital, Teil A Rn. 30.

52 *Weitnauer*, Hdb Venture Capital, Teil E Rn. 1.

53 *Bank/Möllmann*, VC Agreements in Germany, Rn. 2; *Kuntz*, Kapitalgesellschaften zwischen Freiheit und Zwang, S. 15.

Wagniskapitalfinanzierungen in diesen Phasen dienen dem Vertriebsaufbau, der Durchdringung des Marktes und der Erweiterung des Produktions- und Vertriebssystems zur vollen Ausnutzung des Marktpotentials.[54]

Das Investmentvorhaben der Wagniskapitalgeber endet schließlich mit der bereits angesprochenen Veräußerung der Eigenkapitalbeteiligung an der Zielgesellschaft, dem Exit. Im Umfeld wagniskapitalfinanzierter Gesellschaften kommen hierfür mehrere Wege in Betracht. Am häufigsten findet der Exit durch einen Verkauf des Unternehmens oder den Teil eines Unternehmens an einen strategischen Investor statt, der entweder im selben Wirtschaftszweig der Zielgesellschaft tätig ist oder eine Diversifizierung seiner Portfoliounternehmen anstrebt („Trade Sale“).[55] Der Verkauf kann aber auch an einen nachrückenden Finanzinvestor („Secondary Sale“) oder im Wege eines Rückkaufs durch die Gründer oder die Zielgesellschaft selbst erfolgen („Company-Buy-Back“).[56] Ferner kann der Ausstieg der Wagniskapitalgeber aus der Gesellschaft, gegebenenfalls nach vorheriger Umwandlung in eine AG oder eine andere börsenfähige Rechtsform, im Zusammenhang mit ihrer erstmaligen Börsennotierung stattfinden („Initial Public Offering“, kurz „IPO“).[57] Als letzte Möglichkeit kommt der Exit im Wege einer Abwicklung der Gesellschaft durch ein Liquidations- oder Insolvenzverfahren in Betracht.[58]

## IV. Einflüsse aus dem angloamerikanischen Raum

Die USA gelten als das Ursprungsland des Venture Capital, sie nehmen seit jeher eine globale Vorreiterstellung ein.[59] Der andauernde Erfolg der angloamerikanischen Wagniskapitalszene wird unter anderem auf die gründer- und

---

54 *Weitnauer*, Hdb Venture Capital, Teil A Rn. 30.

55 *Gabrysch* in: Breithaupt/Ottersbach, Kompendium Gesellschaftsrecht, Teil 1 C. § 1 II. 3. Rn. 28; *Hohaus/Inhester*, DStR 2003, 1765; *Weitnauer*, Hdb Venture Capital, Teil H Rn. 49.

56 *Jäckle/Strehle/Clauss* in: Meyer-Sparrenberg/Jäckle, Beck'sches Hdb M&A, § 54 Rn. 104; *Winkler*, Rechtsfragen der VC-Finanzierung, S. 26.

57 *Gabrysch* in: Breithaupt/Ottersbach, Kompendium Gesellschaftsrecht, Teil 1 C. § 1 II. 3. Rn. 28; *Hohaus/Inhester*, DStR 2003, 1765; *Kuntz*, Gestaltung von Kapitalfreiheiten zwischen Freiheit und Zwang, S. 13. Denkbar ist in diesem Zusammenhang auch die Durchführung einer sog. Brückenfinanzierung mit dem Ziel der Verbesserung der Eigenkapitalquote, dazu *Weitnauer*, Hdb Venture Capital, Teil A Rn. 30.

58 Ausführlich zum „Exit durch Exitus“: *Weitnauer*, Hdb Venture Capital, Teil H Rn. 16–36.

59 *Weitnauer*, Hdb Venture Capital, Teil A Rn. 66.

investorenfreundlichen Rahmenbedingungen zurückgeführt, die sich etwa aus steuersenkenden Gesetzgebungsakten bei gleichzeitiger Deregulierung von Investmentbeschränkungen und einer aktiven Rolle des Staates bei der Unterstützung entsprechender Finanzierungen zusammensetzen.[60] Auch bei der Beteiligungsdokumentation einer Wagniskapitalfinanzierung nehmen die USA eine Vorbildfunktion ein.[61] Das wird am Beispiel der Vertragsgestaltung von Mitarbeiterbeteiligungen besonders deutlich. Beteiligungsmodelle angloamerikanischen Ursprungs, wie „Stock Appreciation Rights" oder „Phantom Stocks", sind mittlerweile auch in Deutschland vorherrschend.[62] Neben der generellen Zunahme ausländischer Investoren ist dies ein Grund dafür, dass hierzulande die gesamte Vertragsdokumentation einer Wagniskapitalfinanzierung in der Regel in englischer Sprache erfolgt.[63]

Dadurch befinden sich die Verträge im Spannungsfeld zwischen angloamerikanischer und deutscher Vertragsgestaltungstradition.[64] Während deutsche Verträge primär dem Zweck dienen, die bestehende Gesetzeslage zu ergänzen und vorhandene Lücken zu schließen, versteht sich der Vertrag in der angloamerikanischen Vertragsgestaltung als selbst geschaffenes Gesetz, das den zugrundeliegenden Rechtsvorgang umfassend und abschließend regelt.[65] Das hat einerseits Auswirkungen auf die Struktur und Länge der Verträge. Andererseits setzt das Auseinanderfallen von Vertragssprache und Vertragsstatut Kenntnisse zur Wirkungsweise und Terminologie des Common Laws voraus.[66]

---

60 *Kuntz*, Gestaltung von Kapitalfreiheiten zwischen Freiheit und Zwang, S. 61 ff.; *Weitnauer*, Hdb Venture Capital, Teil A Rn. 72.

61 *Bank/Möllmann*, VC Agreements in Germany, Rn. 419; *Jäckle/Strehle/Clauss* in: Meyer-Sparrenberg/Jäckle, Beck'sches Hdb M&A, § 54 Rn. 105; *Martinius/Stubert*, BB 2006, 1977; *Schanz*, NZA 2000, 626.

62 *Bank/Möllmann*, VC Agreements in Germany, Rn. 424; *Bloß*, GmbHR 2016, 104, 105; *Fox/Hüttche/Lechner*, GmbHR 2000, 521; *Mantke* in: Holzner/Mantke/Stenzel, Hdb Managementbeteiligung, Rn. 23. Vgl. ausführlich zur Verbreitung der Mitarbeiterbeteiligung in deutschen Start-ups: ESOPasap-Studie, S. 36–40.

63 Das gilt auch für solche Finanzierungen, die (noch) ohne ausländische Beteiligung stattfinden. Auf diese Weise lässt sich verhindern, dass die immer komplexer werdenden Vertragswerke bei einem späteren Hinzutreten ausländischer Investoren aufwändig übersetzen werden müssen, vgl. *Bank/Möllmann*, VC Agreements in Germany, S. V. (Vorwort).

64 *Walz* in: Beck'sches Fb Zivil-, Wirtschafts- und Unternehmensrecht D–E, A. I. 1. b.

65 *Walz* in: Beck'sches Fb Zivil-, Wirtschafts- und Unternehmensrecht D–E, A. I. 1.

66 Ausführlich dazu: *Triebel, Volker/Vogenauer, Stefan*: Englisch als Vertragssprache: Fallstricke und Fehlerquellen, 1. Aufl. 2018.

Regelungen können nicht ohne Weiteres aus den US-Mustern übernommen, sondern müssen an zwingendes deutsches Recht angepasst werden.[67]

## B. Merkmale einer Mitarbeiterbeteiligung

### I. Der Begriff „Mitarbeiterbeteiligung"

Eine „Mitarbeiterbeteiligung" umfasst in dieser Untersuchung die schuld- oder gesellschaftsrechtliche Beteiligung eines Mitarbeiters an der ihn beschäftigenden Gesellschaft („Arbeitgebergesellschaft").[68] Werden mehrere Mitarbeiter zu ähnlichen oder identischen Bedingungen an derselben Arbeitgebergesellschaft beteiligt, wird hierfür nachfolgend der Begriff „Mitarbeiterbeteiligungsprogramm" verwendet.

#### *1. Begriffsabgrenzung*

Der Begriff des „Mitarbeiters" ist in diesem Zusammenhang bewusst gewählt. Die oft Synonym verwendete Bezeichnung der „Management"-beteiligung wäre im Kontext dieser Arbeit irreführend.[69] Dieser vorwiegend in Private Equity-Transaktionen oder mittelständischen Familienunternehmen anzutreffende Begriff richtet sich schon vom Wortlaut an einen exklusiven Adressatenkreis.[70] Im Venture Capital sollen aber auch spezialisierte Fachkräfte außerhalb der Führungsebene beteiligt werden. Ähnliches gilt hinsichtlich des Begriffs der „Arbeitnehmer"-beteiligung. Er suggeriert, dass unter Zugrundelegung des arbeitsrechtlichen Arbeitnehmerbegriffs aus § 611a Abs. 1 BGB nur derjenige als Adressat einer Beteiligung in Betracht kommt, der sich in

---

67 *Jäckle/Strehle/Clauss* in: Meyer-Sparrenberg/Jäckle, Beck'sches Hdb M&A, § 54 Rn. 105.

68 Der Begriff „Arbeitgebergesellschaft" ist untechnisch zu verstehen, setzt also nicht zwangsläufig das Bestehen eines Arbeitsvertrags voraus, sondern gilt insbesondere auch bei freien Mitarbeitern, Beratern und sonstigen Selbstständigen. Zur Definition einer „Mitarbeiterbeteiligung", vgl. *Hoppe*, NZG 2018, 811, 816; *Mantke* in: Holzner/Mantke/Stenzel, Hdb Managementbeteiligung, Rn. 3; *Simon* in: Grobys/Panzer-Heemeier, SWK Arbeitsrecht, Mitarbeiterbeteiligung Rn. 1; *Waschbusch/Sendel-Müller*, StB 2020, 246, 247.

69 So auch *Grisar/Zantopp*, DStR 2020, 1768.

70 Unter einem „Manager" werden regelmäßig nur solche Personen verstanden, die Führungsaufgaben in einem Unternehmen wahrnehmen, sei es als Organmitglied (Vorstand, Geschäftsführer, Aufsichtsrat) oder leitender Arbeitnehmer, vgl. *Stenzel*, DStR 2018, 82.

einem persönlichen Abhängigkeitsverhältnis mit der Gesellschaft befindet.[71] Wenngleich Begünstigte einer Mitarbeiterbeteiligung typischerweise zugleich Arbeitnehmer der Gesellschaft sind, sehen die Beteiligungsbedingungen oft die Möglichkeit vor, freie Mitarbeiter, externe Berater und andere Selbstständige zu beteiligen, sofern sie für den unternehmerischen Erfolg der Gesellschaft von herausragender Bedeutung sind.[72]

Stattdessen wird nachfolgend, wie in der Beteiligungspraxis und Fachliteratur zum Venture Capital üblich, der Begriff der „Mitarbeiter"-beteiligung verwendet.[73] Er schließt sämtliche Personen ein, die sich zu Diensten im Interesse der Gesellschaft verpflichten, ohne auf darüberhinausgehende Kriterien, wie einem persönlichen Abhängigkeitsverhältnis oder der Hierarchiestufe innerhalb des Unternehmens, abzustellen.

## 2. *Die Sonderrolle des Gründer-Geschäftsführers*

Ebenso wie die Gesellschaftsanteile der Wagniskapitalgeber, zählen solche Anteile der Gründer, die ihren Ursprung im Gründungsprozesses der Gesellschaft haben („Gründeranteile"), nicht zu den Mitarbeiterbeteiligungen. Typischerweise nehmen die Gründer aber eine Sonderrolle ein, indem sie neben ihrer Rolle als Gesellschafter auch bei der Gesellschaft beschäftigt sind, regelmäßig als Geschäftsführer („Gründer-Geschäftsführer").[74] In dieser Funktion kommen sie als Adressat einer Mitarbeiterbeteiligung in Betracht. Ein solches Vorgehen bietet sich etwa an, wenn die Gründeranteile der Gründer-Geschäftsführer bei fortschreitender Entwicklung des Unternehmens und Durchführung mehrerer Finanzierungsrunden derart verwässert sind, dass sie erneut incentiviert werden müssen.[75]

---

71 Ausführlich zum arbeitsrechtlichen Arbeitnehmerbegriff, vgl. ErfK/*Preis*, BGB § 611a Rn. 8–12.

72 Vgl. *Bank/Möllmann*, VC Agreements in Germany, Rn. 418 ff. (in der zugrundeliegenden Musterbeteiligung ist der Kreis der Begünstigten auf *„employees, officers (leitende Angestellte), freelancers and other participants"* beschränkt); vgl. auch *Weitnauer*, Hdb Venture Capital, Anhang X. 2. Präambel, der *„bestimmte Schlüsselkräfte"* als Adressaten der Mitarbeiterbeteiligung nennt.

73 *Bank/Möllmann*, VC Agreements in Germany, Rn. 418 ff.; *Grisar/Zantopp*, DStR 2020, 1768; *Weitnauer*, Hdb Venture Capital, Teil F Rn. 126 ff.

74 *Grisar/Zantopp*, DStR 2020, 1768.

75 *Grisar/Zantopp*, DStR 2020, 1768, 1769. Zur Verwässerung der Gründer umfassend im 3. Teil E. III.

## II. Formen der Mitarbeiterbeteiligung

Mitarbeiterbeteiligungen treten in vielfältigen Formen auf. Bei der Wahl und Ausgestaltung der konkreten Beteiligung sind zahlreiche Faktoren zu berücksichtigen. Dazu zählt etwa die Rechtsform der Gesellschaft, ihre Liquidität oder die Zahl der beschäftigten Mitarbeiter.[76] Eine Abgrenzung der Beteiligungsformen kann, gerade bei den schuldrechtlichen Beteiligungsformen, angesichts der erhöhten gestalterischen Flexibilität nicht immer trennscharf vorgenommen werden.

### *1. Immaterielle und materielle Beteiligungen*

Typischerweise werden die materiellen Beteiligungsformen mit Mitarbeiterbeteiligungen assoziiert. Dazu zählen die rein finanziellen Beteiligungen am wirtschaftlichen Erfolg und/oder Kapital der Arbeitgebergesellschaft.[77] Daneben besteht aber auch die Möglichkeit der immateriellen Beteiligung, wozu die Einräumung von Informations-, Aufklärungs-, Zustimmungs- und anderen Kontrollrechten zählt.[78] Eine Incentivierung erfolgt dabei weniger durch die Schaffung monetärer Anreize, sondern vielmehr im Wege der Einbeziehung in unternehmensinterne Entscheidungsprozesse.[79] Nicht selten stellen immaterielle Beteiligungen eine Folgeerscheinung materieller Beteiligungsformen dar. Beispielhaft sind die mit einer Eigenkapitalbeteiligung verknüpften Gesellschafterrechte, wie das Auskunfts- und Einsichtsrecht eines GmbH-Gesellschafters aus § 51a Abs. 1 GmbHG, zu nennen.

### *2. Kapital- und Erfolgsbeteiligungen*

Die materiellen Mitarbeiterbeteiligungen lassen sich wiederum in Erfolgs- und Kapitalbeteiligungen unterteilen.[80] Die vertragliche Ausgestaltung erfolgt dabei, je nach Modell, auf schuld- und/oder gesellschaftsrechtlicher Ebene.

---

76 *Schanz*, NZA 2000, 626, 627.

77 *Schanz*, NZA 2000, 626, 627; *Waschbusch/Sendel-Müller*, StB 2020, 246, 247.

78 Waschbusch/Sendel-Müller, StB 2020, 246, 247.

79 *Rödding/Brinkmann/Fischer* in: Lüdicke/Sistermann, Unternehmenssteuerrecht, § 14 Rn. 139; *Schanz*, NZA 2000, 626, 627.

80 Kapitalbeteiligungen werden gelegentlich auch als Mitarbeiterbeteiligungen „im engeren Sinne“, Erfolgsbeteiligungen als Mitarbeiterbeteiligungen „im weiteren Sinne“ bezeichnet, vgl. *Zimmer/Heuschmid/Klein* in: Däubler, TVG, § 1 Rn. 463; *Röller* in: Küttner/Röller, Personalbuch, Mitarbeiterbeteiligung Rn. 1.

### *a) Kapitalbeteiligungen*

Zu den Kapitalbeteiligungen zählt die Beteiligung am Eigen- oder Fremdkapital der Arbeitgebergesellschaft.[81] Im Rahmen einer Eigenkapitalbeteiligung wird der Mitarbeiter durch die Übertragung von Anteilen direkt am Stammkapital der Gesellschaft beteiligt, wodurch er zum Mitgesellschafter wird. In ihrer Konsequenz handelt es sich damit um die weitreichendste Form aller Mitarbeiterbeteiligungsmodelle.[82] Durch eine Fremdkapitalbeteiligung wird der Mitarbeiter hingegen zum Kreditgeber der Arbeitgebergesellschaft, etwa im Wege eines Mitarbeiterdarlehens.[83] Eine Incentivierung wird dabei durch eine gewinnabhängige Verzinsung erzeugt.[84]

Schließlich sind Mezzanine-Beteiligungsformen, mithin Mischformen zwischen Eigen- und Fremdkapitalbeteiligung, denkbar.[85] Hierzu zählt vor allem die (typische) stille Beteiligung nach §§ 230 ff. HGB.[86] In jüngster Zeit treten vermehrt Wandeldarlehen in Erscheinung, im Rahmen dessen sich die Rückzahlungsverpflichtung aus einem Mitarbeiterdarlehen in Gesellschaftsanteile umwandeln lässt.[87] Die Attraktivität dieses Modells ist auf die Aussicht überdurchschnittlich hoher Gewinne bei positiver Unternehmenswertentwicklung und einem gleichzeitig geringen Verlustrisiko zurückzuführen. Sollte sich der Unternehmenswert negativ entwickeln, kann der Mitarbeiter von einer entsprechenden Wandlung absehen. Eine Rendite wird gleichwohl durch die laufenden Zinseinkünfte des gewährten Darlehens generiert.[88] Sein Verlustrisiko beschränkt sich auf das allgemeine Insolvenzrisiko seines Vertragspartners.

---

81 *Bank/Möllmann*, VC Agreements in Germany, Rn. 420; *Schanz*, NZA 2000, 626, 627.

82 *Heckschen/Glombik*, GmbHR 2013, 1009; *Mantke* in: Holzner/Mantke/Stenzel, Hdb Managementbeteiligung, Rn. 9.

83 *Fox/Hüttche/Lechner*, GmbHR 2000, 521, 524; *Heckschen/Glombik*, GmbHR 2013, 841, 844.

84 *Schanz*, NZA 2000, 626, 627.

85 *Kutsch* in: Schüppen/Schaub, Aktienrecht, § 32 Rn. 1; *Waschbusch/Beyer/Sendel-Müller*, StB 2019, 375, 377 und *Waschbusch/Sendel-Müller*, StB 2020, 246, 247.

86 Dazu ausführlich *Fox/Hüttche/Lechner*, GmbHR 2000, 524–527; *Heckschen/Glombik*, GmbHR 2013, 841, 842; *Rupp*, EStB 2006, 192, 193; *Schanz*, NZA 2000, 626, 628.

87 Wandeldarlehen spielen, neben den reinen Eigenkapitalfinanzierungen, als Finanzierungsinstrument der Start-ups selbst eine immer größer werdende Rolle, vgl. *Bank/Möllmann*, VC Agreements in Germany, Rn. 5–17.

88 *Kutsch/Kersting*, BB 2011, 373, 379.

### b) *Erfolgsbeteiligungen*

Bei den Erfolgsbeteiligungen wird dem begünstigten Mitarbeiter ein vom Unternehmenserfolg abhängiger schuldrechtlicher Zahlungsanspruch gegen die Arbeitgebergesellschaft eingeräumt.[89] Anknüpfungspunkt für die Berechnung der Anspruchshöhe können unterschiedliche Bezugsgrößen wie Gewinn, Umsatz oder das Erreichen vorher festgelegter Leistungskennziffern des Mitarbeiters sein.[90]

### 3. *Unmittelbare und mittelbare Beteiligungen*

Die Beteiligung lässt sich unmittelbar ausgestalten, indem der Mitarbeiter direkt in eine Rechtsbeziehung mit der Arbeitgebergesellschaft tritt.[91] Soll eine Vielzahl von Mitarbeitern im Rahmen eines Mitarbeiterbeteiligungsprogramms incentiviert werden, bietet sich gerade bei den Eigenkapitalbeteiligungen angesichts gesellschaftsrechtlicher Vorgaben eine Bündelung in mittelbaren Beteiligungsstrukturen an.[92] Indem eine vermögensverwalte Personengesellschaft oder ein Treuhänder zwischengeschaltet wird, lässt sich ein im Vergleich zur unmittelbaren Beteiligung wirtschaftlich identisches Ergebnis erzeugen.[93]

## C. Gründe für Mitarbeiterbeteiligungen im Venture Capital

Wegen ihres enormen Erfolgs im Ausland, insbesondere auf dem US-amerikanischen Markt, machen Wagniskapitalgeber ihre Investments hierzulande vermehrt von der Implementierung eines Mitarbeiterbeteiligungsprogramms abhängig. Einer jüngeren Studie zufolge stellt ein Mitarbeiterbeteiligungsprogramm für 63 % der Wagniskapitalgeber ein notwendiges und für 32 % ein gewünschtes Kriterium für das Investitionsvorhaben dar. Nur 5 % der befragten Experten gaben an, dass ein Mitarbeiterbeteiligungsprogramm keine Relevanz bei einer Investitionsentscheidung hat.[94]

---

89 *Heckschen/Glombik*, GmbHR 2013, 841, 845; *Waschbusch/Sendel-Müller*, StB 2020, 246, 247.

90 *Kutsch/Kersting*, BB 2011, 373, 375.

91 *Rödding/Brinkmann/Fischer* in: Lüdicke/Sistermann, Unternehmenssteuerrecht, § 14 Rn. 142; *Waschbusch/Sendel-Müller*, StB 2020, 246, 247.

92 *Bloß*, GmbHR 2016, 104, 107.

93 *Holzner* in: Holzner/Mantke/Stenzel, Hdb Managementbeteiligung, Rn. 680. Eine ausführliche Behandlung mittelbarer Beteiligungsstrukturen erfolgt unter 3. Teil B.

94 ESOPasap-Studie, S. 29.

## I. Motive und Nutzen für die Start-ups

### *1. Kompensation niedriger Festgehälter*

Mitarbeiterbeteiligungen erfüllen aus Sicht der Start-ups primär den Zweck, niedrige Festgehälter zu kompensieren.[95] Die Unternehmen sind gerade am Anfang ihres unternehmerischen Lebenszyklus selten profitabel. Um ihr Geschäftsmodell einschließlich etwaiger Vertriebsstrukturen überhaupt aufbauen zu können, erwirtschaften sie zunächst nur Verluste.[96] Sie verfügen demnach nicht über hinreichend liquide Mittel, um sich aus eigener Kraft hohe Personalkosten leisten zu können.[97] Auch stellen Klauseln in den Gesellschaftervereinbarungen zwischen den Altgesellschaftern des Start-ups und den neu hinzutretenden Wagniskapitalgebern sicher, dass etwaig eingebrachtes Wagniskapital zweckgebunden in die Entwicklung und Erweiterung des Geschäftsmodells anstatt in die Privatvermögen der Gründer und Mitarbeiter fließt.

Eine Mitarbeiterbeteiligung kann diesen anfänglichen Liquiditätsengpass kompensieren. Indem Mitarbeiter im Falle eines späteren Exits an den hierbei erzielten Erlösen partizipieren, werden die laufenden Personalkosten niedrig gehalten und die Liquidität des Unternehmens geschont.[98] Anders als etwa bei Managementbeteiligungen im Private Equity-Umfeld, bei denen eine Mitarbeiterbeteiligung „on top" gewährt wird, hat eine Mitarbeiterbeteiligung bei Start-ups keine additive, sondern substitutive Wirkung in Bezug zum Festgehalt.[99]

### *2. Akquisition qualifizierter Mitarbeiter*

Die Suche nach qualifiziertem und geeignetem Personal stellt für viele Start-ups eine große Herausforderung dar. Die Entscheidung, in einem Start-up zu arbeiten, setzt angesichts des hohen Risikos eines unternehmerischen Scheiterns eine gewisse Risikobereitschaft der Bewerber voraus. Darüber hinaus ist die Mehrzahl der Start-ups im Technologiesektor tätig.[100] Gleichzeitig herrscht

---

95 *Schönhaar*, GWR 2017, 293; *Weitnauer/Dunkmann*, GWR 2013, 349; *Wilhelm*, NZG 2013, 1211; *Zimmer/Heuschmid/Klein* in: Däubler, TVG, § 1 Rn. 463, 464.

96 *Weitnauer/Dunkmann*, GWR 2013, 349.

97 *Lowitzsch*, Verbreitung der Mitarbeiterkapitalbeteiligung in Deutschland und Europa, S. 90; *Mohr*, GmbH-StB 2005, 305.

98 *Fox/Hüttche/Lechner*, GmbHR 2000, 521, 522; *Mohr*, GmbH-StB 2005, 305, 306; *Schönhaar*, GWR 2017, 293.

99 *Bank/Möllmann*, VC Agreements in Germany, Rn. 418.

100 *Bundesverband Deutsche Startups e.V.*, Deutscher Startup Monitor 2021, S. 15.

in den MINT-Berufen[101] seit Jahren ein immenser Fachkräftemangel.[102] Die Anzahl der Absolventen kann die hohe Nachfrage auf dem Arbeitsmarkt kaum decken.[103] Schließlich konkurrieren Start-ups nicht nur hierzulande um geeignetes Personal. Die zunehmende Internationalisierung der Märkte führt zu einem globalen Wettstreit um Fachkräfte.[104] Eine Mitarbeiterbeteiligungen kann das Dilemma der Start-ups lösen, indem es zusätzliche Anreize setzt, um Fachkräfte aus dem In- und Ausland für das unternehmerische Vorhaben zu gewinnen.

### 3. *Bindung an die Gesellschaft*

Wurden Mitarbeiter in einem ersten Schritt akquiriert, gilt es sie in einem zweiten Schritt langfristig an die Gesellschaft zu binden. Das Abwandern zentraler Schlüsselmitarbeiter kann den Erfolg des gesamten unternehmerischen Vorhabens gefährden.[105] Indem die Höhe der Beteiligung beispielsweise im Rahmen von „Leaver"- und „Vesting"-Regelungen vom Bestehen und der Dauer des Beschäftigungsverhältnisses abhängig gemacht wird, dient eine Mitarbeiterbeteiligungen als zusätzliches Instrument, etwa in wirtschaftlichen Krisenzeiten oder bei lukrativen Angeboten der Konkurrenz, den Verbleib eines Mitarbeiters zu sichern.[106]

### 4. *Steigerung der eigenen Produktivität und Innovationsfähigkeit*

Zahlreiche wissenschaftliche Studien konnten nachweisen, dass Mitarbeiterbeteiligungen positive Auswirkungen auf die Produktivität innerhalb eines Unternehmens ausüben.[107] Die Wertschöpfung pro Mitarbeiter in einem Betrieb mit Mitarbeiterbeteiligungen ist um bis zu 20 % höher als in einem

---

101 Ein Akronym, die Berufe aus den Bereichen Mathematik, Informatik, Naturwissenschaften und Technologie zusammenfassend.

102 *Lowitzsch*, Verbreitung der Mitarbeiterkapitalbeteiligung in Deutschland und Europa, S. 99.

103 *Schanz*, Mitarbeiterbeteiligungsprogramme, NZA 2000, 626.

104 *Wagner*, BB 2000, 42.

105 *Mohr*, GmbH-StB 2005, 305.

106 *Weinheimer/Renner* in: Hölters, Hdb Unternehmenskauf, Rn. 14.116. Eine umfassende Behandlung der Leaver- und Vesting-Regelungen später im 3. Teil unter C. und D.

107 Eine Zusammenfassung wissenschaftlicher Untersuchungsergebnisse in: *Brinck*, Mitarbeiterbeteiligung – Ein Weg zu höherer Produktivität, Innovation, Beschäftigung und Rentabilität, AGP 2003.

Betrieb ohne eine solche.[108] Grund hierfür ist zum einen der prozentual höhere Anteil an qualifiziertem Fachpersonal.[109] Zum anderen wird die Produktivitätssteigerung auf eine höhere Innovationsfähigkeit der Betriebe zurückgeführt. Einer empirischen Studie zufolge konnten 57 % der Betriebe mit einer Mitarbeiterbeteiligung innerhalb von zwei Jahren Produkt- und Prozessinnovationen realisieren, während dies in Betrieben ohne Mitarbeiterbeteiligung nur bei 21 % gelang.[110] Völlige Marktneuheiten, denen das Potential innewohnt, bestehende Geschäftsmodelle oder Technologien zu ersetzen („disruptive" Innovationen), schufen nur 3 % der Betriebe ohne, aber 26 % der Betriebe mit einer Mitarbeiterbeteiligung.[111]

Die gesteigerte Produktivität und Innovationsfähigkeit der Unternehmen mit Mitarbeiterbeteiligungsprogrammen ist außerdem auf eine erhöhte Motivation und Leistungssteigerung der begünstigten Mitarbeiter zurückzuführen.[112] Die Verknüpfung der persönlichen Einkommenssituation mit dem wirtschaftlichen Erfolg des Unternehmens führt in den Unternehmen zu einer niedrigen Mitarbeiterfluktuation, geringeren Rekrutierungs- und Einarbeitungskosten, weniger Fehlzeiten, einem stärkeren Kostenbewusstsein der Mitarbeiter und größerer Sorgfalt beim Umgang mit Material oder dem Einsatz von Maschinen.[113]

---

108 *Möller*, MittAB 4/2000, 565, 571.

109 *Möller*, MittAB 4/2000, 565, 573.

110 *Strotmann*, Zur Bedeutung materieller Mitarbeiterbeteiligung in Baden-Württemberg, IAW 2002, S. 19. Vgl. auch *Möller*, MittAB 4/2000, 565, 571, wonach Produkt- und Prozessinnovationen in Beteiligungsbetrieben 23 % bis 30 % häufiger vorkommen als in Nicht-Beteiligungsbetrieben.

111 *Strotmann*, Zur Bedeutung materieller Mitarbeiterbeteiligung in Baden-Württemberg, IAW 2002, S. 20.

112 *Wolff/Zschoche*, Studie zur Wirkung der Mitarbeiterbeteiligung am Beispiel der Siemens AG, Georg August-Universität Göttingen 2015, S. 19 f.

113 *Hübler*, MittAB 2/1995, 214; *Möller*, MittAB 4/2000, 565; a.A. *Wolf/Zwick*, MittAB 1/2002, 123, wonach Unternehmen mit einer Mitarbeiterbeteiligung häufig schon vor deren Einführung über ein gutes Management, aktive Personalabteilungen und ein vorteilhaftes Betriebsklima verfügen. Eine höhere Produktivität sei insofern auch ohne die Mitarbeiterbeteiligung denkbar.

## II. Motive und Nutzen für die Mitarbeiter

### 1. *Privater Vermögensaufbau und Wertschätzung persönlicher Leistung*

Auch für die Mitarbeiter sind die Vorteile einer Mitarbeiterbeteiligung facettenreich. Die zentralen Beweggründe sind ökonomischer Natur. Wie eingangs erwähnt, verzichten Mitarbeiter durch ihre Anstellung in einem Start-up auf ein hohes Festgehalt. Der Beteiligung kommt insofern eine kompensierende Wirkung zu und dient im Erfolgsfall dem privaten Vermögensaufbau.[114]

Daneben spielen aber auch psychologische Gesichtspunkte eine tragende Rolle. In einer Studie gaben 77 % der befragten Mitarbeiter in deutschen Start-ups an, in der Einräumung der Mitarbeiterbeteiligung eine Wertschätzung ihrer persönlichen Leistung zu sehen.[115] Auch wird die Identifikation des Mitarbeiters mit der Arbeitgebergesellschaft durch eine Beteiligung an „seinem" Unternehmen gesteigert.[116]

### 2. *Kritik vom doppelten Verlustrisiko*

Als Hauptgegenargument in der Diskussion um mehr Mitarbeiterbeteiligungen wird häufig das „doppelte Verlustrisiko" vorgetragen. Darunter ist das Risiko zu verstehen, dass eine Insolvenz der Arbeitgebergesellschaft nicht nur zum Verlust des Arbeitsplatzes, sondern auch der finanziellen Beteiligung des Mitarbeiters führt.[117] Dieser Vorwurf ist nicht von der Hand zu weisen, zumal eine Beschränkung des wirtschaftlichen Verlustrisikos gerade bei den Eigenkapitalbeteiligungen nur bedingt möglich ist. Kritiker schlagen daher vor, Mitarbeitern stattdessen Anteile an einem überbetrieblichen Investmentfonds einzuräumen und dadurch eine Risikostreuung herbeizuführen.[118]

---

114 52 % der befragten Mitarbeiter in Start-ups gaben an, ihre Exit-Erlösbeteiligung in den privaten Vermögensaufbau investiert zu haben. Für 59 % stellt die Mitarbeiterbeteiligung eine Kompensation für ihre niedrigen Festgehälter dar, vgl. ESOPasap-Studie, S. 20.

115 ESOPasap-Studie, S. 22.

116 *Mohr*, GmbH-StB 2005, 305; *Simon* in: Grobys/Panzer-Heemeier, SWK Arbeitsrecht, Mitarbeiterbeteiligung Rn. 2; *Wolff/Zschoche*, Studie zur Wirkung der Mitarbeiterbeteiligung am Beispiel der Siemens AG, Georg August-Universität Göttingen 2015, S. 19 f.

117 Waschbusch/Sendel-Müller, StB 2020, 246, 248.

118 Ausführlich zu überbetrieblichen Mitarbeiterbeteiligungsgesellschaften, vgl. *Waschbusch/Sendel-Müller*, StB 2020, 246, 248–249.

Dieser Vorschlag kann im Umfeld von Start-ups indes nicht überzeugen. Die Vergabe von Anteilen an einem abstrakt übergeordneten Fonds erzeugt schon keine mit einer direkten Beteiligung am Unternehmen vergleichbare Identifikations- und Bindungswirkung.[119] Zudem hat die Wirtschafts- und Finanzkrise gezeigt, dass selbst insolvenzgeschützte Investmentfonds einem nicht unerheblichen Wertverlustrisiko ausgesetzt sind.[120] Schließlich ist die Renditeerwartung eines solchen Fonds nicht mit der Aussicht auf eine überdurchschnittlich hohe Erlösbeteiligung bei einem lukrativen Exit vergleichbar. Mitarbeiterbeteiligungen würden ihre kompensierende Wirkung für die unterdurchschnittlichen Festgehälter verlieren.

## III. Motive und Nutzen für die Wagniskapitalgeber

Die Incentivierung von Mitarbeitern steht schließlich auch im Einklang mit dem Interesse der Investoren, möglichst schnell eine Wertsteigerung der Zielgesellschaft und damit ihrer eigenen Beteiligung herbeizuführen. Ein motiviertes und langfristig gebundenes Team aus Fachkräften erhöht die Erfolgswahrscheinlichkeit eines Start-ups.[121] So gaben 85 % der befragten Wagniskapitalgeber in einer Studie an, in Mitarbeiterbeteiligungsprogrammen einen relevanten Faktor für den Erfolg von Start-ups zu sehen.[122]

---

119 Waschbusch/Sendel-Müller, StB 2020, 246, 248.

120 *Mehrens/Stracke/Wilke*, Die finanzielle Mitarbeiterbeteiligung praxistauglich weiterentwickeln, S. 31.

121 *Weinheimer/Renner* in: Hölters, Hdb Unternehmenskauf, Rn. 14.116.

122 ESOPasap-Studie, S. 29.

# 2. Teil Entwicklungsstand der Mitarbeiterbeteiligung im Venture Capital

Zahlreiche Formen der Mitarbeiterbeteiligung, dabei insbesondere die eingangs dargestellten Erfolgsbeteiligungen, sehen bereits ab dem Zeitpunkt ihrer Einräumung laufende Auszahlungen an den Mitarbeiter vor (Gewinnausschüttungen, Dividenden, Zinsen etc.). Vor dem Hintergrund der fehlenden Liquidität der Start-ups sind diese Beteiligungsformen im Umfeld des Venture Capital kaum praktikabel.[123] Das gilt auch für etwaige Fremdkapitalbeteiligungen, die zwar in der Entwicklungsphase der noch jungen Unternehmen zur Überbrückung anfänglicher Liquiditätsengpässe von Vorteil wären. Indes scheitert ihre praktische Umsetzung daran, dass die begünstigten Mitarbeiter regelmäßig noch nicht über wesentliches Vermögen verfügen, umgekehrt aber ein in Relation zu den Finanzierungsmöglichkeiten der Mitarbeiter überproportionaler Kapitalbedarf der Arbeitgebergesellschaft besteht.[124] Die Mehrzahl der in der deutschen Gesamtwirtschaft eingesetzten Mitarbeiterbeteiligungsformen setzt demnach ein Unternehmensprofil voraus, das nicht dem eines typischen Start-ups entspricht.

Bei der Wahl und Ausgestaltung ihres Mitarbeiterbeteiligungsmodells haben die jungen Unternehmen stattdessen einen Vorteil aus den besonderen Umständen ihrer Wagniskapitalfinanzierung gezogen. Wie eingangs gesehen, beabsichtigen Wagniskapitalgeber mit ihrem Investment die Erzielung hoher Exit-Erlöse nach erfolgreicher Unternehmenswertmaximierung. Die dabei erzielten Kapitalzuflüsse dienen insofern als finanzielle Grundlage für die Beteiligung von Mitarbeitern. Vor diesem Hintergrund haben sich mit der direkten Anteilsübertragung, der Einräumung von Anteilsoptionen und den schuldrechtlichen Nachbildungen dieser beiden Eigenkapitalbeteiligungen in der deutschen Praxis zum Venture Capital drei Modelle der Mitarbeiterbeteiligung etabliert.[125] Das jeweils zugrundeliegende, rechtliche Grundgerüst ist Gegenstand der nachfolgenden Untersuchung.

123 *Heckschen/Glombik*, GmbHR 2013, 841, 844; *Rupp*, EStB 2006, 192.

124 *Schanz*, NZA 2000, 626, 627.

125 *Bank/Möllmann*, VC Agreements in Germany, Rn. 424; *Schönhaar*, GWR 2017, 294; *Weitnauer*, GWR 2017, 391. Vgl. ausführlich zur Verbreitung der Mitarbeiterbeteiligung in deutschen Start-up, ESOPasap-Studie, S. 36–40.

# A. Direkte Übertragung von Geschäftsanteilen

Die direkte Übertragung von Geschäftsanteilen an den Mitarbeiter stellt die Grundform aller Mitarbeiterbeteiligungen dar.[126] Hierbei geltende Grundsätze wirken sich auf die Gestaltung anderer Modelle aus.

## I. Gesellschaftsrechtliche Grundlagen

Das Recht der GmbH sieht, anders als das AktG mit den §§ 71 Abs. 1 Nr. 2, 192 Abs. 2 Nr. 3 AktG, keine Sonderregelungen für die Eigenkapitalbeteiligung von Mitarbeitern vor.[127] Bei der Einräumung einer entsprechenden Mitarbeiterbeteiligung gelten daher die allgemeinen Grundsätze zum Beitritt neuer Gesellschafter.

### *1. Ablauf der Eigenkapitalbeteiligung*

Das Ziel der direkten Eigenkapitalbeteiligung von Mitarbeitern an der Arbeitgebergesellschaft lässt sich rechtstechnisch entweder im Wege der Abtretung bereits bestehender Altgesellschafteranteile oder durch Übertragung neuer Geschäftsanteile erreichen.[128]

#### *a) Übertragung neuer Geschäftsanteile*

Die Übertragung neuer Anteile ist unter wagniskapitalfinanzierten Gesellschaften am häufigsten zu beobachten.[129] Das ist darauf zurückzuführen, dass im Zusammenhang mit einer Finanzierungsrunde ohnehin neue Geschäftsanteile für die Wagniskapitalgeber geschaffen und übertragen werden.

##### *aa) Ordentliche Kapitalerhöhung*

Die Übertragung neuer Geschäftsanteile setzt die vorherige Erhöhung des Stammkapitals der Gesellschaft voraus, § 55 GmbHG. Die damit verbundene Satzungsänderung ist in der Gesellschafterversammlung mit qualifizierter Mehrheit zu fassen, § 53 Abs. 1 u. 2 S. 1 GmbHG, was entsprechende Einigkeit der Altgesellschafter über die Aufnahme des Mitarbeiters in den Kreis der Gesellschafter voraussetzt.[130] Gleichzeitig müssen die Bezugsrechte der

---

126 *Schönhaar*, GWR 2017, 293.

127 *Mohr*, GmbH-StB 2005, 305.

128 *Fox/Hüttche/Lechner*, GmbHR 2000, 521; *Mohr*, GmbH-StB 2005, 305.

129 *Hohaus* in: Jesch/Striegel/Boxberger: Rechtshandbuch PE, 4. Teil § 13 B. I. Rn. 12.

130 *Inhester* in: Saenger/Inhester, GmbHG § 55, Rn. 5.

Altgesellschafter, zumindest teilweise, ausgeschlossen werden, um die Aufnahme des neuen Gesellschafters zu ermöglichen. Die tatsächliche Übernahme der neuen Geschäftsanteile durch den begünstigten Mitarbeiter setzt sodann einen weiteren Beschluss der Gesellschafterversammlung mit einfacher Mehrheit voraus, § 55 Abs. 2 S. 1 GmbHG. Um den Verwaltungsaufwand insgesamt niedrig zu halten, wird über beide Punkte regelmäßig in einer einzigen Gesellschafterversammlung unter Verzicht auf die jeweils gesetzlich und gesellschaftsvertraglich geregelten Form- und Fristerfordernisse entschieden.[131] Der Kapitalerhöhungsbeschlusses unterliegt einem notariellen Formerfordernis, weshalb mit jeder Beteiligung von Mitarbeitern ein zusätzlicher Kostenaufwand verbunden ist, § 53 Abs. 2 S. 1 GmbHG.

Im Anschluss an die Beschlussfassung folgt dessen Durchführung, einerseits bestehend aus der notariell aufgenommenen oder beglaubigten Übernahmeerklärung des Mitarbeiters, § 55 Abs. 1 GmbHG, andererseits aus der Annahme durch die Arbeitgebergesellschaft.[132] Um die Transaktionskosten insgesamt niedrig zu halten, bietet es sich auch hier an, den Übernahmevertrag mit den Gesellschafterbeschlüssen in einem Notartermin zu behandeln.[133] Nach der Übernahme der neuen Geschäftsanteile und entsprechender Leistung der Mindesteinlage wird die Kapitalerhöhung mit Anmeldung und Eintragung der Satzungsänderung im Handelsregister wirksam, §§ 54 Abs. 1 u. 3, 57 Abs. 1 GmbHG.

### *bb) Genehmigtes Kapital*

Als Alternative zur Schaffung neuer Anteile im Wege der ordentlichen Kapitalerhöhung, besteht seit dem 01.11.2008 mit § 55a GmbHG die Möglichkeit des genehmigten Kapitals.[134] Danach kann die Geschäftsführung ermächtigt werden, die Stammkapitalerhöhung zu einem späteren Zeitpunkt ohne erneute Satzungsänderung nach dem oben dargelegten Verfahren bis zu einem festgelegten Nennbetrag durchzuführen.[135] Die damit einhergehende Kompetenzverschiebung von der Gesellschafterversammlung zur Geschäftsführung

---

131 *Lieder* in: MüKo GmbHG, § 55 Rn. 105.

132 *Inhester* in: Saenger/Inhester, GmbHG § 55a, Rn. 19 ff.

133 *Lieder* in: MüKo GmbHG, § 55 Rn. 13.

134 Vorschrift eingefügt durch das Gesetz zur Modernisierung des GmbH-Rechts und zur Bekämpfung von Missbräuchen (MoMiG) vom 23.10.2008 (BGBl. I S. 2026), in Kraft getreten am 01.11.2008.

135 *Inhester* in: Saenger/Inhester, GmbHG § 55a, Rn. 33; *Lieder* in: MüKo GmbHG, § 55a, Rn. 1.

ermöglicht es, flexibel auf Schwankungen des Arbeits- und Kapitalmarkts zu reagieren.[136] Das genehmigte Kapital bietet sich damit insbesondere dann an, wenn langfristig die Beteiligung einer Vielzahl von Mitarbeitern geplant ist.[137] Die Ermächtigung ist auf höchstens fünf Jahre begrenzt, was bei der Ausrichtung eines entsprechenden Mitarbeiterbeteiligungsprogramms Berücksichtigung finden muss, § 55a Abs. 2 GmbHG.

*cc) Zwischenergebnis*

Die Zuführung von neuem Eigenkapital durch die Schaffung neuer Geschäftsanteile verbessert einerseits die Kapitallage der Gesellschaft, birgt andererseits aber ein nicht unerhebliches Konfliktpotential unter den Altgesellschaftern, insbesondere den Wagniskapitalgebern.[138] Der Bezugsrechteausschluss und die gleichzeitige Aufnahme neuer Gesellschafter führen zu einer Verwässerung der bestehenden Beteiligungsverhältnisse. Wegen der damit einhergehenden Minderung ihrer Kontroll- und Vermögensrechte ist die unmittelbare gesellschaftsrechtliche Beteiligung von Mitarbeitern insbesondere von den Wagniskapitalgebern oft nicht gewollt.[139]

*b) Abtretung bestehender Geschäftsanteile*

Anstatt neue Anteile zu übertragen, kommt die Übertragung bereits bestehender Geschäftsanteile an den begünstigten Mitarbeiter in Betracht. Hierzu stehen drei Gestaltungsmöglichkeiten zur Auswahl: Zunächst kann die Arbeitgebergesellschaft eigene, nach dem Grundsätzen des § 33 GmbHG erworbene Geschäftsanteile an den Mitarbeiter abtreten.[140] Alternativ können die Altgesellschafter ihre Geschäftsanteile aber auch per Gesellschafterbeschluss nach § 46 Nr. 4 GmbHG teilen und so, unter Beachtung des Mindeststückelungserfordernisses in § 5 Abs. 2 S. 1 GmbHG, neue Geschäftsanteile schaffen.[141] Schließlich kann die Abtretung durch einen oder mehrere austrittswillige Altgesellschafter erfolgen.[142]

---

136 *Lieder* in: MüKo GmbHG, § 55a, Rn. 2.

137 *Stenzel*, DStR 2018, 82, 83.

138 *Mohr*, GmbH-StB 2005, 306.

139 *Fox/Hüttche/Lechner*, GmbHR 2000, 521, 528; *Schanz*, NZA 2000, 626, 628; *Schrade/Denninger*, DStR 2019, 2615.

140 *Roßkopf/Notz* in: MüKo GmbHG, § 33, Rn. 20; *Stenzel*, DStR 2018, 82, 84.

141 *Löbbe* in: Habersack/Casper/Löbbe, GmbHG, § 15 Rn. 302–311; *Mohr*, GmbH-StB 2005, 305, 306.

142 *Stenzel* in: Holzner/Mantke/Stenzel, Hdb Managementbeteiligung, Rn. 334.

Sowohl das der Abtretung zugrundeliegende Verpflichtungsgeschäft als auch die Abtretung selbst unterliegen nach § 15 Abs. 3 u. 4 GmbHG einem notariellen Formerfordernis. Wenngleich die Geschäftsanteile grundsätzlich frei veräußerlich sind, § 15 Abs. 1 GmbHG, sehen die Satzungen typischerweise eine Vinkulierung der Geschäftsanteile vor.[143] Zur wirksamen Abtretung der Anteile ist dann die vorherige Zustimmung der Gesellschafterversammlung erforderlich. Im Zuge der Abtretung bestehender Anteile tritt, mit Ausnahme der Teilung von Geschäftsanteilen, keine Verwässerung der Altgesellschafteranteile ein. Dafür ist mit ihr keine Verbesserung der Eigenkapitalstruktur der Gesellschaft verbunden.

### c) *Anteilskaufpreis, Einlagepflicht und Sweet Equity*

Der derivative Erwerb der Geschäftsanteile erfolgt im Rahmen eines Anteilskaufvertrags, der zugrundeliegende Kaufpreis bemisst sich dabei in der Regel am Verkehrswert der Geschäftsanteile im Erwerbszeitpunkt.[144] Die Entrichtung eines marktüblichen Anteilskaufpreises lässt sich für Mitarbeiter ohne finanzielle Rücklagen wirtschaftlich aber oft nicht darstellen.[145] Der Anteilserwerb erfolgt deshalb zu Vorzugskonditionen.[146] Die Übertragung wird hierbei entweder unentgeltlich ausgestaltet oder der Mitarbeiter muss nur einen Bruchteil des Verkehrswerts zahlen. Dem begünstigten Mitarbeiter wird der Anteilserwerb insofern „versüßt“, weshalb hierfür die Bezeichnung „Sweet Equity“ geläufig ist.[147] Werden neue Geschäftsanteile für den Mitarbeiter geschaffen, muss er hierauf gemäß § 56a GmbHG eine Einlage unter Wahrung der Grundsätze zur Kapitalaufbringung leisten.[148] Die Höhe der zu erbringenden Einlage

---

143 *Martinius/Stubert*, BB 2006, 1977, 1983; *Weitnauer*, NZG 2001, 1065, 1071.

144 *Stenzel*, DStR 2018, 82, 84. Das Problem der Wertermittlung von (Mitarbeiter-) Anteilen in Start-ups wird ausführlich unter 4. Teil A. I. 1. d) behandelt.

145 *Schanz*, NZA 2000, 626, 628.

146 *Mantke* in: Holzner/Mantke/Stenzel, Hdb Managementbeteiligung, Rn. 9.

147 Gelegentlich auch „Sweat Equity“, da vom Mitarbeiter als Gegenleistung für die Mitarbeiterbeteiligung ein erhöhter Arbeitseinsatz im Unternehmen verlangt wird, vgl. *Engelstädter/Gebler/Lorenz* in: Risse/Kästle, M&A und Corporate Finance von A–Z, Sweet Equity; *Bloß*, GmbHR 2016, 104, 109; *Hohaus/Inhester*, DStR 2003, 1765, 1766.

148 *Lieder* in: MüKo GmbHG, § 56a Rn. 5–6a; *Mohr*, GmbH-StB 2005, 306; Das gilt nicht für den Fall, in dem die Kapitalerhöhung durch eine Umwandlung von Rücklagen in das Stammkapital erfolgt, §§ 57c–57o GmbHG.

entspricht der Summe der eingeräumten Geschäftsanteile.[149] Der Mitarbeiter muss demnach, die steuerlichen Folgen der Anteilsübertragung ausgeklammert, einen niedrigen Kapitaleinsatz für seine Beteiligung aufbringen. Damit fällt auch die Höhe seines Verlustrisikos im Falle eines unternehmerischen Scheiterns gering aus. Gleichzeitig hat er die Aussicht auf eine maximale Wertsteigerung, bei Eintritt eines lukrativen Exits kommt es zu einer erheblichen Hebelwirkung der eigenen Beteiligung.[150]

### 2. *Vom Mitarbeiter zum Mitgesellschafter*

Mit der direkten Beteiligung am Stammkapital der Gesellschaft wird der begünstigte Mitarbeiter zum Mitgesellschafter, was mit der Einräumung umfangreicher Rechte und Pflichten verknüpft ist.

#### a) *Rechtsfolgen der Begründung eines Gesellschafterverhältnisses*

Die Aufnahme des Mitarbeiters in den Kreis der Gesellschafter geht mit der Begründung eines neuen, neben dem Beschäftigungsverhältnis bestehenden Gesellschafterverhältnisses einher.[151] Zum einen unterliegt der Mitarbeiter als Gesellschafter nunmehr den Regelungen der Satzung. Zum anderen tritt er den bestehenden Gesellschaftervereinbarungen und sonstigen schuldrechtlichen Nebenvereinbarungen mit den übrigen Gesellschaftern bei. Wegen ihrer begrenzten schuldrechtlichen Wirkung setzt dieser Beitritt die gesonderte Zustimmung des beitrittswilligen Mitarbeiters sowie sämtlicher bisheriger Parteien voraus. Zu den Nebenvereinbarungen zählen insbesondere die Beteiligungsverträge, die der Finanzierung mit Venture Capital zugrundeliegenden.[152] Zwar bestehen sämtliche gesellschafts-, schuld-, dienst- und arbeitsrechtlichen Rechtsverhältnisse grundsätzlich getrennt voneinander. Es können aber auch Wechselwirkungen entstehen, insbesondere zwischen dem Beschäftigungs- und Gesellschaftsverhältnis. So stellt die Beschäftigung im Unternehmen regelmäßig die Geschäftsgrundlage für die Einräumung einer

149 Da Mitarbeitern in der Regel eine geringe Anzahl an Geschäftsanteilen übertragen wird, ist auch der finanzielle Aufwand seiner Einlagepflicht gering, *Stenzel*, DStR 2018, 82, 84.

150 *Hohaus* in: Jesch/Striegel/Boxberger: Rechtshandbuch PE, 4. Teil § 13 B. I. Rn. 17; *Stenzel*, DStR 2018, 82, 84.

151 Waschbusch/Sendel-Müller, StB 2020, 246, 247.

152 *Mantke* in: Holzner/Mantke/Stenzel, Hdb Managementbeteiligung, Rn. 9, 495.

Eigenkapitalbeteiligung dar.[153] Das hat Auswirkungen auf die an späterer Stelle diskutierte, einkommensteuerrechtliche Einordnung von Vermögenszuflüssen oder der Kündigung des begünstigten Mitarbeiters.[154]

Überdies können die Rechtsverhältnisse zueinander in Konflikt stehen, was am Beispiel der Treuepflicht des Gesellschafter gegenüber der Gesellschaft auf der einen und dem Streikrecht des Arbeitnehmers auf der anderen Seite deutlich wird.[155] Sofern nicht ausgeschlossen, partizipiert der Mitarbeiter mit Begründung des Gesellschafterverhältnisses zudem an den erzielten Gewinnen der Gesellschaft, § 29 Abs. 1 S. 1 GmbHG.[156] Dadurch entsteht ein weiterer monetärer Anreiz, die Arbeitgebergesellschaft durch seinen Arbeitseinsatz alsbald profitabel zu machen.[157] Gleichwohl ist mit der Gesellschafterstellung des Mitarbeiters auch ein Verlustrisiko in Höhe seiner Einlage verbunden.

### *b) Einfluss auf die operative Geschäftstätigkeit*

Aus der Stellung des Mitarbeiters als Mitgesellschafter erwachsen darüber hinaus weitreichende Informations- und Mitbestimmungsrechte. Dazu zählt insbesondere das jederzeitige Auskunfts- und Einsichtsrecht aus § 51a Abs. 1 GmbHG. Der Anspruch setzt keine Mindestgröße der Eigenkapitalbeteiligung voraus und steht damit jedem begünstigten Mitarbeiter unabhängig von seiner Beteiligungsgröße zu.[158] Daneben kann der Mitarbeiter, sofern satzungsrechtlich nicht ausgeschlossen, durch Teilnahme- und Stimmrechte Einfluss auf Entscheidungen der Gesellschafterversammlung ausüben, §§ 47, 48 GmbHG.[159] Wegen der engen Einbindung in unternehmensinterne Prozesse wird dieser Mitarbeiterbeteiligungsform die höchste Anreizwirkung zugeschrieben.[160]

Indes kann die Erweiterung des Teilnehmerkreises der Gesellschafterversammlung die Entscheidungsfindung unter den Gesellschaftern erschweren,

---

153 *Mohr*, GmbH-StB 2005, 305, 306; *Simon* in: Grobys/Panzer-Heemeier, SWK Arbeitsrecht, Mitarbeiterbeteiligung Rn. 10.

154 Dazu unten 3. Teil D.

155 *Zimmer/Heuschmid/Klein* in: Däubler, TVG, § 1 Rn. 471.

156 Wie eingangs gesehen, realisieren Start-ups gerade in ihrer Entwicklungsphase nur selten Gewinne, womit der Gewinnbeteiligung kaum praktische Relevanz zukommt, vgl. auch *Bank/Möllmann*, VC Agreements in Germany, Rn. 423.

157 *Schanz*, NZA 2000, 626, 628; *Schönhaar*, GWR 2017, 293.

158 *Hillmann* in: MüKo GmbHG, § 51a Rn. 5.

159 *Liebscher* in: MüKo GmbHG § 46 Rn. 189 ff.; *Schönhaar*, GWR 2017, 293.

160 *Hohaus* in: Jesch/Striegel/Boxberger: Rechtshandbuch PE, 4. Teil § 13 B. I. Rn. 12; *Schanz*, NZA 2000, 626, 628.

wenngleich der Mitarbeiter angesichts seiner geringen Beteiligungsgröße regelmäßig keine Veto-Stellung einnehmen wird.[161] Den gesellschaftsrechtlichen Mitwirkungs- und Einflussrechten des Mitarbeiters haftet damit das Risiko an, auf Gesellschafterebene zu Konflikten zu führen. Sie sind ein weiterer Grund dafür, dass diese Form der Mitarbeiterbeteiligung seitens der Wagniskapitalgeber und Gründer jedenfalls für eine große Anzahl begünstigter Mitarbeiter oft nicht gewollt ist.[162]

### *3. Exit-orientierte Ausgestaltung der Beteiligungsbedingungen*

Ohne zusätzliche Regelungen wäre die Anreizwirkung der Mitarbeiterbeteiligung schon im Zeitpunkt der Übertragung der Geschäftsanteile beendet. Der Mitarbeiter könnte vom Wertzuwachs der Gesellschaft profitieren, ohne seinerseits einen Beitrag dazu leisten zu müssen. Zudem könnte die Liquidität der Gesellschaft, etwa durch einen vorzeitigen Rückkauf der Geschäftsanteile, unnötig belastet werden. Bei wagniskapitalfinanzierten Gesellschaften rückt daher der Eintritt eines Exits in den Mittelpunkt der Vertragsdokumentation einer Mitarbeiterbeteiligung. Die späteren Kapitalzuflüsse dienen einerseits als finanzielle Grundlage der Beteiligung. Andererseits vermag ein vorzeitiges Ausscheiden von Schlüsselmitarbeitern das Unternehmenswachstum und damit den Exit selbst nicht zu gefährden.

#### *a) Vertragliche Gestaltungsmittel*

Um dieses Gestaltungsziel zu erreichen, bieten sich eine Vielzahl von Vertragsregelungen an. Zu den wichtigsten zählt das sogenannte „Vesting".[163] Dabei werden die anfänglich eingeräumten Anteile mit Rückabtretungsverpflichtungen versehen, die anschließend in regelmäßigen zeitlichen Abständen aufgehoben werden.[164] Dahinter steht der Gedanke, dass sich der Mitarbeiter seine Beteiligung erst im Rahmen seiner zukünftigen Tätigkeit und seines Engagements

161 *Bloß*, GmbHR 2016, 104, 105; *Mohr*, GmbH-StB 2005, 306. Dazu noch ausführlich im 3. Teil A. I.

162 *Schönhaar*, GWR 2017, 293.

163 Abgeleitet aus dem Englischen „harvest". Die Anteile stellen demnach die „Ernte" einer dauerhaften Mitarbeit im Unternehmen dar; *Schönhaar*, GWR 2017, 293, 294; *Weinheimer/Renner* in: Hölters, Hdb Unternehmenskauf, Rn. 14.116.

164 Sogenanntes „negatives Vesting", vgl. *Hohaus* in: Jesch/Striegel/Boxberger: Rechtshandbuch PE, 4. Teil § 13 B II. Rn. 53. Dazu umfassend im 3. Teil C.

für das Unternehmen verdienen muss.[165] In engem sachlichem Zusammenhang dazu stehen die „Leaver"-Regelungen, im Rahmen derer die Auswirkung der Beendigung des Beschäftigungsverhältnisses auf die Eigenkapitalbeteiligung geregelt wird.[166] In Abhängigkeit von der Frage, ob der Mitarbeiter sein Beschäftigungsverhältnis als „Good" oder „Bad Leaver" beendet, kann dies eine Pflicht zur Rückübertragung bereits gevesteter Anteile begründen.[167] Diese und weitere Gestaltungsmöglichkeiten, insbesondere ihre steuerrechtlichen Auswirkungen und Grenzen der Vertragsgestaltung, werden ausführlich im 3. Teil dieser Arbeit untersucht.

### *b) Disquotale Erlösverteilung im Exit*

Bei Anwendung des § 72 S. 1 GmbHG würden sämtliche Gesellschafter im Exit nach dem Verhältnis ihrer Geschäftsanteile an den erzielten Erlösen beteiligt werden. Dies hat zur Folge, dass sämtliche Wagniskapitalgeber gleichberechtigt mit den Gründer-Gesellschaftern und etwaigen Mitarbeitern an den Exit-Erlösen partizipieren, obwohl sie das alleinige oder zumindest teilweise finanzielle Risiko des unternehmerischen Vorhabens tragen. Daher sehen die Beteiligungsverträge mit sogenannten „Liquidationspräferenzen" eine bevorzugte, disquotale Erlösverteilung vor, im Rahmen derer die Investoren ihr eingebrachtes Kapital zuzüglich eines Renditeaufschlags bevorzugt zurückerhalten.[168] Dadurch findet die Exit-Erlösverteilung nicht äquivalent im Verhältnis zu den jeweiligen Beteiligungsverhältnissen, sondern im Wege einer gestaffelten Auszahlung statt.[169] Die Gesellschaftsanteile werden dazu in verschiedene Anteilsklassen unterteilt und dabei einem Rang zugeordnet.[170]

---

165 *Bank/Möllmann*, VC Agreements in Germany, Rn. 220. Anteile, deren Rückübertragungspflicht nach diesen Vesting-Regelungen aufgehoben wurde, werden nachfolgend auch als „gevestete" Anteile bezeichnet.

166 *Binnewies*, GmbH-StB 2019, 239, 242; *Hohaus/Inhester*, DStR 2003, 1765, 1766.

167 *Bank/Möllmann*, VC Agreements in Germany, Rn. 235 f., *Binnewies*, GmbH-StB 2019, 239, 242; Dazu im Einzelnen 3. Teil D.

168 *Grisar/Zantopp*, DStR 2020, 1768, 173; *Gublitz/Hüttinger*, NZG 2018, 370; *Jäckle/Strehle/Clauss* in: Meyer-Sparrenberg/Jäckle, Beck'sches Hdb M&A, § 54 Rn. 111; *Zirngibl/Kupsch*, BB 2011, 579.

169 *Bloß*, GmbHR 2016, 104, 106; *Weinheimer/Renner* in: Hölters, Hdb Unternehmenskauf, Rn. 14.121.

170 Bei mehreren Finanzierungsrunden stellt sich die Frage des Rangverhältnisses unter den Investoren. Hierbei wird in der Regel nach dem Prinzip „Last-In–First-Out" verfahren, die Investoren werden also in umgekehrter Reihenfolge zu

Anteile der oberen Ränge werden bevorzugt mit etwaigen Erlösen bedient („Vorzugsanteile“).[171] Der jeweils nachfolgende Rang erhält sodann die noch verbleibenden Erlöse, bis sämtliche Ränge bedient wurden.[172] Angesichts ihres vergleichsweise geringen finanziellen Verlustrisikos erhalten die Mitarbeiter keine Vorzugsanteile. Sie werden stattdessen mit den Gründeranteilen nach dem soeben beschriebenen Verteilungsschlüssel auf dem untersten Rang als sogenannte „Stammgeschäftsanteile“ bedient.[173]

Sollten nach der Bedienung des untersten Ranges Exit-Erlöse übrigbleiben, sind die unterschiedlichsten Gestaltungen denkbar. Sie reichen von einer pro-rata Verteilung an alle Gesellschafter bis zum einem „catch-up“, also einer „Aufholung“ der nicht vorrangig bedienten Anteile.[174] Der Begriff „Liquidations“-präferenz ist in diesem Zusammenhang allerdings weit zu verstehen, um bei allen Exit-Ereignissen zur Anwendung zu kommen. Er umfasst, neben der bevorzugten Verteilung von Überschüssen aus der Liquidation der Gesellschaft, auch die Verteilung von Erlösen beim Verkauf von Geschäftsanteilen und wirtschaftlich vergleichbaren Maßnahmen.[175]

## II. Steuerrechtliche Behandlung

Die Attraktivität einer Mitarbeiterbeteiligung wird maßgeblich von ihrer steuerlichen Behandlung bestimmt.[176] Steuerrechtliche Strukturüberlegungen

---

ihrem Einstiegszeitpunkt bedient, vgl. *Gublitz/Hüttinger*, NZG 2018, 370; *Stenzel*, DStR 2018, 82, 84; *Zirngibl/Kupsch*, BB 2011, 579, 580.

171 *Kuntz*, Kapitalgesellschaften zwischen Freiheit und Zwang, S. 62 ff.; *Stenzel*, DStR 2018, 82, 83.

172 *Stenzel*, DStR 2018, 82, 84.

173 *Bank/Möllmann*, VC Agreements in Germany, Rn. 437; *Kuntz*, Kapitalgesellschaften zwischen Freiheit und Zwang, S. 62 ff.; *Weitnauer*, Hdb Venture Capital, Teil E Rn. 259; *Stenzel*, DStR 2018, 82, 83.

174 Vgl. ausführlich zu diesen anrechenbaren (non-participating) und nicht anrechenbaren (participating) Liquidationspräferenzen, *Gublitz/Hüttinger*, NZG 2018, 370, 371; *Zirngibl/Kupsch*, BB 2011, 579, 580.

175 *Kuntz*, Kapitalgesellschaften zwischen Freiheit und Zwang, S. 76; *Martinius/Stubert*, BB 2006, 1977, 1978; *Zirngibl/Kupsch*, BB 2011, 579.

176 Bei der folgenden Betrachtung wird unterstellt, dass es sich bei den begünstigten Mitarbeitern um Arbeitnehmer im steuerrechtlichen Sinn, § 1 Abs. 1 S. 1 LStDV, handelt, womit der persönliche Anwendungsbereich der Einkommensteuer aus nichtselbstständiger Arbeit gemäß § 19 Abs. 1 S. 1 Nr. 1 EStG eröffnet ist. Ausführlich zum steuerrechtlichen Arbeitnehmerbegriff, vgl. *Krüger* in: Schmidt, EStG, § 19 Rn. 20–29.

stehen daher im Zentrum bei der Gestaltung einer Beteiligung, insbesondere die Fragen nach dem Zeitpunkt und der Höhe der Einkommensbesteuerung beim Mitarbeiter.

### *1. Besteuerung auf Ebene des Mitarbeiters*

Für die einkommensteuerrechtliche Würdigung der Beteiligung auf Ebene des Mitarbeiters, ist nach dem Zuflussprinzip in § 11 Abs. 1 S. 1 EStG stets auf den Zeitpunkt abzustellen, in dem ihm Einnahmen zufließen. Generiert der Mitarbeiter mehrere Einnahmen aus einer Beteiligung, ist es denkbar, diese unterschiedlichen Einkunftsarten zuzuordnen.[177] Daher sollen die entscheidenden Phasen einer Mitarbeiterbeteiligung nachfolgend gesondert untersucht werden. Bei der direkten Anteilsübertragung sind das die Erwerbs-, Halte-, und Veräußerungsphase.[178]

#### *a) Erwerbsphase*

##### *aa) Vermeidung von Dry-Income als Gestaltungsziel*

Ist bereits der Erwerb der Mitarbeiterbeteiligung mit dem Zufluss von Einnahmen verbunden, unterliegen diese grundsätzlich der Einkommensbesteuerung („Anfangsbesteuerung").[179] Problematisch gestaltet sich dies aus Sicht der Mitarbeiter immer dann, wenn die bei ihm zugeflossenen Güter nicht in Geld bestehen. Gemäß § 8 Abs. 1 S. 1 Var. 2 EStG stellen auch sonstige geldwerten Vorteile, mithin illiquide Vermögenszuflüsse, zu versteuernde „Einnahmen" dar. Mitarbeiter wären zur Begleichung einer Steuerschuld verpflichtet, ohne einen korrespondierenden Liquiditätszufluss erhalten zu haben. Stattdessen müssten sie auf privates Nettovermögen zurückgreifen (Problematik des „Dry-Income").[180]

---

177 FG Köln Urt. v. 20.05.2015, DStR 2016, 209; vgl. auch *Holzner* in: Holzner/Mantke/Stenzel, Hdb Managementbeteiligung, Rn. 677; *Stenzel*, DStR 2018, 82, 86.

178 So auch *Holzner* in: Holzner/Mantke/Stenzel, Hdb Managementbeteiligung, Rn. 677 ff.; *Rödding/Brinkmann/Fischer* in: Lüdicke/Sistermann, Unternehmenssteuerrecht, § 14 Rn. 148.

179 *Stenzel*, DStR 2018, 82, 85.

180 *Grisar/Zantopp*, DStR 2020, 1768, 1771; *Hohaus/Weber*, BB 2012, 23; *Holzner* in: Holzner/Mantke/Stenzel, Hdb Managementbeteiligung, Rn. 705; *Kuntz/Engelhardt*, ZGR 2021, 348, 351; *Möllmann/Zantopp*, DStR 2020, 2817, 2818; *Schrade/Denninger*, DStR 2019, 2615, 2621; *Weitnauer*, Hdb Venture Capital, Teil F Rn. 134, 172.

Während Unternehmen im Umfeld des traditionellen Private Equity Mitarbeitern Darlehen zur Begleichung dieser Steuerschuld zur Verfügung stellen, scheitern vergleichbare Modelle im Umfeld des Venture Capital an den Start-ups, die ihrerseits nicht über die hierfür notwendige Liquidität verfügen.[181] Zwar könnten die Wagniskapitalgeber das benötigte Kapital zur Verfügung stellen. Angesichts der geringen Rentabilität der zugrundeliegenden Darlehensvereinbarungen und des erhöhten Ausfallrisikos sehen insbesondere profitorientierte Investoren typischerweise davon ab. Daher besteht ein wesentliches Gestaltungsziel darin, Dry-Income auf Ebene der Mitarbeiter zu verhindern. Steueroptimierte Beteiligungsstrukturen führen insofern erst im Veräußerungszeitpunkt, mithin dem Zeitpunkt des tatsächlichen Liquiditätszuflusses, ein Steuerereignis herbei („Endbesteuerung").[182]

*bb) Geldwerter Vorteil bei Sweet Equity-Strukturen*

Vor diesem Hintergrund erweisen sich solche Gestaltungen als steuerlich unbedenklich, im Rahmen derer Mitarbeiter ihre Anteile zu marktüblichen Konditionen erwerben.[183] Hier fließen ihnen im Erwerbszeitpunkt schon keine Einnahmen zu. Allerdings sind entsprechende Beteiligungsmodelle im Venture Capital angesichts wirtschaftlich nicht realisierbarer Zahlungsverpflichtungen der Mitarbeiter nicht anzutreffen.

Erfolgt die Ausgestaltung der gesellschaftsrechtlichen Beteiligung hingegen, wie unter Mitarbeiterbeteiligungen in Start-ups üblich, zu Vorzugskonditionen als Sweet Equity, ergibt sich eine andere einkommensteuerrechtliche Würdigung. Die Differenz zwischen dem gezahlten Entgelt des Mitarbeiters und dem gemeinen Wert der Anteile stellt dann einen geldwerten Vorteil dar, § 8 Abs. 2 S. 1 EStG i.V.m. § 11 Abs. 2 BewG.[184] Dieser gilt als zugeflossen, wenn

---

181 *Kuntz/Engelhardt*, ZGR 2021, 348, 354.

182 *Hohaus* in: Jesch/Striegel/Boxberger: Rechtshandbuch PE, 4. Teil § 13 A. III. Rn. 17.

183 BFH Urt. v. 07.04.2014, DStR 2014, 1328; v. 04.10.2016, DStR 2017, 247; *Bauer/Georgi/Weist* in: Salamon, Entgeltgestaltung, I. Rn. 48; *Binnewies*, GmbH-StB 2019, 239, 241; *Grisar/Zantopp*, DStR 2020, 1768, 1771; *Weitnauer*, GWR 2017, 391; *Wiese/Leo*, GmbHR 2017, 690, 692.

184 *Bauer/Georgi/Weist* in: Salamon, Entgeltgestaltung, I. Rn. 51; *Fox/Hüttche/Lechner*, GmbHR 2000, 521, 532; *Hohaus/Inhester*, DStR 2003, 1765; *Holzner* in: Holzner/Mantke/Stenzel, Hdb Managementbeteiligung, Rn. 710; *Rupp*, EStB 2006, 192, 194; *Simon* in: Grobys/Panzer-Heemeier, SWK Arbeitsrecht, Mitarbeiterbeteiligung Rn. 36; *Stenzel*, DStR 2018, 82, 85.

der Empfänger die wirtschaftliche Verfügungsmacht über das Wirtschaftsgut erlangt.[185] Für die Frage der wirtschaftlichen Zurechnung von Wirtschaftsgütern stellt § 39 AO die zentrale Zurechnungsnorm im Steuerrecht dar.[186] Nach § 39 Abs. 1 AO folgt die wirtschaftliche Zurechnung eines Wirtschaftsguts der zivilrechtlichen Eigentümerstellung. Mit Übertragung der zu vergünstigten Konditionen erworbenen Geschäftsanteile an den Mitarbeiter ist regelmäßig auch der einkommensteuerrechtlich relevante Zufluss eines geldwerten Vorteils gegeben.

#### *cc) Zurechnung zu einer Einkunftsart*

Infolgedessen kommt es in der Erwerbsphase grundsätzlich zur Anfangsbesteuerung auf den gewährten Preisnachlass. Die Besteuerungshöhe bemisst sich nach der Zurechnung zu einer der einkommensteuerrechtlichen Einkunftsarten aus § 2 Abs. 1 S. 1 Nr. 1 bis 7 EStG und dem dann anwendbaren Steuertarif. Der unentgeltliche oder vergünstigte Erwerb von Geschäftsanteilen der Arbeitgebergesellschaft stellt stets Einkünfte aus nichtselbstständiger Arbeit gemäß § 2 Abs. 1 S. 1 Nr. 4 i.V.m. § 19 Abs. 1 S. 1 EStG dar.[187] Andere Einkommensarten kommen, jedenfalls in dieser Phase der Beteiligung, nicht in Betracht. Für die begünstigten Mitarbeiter bedeutet dies die Anwendbarkeit der progressiven Arbeitslohnbesteuerung aus § 32a Abs. 1 S. 2 Nr. 1 bis 5 EStG. Je nach Höhe des gewährten Preisnachlasses kann sie bis zu 45 %[188] zzgl. Annexsteuern[189] betragen, § 32a Abs. 1 Nr. 5 EStG. Schuldner der Lohnsteuerlast sind die begünstigten Mitarbeiter, § 38 Abs. 2 S. 1 EStG. Sie wird durch Abzug vom Grundgehalt erhoben, § 38 Abs. 1 S. 1 EStG.

#### *dd) Besteuerungsaufschub in § 19a Abs. 1 S. 1 EStG*

Bis zum 01.07.2021 bestand bei jeder als Sweet Equity ausgestalteten direkten Anteilsübertragung die Problematik des Dry-Income. Mit Inkrafttreten des

---

185 StRspr. des BFH, vgl. Urt. v. 04.05.2006, DStRE 2006, 909; v. 30.11.2010, BFH/NV 2011, 592; v. 14.11.2012, DStR 2013, 353; v. 15.06.2016, BFH/NV 16, 1509; siehe auch *Krüger* in: Schmidt, EStG, § 11 Rn. 16.

186 BFH Urt. v. 17.02.2004, NZG 2004, 1074; vgl. auch *Holzner* in: Holzner/Mantke/Stenzel, Hdb Managementbeteiligung, Rn. 773.

187 BFH Urt. v. 07.05.2014, DStR 2014, 1328; *Rödding/Brinkmann/Fischer* in: Lüdicke/Sistermann, Unternehmenssteuerrecht, § 14 Rn. 148.

188 Höchstsatz für den Veranlagungszeitraum 2022, gilt ab einem zu versteuernden Einkommen von EUR 277.826.

189 Solidaritätszuschlag und, je nach Religionszugehörigkeit, ggf. die Kirchensteuer.

§ 19a EStG im Zuge des Fondsstandortgesetzes (FoStoG) hat sich die Rechtslage aus Sicht der Mitarbeiter geändert.[190] Eine umfassende kritische Würdigung der damit einhergehenden Veränderungen erfolgt im 4. Teil dieser Arbeit.[191] Die zentralen Regelungsinhalte sollen hier aber bereits kurz dargestellt werden.

§ 19a Abs. 1 S. 1 EStG sieht nunmehr einen Besteuerungsaufschub für neben dem Arbeitslohn eingeräumte Vermögensbeteiligungen im Sinne des § 2 Abs. 1 Nr. 1, a, b und f bis l, Abs. 2 bis 5 des 5. VermBG durch den Arbeitgeber vor.[192] Danach kommt es nicht schon im Zeitpunkt der Anteilsübertragung zu einer Besteuerung des geldwerten Vorteils als Arbeitslohn. Die Besteuerung wird vielmehr pausiert und erst im Zeitpunkt der Übertragung durch den Mitarbeiter, nach Ablauf von zwölf Jahren oder bei Beendigung des Arbeitsverhältnisses fällig, § 19a Abs. 4 S. 1 Nr. 1 bis 3 EStG. Gemäß Abs. 2 setzt die vorläufige Nichtbesteuerung die Zustimmung des Arbeitnehmers voraus. Er kann mithin selbst entscheiden, ob er den Besteuerungsaufschub bis zum Eintritt eines der Realisationstatbestände in Abs. 4 in Anspruch nimmt oder nicht. Wertsteigerungen bleiben bis dahin außer Betracht, die spätere Besteuerung erfolgt grundsätzlich auf Basis des gemeinen Werts der Anteile im Erwerbszeitpunkt. Etwas anderes gilt nur bei Wertverlusten, die bei der Besteuerung vollumfänglich zugunsten des Mitarbeiters berücksichtigt werden, indem der nunmehr gesunkene Wert bei der Ermittlung des geldwerten Vorteils zugrunde gelegt wird, § 19a Abs. 4 S. 4 EStG.[193]

Der Besteuerungsaufschub kommt gemäß Abs. 3 nur zur Anwendung, wenn die Arbeitgebergesellschaft im Übertragungszeitpunkt oder Kalenderjahr vor der Übertragung erstens die Empfehlung der EU-Kommission zur Definition von Kleinstunternehmen sowie kleiner und mittlerer Unternehmen erfüllt.

---

190 Gesetz zur Stärkung des Fondsstandorts Deutschland und zur Umsetzung der Richtlinie (EU) 2019/1160 zur Änderung der Richtlinien 2009/65/EG und 2011/61/EU im Hinblick auf den grenzüberschreitenden Vertrieb von Organismen für gemeinsame Anlagen (Fondstandortgesetz – FoStoG) vom 03.06.2021, BGBl. I, S. 1498.

191 Dazu 4. Teil A. I.

192 Nach § 2 Abs. 1 Nr. 1, h des 5. VermBG zählt dazu auch die hier untersuchte Einräumung von GmbH-Geschäftsanteile an einem Unternehmen mit Sitz und Geschäftsleitung im Inland. Gemäß § 52 Abs. 27 EStG gilt der Besteuerungsaufschub erstmals für solche Vermögensbeteiligungen, die nach dem 30. Juni 2021 übertragen werden.

193 Etwas anderes gilt nur, wenn die Wertminderung nicht betrieblich veranlasst ist oder diese auf einer gesellschaftsrechtlichen Maßnahme, insbesondere einer Ausschüttung oder Einlagerückgewähr, beruht, § 19a Abs. 4 S. 6 EStG.

Danach darf sie nicht mehr als 250 Mitarbeiter und einen Jahresumsatz von maximal EUR 50.000.000 beziehungsweise eine Jahresbilanz von maximal EUR 43.000.000 aufweisen.[194] Zweitens darf die Gründung der Arbeitgebergesellschaft nicht mehr als zwölf Jahre zurückliegen. Liegen diese Voraussetzungen vor, statuiert die Norm eine Ausnahme vom einkommensteuerrechtlichen Grundsatz der Besteuerung im Zuflussprinzip und löst damit das Problem des Dry-Income.

### *b) Haltephase*

Der Mitarbeiter partizipiert als Mitgesellschafter auch an den laufenden Gewinnausschüttungen der Arbeitgebergesellschaft, § 29 Abs. 1 GmbHG. Kommt es während der Haltephase seiner Kapitalbeteiligung zu einer entsprechenden Auszahlung von Gewinnen, stellen diese einen steuerlich relevanten Vermögenszufluss dar und müssen im tatsächlichen Zuflusszeitpunkt versteuert werden. Grundsätzlich sind die laufenden Bezüge aus einer Kapitalbeteiligung den Einkünften aus Kapitalvermögen gemäß § 2 Abs. 1 S. 1 Nr. 5 i.V.m § 20 Abs. 1 Nr. 1 EStG zuzurechnen.[195] Die Besteuerungshöhe bemisst sich dann nach § 32d Abs. 1 S. 1 EStG und beträgt pauschal 25 %.[196]

Je nach Ausgestaltung der zugrundeliegenden Beteiligungsbedingungen können die laufenden Bezüge im Einzelfall aber auch den Einkünften aus nichtselbstständiger Arbeit nach § 19 Abs. 1 S. 1 Nr. 1 EStG unterliegen. Dies ist entweder der Fall, wenn die Vermögenszuflüsse als vorrangig durch das Dienstverhältnis veranlasst gesehen werden oder der Mitarbeiter im Zeitpunkt des tatsächlichen Vermögenszuflusses nicht wirtschaftlicher Eigentümer der Anteile ist.[197] Schon in der Haltephase können sich damit unter Umständen schwierige Abgrenzungsfragen ergeben. Indes kommt es im Umfeld des Venture Capital bis zum Eintritt eines Exit-Ereignisses nur selten zu einer Ausschüttung von Gewinnen, weshalb die Abgrenzung der beiden Einkunftsarten sogleich bei der steuerrechtlichen Erfassung von Erlösen in der Veräußerungsphase diskutiert

---

194 Siehe Art. 2 Abs. 1 des Anhangs der Empfehlung der Kommission vom 6. Mai 2003 betreffend die Definition der Kleinstunternehmen sowie der kleinen und mittleren Unternehmen (ABl. L 124 vom 20. Mai 2003, S. 36).

195 *Fox/Hüttche/Lechner*, GmbHR 2000, 521, 532; *Holzner* in: Holzner/Mantke/Stenzel, Hdb Managementbeteiligung, Rn. 738; *Wiese/Leo*, GmbHR 2017, 690, 693.

196 Die Einkommensteuer wird durch Abzug vom Kapitalertrag erhoben, sie hat abgeltende Wirkung, § 43a Abs. 1 S. 1 Nr. 1 i.V.m. § 43 Abs. 5 EStG. Nachfolgend daher auch „Kapitalertrag-„ oder „Abgeltungsteuer".

197 *Schmidt/Levedag* in: Schmidt, EStG, § 20 Rn. 16.

werden soll.[198] Die dortigen Ausführungen sind auf die steuerrechtliche Erfassung laufender Bezüge zu übertragen.

### *c) Veräußerungsphase*

Die Erzielung hoher Veräußerungsgewinne im Exit und die damit verbundene Kompensation des niedrigen Festgehalts steht im Zentrum der Mitarbeiterbeteiligung.[199] Dabei kommt es zwangsläufig zur Rückübertragung der Vermögensbeteiligung, weshalb bei Sweet Equity-Strukturen der Besteuerungsaufschub gemäß § 19a Abs. 4 S. 1 Nr. 1 EStG endet. Die Arbeitslohnbesteuerung auf den gewährten Preisnachlass wird jetzt fällig. Diese Steuerschuld kann der Mitarbeiter wegen dem Liquiditätszufluss aus der Beteiligungsveräußerung nunmehr auch begleichen, ohne auf private Rücklagen zurückgreifen zu müssen.

Zudem sind aber auch die erzielten Veräußerungsgewinne, also die Einnahmen aus der Veräußerung abzüglich etwaiger Anschaffungskosten, als einkommensteuerrechtlich relevanter Zufluss von Einnahmen gemäß § 11 Abs. 1 S. 1 EStG voll zu versteuern.[200] Da der Mitarbeiter hierbei im Idealfall ein kleines Vermögen erzielt, kommt der Frage nach dem anwendbaren Steuertarif in dieser Beteiligungsphase besondere Relevanz zu.

#### *aa) Einkommensbesteuerung in Abhängigkeit von der Beteiligungsquote*

Die Einkommensbesteuerung der Veräußerungsgewinne richtet sich zunächst nach der Höhe der eingeräumten Eigenkapitalbeteiligung. Betrug diese zu einem Zeitpunkt innerhalb der letzten fünf Jahre mindestens 1 % vom Stammkapital der Gesellschaft, werden die Veräußerungsgewinne den gewerbliche Einkünften gemäß § 17 Abs. 1 S. 1 EStG zugerechnet und nach dem Teileinkünfteverfahren besteuert.[201] Dabei sind 40 % des Einkommens steuerfrei, die verbleibenden 60 % unterliegen dem persönlichen Einkommensteuersatz des Mitarbeiters, § 17 Abs. 1 i.V.m. §§ 3 Nr. 40 S. 1, 3c Abs. 2 S. 1 EStG.

---

198 *Bank/Möllmann*, VC Agreements in Germany, Rn. 423.

199 *Weitnauer/Dunkmann*, GWR 2013, 349.

200 Wurden die Anteile als Sweet Equity erworben, gilt der geldwerte Vorteil aus der verbilligten Überlassung als Teil der Anschaffungskosten und mindert den zu versteuernden Veräußerungsgewinn. *Rödding/Brinkmann/Fischer* in: Lüdicke/Sistermann, Unternehmenssteuerrecht, § 14 Rn. 148–152; siehe auch BMF-Schreiben v. 18.01.2016, BStBl. I 2016, Rn. 87.

201 *Bloß*, GmbHR 2016, 104, 106; *Esskandari*, SWK Arbeitsrecht, Mitarbeiterbeteiligung, Rn. 29; *Weitnauer*, Hdb Venture Capital, Teil F Rn. 129.

Liegt die individuelle Beteiligungsquote unterhalb der Schwelle von 1 % des Stammkapitals der Gesellschaft, was bei Mitarbeiterbeteiligungen im Umfeld des Venture Capital üblicher ist, kommt unabhängig von der Haltedauer die Abgeltungsteuer für Einkünfte aus Kapitalvermögen in Höhe von 25 % zur Anwendung, § 20 Abs. 2 S. 1 Nr. 1 i.V.m. § 32d Abs. 1 S. 1 EStG.[202]

### *bb) Einkunftsartenkonkurrenz bei der Endbesteuerung*

Allerdings wird die enge wirtschaftliche Verflechtung der gesellschaftsrechtlichen Beteiligung mit dem gleichzeitig bestehenden Beschäftigungsverhältnis von den zuständigen Finanzverwaltungen regelmäßig zum Anlass genommen, die Zurechnung zu einem der einkommensteuerrechtlichen Veräußerungstatbestände der §§ 17 Abs. 1, 20 Abs. 2 Nr. 1 EStG in Frage zu stellen.[203] Veräußerungserlöse aus der Eigenkapitalbeteiligung werden stattdessen den Einkünften aus nichtselbstständiger Arbeit zugeordnet, § 19 Abs. 1 S. 1 Nr. 1 EStG.

#### (1) Vermeidung der progressiven Arbeitslohnbesteuerung als Gestaltungsziel

Die daraus resultierende Lohnbesteuerung hat drastische finanzielle Auswirkungen auf die individuelle Netto-Erlösbeteiligung des Mitarbeiters. Zur Veranschaulichung ein vereinfachtes[204] Rechenbeispiel anhand eines fiktiven Veräußerungsgewinns von EUR 100.000:

Qualifiziert das zuständige Finanzamt den Gewinn als Einkunft aus Kapitalvermögen gemäß § 20 Abs. 2 S. 1 Nr. 1 EStG, beläuft sich die Einkommensteuer des begünstigten Mitarbeiters nach § 32d Abs. 1 S. 1 EStG auf EUR 25.000. Sollten die Veräußerungsgewinne hingegen den Einkünften aus nichtselbstständiger Arbeit gemäß § 19 Abs. 1 Nr. 1 EStG zugeordnet werden, unterliegen sie der Arbeitslohnbesteuerung. Gemäß § 32a Abs. 1 Nr. 4 EStG steigt die Steuerlast im

---

202 Dies gilt jedenfalls für nach dem 01.01.2009 erworbene und im Privatvermögen gehaltene Anteile. Vorher erworbene Anteile konnten grds. steuerfrei veräußert werden, sofern sie länger als ein Jahr gehalten wurden und die Beteiligungshöhe unter der Schwelle von 1 % am Stammkapital der Gesellschaft lag, vgl. *Holzner* in: Holzner/Mantke/Stenzel, Hdb Managementbeteiligung, Rn. 768.

203 *Bloß*, GmbHR 2016, 104, 107; *Holzner* in: Holzner/Mantke/Stenzel, Hdb Managementbeteiligung, Rn. 771.

204 Annexsteuern (Solidaritätszuschlag, Kirchensteuer), Steuerfreibeträge und individuelle Sozialabgaben werden nicht berücksichtigt. Beim Mitarbeiter soll es sich um einen unbeschränkt steuerpflichtigen Arbeitnehmer der Lohnsteuerklasse I handeln, dessen Beteiligungsquote zu keinem Zeitpunkt oberhalb der Schwelle von 1 % des Stammkapitals der Gesellschaft lag.

Vergleich zur Kapitalertragsteuer dann um EUR 7.732,47 auf EUR 32.732,47, ein Zuwachs von knapp 31 %.[205]

Die Arbeitslohnbesteuerung ist progressiv, womit sich die Differenz zur Kapitalertragsteuer bei steigenden Brutto-Veräußerungserlösen erhöht. Sie kann gemäß § 32a Abs. 1 S. 2 Nr. 5 EStG bis zu 45 % des zu versteuernden Einkommens betragen.[206] Selbst wenn der Mitarbeiter einen Veräußerungsgewinn erzielen würde, der zu einem persönlichen Einkommensteuersatz von unter 25 % führt, kommt mit § 32d Abs. 6 S. 1 EStG die Günstigerprüfung zur Anwendung. Hierbei wird dem Steuerpflichtigen die Differenz zwischen der Kapitalertragsteuer und dem niedrigeren Lohnsteuertarif rückerstattet. Die Zurechnung zu den Einkünften aus nichtselbstständiger Arbeit ist also in keinem Szenario steuerlich vorteilhaft. Gerade bei einer erfolgreichen Unternehmenswertmaximierung und einem anschließenden lukrativen Exit sind die Finanzverwaltung besonders bestrebt, Veräußerungsgewinne den Einkünften aus nichtselbstständiger Arbeit zuzurechnen und den Fiskus damit am Wertzuwachs der Geschäftsanteile in größtmöglichem Umfang partizipieren zu lassen.[207] Im Interesse des Mitarbeiters besteht ein wesentliches Gestaltungsziel daher darin, im Rahmen der Endbesteuerung eine Arbeitslohnbesteuerung gemäß § 19 Abs. 1 S. 1 Nr. 1 i.V.m. § 32a EStG zu vermeiden.

(2) Abgrenzungsfragen

Die steuerrechtliche Zuordnung der Veräußerungserlöse aus einer Mitarbeiterbeteiligung zu den Einkunftsarten wirft schwierige Abgrenzungsfragen auf. Das ist darauf zurückzuführen, dass sich die Veräußerungsgewinne dem Wortlaut nach sowohl unter die Voraussetzungen des § 19 Abs. 1 S. 1 Nr. 1 EStG als auch unter die Veräußerungstatbestände der §§ 17 Abs. 1, 20 Abs. 2 Nr. 1 EStG subsumiert lassen. Das Einkommensteuerrecht sieht für diese Binnenkonkurrenz, anders als etwa in § 20 Abs. 8 EStG oder § 22 Nr. 1 S. 1 EStG, keine Subsidiaritätsklausel vor. Beide Einkunftsarten stehen gleichrangig nebeneinander.[208]

---

205 0,42 x 100.000 – 9.267,53 = 32.732,47. Die Formel gilt gemäß § 32a Abs. 1 S. 2 Nr. 4 EStG für zu versteuernde Einkommen von EUR 58.597 bis EUR 277.825 für den Veranlagungszeitraum 2022.

206 Gilt für den Veranlagungszeitraum 2022 ab einem zu versteuernden Einkommen von EUR 277.826.

207 *Binnewies*, GmbH-StB 2019, 239, 244; *Holzner* in: Holzner/Mantke/Stenzel, Hdb Managementbeteiligung, Rn. 771; *Stenzel*, DStR 2018, 82, 85.

208 *Frey/Schmid*, DStR 2015, 1094, 1095.

*(a) Sonderrechtsbeziehung oder Veranlassungszusammenhang durch das Dienstverhältnis?*

Nach ständiger Rechtsprechung des BFH gehören zu den Einnahmen aus nichtselbständiger Arbeit nach § 19 Abs. 1 S. 1 Nr. 1 EStG alle Güter, die in Geld oder Geldeswert bestehen und die dem Arbeitnehmer aus dem Dienstverhältnis für das Zurverfügungsstellen seiner individuellen Arbeitskraft zufließen.[209] Vorteile werden „für" eine Beschäftigung gewährt, wenn sie durch das individuelle Dienstverhältnis des Arbeitnehmers veranlasst sind. Dieser Veranlassungszusammenhang sei gegeben, wenn der Vorteil mit Rücksicht auf das Dienstverhältnis eingeräumt wird und sich die Leistung im weitesten Sinne als Gegenleistung für das Zurverfügungsstellen der individuellen Arbeitskraft des Arbeitnehmers erweist.[210]

Um eine Abgrenzung zu den Einkünften aus Kapitalvermögen zu ermöglichen, zieht der BFH die im Gesetz nicht verankerte Figur der „Sonderrechtsbeziehung" hinzu.[211] Danach kann die kapitalmäßige Beteiligung eines Arbeitnehmers an seinem Arbeitgeber eine eigenständige Erwerbsgrundlage darstellen, so dass damit in Zusammenhang stehende Erwerbseinnahmen und Erwerbsaufwendungen in keinem einkommensteuerrechtlich erheblichen Veranlassungszusammenhang zum Arbeitsverhältnis stehen. Der Arbeitnehmer nutzt sein Kapital in diesem Fall als eine vom Arbeitsverhältnis unabhängige und eigenständige Erwerbsgrundlage zur Einkünfteerzielung. Die daraus erzielten Erträge sind dann keine Einkünfte aus nichtselbständiger Arbeit, sondern solche aus Kapitalvermögen.[212]

Der Veräußerungsgewinn aus einer Kapitalbeteiligung an einem Unternehmen führt hingegen nicht allein deshalb zu Einkünften aus nichtselbstständiger Arbeit, weil die Beteiligung von einem Arbeitnehmer des Unternehmens gehalten und veräußert wurde.[213] Ob der Zufluss von Einnahmen einer solchen

---

209 Urt. v. 19.06.2008, DStR 2008, 1632; v. 20.11.2008, DStR 2009, 207; v. 17.06.2009, DStR 2009, 2092; v. 20.05.2010, DStR 2010, 1888; v. 30.06.2011, DStR 2011, 1757; v. 05.11.2013, DStR 2014, 258; v. 21.05.2014, DStR 2014, 1868; v. 04.10.2016, DStR 2017, 247.

210 BFH Urt. v. 19.06.2008, DStR 2008, 1632; v. 20.11.2008, DStR 2009, 207; v. 17.06.2009, DStR 2009, 2092; v. 20.05.2010, DStR 2010, 1888; v. 30.06.2011, DStR 2011, 1757; v. 05.11.2013, DStR 2014, 258; v. 21.05.2014, DStR 2014, 1868; v. 04.10.2016, DStR 2017, 247.

211 Kritisch: *Crezelius* in: Festschrift für H. Korth, S. 199 ff.

212 StRspr. des BFH vgl. Urt. v. 05.04.2006, DStRE 2006, 972; v. 17.06.2009, DStR 2009, 2092; v. 21.10.2014, DStRE 2015, 138; v. 04.10.2016, DStR 2017, 247.

213 BFH Urt. v. 17.06.2009, DStR 2009, 2092; v. 04.10.2016; DStR 2017, 247.

Sonderrechtsbeziehung oder dem Dienstverhältnis zuzurechnen ist, erfolgt stattdessen unter Hinzuziehung einer einzelfallabhängigen Betrachtung und richtet sich danach, welche Einkunftsart im konkreten Einzelfall im Vordergrund steht und dadurch die jeweils andere Einkunftsart verdrängt.[214] Dazu werden einerseits die äußeren Umstände der Beteiligung, etwa das Bestehen eines Dienstverhältnisses im Erwerbszeitpunkt oder die Tatsache, dass die Beteiligung ausschließlich Mitarbeitern der Gesellschaft angeboten wurde, hinzugezogen.[215] Andererseits wird auf einzelne Vertragsregelungen abgestellt, die der Mitarbeiterbeteiligung zugrunde liegen. Die Einordnung zu den Einkünften aus nichtselbstständiger Arbeit lässt sich hingegen nicht dadurch umgehen, dass die Beteiligten ausdrücklich erklären, es handelt sich um „Arbeitslohn". Die persönlichen Auffassungen und Einschätzungen der an der Zuwendung Beteiligten sind unerheblich, entscheidend sind allein die vorgefundenen objektiven Tatumstände.[216]

Die steuerrechtlichen Auswirkungen einzelner, hierzulande typischerweise bei Mitarbeiterbeteiligung in Start-ups eingesetzter Klauseln sind Gegenstand des 3. Teils der Arbeit. Die jeweiligen Vertragsregelungen entfalten bei der finalen Zuordnung zu einer der beiden Einkunftsarten allerdings nur indizielle Wirkung.[217] Es gibt keine „Infektion" der gesamten Beteiligung, sollte eine Klausel für die Zuordnung zu einer Einkunftsart sprechen.[218] Entscheidend bleibt stets eine Würdigung aller prägenden Gesamtumstände.[219] Im Streitfall obliegt die Beantwortung der Frage, ob eine Zuwendung durch das Dienstverhältnis oder einer durch die Eigenkapitalbeteiligung hervorgerufene Sonderrechtsbeziehung veranlasst ist, der tatrichterlichen Würdigung durch die

---

214 StRspr. des BFH, vgl. Urt. v. 05.04.2006, DStRE 2006, 972; v. 20.11.2008, DStR 2009, 207; v. 01.02.2007, DStR 2007, 1004; v. 05.11.2013, DStR 2014, 258; v. 04.10.2016, DStR 2017, 247.

215 BFH Urt. v. 20.05.2010, DStR 2010, 1888; v. 21.10.2014, DStRE 2015, 138.

216 BFH Urt. v. 28.02.2013, NJW 2013, 2382; Beschl. v. 06.12.2013, BFH/NV 2014, 511. In beiden Fällen sollten die Zuwendungen an die Mitarbeiter der Schenkungssteuer unterworfen werden, indem die Arbeitgebergesellschaft im zugrundeliegenden Schreiben ausdrücklich mitteilte, dass es sich um eine freiwillige, nicht mit dem Arbeitsverhältnis in Zusammenhang stehende Zuwendung handelt.

217 BFH Urt. v.17.06.2009, DStR 2009, 2092; v. 20.05.2010, DStR 2010, 1888, v. 05.11.2013, DStR 2014, 258; v. 21.10.2014, DStRE 2015, 138.

218 *Frey/Schmid*, DStR 2015, 1094, 1097; *Geserich* in der Diskussion zum 13. Münchener Unternehmenssteuerforum, vgl. *Jehlin/Kaufhold*, DStR-Beih 2014, 49, 51.

219 BFH Urt. v. 05.11.2013, DStR 2014, 258: v. 14.05.2014, BFH/NV 2014, 1883.

zuständigen Finanzgerichte.[220] In der jüngeren finanzgerichtlichen Rechtsprechung ist hierbei ein großzügiger Auslegungsmaßstab zugunsten der Annahme von Einkünften aus Kapitalvermögen festzustellen.[221] In seinem vielbeachteten Urteil vom 04.10.2016 erkannte der BFH etwa eine Sonderrechtsbeziehung an, obwohl die zugrundeliegenden Beteiligungsbedingungen eine Rückübertragungspflicht bei Beendigung des Anstellungsverhältnisses und Abfindungsvereinbarungen in Abhängigkeit vom Grund des Ausscheidens beinhalteten.[222] Da es sich aber stets um eine einzelfallabhängige Gesamtabwägung handelt, können die in dem Urteil entwickelten Leitsätze nur beschränkt auf andere Mitarbeiterbeteiligungen übertragen werden. Bei der direkten Übertragung von Geschäftsanteilen unterliegen die Vermögenszuflüsse im Zeitpunkt der Veräußerung damit stets dem lohnsteuerlichen Risiko, als Einkunft aus nichtselbstständiger Arbeit qualifiziert zu werden und damit der progressiven Lohnbesteuerung aus § 32a EStG zu unterliegen.

*(b) Wirtschaftliches Eigentum der Anteile beim Mitarbeiter?*

Neben dem Bestehen einer Sonderrechtsbeziehung setzt die einkommensteuerrechtliche Zuordnung zu den Kapitaleinkünften voraus, dass der Mitarbeiter wirtschaftliches Eigentum an den Gesellschaftsanteilen hat.[223] Wie gesehen folgt die Zurechnung wirtschaftlichen Eigentums der zivilrechtlichen Eigentümerstellung, § 39 Abs. 1 AO.[224] Mit Übertragung der Geschäftsanteile an den Mitarbeiter ist daher regelmäßig auch der Erwerb wirtschaftlichen Eigentums verbunden.

Nach § 39 Abs. 2 Nr. 1 S. 1 AO kann sich allerdings eine abweichende Zurechnung des wirtschaftlichen Eigentums ergeben, wenn der wirtschaftliche Eigentümer den rechtlichen Eigentümer für die gewöhnliche Nutzungsdauer von der Einwirkung auf das Wirtschaftsgut ausschließen kann.[225] Nach ständiger Rechtsprechung des BFH geht das wirtschaftliche Eigentum nicht verbriefter Gesellschaftsanteile erst dann auf den Erwerber über, wenn erstens

---

220 BFH Urt. v. 05.11.2013, DStR 2014, 258; v. 07.05.2014, DStR 2014, 1328.

221 Vgl. BFH Urt. v. 01.12.2020, DStR 2021, 1218; FG Köln Urt. v. 20.05.2015, DStR 2016, 209; *Kuntz/Engelhardt*, ZGR 2021, 348, 357; *Stenzel*, DStR 2018, 82, 85.

222 BFH Urt. v. 04.10.2016, DStR 2017, 247. Anders noch BFH Urt. v. 05.11.2013, DStRE 2012, 920. Gleichwohl wenden die zuständigen Finanzbehörden die Leitsätze des BFH in der Praxis uneinheitlich an, vgl. *Schönhaar*, GWR 2020, 313; *Schrade/Denninger*, DStR 2019, 2615, 2617 f.

223 *Levedag* in: Schmidt, EStG, § 20 Rn. 16.

224 Dazu bereits oben A. II. 1. a) bb).

225 *Hohaus/Inhester*, DStR 2003, 1765, 1766.

dieser aufgrund eines (bürgerlich-rechtlichen) Rechtsgeschäfts eine rechtlich geschützte, auf den Erwerb des Rechts gerichtete Position erworben hat, die ihm gegen seinen Willen nicht mehr entzogen werden kann, zweitens die mit dem Anteil verbundenen wesentlichen Verwaltungs- und Vermögensrechte und drittens das Risiko einer Wertminderung und die Chance einer Wertsteigerung auf ihn übergegangen sind.[226] Sind die drei vorstehenden Voraussetzungen nicht erfüllt, verbleibt das wirtschaftliche Eigentum der Anteile trotz zivilrechtlichen Eigentumsübergangs beim Veräußerer. Dabei ist die Frage nach der Zuordnung des wirtschaftlichen Eigentums nach dem Gesamtbild der Verhältnisse einzelfallabhängig zu bestimmen.[227] Kann dem Mitarbeiter aufgrund einer entsprechenden Ausgestaltung der Beteiligungsbedingungen kein wirtschaftliches Eigentum zugerechnet werden, gelten die Vermögenszuflüsse aus der Anteilsveräußerung als durch das Arbeitsverhältnis veranlasst.[228] Eine steueroptimierte Ausgestaltung der Beteiligungsbedingungen muss insofern gewährleisten, dass der Mitarbeiter eine rechtlich geschützte Eigentumsposition, die wesentlichen Gesellschafterrechte und gleichermaßen Chance auf Wertsteigerung und Risiko des Wertverlusts trägt.[229]

(3) Zwischenergebnis

Wenngleich die Finanzgerichte die Einkunftsartenkonkurrenz tendenziell zugunsten der Kapitaleinkünfte aus §§ 17 Abs. 1, 20 Abs. 2 Nr. 1 EStG auflösen, sind die mit der Beteiligung forcierten Veräußerungserlöse bis zur tatsächlichen Endbesteuerung stets mit dem lohnsteuerlichen Risiko einer Zurechnung zu den Einkünften aus nichtselbstständiger Arbeit behaftet, § 19 Abs. 1 S. 1 Nr. 1 EStG. Die Anwendung der progressiven Arbeitslohnbesteuerung führt mitunter dazu, dass der Mitarbeiter dann eine höhere Steuerlast entrichten muss als die Wagniskapitalgeber.[230] Unter Gerechtigkeitsgesichtspunkten

---

226 StRspr. des BFH, vgl. Urt. v. 10.03.1998, BStBl II 988, 832; v. 11.07.2006, DStR 2006, 2163; v. 09.10.2008, NJW-RR 2009, 467; v. 30.06.2011, DStRE 2011, 1247; v. 09.07.2014, DStR 2014, 1829.

227 *Holzner* in: Holzner/Mantke/Stenzel, Hdb Managementbeteiligung, Rn. 775; *Krüger* in: Schmidt, EStG, § 11 Rn. 16.

228 Daher sind Finanzverwaltung bemüht, das wirtschaftliche Eigentum des Mitarbeiters an den Anteilen zu versagen, vgl. *Holzner* in: Holzner/Mantke/Stenzel, Hdb Managementbeteiligung, Rn. 771.

229 Zu den einkommensteuerlichen Auswirkungen einzelner Vertragsklauseln umfassend im 3. Teil der Arbeit.

230 Bei den Wagniskapitalgebern kommen die Veräußerungstatbestände der §§ 17 Abs. 1, 20 Abs. 2 Nr. 1 EStG zur Anwendung.

führt dies zu nicht tragbaren Ergebnissen. In Ermangelung einer gesetzlichen Lösung für die einkommensteuerrechtliche Binnenkonkurrenz und einer stets einzelfallabhängigen finanzgerichtlichen Rechtsprechung ist die Einräumung einer direkten Anteilsbeteiligung für den Mitarbeiter mit erheblichen Rechtsunsicherheiten verbunden.[231] Für sie ist die direkte Anteilsübertragung als Mitarbeiterbeteiligungsmodell in Hinblick auf ihre steuerliche Behandlung im Exit nach derzeitiger Rechtslage damit kaum praktikabel.

### *d) Steuerfreibetrag des § 3 Nr. 39 EStG*

Neben dem Zeitpunkt und der Art der Beteuerung stellt sich aus Sicht des Mitarbeiters auch die Frage, ob und in welcher Höhe hierbei steuerliche Förderungsmöglichkeiten bestehen. Im Fokus steht dabei § 3 Nr. 39 EStG.[232] Der darin verankerte Steuerfreibetrag, im Zuge des FoStoG mit Wirkung zum 01. Juli 2021 von EUR 360 auf EUR 1.440 erhöht, stellt neben § 19a EStG die andere Norm im Steuerrecht dar, die Mitarbeiterbeteiligungen konkret zum Regelungsgegenstand hat. Dessen Anwendbarkeit setzt nach § 3 Nr. 39 S. 1 EStG einen Vorteil des Arbeitnehmers im Rahmen eines gegenwärtigen Dienstverhältnisses aus der unentgeltlichen oder verbilligten Überlassung von Vermögensbeteiligungen voraus, gilt also ebenfalls nur bei Sweet Equity-Strukturen.[233]

Anders als § 19a EStG stellt § 3 Nr. 39 EStG aber keine zusätzlichen Anforderungen an die Arbeitgebergesellschaft, sie muss demnach weder die Schwellenwerte der EU-Kommission zu Kleinstunternehmen sowie kleiner und mittlerer Unternehmen erfüllen noch muss ihre Gründung weniger als zwölf Jahre zurückliegen. Dadurch profitieren auch Mitarbeiter größerer und älterer Unternehmen von der Privilegierung. Sind sowohl die Voraussetzungen des § 19a EStG als auch die des § 3 Nr. 39 EStG erfüllt, wird der Freibetrag bei der Ermittlung des geldwerten Vorteils aus dem vergünstigten Anteilserwerb vom gewährten Preisnachlass gemäß § 19a Abs. 1 S. 3 EStG subtrahiert, woraus sich eine insgesamt niedrigere Arbeitslohnbesteuerung ergibt.

---

231 *Hohaus* in: Jesch/Striegel/Boxberger: Rechtshandbuch PE, 4. Teil § 13 B. I. Rn. 15.

232 Ggf. kann daneben eine Arbeitnehmersparzulage iHv. 20 % bei Beteiligungen bis zu EUR 400 nach § 13 Abs. 1 S. 1, Abs. 2 S. 1 des 5. VermBG gewährt werden (max. EUR 80 zusätzliche staatliche Förderung pro Jahr). In der Praxis sind Mitarbeiterbeteiligung aber regelmäßig so konzipiert, dass eine Zulagenfähigkeit nicht gegeben ist, dazu umfassend *Mohr*, GmbH-StB 2005, 305, 309; *Rödding/Brinkmann/Fischer* in: Lüdicke/Sistermann, Unternehmenssteuerrecht, § 14 Rn. 154.

233 Gemäß § 2 Abs. 1 Nr. 1 lit. h) 5. VermBG zählen GmbH-Geschäftsanteile zu den begünstigten Unternehmensbeteiligungen.

Eine wesentliche Einschränkung stellt jedoch das Gleichheitskriterium in § 3 Nr. 39 S. 2 EStG dar. Danach muss die Beteiligung mindestens allen Arbeitnehmern offenstehen, die im Zeitpunkt der Bekanntgabe des Angebots ein Jahr oder länger ununterbrochen in einem gegenwärtigen Dienstverhältnis im Unternehmen stehen. Unter Start-ups besteht hingegen das Bedürfnis, nach Stellung und Bedeutung des Mitarbeiters für das Unternehmen zu differenzieren, ob und zu welchen Konditionen Mitarbeitern eine Beteiligung eingeräumt wird, um dadurch die im Einzelfall bestmöglichen Anreize zu setzen.[234] Dies gilt umso mehr bei Eigenkapitalbeteiligungen. Nicht jeder Mitarbeiter soll in den Kreis der Gesellschafter aufgenommen werden. Anders als dem Besteuerungsaufschub in § 19a EStG, der über kein vergleichbares Gleichheitskriterium verfügt, ist dem Steuerfreibetrag des § 3 Nr. 39 EStG im Umfeld des Venture Capital damit insgesamt kaum praktische Bedeutung zuzusprechen.

### 2. *Behandlung auf Ebene der Arbeitgebergesellschaft*

Mit der direkten Eigenkapitalbeteiligung von Mitarbeitern sind keine weitreichenden steuerrechtlichen Konsequenzen für die Arbeitgebergesellschaft verbunden. Insbesondere entsteht durch die Ausgabe von Anteilen im Wege der vorherigen Kapitalerhöhung kein abzugsfähiger Aufwand.[235] Den „Aufwand" tragen stattdessen die Altgesellschafter angesichts der Verwässerung ihrer Beteiligungsquote.[236] Gewinnausschüttungen an den Arbeitnehmer stellen ebenfalls keine abzugsfähigen Betriebsausgaben dar.[237] Führt die Beteiligung beim Mitarbeiter zu einer Arbeitslohnbesteuerung, obliegen der Arbeitgebergesellschaft nach § 38 EStG allerdings lohnsteuerliche Pflichten, wozu insbesondere Lohnsteueranmeldung, -einbehalt und -abführung zählen.[238]

---

234 *Holzner* in: Holzner/Mantke/Stenzel, Hdb Managementbeteiligung, Rn. 710; *Walter*, ZRP 2019, 227, 229; *Weitnauer/Dunkmann*, GWR 2013, 349, 350.

235 *Mohr*, GmbH-StB 2005, 305, 309.

236 *Rödding/Brinkmann/Fischer* in: Lüdicke/Sistermann, Unternehmenssteuerrecht, § 14 Rn. 160.

237 *Esskandari*, SWK Arbeitsrecht, Mitarbeiterbeteiligung, Rn. 31; *Fox/Hüttche/Lechner*, GmbHR 2000, 521, 532.

238 *Grisar/Zantopp*, DStR 2020, 1768, 1772; *Rödding/Brinkmann/Fischer* in: Lüdicke/Sistermann, Unternehmenssteuerrecht, § 14 Rn. 155.

## III. Zusammenfassung

Die direkte Eigenkapitalbeteiligung ist für den begünstigten Mitarbeiter unter gesellschaftsrechtlichen Gesichtspunkten vorteilhaft. Ab dem Zeitpunkt der Einräumung der Mitarbeiterbeteiligung kann er als Mitgesellschafter Einfluss auf die operative Geschäftstätigkeit ausüben, was eine erhöhte Identifikations- und Bindungswirkung mit „seiner" Gesellschaft schafft. Klammert man ihre einkommensteuerliche Behandlung aus, ist die Eigenkapitalbeteiligung für den Mitarbeiter auch in wirtschaftlicher Hinsicht lukrativ. Trotz geringem Kapitaleinsatz besteht die Aussicht auf eine hohe Exit-Erlösbeteiligung. Nachteilig ist für ihn hingegen, dass er bei der disquotalen Erlösverteilung regelmäßig auf dem untersten Rang bedient wird. Auch trägt er ein, wenn auch vergleichsweise geringes, finanzielles Verlustrisiko in Höhe der bei Erwerb der Anteile aufgebrachten Summe und unterliegt als Gesellschafter den Regelungen der Gesellschafterhaftung.

Aus Sicht der Wagniskapitalgeber und Start-ups ist besonders vorteilhaft, dass diese Mitarbeiterbeteiligung den größtmöglichen Anreiz zur Unternehmenswertsteigerung beim Mitarbeiter erzeugt und ihn langfristig an die Gesellschaft bindet. Allerdings fällt stets ein administrativer und finanzieller Aufwand für die notariellen Formerfordernisse einer jeden Anteilsübertragung an. Vor allem aber führen die Einflussmöglichkeiten des Mitarbeiters auf Ebene der Gesellschafter und die Verwässerung ihrer eigenen Beteiligungsverhältnisse dazu, dass eine entsprechende Eigenkapitalbeteiligung oft nicht gewollt ist.

Unter steuerrechtlichen Gesichtspunkten führt die als Sweet-Equity ausgestaltete Mitarbeiterbeteiligung in der Regel nicht mehr zu einer Dry-Income-Problematik im Erwerbszeitpunkt. Der dort gewährte Preisnachlass ist erst im Veräußerungszeitpunkt, gegebenenfalls abzüglich des Freibetrags aus § 3 Nr. 39 EStG, zu versteuern. Laufende Gewinne in der Haltephase sowie Veräußerungserlöse im Exit unterliegen zwar tendenziell eher der Kapitalvermögensteuer. In Ermangelung einer eindeutigen einkommensteuerlichen Zuordnung besteht jedoch stets das lohnsteuerliche Risiko der Einkünftequalifikation als Arbeitslohn.

Insgesamt ist festzuhalten, dass sich diese Beteiligungsform wegen ihrer weitreichenden gesellschaftsrechtlichen Folgen nach derzeitiger Rechtslage nur für einen auserwählten Adressatenkreis, insbesondere für Gründer-Geschäftsführer und andere Führungskräfte auf dem C-Level[239], eignet.

239 Gemeint ist das sog. „Chief-Level", wozu etwa der Chief Executive Officer, Chief Operation Officer, Chief Financial Officer oder Chief Marketing Officer zählt, vgl. *Grisar/Zantopp*, DStR 2020, 1768.

## B. Einräumung von Anteilsoptionen (ESOP)

Die mit der direkten Übertragung von Anteilen verbundenen Nachteile haben zur Etablierung alternativer Beteiligungsmodelle geführt. Dazu zählt insbesondere die Gewährung von Bezugsrechten auf unternehmenseigene Anteile im Rahmen von Optionsprogrammen.[240] Anteilsoptionen nach dem Vorbild angloamerikanischer „Stock Options" werden hierzulande schon lange als alternative Entlohnungsform im Umfeld von Aktiengesellschaften eingesetzt und standen vermehrt im Fokus der finanzgerichtlichen Rechtsprechung und des Schrifttums.[241] Im Umfeld der GmbH besteht bisweilen keine vergleichbare Beteiligungskultur, was neben den strukturellen Unterschieden zwischen der GmbH und AG auch auf das Fehlen von Sonderregelungen im GmbHG zurückzuführen ist.[242] Das AktG sieht mit §§ 71 Abs. 1 Nr. 2, 192 Abs. 2 Nr. 3, 193 Abs. 2 Nr. 4 AktG Vereinfachungen für die Einräumung von Aktienoptionen an Mitarbeiter der Arbeitgebergesellschaft vor.[243] Bei entsprechender Ausgestaltung der Beteiligungsbedingungen können Optionsprogramme aber auch als Mitarbeiterbeteiligung in einer GmbH eingesetzt werden.

### I. Der Begriff „ESOP"

Anteilsoptionen sind im Umfeld von Start-ups auch unter dem Akronym „ESOP" bekannt, das aus der angelsächsischen Vertragsgestaltungstradition stammt.[244] Die dahinterstehende Wortfolge variiert in der Beteiligungspraxis und Fachliteratur. Nach hier vertretener Auffassung ist darunter ein „Employee Stock Option Plan" zu verstehen, der als eigenständige Form der Mitarbeiterbeteiligung Anteilsoptionen auf gesellschaftsrechtlicher Grundlage umschreibt.[245] Wenngleich das Wort „Stock" impliziert, dass es sich

240 *Weitnauer/Dunkmann*, GWR 2013, 349, 350.

241 *Fox/Hüttche/Lechner*, GmbHR 2000, 521; *Mantke* in: Holzner/Mantke/Stenzel, Hdb Managementbeteiligung, Rn. 23; *Heckschen/Glombik*, GmbHR 2013, 841, 841 u. 1009, 1019; *Hohaus/Inhester*, DStR 2003, 1765; *Schanz*, NZA 2000, 626 ff.; *Waschbusch/Sendel-Müller*, StB 2020, 246, 251.

242 *Windeln/Riemer*, ArbRB 2015, 51, 52.

243 *Fox/Hüttche/Lechner*, GmbHR 2000, 521, 529; *Heckschen/Glombik*, GmbHR 2013, 841, 841 u. 1009, 1019. Vgl. ausführlich *Schanz*, NZA 2000, 626.

244 *Bank/Möllmann*, VC Agreements in Germany, Rn. 419; *Lowitzsch*, Verbreitung der Mitarbeiterkapitalbeteiligung in Deutschland und Europa, S. 68; *Waschbusch/Sendel-Müller*, StB 2020, 246, 252.

245 Vgl. auch ESOPasap-Studie, S. 38.

um Aktienoptionen handelt, wird die Abkürzung auch im Umfeld nicht-börsennotierter Gesellschaften eingesetzt.[246] Gelegentlich meint ein ESOP als „Employee Stock Option Program“ oder „Employee Stock Ownership Plan“ die indirekte Beteiligung mehrerer Mitarbeiter in einer Mitarbeiterbeteiligungsgesellschaft oder einem Fonds.[247] Vereinzelt dient ein „ESOP“ auch als Oberbegriff für sämtliche Gestaltungsvarianten von Anteilsoptionen, also sowohl denen auf gesellschaftsrechtlicher Grundlage („Straight Equity-ESOP“), als auch auf schuldrechtlicher Grundlage („Virtual-ESOP“).[248]

## II. Gesellschaftsrechtliche Grundlagen

Das GmbHG sieht im Gegensatz zum AktG keine Sonderregeln für Anteilsoptionen an Mitarbeiter vor, weshalb bei der Ausgestaltung der Beteiligungsbedingungen die allgemeinen gesellschaftsrechtlichen Grundsätze gelten.[249] Gleichzeitig kommen aber auch nicht die Restriktionen des AktG zur Anwendung, weshalb hierbei erhöhte Flexibilität besteht.

### *1. Funktionsweise*

Bei der Gestaltung der Anteilsoptionen empfiehlt es sich, drei Zeitpunkte voneinander zu unterscheiden. Das ist erstens die Optionseinräumung, zweitens die Optionsausübung und schließlich die Weiterveräußerung der bezogenen Geschäftsanteile.

#### *a) Optionseinräumung*

Mit der Einräumung von Optionen ist zunächst nur das Recht zum späteren Bezug unternehmenseigener Anteile verbunden.[250] Typischerweise wird aber bereits im Zeitpunkt der Optionseinräumung der Preis festgelegt, der bei Optionsausübung pro Geschäftsanteil zu zahlen ist („Basispreis“).[251] Dieser Basispreis bemisst sich in der Regel am Verkehrswert der Anteile im Zeitpunkt

---

246 *Waschbusch/Sendel-Müller*, StB 2020, 246, 252.

247 *Hohaus/Inhester*, DStR 2003, 1765; *Kahsnitz*, KÖSDI 2020, 21899, 21912; *Kutsch/Kersting*, BB 2011, 373, 378; *Waschbusch/Sendel-Müller*, StB 2020, 246, 252.

248 *Bank/Möllmann*, VC Agreements in Germany, Rn. 424.

249 *Hohaus* in: Jesch/Striegel/Boxberger: Rechtshandbuch PE, 4. Teil § 13 B. III. Rn. 19; *Weitnauer/Dunkmann*, GWR 2013, 349, 350.

250 *Grisar/Zantopp*, DStR 2020, 1768 ff.; *Stenzel*, DStR 2018, 139.

251 *Bank/Möllmann*, VC Agreements in Germany, Rn. 433; *Fox/Hüttche/Lechner*, GmbHR 2000, 521, 533.

der Optionseinräumung.[252] Auf diese Weise entsprechen die späteren Veräußerungsgewinne der Differenz zwischen dem Wert der Geschäftsanteile zum Einräumungs- und zum Ausübungszeitpunkt.[253] Der Bezugsberechtigte profitiert nur von Unternehmenswertsteigerungen ab dem Zeitpunkt der Optionseinräumung. Die Verpflichtung zur Zahlung des Basispreises wird erst mit Optionsausübung fällig, der Mitarbeiter muss also im Gegensatz zur direkten Anteilsübertragung im Zeitpunkt der Einräumung keine eigenen finanziellen Mittel für einen etwaigen Anteilskaufpreis oder eine Einlage aufbringen.[254]

### *b) Optionsausübung*

Die spätere Optionsausübung setzt den Eintritt vorher festgelegter Bedingungen, etwa das Erreichen bestimmter wirtschaftlicher Kennzahlen, einen Zeitablauf oder den Eintritt eines Exits, voraus.[255] Liegen die Ausübungsbedingungen kumulativ vor, darf der Mitarbeiter die ihm eingeräumte Anzahl an Geschäftsanteilen beziehen.[256] Die tatsächliche Anteilsübertragung erfolgt damit erst im Zeitpunkt der Optionsausübung, der begünstigte Mitarbeiter kann bis zur dahin keine Gesellschafterrechte ausüben oder auf die operative Geschäftsführung einwirken.[257] Für die Wagniskapitalgeber und Arbeitgebergesellschaft handelt es sich dabei um einen wesentlichen Vorteil von Anteilsoptionen gegenüber der direkten Anteilsübertragung. Die Optionsausübung wird für den Mitarbeiter unter wirtschaftlichen Gesichtspunkten zu dem Zeitpunkt rentabel, in dem der Verkehrswert der zu beziehenden Anteile den des Basispreises übersteigt. Tritt allerdings keine entsprechende Wertsteigerung der Geschäftsanteile ein, lässt er die Optionen verfallen. Der Mitarbeiter trägt damit kein finanzielles Verlustrisiko.[258]

### *c) Weiterveräußerung der bezogenen Anteile*

Mit der Optionsausübung selbst ist noch kein Liquiditätszufluss beim Mitarbeiter verbunden. Dieser tritt erst mit der anschließenden Weiterveräußerung der bezogenen Geschäftsanteile ein. Bei Anteilsoptionen in Start-ups

---

252 *Fox/Hüttche/Lechner*, GmbHR 2000, 521, 533; *Kutsch/Kersting*, BB 2011, 373, 378.
253 *Stenzel*, DStR 2018, 139.
254 *Bank/Möllmann*, VC Agreements in Germany, Rn. 433.
255 *Grisar/Zantopp*, DStR 2020, 1768, 1769.
256 *Heckschen/Glombik*, GmbHR 2013, 1009, 1019.
257 *Holzner* in: Holzner/Mantke/Stenzel, Hdb Managementbeteiligung, Rn. 897; *Schanz*, NZA 2000, 626, 629.
258 *Fox/Hüttche/Lechner*, GmbHR 2000, 521, 533; *Stenzel*, DStR 2018, 139.

bietet sich die Weiterveräußerung im Rahmen des Exits an.[259] Dazu sehen die Optionsbedingungen typischerweise ein sogenanntes „Exercise-and-Sell“ vor, welches dem Mitarbeiter die direkte Weiterveräußerung im Anschluss an die Optionsausübung ermöglicht.[260] Gerade im Falle eines Trade Sales ist diese Vorgehensweise auch im Interesse des Unternehmenskäufers. So kann er das alte Mitarbeiterbeteiligungsprogramm beenden und durch die Aufsetzung eines eigenen Mitarbeiterbeteiligungsprogramms den Kreis der Begünstigten und die zugrundeliegenden Beteiligungsbedingungen neu justieren.[261] Da der Mitarbeiter mit Optionsausübung zum Gesellschafter wird, gelten bei der anschließenden Exit-Erlösverteilung die in der Satzung und den schuldrechtlichen Nebenvereinbarungen vereinbarten Liquidationspräferenzen.[262]

### *2. Bestimmung der Ausübungsbedingungen*

Der Zeitpunkt der Optionsausübung ist vom Eintritt vorher festgelegter Ereignisse abhängig, die den Mitarbeiter rechtstechnisch als aufschiebende Bedingung gemäß § 158 Abs. 1 BGB zum Bezug von Geschäftsanteilen berechtigen. Die gängigen Ausübungsbedingungen im Umfeld des Venture Capital werden im Folgenden näher erläutert.

#### *a) Eintritt eines Exits*

Bei einer AG wird die Ausübung der Aktienoptionen in der Regel von Erfolgs- oder Kurszielen abhängig gemacht, die sich am Wertzuwachs der Gesellschaft orientieren.[263] Dieses Vorgehen ist im Umfeld einer GmbH hingegen nicht praktikabel, der Verkehrswert der Geschäftsanteile ist nicht transparent einsehbar. Er müsste in regelmäßigen Abständen aufwendig ermittelt werden, was jedenfalls nach derzeitiger Rechtslage zu einem unverhältnismäßigen Zeit- und Kostenaufwand führt.[264] Stattdessen rückt, ähnlich wie bei der direkten Anteilsübertragung, der Eintritt eines Exits in den Mittelpunkt der zugrundeliegenden

---

259 *Bank/Möllmann*, VC Agreements in Germany, Rn. 423.

260 *Holzner* in: Holzner/Mantke/Stenzel, Hdb Managementbeteiligung, Rn. 904; *Kutsch/Kersting*, BB 2011, 373, 378.

261 *Heckschen/Glombik*, GmbHR 2013, 1009, 1011.

262 Die Ausführungen zur diquotalen Erlösverteilung im Exit oben unter A. I. 3. b) gelten für Anteilsoptionen entsprechend.

263 *Röller* in: Küttner/Röller, Personalbuch, Aktienoptionen, Rn. 1.

264 Umfassend zu Bewertungsproblemen in Start-ups, insbesondere im Kontext einer Mitarbeiterbeteiligung, vgl. 4. Teil A. I. 1. d).

Beteiligungsbedingungen. Folgende Ereignisse werden typischerweise als ein Ausübungsereignis für Anteilsoptionen definiert.

*aa) Share Deal-Exit*

Dies ist zunächst der „Share Deal-Exit", worunter der Verkauf und die Übertragung von mindestens 50 % der Geschäftsanteile an der Gesellschaft in einer oder mehreren zusammenhängenden Transaktionen gemeint ist.[265] Sollten im Rahmen des Share Deals weniger als 100 % des Stammkapitals der Gesellschaft verkauft werden („Teilexit"), kann der Mitarbeiter seine Optionen regelmäßig nur im Verhältnis zur Anzahl der verkauften Anteile ausüben, sodass er im selben Umfang an den Liquiditätszuflüssen partizipiert wie die übrigen Gesellschafter.[266]

*bb) Asset Deal-Exit*

Der Exit kann außerdem als „Asset Deal-Exit" erfolgen. Ein solcher liegt beim Verkauf und der Übertragung aller wesentlichen Vermögenswerte der Gesellschaft im Rahmen einer oder mehrerer zusammenhängender Transaktionen vor.[267] Der bei einer fiktiven Liquidation zur Ausschüttung an die Gesellschaft gelangende Liquidationserlös stellt hierbei die Grundlage für die spätere Erlösverteilung unter den Gesellschaftern dar.[268]

*cc) IPO-Exit*

Denkbar ist außerdem, auch den Börsengang der Arbeitgebergesellschaft als ein Ausübungsereignis für den Mitarbeiter zu definieren.[269] Die Aufnahme eines „IPO-Exits" in die Ausübungsbedingungen der Anteilsoptionen ist aber nicht immer ratsam, sondern stets mit der langfristigen Strategie des Start-ups abzustimmen. Ein Börsengang bietet nicht nur den Wagniskapitalgebern die

---

265 *Schönhaar*, GWR 2017, 293, 295, *Stenzel*, DStR 2018, 139, 143; *Weitnauer*, Hdb Venture Capital, Anhang X. 2. Ziff. 4.1 (die dortigen Ausführungen gelten zwar für die Ausübungsbedingungen rein schuldrechtlicher Optionsrechte, lassen sich aber auf die eines ESOP übertragen).

266 Werden beispielsweise 80 % der Gesellschaftsanteile im Rahmen des Exits veräußert, ist der Mitarbeiter nur zur Ausübung von 80 % seiner Optionen berechtigt, vgl. *Schönhaar*, GWR 2017, 293, 296.

267 *Schönhaar*, GWR 2017, 293, 295; *Stenzel*, DStR 2018, 139, 143; *Weitnauer*, Hdb Venture Capital, Anhang X. 2. Ziff. 4.1.

268 *Schönhaar*, GWR 2017, 293, 295.

269 *Stenzel*, DStR 2018, 139, 143.

Möglichkeit eines Ausstiegs aus dem unternehmerischen Vorhaben. Er dient insbesondere auch dazu, das weitere Wachstum der Gesellschaft durch einen einfacheren Zugriff auf den Kapitalmarkt sicherzustellen.[270] Die mit dem Börsengang angestrebte Zuführung frischen Eigenkapitals kann beispielsweise zur Finanzierung eines künftigen Expansionsvorhabens dienen.[271] Werden Teile der Emissionserlöse stattdessen an Mitarbeiter ausgezahlt, reduziert sich dieser Finanzierungseffekt der Gesellschaft. Anstatt den Börsengang als Ausübungsereignis der Mitarbeiterbeteiligung zu definieren, bietet sich alternativ die Umwandlung in ein Arbeitnehmeraktienprogramm an.[272]

#### *dd) Auflösung und Liquidation der Gesellschaft*

Auch die Auflösung und Liquidation der Gesellschaft stellt einen Exit dar.[273] Der Mitarbeiter partizipiert dabei an der Verteilung des Endvermögens. Da auch hierbei die disquotale Erlösverteilung unter den Gesellschaftern zur Anwendung kommt, bleibt auf Ebene der Stammgeschäftsanteile in der Regel kein wesentliches Vermögen übrig, welches an die Mitarbeiter oder Gründer verteilt werden könnte.[274]

### *b) Vesting der Optionen*

Um den begünstigten Mitarbeiter langfristig an die Gesellschaft zu binden, sehen auch die Beteiligungsbedingungen der Anteilsoptionen Vesting-Regelungen vor.[275] Sämtliche Optionen werden folglich nicht schon im Zeitpunkt der Optionseinräumung zugeteilt, sie wachsen stattdessen gestaffelt über einen festgelegten Zeitraum an.[276] Je länger der begünstigte Mitarbeiter für der Arbeitgebergesellschaft tätig ist, desto mehr Anteile darf er im Ausübungszeitpunkt beziehen. Das Vesting der Anteilsoptionen stellt daher eine weitere Bedingung für die Ausübung der Anteilsoptionen dar.[277]

---

270 *Schlitt/Weber* in: Jesch/Striegel/Boxberger, Rechtshandbuch PE, 5. Teil § 20 B. 4.

271 Ausführlich zu den Chancen und Risiken eines Börsengangs im Umfeld des Venture Capital, vgl. *Weitnauer*, Hdb Venture Capital Teil H Rn. 96–100.

272 So auch *Weitnauer*, Hdb Venture Capital, Anhang X. 2. Ziff. 5.

273 *Stenzel*, DStR 2018, 139, 143.

274 *Bank/Möllmann*, VC Agreements in Germany, Rn. 437.

275 *Hohaus* in: Jesch/Striegel/Boxberger: Rechtshandbuch PE, 4. Teil § 13 B. I. Rn. 51 ff.

276 *Schönhaar*, GWR 2017, 293, 294; *Weinheimer/Renner* in: Hölters, Hdb Unternehmenskauf, Rn. 14.116.

277 Dazu ausführlich 3. Teil C.

#### c) *Kein Verfall der Optionen*

Neben einem Vesting der Anteilsoptionen sehen die Beteiligungsbedingungen auch Leaver-Regelungen vor.[278] Der Mitarbeiter kann demnach nur solche Anteilsoptionen ausüben, die nicht in Folge seines vorzeitigen Ausscheidens aus der Arbeitgebergesellschaft ersatz- und entschädigungslos verfallen sind.

### 3. *Ausübungsverfahren, Anteilsübertragung und Barausgleich*

Bahnt sich in naher Zukunft ein Exit an, ist die Arbeitgebergesellschaft in der Regel gegenüber den begünstigten Mitarbeitern verpflichtet, sie rechtzeitig über das bevorstehende Ausübungsereignis zu informieren. Das entsprechende Informationsschreiben wird mit einer Ausübungsfrist verknüpft, sodass die dann ausgeübten Mitarbeiteranteile noch bei den Exit-Verhandlungen Berücksichtigung finden.[279] Mit Erklärung der Optionsausübung durch den Mitarbeiter ist die Gesellschaft zur Bereitstellung der erforderlichen Anteile verpflichtet. Hierbei gelten die gleichen Grundsätze wie bei der direkten Übertragung von Geschäftsanteilen: entweder werden bereits bestehende Anteile abgetreten oder neue Anteile geschaffen und anschließend übertragen.[280] Eine Absicherung der Bezugsrechte erfolgt typischerweise im Wege des genehmigten Kapitals, § 55a GmbHG, oder einer Stimmbindungsabrede der Gesellschafter mit dem Inhalt einer späteren Ausgabe der Anteile an den Bezugsberechtigten.[281]

Sowohl die Abtretungsverpflichtung im Zeitpunkt der Optionseinräumung als auch spätere Abtretung selbst sind gemäß § 15 Abs. 3 u. 4 GmbHG notariell beurkundungspflichtig. Gleiches gilt hinsichtlich der Kapitalerhöhungsmaßnahmen gemäß §§ 53 Abs. 2 S. 1, 55 Abs. 1 GmbHG. Gerade im unmittelbaren Zeitraum vor einem Exit droht der damit einhergehende administrative Mehraufwand die Transaktion zu verkomplizieren.[282] Auch verringert die Aussicht, dass der Mitarbeiter zu einem späteren Zeitpunkt Mitgesellschafter wird und damit entsprechende Einflussmöglichkeiten bekommt, die Attraktivität dieser Mitarbeiterbeteiligungsform aus Sicht der Altgesellschafter.[283] Die Optionsbedingungen können daher, als Alternative zur Optionsausübung, die

---

278 *Hohaus* in: Jesch/Striegel/Boxberger: Rechtshandbuch PE, 4. Teil § 13 B. I. Rn. 51 ff.

279 *Windeln/Riemer*, ArbRB 2015, 51, 53.

280 *Stenzel*, DStR 2018, 139, 140.

281 *Stenzel*, DStR 2018, 139, 140; *Weitnauer*, Hdb Venture Capital, Teil H Rn. 143; *Weitnauer/Dunkmann*, GWR 2013, 349, 350.

282 *Schönhaar*, GWR 2020, 313, 314.

283 *Windeln/Riemer*, ArbRB 2015, 51, 52.

Möglichkeit eines Barausgleichs vorsehen. Hierbei wird dem Mitarbeiter der Verkehrswert seiner ausübbaren Anteilsoptionen abzüglich des Basispreises ausgezahlt, ohne dass eine tatsächliche Anteilsübertragung erfolgt. Im Ergebnis wird er wirtschaftlich so gestellt, als würde er mit seinen Anteilen an der Exit-Erlösverteilung partizipieren.[284]

### 4. *Exkurs: ESOP und AGB*

Im Gegensatz zur direkten Eigenkapitalbeteiligung von Mitarbeitern richten sich ESOP an eine Vielzahl von Mitarbeitern. Die zugrundeliegenden Beteiligungsbedingungen werden typischerweise von der Arbeitgebergesellschaft vorformuliert und einseitig gestellt.[285] Trotz ihres hohen Stellenwerts für die Gesellschaft haben Mitarbeitern üblicherweise nicht die Möglichkeit, die vorgegebenen Konditionen zu verändern.[286] Die Beteiligungsbedingungen erfüllen dann die definitorischen Voraussetzungen Allgemeiner Geschäftsbedingungen, §§ 305 Abs. 1 S. 1 BGB. Wie in diesem Teil der Untersuchung deutlich wurde, sind ESOP stets auch mit gesellschaftsvertraglichen Regelungen verbunden.[287] § 310 Abs. 4 S. 1 BGB nimmt Verträge auf dem Gebiet des Gesellschaftsrecht hingegen pauschal vom AGB-Kontrollregime aus. Vor diesem Hintergrund drängt sich die Frage auf, ob die Beteiligungsbedingungen eines ESOP dem Anwendungsbereich des AGB-Rechts unterliegen.

Die Reichweite der Bereichsausnahme in § 310 Abs. 4 S. 1 BGB ist umstritten. Der historische Gesetzgeber hat auf eine Definition des „Gesellschaftsrechts" verzichtet und stattdessen einen Gegensatz zwischen Gesellschaftsverträgen und schuldrechtlichen Austauschverträgen aufgestellt, ohne die strukturellen Unterschiede näher herauszuarbeiten.[288] Anerkannt ist allenfalls, dass Gesellschaftsverträge und Satzungen einer Gesellschaft, Genossenschaft sowie von Vereinen nicht dem AGB-Recht unterfallen.[289] Auf alle übrigen Vereinbarungen wird als Abgrenzungskriterium überwiegend auf die Verfolgung eines

---

284 *Weitnauer/Dunkmann*, GWR 2013, 349, 352. Zu den steuerlichen Auswirkungen sogleich unter B. III. 1. b).

285 *Weitnauer*, GWR 2022, 39, 43.

286 *Schniepp/Giesecke*, NZG 2017, 128, 129.

287 Dazu oben B. II. 1.

288 BT-Drucks. 7/3919, S. 41; *Bieder*, ZHR 174 (2010), 705, 715.

289 Dazu *Fornasier* in: MüKo BGB, § 310 Rn. 121. Entscheidend ist hingegen nicht der Regelungsort der Vereinbarung, weshalb ein als „Satzung" titulierter Austauschvertrag einer AGB-Kontrolle unterliegen kann, vgl. *Kuntz*, Gestaltung von Kapitalgesellschaften zwischen Freiheit und Zwang, S. 249, 250.

gemeinsamen Zwecks abgestellt.[290] Vom AGB-Recht ausgenommen sind danach nur solche Vereinbarungen, die den Gesellschaftszweck unmittelbar fördern.

Nach hier vertretener Auffassung ist dies bei den Beteiligungsbedingungen eines ESOP nicht der Fall.[291] Der Mitarbeiter verfolgt mit der Mitarbeiterbeteiligung in erster Linie eigene monetäre Interessen.[292] Er fördert den Gesellschaftszweck zwar faktisch durch sein zusätzliches Engagement am Arbeitsplatz. Dies macht er jedoch nur, weil er sich dadurch eine höhere individuelle Exit-Erlösbeteiligung und damit eine Verbesserung seiner privaten Vermögensverhältnisse erhofft.[293] Ein ESOP verkörpert das Prinzip Tätigkeit gegen Vergütung und ist daher als Austauschvertrag zwischen Mitarbeiter und Arbeitgebergesellschaft, nicht jedoch als Vertrag auf dem Gebiet des Gesellschaftsrechts im Sinne von § 310 Abs. 4 S. 1 BGB einzuordnen.[294] Dies wird mit Blick auf die Rechtsstellung des Mitarbeiters in der Gesellschaft besonders deutlich. Die Anteilsoptionen begründen bis zum Eintritt der Ausübungsbedingungen keine mitgliedschaftlichen Rechte, der Mitarbeiter steht dem Unternehmen unter gesellschaftsrechtlichen Gesichtspunkten ebenso fern, wie ein beliebiger Dritter.[295] Infolgedessen sind bei der Ausgestaltung der zugrundeliegenden Beteiligungsbedingungen regelmäßig die AGB-rechtlichen Besonderheiten, insbesondere diejenigen der Inhaltskontrolle nach den §§ 307 ff. BGB, zu berücksichtigen.[296]

---

290 BGH, Urt. v. 29.01.1951, NJW 1951, 308; v. 08.02.1988, NJW 1988, 1729; umfassend zur Bereichsausnahme in § 310 Abs. 4 S. 1 BGB: *Bieder*, ZHR 174 (2010), 705, 716; *Kuntz*, Gestaltung von Kapitalgesellschaften zwischen Freiheit und Zwang, S. 250.

291 Diese Auffassung entspricht auch der Ansicht des BAG. Mit Urteil vom 26.09.2009 stellte das Gericht ausdrücklich fest, dass die Ausübungsbedingungen von Aktienoptionen ausdrücklich einer Inhaltskontrolle nach den §§ 305 ff. BGB unterliegen, ohne das Ergebnis jedoch näher zu begründen, vgl. erster Leitsatz im Urt. v. 26.09.2007, NZA 2008, 1066. Auch der BGH hat die Frage nach der Anwendbarkeit der Bereichsausnahme in seinem Urteil zum Managermodell ausdrücklich offen gelassen, vgl. Urt. v. 19.09.2005, NJW 2005, 3641.

292 Dazu bereits 1. Teil C. II. 1.

293 So auch *Bieder*, ZHR 174 (2010), 705, 733.

294 Zu Aktienoptionsbedingungen als AGB siehe auch *Staake*, NJOZ 2010, 2492, 2495. Zur Bereichsausnahme nach § 310 Abs. 4 S. 1 BGB, vgl. *Schniepp/Giesecke*, NZG 2017, 128, 129.

295 *Bieder*, ZHR 174 (2010), 705, 734.

296 Dazu noch umfassend im 3. Teil der Arbeit.

## III. Steuerrechtliche Behandlung

### 1. *Besteuerung auf Ebene des Mitarbeiters*

Aus Sicht des Mitarbeiters stellt sich mit der Beteiligung in Gestalt von Anteilsoptionen abermals die Frage der einkommensteuerrechtlichen Behandlung. Zeitpunkt und Höhe der Besteuerung und die dabei zur Anwendung kommenden Steuerprivilegierungen sind für ihn von besonderer Relevanz. Da nach dem Zuflussprinzip für die einkommensteuerrechtliche Würdigung auf die Rechtslage im Zeitpunkt des jeweiligen Vermögenszuflusses abzustellen ist, bietet sich auch hierbei die gesonderte Betrachtung einzelner Beteiligungsphasen an.[297] Bei Anteilsoptionen sind dies die Einräumungs-, Ausübungs- und schließlich die Veräußerungsphase.

#### *a) Einräumungsphase*

Die Einräumung von Anteilsoptionen begründet zunächst nur einen Anspruch auf eine spätere Anteilsübertragung. Nach ständiger Rechtsprechung des BFH führt jedoch nicht schon der Anspruch auf eine Leistung, sondern erst dessen tatsächliche Erfüllung einen Zufluss von Einnahmen im Sinne des Einkommensteuerrechts herbei.[298] Die Besteuerung einer Anteilsoption findet demnach weder mit Optionseinräumung noch mit erstmaliger Möglichkeit der Optionsausübung, sondern erst mit der Anspruchserfüllung bei tatsächlicher Optionsausübung und der damit einhergehenden Übertragung wirtschaftlichen Eigentums statt.[299] Etwas anderes gilt auch nicht vor dem Hintergrund, dass es sich bei Anteilsoptionen bei einer GmbH um abtretbare und damit handelbare Optionen handelt.[300] Mit Urteil vom 20.11.2008 hat der BFH klargestellt, dass die Frage der Abtretbarkeit für den Lohnzufluss generell ohne Relevanz sei; das Optionsrecht stelle insofern kein selbstständig bewertbares Wirtschaftsgut dar.[301] Mit der Einräumung der Option sei nur eine steuerneutrale Chance

---

297 FG Köln Urt. v. 20.05.2015, DStR 2016, 209; *Holzner* in: Holzner/Mantke/Stenzel, Hdb Managementbeteiligung, Rn. 677; *Stenzel*, DStR 2018, 82, 86.

298 BFH Urt. v. 27.05.1993, DStR 1993; v. 15.11.1993, DStR 1994, 317; v. 23.07.1999, DStR 1999, 1524; v. 20.11.2008, DStR 2009, 207.

299 BFH Urt. v. 26.07.1985, BFH/NV 1986, 306; v. 10.11.1989, BFH/NV 1990, 290; v. 20.11.2008, DStR 2009, 207.

300 Sie sind zumindest theoretisch abtretbar, in der Praxis sehen die Beteiligungsbedingungen aber eine Vinkulierung der Anteilsoptionen vor. Dazu *Martinius/Stubert*, BB 2006, 1977, 1983; *Weitnauer*, NZG 2001, 1065, 1071.

301 BFH Urt. v. 20.11.2008, DStR 2009, 207.

auf den späteren preisgünstigen Anteilserwerb verbunden.[302] Die Einräumung der Anteilsoptionen führt demnach keine Anfangsbesteuerung herbei. Sie werden in der Beteiligungspraxis insbesondere zur Umgehung des Dry-Income-Problems bei der direkten Anteilsübertragung eingesetzt.[303]

### *b) Ausübungsphase*

Mangels gesellschaftsrechtlicher Stellung fließen dem Mitarbeiter bis zur Optionsausübung keine Gewinnbeteiligungen zu, die einer Einkommensbesteuerung unterliegen. Lässt der Mitarbeiter die Anteilsoptionen verfallen, etwa weil die erhoffte Wertsteigerung nicht eingetreten ist, sind damit ebenfalls keine steuerlichen Konsequenzen verbunden.[304] Folglich kommt es bis zur Optionsausübung grundsätzlich zu keinem steuerbaren Vorgang.[305]

Übt der Mitarbeiter seine Optionen dann aber aus, realisiert sich die anfängliche Chance auf einen preisgünstigen Erwerb von Geschäftsanteilen. Mit Übertragung des wirtschaftlichen Eigentums der Anteile an den Mitarbeiter tritt dann ein zu versteuernder Vermögenszufluss beim ihm ein.[306] Besteuerungsgegenstand ist die Differenz zwischen dem gemeinen Wert der Anteile und dem als Gegenleistung zu zahlendem Basispreis.[307] Diese Wertdifferenz wird stets den Einkünften aus nichtselbstständiger Arbeit zugeordnet und unterliegt damit der progressiven Arbeitslohnbesteuerung, § 19 Abs. 1 S. 1 Nr. 1 i.V.m. § 32a EStG.[308] Maßgeblich für den Zeitpunkt der Wertermittlung ist nach dem BFH das zugrundeliegende Veräußerungsgeschäft, mithin die mit der Optionsausübung einhergehende Anteilsübertragung.[309] Bei den wachstumsstarken Start-ups ist die Wertdifferenz im Ausübungszeitpunkt einer Anteilsoption regelmäßig größer als die zu versteuernde Wertdifferenz im Einräumungszeitpunkt der direkten Anteilsübertragung.[310] Insofern kommt es

302 BMF 12.11.2014, BStBl. I. S. 1467, Rn. 203.

303 *Westermann/Thor*, FR 2021, 198, 201.

304 *Bauer/Georgi/Weist* in: Salamon, Entgeltgestaltung, I. Rn. 148.

305 Eine Ausnahme: Der Mitarbeiter verlässt die Gesellschaft vorzeitig, womit es zu einer Rückübertragung der Rechte kommt. Dazu noch ausführlich unter 3. Teil D.

306 BFH Urt. v. 20.11.2008, DStR 2009, 207.

307 BFH Urt. v. 24.01.2001, DStR 2009, 931; v. 20.06.2001, DStR 2001, 1341. Bei einer anderweitigen Verwertung der Optionen wird auf den Wert der Option selbst, abzüglich einer erbrachten Gegenleistung des Mitarbeiters, abgestellt, vgl. *Grisar/Zantopp*, DStR 2020, 1768, 1767.

308 BFH Urt. v. 24.01.2001, DStR 2001, 931; v. 23.06.2005, DStR 2005, 1394.

309 BFH Urt. v. 07.05.2014, DStR 2014, 1328.

310 *Grisar/Zantopp*, DStR 2020, 1768, 1771.

bei den Anteilsoptionen zu einer betragsmäßig höheren Besteuerung auf den gewährten Preisnachlass, was einen signifikanten steuerlichen Nachteil von Anteilsoptionen gegenüber der direkten Anteilsübertragung darstellt.

Auch führen die Anteilsoptionen im Zeitpunkt ihrer Ausübung einen illiquiden Vermögenszufluss beim Mitarbeiter herbei. Etwaige Liquidität fließt dem Mitarbeiter erst im Rahmen der zeitlich nachgelagerten Weiterveräußerung der bezogenen Anteile zu. Bis zum 1. Juli 2021 kam es im Ausübungszeitpunkt somit zu einer Dry-Income-Problematik beim Mitarbeiter.[311] Mittlerweise hat sich auch diese Rechtslage durch das FoStoG zugunsten der Mitarbeiter geändert. Die infolge der Optionsausübung zu vergünstigten Konditionen erworbenen Geschäftsanteile erfüllen nunmehr die Anforderungen des § 19a EStG, sodass der darin verankerte Besteuerungsaufschub auch hier zur Anwendung kommt.[312]

*c) Veräußerungsphase*

Die steuerliche Behandlung eines ESOP in der Veräußerungsphase entspricht derjenigen der direkten Anteilsübertragung.[313] Einerseits wird die nachgelagerte Arbeitslohnbesteuerung auf den gewährten Preisnachlass gemäß § 19a Abs. 4 S. 1 Nr. 1 EStG fällig.[314] Andererseits unterliegen die Veräußerungsgewinne, je nach Ausgestaltung der Optionsbedingungen, entweder dem pauschalen Abgeltungssteuersatz für Einkünfte aus Kapitalvermögen, § 20 Abs. 2 S. 1 Nr. 1, 32d Abs. 1 S. 1 EStG oder, bei vorrangigem Veranlassungszusammenhang durch das Arbeitsverhältnis, als einkommensteuerpflichtige

311 Dessen Folgen für die Mitarbeiter indes weniger drastisch waren als diejenigen der Anfangsbesteuerung bei der direkten Anteilsübertragung. Schließlich konnten die Mitarbeiter ihre bezogenen Anteile nach dem bereits erwähnten Exercise-and-Sell-Modell unmittelbar nach Optionsausübung weiterveräußern. Die Veräußerungsgewinne ließen sich dann nutzen, um die Arbeitslohnbesteuerung im Ausübungszeitpunkt zu begleichen.

312 Dies gilt nicht für die Anteilsoptionen selbst, die vom Begriff der „Vermögensbeteiligung" nicht umfasst sind, dazu *Möllmann/Zantopp*, DStR 2020, 2817, 2821; *Westermann/Thor*, FR 2021, 198, 199 u. 201.

313 Dazu oben A. II. 1. c).

314 Eine Umgehung dieser Einkommensbesteuerung ist auch nicht durch eine anderweitige Verwertung des Optionsrechts möglich. Die entgeltliche Übertragung des Optionsrechts an Dritte oder ein Barausgleich für den Verzicht auf die Optionsausübung führt ebenfalls zu einer Einkommensbesteuerung als Arbeitslohn, vgl. BFH Urt. v. 23.06.2005, DStR 2005, 1394; v. 19.06.2008, DStR 2008, 1632.

Sachzuwendung der progressiven Arbeitslohnbesteuerung aus § 19 Abs. 1 S. 1 Nr. 1 i.V.m. § 32a EStG.

Sehen die Optionsbedingungen kein Exercise-and-Sell vor, kann der Mitarbeiter alternativ von einer Veräußerung absehen und zum dauerhaften Gesellschafter der Arbeitgebergesellschaft werden. Laufende Bezüge in der Haltephase seiner Beteiligung unterliegen dann der Einkommensbesteuerung.[315] Wegen § 19a Abs. 4 S. 1 Nr. 2 EStG ist er aber spätestens nach Ablauf von zwölf Jahren zur Begleichung der auf dem gewährten Preisnachlass lastenden Arbeitslohnbesteuerung verpflichtet.[316]

### *d) Steuervergünstigungen*

Zwar kommt der Steuerfreibetrag des § 3 Nr. 39 S. 1 EStG in Höhe von EUR 1.440 auch im Zusammenhang mit der verbilligten Überlassung von Geschäftsanteilen im Zeitpunkt der Optionsausübung zur Anwendung. Eine entsprechende Privilegierung scheitert in der Beteiligungspraxis zum Venture Capital aber regelmäßig am Gleichheitskriterium aus § 3 Nr. 39 S. 2 EStG.

Allerdings kommt bei Anteilsoptionen die einkommensteuerliche Vergünstigung für Vergütungen aus mehrjähriger Tätigkeit gemäß § 34 Abs. 1, Abs. 2 Nr. 4 EStG in Betracht. Hiernach kann der Lohnzufluss bei Optionsausübung nach der sogenannten Fünftelregelung im Einzelfall einer geringeren Steuerprogression unterliegen als das Festgehalt. Dies setzt voraus, dass der Zeitraum zwischen Optionseinräumung und dem steuerlichen Zufluss im Rahmen der Optionsausübung mehr als zwölf Monate betrug und der Mitarbeiter nach Optionseinräumung mindestens zwölf Monate durchgängig bei der Arbeitgebergesellschaft beschäftigt gewesen ist. Angesichts marktüblicher Vesting- und Leaver-Regelungen ist dies bei Anteilsoptionen regelmäßig der Fall.[317] Das Ausmaß der Vergünstigung ist vom individuellen Steuersatz des Arbeitnehmers auf seine regulären Einkünfte aus nichtselbstständiger Arbeit abhängig. Eine entsprechende Privilegierung scheidet allerdings dann aus, wenn bereits das Festgehalt dem Spitzensteuersatz unterfällt.[318]

---

315 Die Ausführungen zur direkten Anteilsübertragung gelten auch hier entsprechend, vgl. A. II. 1. b) oben.

316 Dazu später noch ausführlich unter 4. Teil A. I. 1. b).

317 BMF Schreiben v. 12.11.2014, BStBl. I. S. 1467 Rn. 199. Das Arbeitsverhältnis muss nicht zwingend bei Optionsausübung bestehen. Auch müssen die Anteilsoptionen nicht vollständig in einem Veranlagungszeitraum ausgeübt werden, BFH Urt. v. 18.12.2007, DStRE 2008, 275.

318 *Riehle* in: Drinhausen/Eckstein, Beck'sches Hdb der AG, § 24 Rn. 151.

### *2. Behandlung auf Ebene der Arbeitgebergesellschaft*

Die Ausgabe von Anteilsoptionen ist nach Ansicht des BFH erfolgsneutral zu behandeln, auf Ebene der Gesellschaft entsteht im Einräumungszeitpunkt kein abzugsfähiger Personalaufwand.[319] Hinsichtlich des Zeitpunkts der Optionsausübung gelten die Ausführungen zur direkten Anteilsübertragung entsprechend, die Arbeitgebergesellschaft muss ihre lohnsteuerlichen Pflichten § 38 EStG erfüllen.[320]

## IV. Zusammenfassung

Der zentrale Unterschied von Anteilsoptionen im Vergleich zur direkten Anteilsübertragung besteht in der verzögerten Gesellschafterstellung des Mitarbeiters. Bis zur Ausübung der Optionen kann er keinen Einfluss auf Ebene der Gesellschafter ausüben, was gerade für die Wagniskapitalgeber und das Start-up selbst von Vorteil ist. Sehen die Beteiligungsbedingungen eine Verpflichtung zum Exercise-and-Sell vor, tritt auch langfristig keine Gesellschafterstellung von Mitarbeitern ein. Wenngleich damit eine geringere Incentivierung der begünstigten Mitarbeiter verbunden ist, kann diese Form der Mitarbeiterbeteiligung einem größeren Adressatenkreis zugänglich gemacht werden. Greift die Arbeitgebergesellschaft dabei auf vorformulierte Beteiligungsbedingungen zurück, unterliegen die Verträge allerdings dem AGB-rechtlichen Kontrollregime.

Nachteilhaft ist auch hier allerdings der mit der gesellschaftsrechtlichen Ausgestaltung einhergehende administrative und finanzielle Mehraufwand. Aus steuerlicher Sicht erfolgt bis zur Weiterveräußerung der bezogenen Anteile keine Einkommensbesteuerung. Nachteilig im Vergleich zur direkten Anteilsübertragung ist indes die betragsmäßig höhere Besteuerung auf den gewährten Preisnachlass bei Ausübung der Option.

# C. Schuldrechtliche Beteiligungsformen (VSOP)

Zur Umgehung der weitreichenden gesellschaftsrechtlichen Folgen von Eigenkapitalbeteiligungen setzen Start-ups vermehrt virtuelle Beteiligungsmodelle

---

319 BFH Urt. v. 25.10.2008, DStR 2010, 2453. Ausführlich zur handelsbilanziellen und ertragsteuerlichen Abbildung eines ESOP vgl. *Weitnauer/Dunkmann*, GWR 2013, 349, 350 ff.

320 Dazu oben A. II. 2.

ein.[321] Diese sind nicht auf die tatsächliche Ausgabe von Anteilen gerichtet, vielmehr handelt es sich um schuldrechtliche Nachbildungen (insofern „virtuell“) von Vermögensrechten aus gesellschaftsrechtlichen Beteiligungsformen.[322] Ausweislich ihrer zahlenmäßigen Verbreitung handelt es sich hierbei um die populärste Mitarbeiterbeteiligungsform unter deutschen Start-ups.[323]

## I. Der Begriff „VSOP“

Mitarbeiterbeteiligungen auf schuldrechtlicher Grundlage sind im Umfeld der wagniskapitalfinanzierten Gesellschaften auch unter dem Akronym „VSOP“ bekannt. Wie beim ESOP geht die dahinterstehende Wortfolge und Bedeutungszuweisung gelegentlich auseinander. Teilweise werden unter einem „Virtual Stock Option Plan“ nur die schuldrechtlichen Nachbildungen von Anteilsoptionen verstanden.[324] Geläufiger ist die Begriffsverwendung als Umschreibung für sämtliche Formen schuldrechtlicher Nachbildungen von Eigenkapitalbeteiligungen.[325] Für schuldrechtliche Nachbildungen von Anteilsoptionen hat sich dagegen der Begriff „Stock Appreciation Rights“ etabliert.[326] Schuldrechtliche Nachbildungen der direkten Anteilsübertragung werden wiederum als „Phantom Stocks“, seltener auch „Blind“- oder „Shadow Stocks“ bezeichnet.[327]

---

321 *Bloß*, GmbHR 2016, 104, 105; *Hohaus* in: Jesch/Striegel/Boxberger: Rechtshandbuch PE, 4. Teil § 13 B II. Rn. 15; *Hoppe*, NZG 2018, 811, 812; *Schrade/Denninger*, DStR 2019, 2615, 2616; *Weitnauer/Dunkmann*, GWR 2013, 371; *Wilhelm*, NZG 2013, 1211.

322 *Windeln/Riemer*, ArbRB 2015, 51, 52.

323 Ausführlich zur Verbreitung der Mitarbeiterbeteiligung unter deutschen Start-ups: ESOPasap-Studie, S. 36–40. Danach bieten 73 % der befragten Start-ups mit einer Mitarbeiterbeteiligung virtuelle Beteiligungen an.

324 ESOPasap-Studie, S. 38; Der Begriff „Stock“ wird auch hier im Umfeld nichtbörsennotierter Gesellschaften verwendet. Es findet sich aber auch die Bezeichnung „Virtual Share Option Plan“, vgl. *Schönhaar*, GWR 2017, 293.

325 Hier wäre beispielsweise die allgemein gehaltene Wortfolge „Virtual Stock Ownership Plan“ passend.

326 *Bank/Möllmann*, VC Agreements in Germany, Rn. 422; *Hornung*, DB 2019, 1566; *Kahsnitz*, KÖSDI 2020, 21899, 21912; *Schrade/Denninger*, DStR 2019, 2615, 2616; *Weinheimer/Renner* in: Hölters, Hdb Unternehmenskauf, Rn. 14.116; *Weitnauer/Dunkmann*, GWR 2013, 349, 351.

327 *Bank/Möllmann*, VC Agreements in Germany, Rn. 422; *Hohaus* in: Jesch/Striegel/Boxberger: Rechtshandbuch PE, 4. Teil § 13 B. II. Rn. 15; *Hoppe*, NZG 2018, 811, 812; *Hornung*, DB 2019, 1566; *Kahsnitz*, KÖSDI 2020, 21899, 21912; *Rupp*, EStB 2006, 192, 194; *Schrade/Denninger*, DStR 2019, 2615, 2616; *Weinheimer/Renner* in: Hölters, Hdb Unternehmenskauf, Rn. 14.116.

## II. Virtuelle Anteilsoptionen (Stock Appreciation Rights)

Die Ausgestaltung von virtuellen Anteilsoptionen erfolgt auf rein schuldrechtlicher Ebene, weshalb hier deutlich mehr Gestaltungsspielraum als bei den gesellschaftsrechtlichen Beteiligungsformen möglich ist. Im Umfeld des Venture Capital sind daher auch unzählige Modelle anzutreffen. Diese verfügen in der Regel über die im Folgenden dazustellende Grundstruktur.[328]

### *1. Grundlagen*

#### *a) Funktionsweise*

Mit der Einräumung virtueller Anteilsoptionen ist das Recht verbunden, bei Vorliegen der Ausübungsbedingungen eine vorher festgelegte Anzahl virtueller Geschäftsanteile zu beziehen.[329] Die spätere Ausübung der virtuellen Anteilsoptionen führt dann aber nicht zu einer tatsächlichen Übertragung von Anteilen, sondern einem schuldrechtlichen Zahlungsanspruch.[330] Die Anzahl der bezogenen virtuellen Anteile dient dabei als Bemessungsgrundlage für die Höhe des Zahlungsanspruchs. Der Mitarbeiter soll wirtschaftlich so gestellt werden, als würde er mit realen Geschäftsanteilen an einer Exit-Erlösverteilung partizipieren. Gleichzeitig entfallen aber die Nachteile gesellschaftsrechtlicher Beteiligungsstrukturen, wozu insbesondere der administrative wie finanzielle Kostenaufwand durch notarielle Formerfordernisse gehört.[331]

VSOP simulieren demnach eine kapitalmäßige Beteiligung auf rein schuldrechtlicher Ebene, sind selbst aber mit keinen gesellschaftsrechtlichen Regelungen verbunden. Im Gegensatz zu ESOP bedarf es daher keiner Diskussion über die Anwendbarkeit der Bereichsausnahme in § 310 Abs. 4 S. 1 BGB. Die Beteiligungsbedingungen stellen keine „Verträge auf dem Gebiet des Gesellschaftsrechts“ dar und unterfallen, vorausgesetzt die übrigen Voraussetzungen in § 305 Abs. 1 S. 1 BGB liegen vor, dem AGB-rechtlichen Kontrollregime.[332]

---

328 *Hoppe*, NZG 2018, 811; *Schönhaar*, GWR 2017, 293, 294.

329 *Grisar/Zantopp*, DStR 2020, 1768; *Weinheimer/Renner* in: Hölters, Hdb Unternehmenskauf, Rn. 14.116.

330 *Binnewies*, GmbH-StB 2019, 239, 240; *Windeln/Riemer*, ArbRB 2015, 51, 52.

331 *Weinheimer/Renner* in: Hölters, Hdb Unternehmenskauf, Rn. 14.116.

332 *Bieder*, ZHR 174 (2010), 705, 734; *Schniepp/Giesecke*, NZG 2017, 128, 127; *Weitnauer*, GWR 2022, 39, 43; siehe auch BGH Urt. v. 10.10.1994, NJW 1995, 192.

### *b) Anspruchsvoraussetzungen und Anspruchsgegner*

Die Entstehung des Zahlungsanspruchs setzt voraus, dass die vorher definierten Ausübungsbedingungen gemäß § 158 Abs. 1 BGB kumulativ vorliegen. Die Bedingungen entsprechen denen eines ESOP, ihre Ausübung setzt demnach den Eintritt eines Exit-Ereignisses in Gestalt eines Share Deal-, Asset Deal-, IPO-Exits oder der Liquidation und Auflösung der Gesellschaft voraus.[333] Darüber hinaus müssen die virtuellen Anteilsoptionen im Rahmen von Vesting-Regelungen angespart worden und sie dürfen nach den Leaver-Regelungen nicht verfallen sein.[334] Anspruchsgegner ist die Gesellschaft. Der Zahlungsanspruch wird aus Mitteln des (Bar-)Vermögens der Gesellschaft geleistet, was eine entsprechende Liquidität voraussetzt.[335]

### *c) Berechnung der Anspruchshöhe*

Die Berechnung der individuellen Beteiligungshöhe des Mitarbeiters an den Erlösen erfolgt unter Einsatz einer Formel, in die beim späteren Exit nur noch die dann geltenden Werte einzusetzen sind.[336]

#### *aa) Formel zur Berechnung des Zahlungsanspruchs*

Wenngleich sich die Formeln in der Beteiligungspraxis aus verschiedenen Variablen zusammensetzen können, führen sie zu vergleichbaren wirtschaftlichen Ergebnissen. Dies verdeutlicht folgende Formel exemplarisch:[337]

$$Z = A \, x \, (E - B)$$

wobei gilt

| | |
|---|---|
| *Z* = | Zahlungsanspruch des Mitarbeiters gegen die Gesellschaft |
| *A* = | Anzahl der ausgeübten virtuellen Anteilsoptionen des Mitarbeiters |
| *E* = | Exit-Erlös, der auf einen virtuellen Anteil entfällt |
| *B* = | Basispreis, der für einen virtuellen Anteil zu zahlen ist |

333 ESOPasap-Studie, S. 40. Dazu auch bereits oben B. II. 2. a). Die dortigen Ausführungen zu ESOP gelten hier entsprechend.

334 *Schönhaar*, GWR 2017, 293, 294; *Weinheimer/Renner* in: Hölters, Hdb Unternehmenskauf, Rn. 14.116; *Windeln/Riemer*, ArbRB 2015, 51, 53.

335 *Stenzel*, DStR 2018, 82; *Weitnauer/Dunkmann*, GWR 2013, 349, 351.

336 *Schönhaar*, GWR 2017, 293, 295.

337 Beispielhaft für alternative Berechnungsformeln, vgl. *Schönhaar*, GWR 2017, 293, 295; *Stenzel*, DStR 2018, 139, 142 oder *Weitnauer*, Hdb Venture Capital, Anhang X. 2. Ziff. 4.4.

„*A*“ berücksichtigt nur die tatsächlich ausgeübten virtuellen Anteilsoptionen. Dadurch werden nur solche Anteile einbezogen, die der Mitarbeiter nach den Vesting-Regelungen angespart hat und nach den Leaver-Regelungen nicht verfallen sind. Ferner zahlt der Mitarbeiter für den Bezug seiner virtuellen Anteile typischerweise einen Basispreis „*B*“, der dem Verkehrswert der entsprechenden Anzahl realer Anteile im Zeitpunkt der Optionseinräumung entspricht.[338] Dieser Mechanismus stellt sicher, dass Mitarbeiter, die der Gesellschaft lange treu sind, bessergestellt werden als diejenigen, die über eine geringere Betriebszugehörigkeit verfügen. Auch wird gewährleistet, dass Mitarbeiter nicht von einem Wertzuwachs des Unternehmens profitieren, der vor der Einräumung ihrer Mitarbeiterbeteiligung eingetreten ist. Wie bei einem ESOP handelt es sich damit im Ergebnis um ein Differenzgeschäft zwischen dem Anteilswert bei Beginn und Beendigung der Mitarbeiterbeteiligung.[339]

Die Höhe des konkreten Zahlungsanspruchs hängt aber wesentlich von der Höhe der im Einzelfall erzielten Exit-Erlöse ab. Neben dem Netto-Erlös selbst werden in der Regel weitere wirtschaftliche Faktoren, die im Zusammenhang mit dem Exit stehen, bei dessen Berechnung einbezogen. Daher bietet es sich an, die entsprechende Variable „*E*“ in Rahmen einer zusätzlichen Formel zu berechnen.

### *bb) Formel zur Berechnung des zugrundeliegenden Exit-Erlöses*

Die Berechnung des Exit-Erlöses, der auf einen virtuellen Anteil entfällt, wird anhand folgender Beispielformel deutlich:

$$E = \left( \frac{n - l - k}{s + v} \right)$$

wobei gilt

| | |
|---|---|
| $n =$ | Netto-Erlös, der im Rahmen des Exits erzielt wurde |
| $l =$ | Vorrangig auszuzahlende Liquidationspräferenzen |
| $k =$ | Berater- und Transaktionskosten, die mit dem Exit im Zusammenhang stehen |

338 Hierauf ist ggf. noch ein Discount zu gewähren, da es sich „nur“ um eine schuldrechtliche Beteiligung handelt, vgl. *Schönhaar*, GWR 2017, 293.

339 *Schönhaar*, GWR 2017, 293, 294; *Weitnauer/Dunkmann*, GWR 2013, 371.

| | |
|---|---|
| $s$ = | Höhe des Stammkapitals der Gesellschaft; im Falle eines Teilexits nur die Höhe des veräußerten Stammkapitals |
| $v$ = | Anzahl aller von Mitarbeitern angesparten und ausgeübten virtuellen Anteilsoptionen |

Ausgangspunkt der Berechnung ist die Exit-Erlösbeteiligung, die auf einen realen Geschäftsanteil entfallen würde. Dazu wird der beim Exit erzielte Netto-Erlös „$n$“ durch die Höhe des Stammkapitals der Gesellschaft „$s$“ dividiert. Sodann besteht Gestaltungsfreiheit hinsichtlich der Einbeziehung zusätzlicher wirtschaftlicher Faktoren.[340] Überwiegend handelt es sich dabei um solche, die dem Schutz der Interessen der Gesellschafter, insbesondere der Wagniskapitalgeber, dienen. Im Gegensatz zu den Mitarbeiterbeteiligungen auf gesellschaftsrechtlicher Grundlage, ist der Mitarbeiter bei einer rein schuldrechtlichen Beteiligung im Zeitpunkt der Exit-Erlösverteilung nicht Gesellschafter und unterliegt damit nicht den Regelungen der Satzung und etwaigen Gesellschaftervereinbarungen. Folglich gelten auch die Bestimmungen zur disquotalen Exit-Erlösverteilung nicht für die begünstigten Mitarbeiter. Sollten die virtuellen Mitarbeiterbeteiligungen vor den Exit-Erlösansprüchen der Wagniskapitalgeber bedient werden, würde ihre Beteiligung insgesamt niedriger ausfallen. Um dem entgegenzuwirken, werden die Netto-Erlöse „$n$“ regelmäßig um die vorrangig zu bedienenden Liquidationspräferenzen „$l$“ der Gesellschafter im Abzug gebracht. Denkbar ist außerdem, dass die begünstigten Mitarbeiter die Kosten des Exits ganz oder zumindest teilweise tragen, indem die Berater- und Transaktionskosten „$k$“ von den Netto-Erlösen subtrahiert werden.[341] Schließlich können die Formeln weitere Verwässerungsschutzmechanismen zugunsten der Wagniskapitalgeber aufnehmen. Denn obwohl ein rein schuldrechtliches Beteiligungsprogramm zu keiner Verwässerung der realen Beteiligungsverhältnisse führt, tritt mit der Geltendmachung der Ansprüche jedenfalls eine wirtschaftliche Verwässerung der Exit-Erlösbeteiligungen der Gesellschafter ein.[342] Um dem entgegenzuwirken, erfolgt eine Gleichbehandlung der virtuellen mit

340 Daneben sind etwa karitative Motive denkbar. Ein vorher festgelegter Prozentsatz der Erlösbeteiligung kann beispielsweise an eine vom Mitarbeiter zu bestimmende gemeinnützige Organisation gespendet werden.

341 *Stenzel*, DStR 2018, 139, 143.

342 *Grisar/Zantopp*, DStR 2020, 1768, 1768.

den realen Anteilen durch eine Addition des Stammkapitals „*s*“ mit den virtuellen Anteilen „*v*“.[343]

### *cc) Zahlenbeispiel*

Die Funktionsweise der beiden Formeln wird anhand des folgenden, zur Veranschaulichung vereinfachten Beispiels[344] deutlich:

> Ein Mitarbeiter „erster Stunde“ erhält 200 virtuelle Anteilsoptionen. Der Unternehmenswert des Start-ups beträgt zu diesem Zeitpunkt noch EUR 500.000, das Stammkapital EUR 25.000 (eingeteilt in Geschäftsanteile von je EUR 1,00). Der spätere Basispreis „*B*“, mithin der Verkehrswert eines Geschäftsanteils im Einräumungszeitpunkt der Mitarbeiterbeteiligung, beläuft sich damit auf EUR 20,00.[345] Das innovative Geschäftsmodell des Start-ups zahlt sich aus, nach einigen Jahren veräußern sämtliche Gesellschafter 100 % ihrer Geschäftsanteile im Rahmen eines Trade Sales an einen strategischen Investor. Es gelingt ihnen, hierbei einen Netto-Erlös („*n*“) in Höhe von EUR 50.000.000 zu erzielen. Das rasante Unternehmenswachstum wäre ohne den Zufluss von Venture Capital nicht möglich gewesen. Infolgedessen bestehen bei der Verteilung der Exit-Erlöse aber auch Liquidationspräferenzen mehrerer Wagniskapitalgeber in Höhe von insgesamt EUR 15.000.000 („*l*“). Die Berater- und Transaktionskosten („*k*“) des Exits belaufen sich auf EUR 100.000. Das Stammkapital der Gesellschaft ist nach Abschluss der Finanzierungsrunden auf nunmehr EUR 45.000 gestiegen („*s*“). Auch wurden zahlreiche weitere Mitarbeiter im Rahmen eines Mitarbeiterbeteiligungsprogramms virtuell an der Gesellschaft beteiligt. Die Anzahl aller angesparten und ausgeübten Anteilsoptionen („*v*“) beläuft sich im Exit auf 5.000.

Der begünstigte Mitarbeiter „erster Stunde“ war bis zum Exit ununterbrochen für die Gesellschaft tätig, seine gesamte Beteiligung ist nunmehr gevestet und unverfallen.[346] Im Zuge des Trade Sales übt er seine virtuellen Anteilsoptionen aus. Zur Ermittlung des nunmehr fälligen Zahlungsanspruchs gegen die Gesellschaft wird zunächst der Erlös, der auf einen virtuellen Anteil entfällt, ermittelt. Unter Hinzuziehung der oben genannten Formel gilt hier:

$$E = \left( \frac{50.000.000 - 15.000.000 - 100.000}{45.000 + 5.000} \right)$$

343 Sog. „fully dilluted“-Betrachtung, dazu später noch ausführlich 3. Teil E. I. 1. b) bb). Siehe auch *Schönhaar*, GWR 2017, 293, 295.

344 Nachfolgend stets auf zwei Nachkommastellen gerundet.

345 500.000 / 25.000 = 20.

346 „*A*“ beträgt somit 200.

Der Exit-Erlös, der auf einen virtuellen Anteil entfällt („*E*"), beträgt damit EUR 698,00. Nun lässt sich der Zahlungsanspruch *Z* ermitteln. Bei Anwendung der eingangs erwähnten Beispielformel gilt hier:

$$Z = 200 \text{ x } (698{,}00 - 20{,}00)$$

Die Belohnung des Mitarbeiters für sein frühzeitiges Engagement im Start-up und die Kompensation für sein bis zum Exit niedriges Festgehalt, mithin sein individueller Zahlungsanspruch gegen die Gesellschaft, beläuft sich auf EUR 135.600.[347]

### *dd) Zwischenergebnis*

Je früher der Mitarbeiter am Unternehmen beteiligt wird, desto größer fällt seine spätere Erlösbeteiligung aus. Handelt es sich nicht um einen Mitarbeiter „erster Stunde", tritt er der Gesellschaft also zu einem Zeitpunkt bei, zu dem diese bereits ein signifikantes Wachstum vollzogen hat, wirkt sich dies auf den Basispreis „*B*" aus. Dazu folgende Abwandlung des Beispielfalls:

Ein Mitarbeiter wurde nicht von Anfang an, sondern erst im Rahmen einer Serie-B Finanzierungsrunde virtuell an seiner Arbeitgebergesellschaft beteiligt. Dieser Finanzierungsrunde lag eine Unternehmensbewertung von EUR 20.000.000 zugrunde, das Stammkapital der Gesellschaft betrug im Anschluss EUR 35.000 (eingeteilt in Geschäftsanteile von je EUR 1,00). Der Basispreis pro virtueller Anteilsoption „*B*" steigt dadurch auf EUR 571,43 (statt der EUR 20,00 im Ausgangsfall).[348] Das wirkt sich drastisch auf den Zahlungsanspruch „*Z*" des Mitarbeiters gegen die Gesellschaft aus. Unter Zugrundelegung derselben Exit-Parameter wie im Ausgangsfall[349] sinkt der individuelle Zahlungsanspruch des Mitarbeiters von EUR 135.600 auf lediglich EUR 25.314.[350]

---

347 Dabei handelt es sich indes um den Brutto-Betrag. Dieser ist zum einen um Sozialversicherungsbeiträge und zum anderen um die Einkommensteuer (bei einem VSOP unstreitig die progressive Arbeitslohnbesteuerung) zzgl. Annexsteuern (je nach Einkommenshöhe und Religionszugehörigkeit der Solidaritätszuschlag und die Kirchensteuer) in Abzug zu bringen. Dazu sogleich ausführlich unter C. II. 2. a).

348 20.000.000 / 35.000 = 571,43.

349 Der Netto-Erlös „*n*" beträgt EUR 50.000.000, die Liquiditätspräferenzen „*l*" EUR 15.000.000, Transaktionskosten „*k*" EUR 100.000, das Stammkapital „*s*" EUR 45.000 und die Anzahl aller VSOP „*v*" 5.000. Der Exit-Erlös, der auf eine virtuelle Anteilsoption entfällt, („*E*") beträgt somit auch hier EUR 698,00.

350 200 x (698,00 - 571,43) = 25.314.

Darüber hinaus besteht das Risiko, dass der erst später begünstigte Mitarbeiter nicht ausreichend Zeit hatte, um seine virtuellen Anteilsoptionen bis zum Exit zu vesten. Möglicherweise kann er also nur mit einem Teil seiner Beteiligung an den hierbei erzielten Erlösen partizipieren.[351]

Auch die Liquidationspräferenzen der Wagniskapitalgeber führen eine signifikante Verringerung der individuellen Erlösbeteiligung der Mitarbeiter herbei. Unterstellt, das Start-up hätte im Ausgangsfall keine Unterstützung durch Venture Capital erhalten, wären die Netto-Erlöse „*n*" nicht um die bestehenden Liquidationspräferenzen „*l*" der Wagniskapitalgeber in Abzug zu bringen. Auch das Stammkapital wäre nicht infolge der Schaffung und Übertragung neuer Geschäftsanteile auf EUR 45.000 gestiegen. Die individuelle Erlösbeteiligung des Mitarbeiters beliefe sich dann auf EUR 328.666,67 (statt der EUR 135.600 im Ausgangsfall).[352]

Den größten Einfluss auf die Beteiligungshöhe des Mitarbeiters haben die im Exit erzielten Netto-Erlöse „*n*". Je schneller das unternehmerische Wachstum und je höher die dem Exit zugrundeliegende Unternehmensbewertung, desto höher auch die individuelle Erlösbeteiligung des Mitarbeiters. Liegt der Gesellschaft im Exit etwa eine Unternehmensbewertung von EUR 1.000.000.000 zugrunde (ab dieser Schwelle werden Start-ups auch als „Unicorn" bezeichnet), kann sich die Erlösbeteiligung begünstigter Mitarbeiter auf mehrere Millionen Euro belaufen.[353]

### *d) Umwandlung in reale Anteile*

Im Rahmen eines ESOP wird gelegentlich ein Barausgleich vereinbart, um den administrativen Mehraufwand einer Anteilsübertragung zu umgehen. Spiegelbildlich besteht bei virtuellen Anteilsoptionen die Möglichkeit, anstatt der Barvergütung eine Umwandlung in echte Anteile zu vollziehen. Diese sogenannten „Stock Settled Stock Appreciation Rights" bieten sich etwa dann an, wenn im Zusammenhang mit einem IPO-Exit ein Rechtsformwechsel zu einer Aktiengesellschaft stattfindet.[354] Die zugrundeliegenden Beteiligungsbedingungen sehen

351 Zu den Auswirkungen eines vorzeitig eintretenden Exits auf die Mitarbeiterbeteiligung sogleich unter 3. Teil C. IV.

352 (50.000.000 – 100.000) / (25.000 + 5.000) = 1.663,33. Damit steht „*E*" fest. Zur Berechnung von „*Z*" gilt dann nur noch: 200 x (1.663,33 – 20,00) = 328.666,67.

353 Mit einem Beispiel aus der US-amerikanischen Beteiligungspraxis („PayPal"), vgl. ESOPasap-Studie, S. 24 ff. Zum Begriff des „Unicorns" *Kuntz/Engelhardt*, ZGR 2021, 348, 355.

354 *Hoppe*, NZG 2018, 811, 812.

dann eine Überführung der virtuellen Anteilsoptionen in ein reales Arbeitnehmeraktienoptionsprogramm vor.[355]

### 2. *Steuerrechtliche Behandlung*

#### a) *Besteuerung auf Ebene des Mitarbeiters*

Die steuerrechtliche Einordnung virtueller Anteilsoptionen gestaltet sich mangels gesellschaftsrechtlicher Rechtsbeziehungen zwischen den beteiligten Akteuren einfacher als bei den Eigenkapitalbeteiligungen. Der Mitarbeiter hält zu keinem Zeitpunkt „reales" Kapital an der Arbeitgebergesellschaft, weshalb keine Abgrenzungsschwierigkeiten zwischen Einkünften aus nichtselbstständiger Arbeit und solchen aus Kapitalvermögen entstehen. Geldwerte Vorteile aus einer schuldrechtlichen Beteiligung an der Arbeitgebergesellschaft gelten stattdessen stets als durch das Arbeitsverhältnis veranlasst und begründen damit Einkünfte aus nichtselbstständiger Arbeit gemäß § 19 Abs. 1 S. 1 Nr. 1 EStG.[356] Für den Mitarbeiter stellt sich damit nur noch die Frage, in welcher Phase der Beteiligung ein einkommensteuerrechtlich relevanter Vermögenszufluss bei ihm eintritt.

##### aa) *Einräumungsphase*

Nach dem BFH führt das bloße Innehaben von Ansprüchen und Rechten den Zufluss von Einnahmen noch nicht herbei.[357] Der Vorteil gilt erst dann als beim Arbeitnehmer zugeflossen, wenn der Arbeitgeber die geschuldete Leistung tatsächlich erbringt.[358] Mit der Einräumung des aufschiebend bedingten, schuldrechtlichen Anspruchs im Rahmen der virtuellen Anteilsoptionen ist also zunächst nur die steuerneutrale Chance auf eine spätere Zahlung gegeben. Wie bei der Einräumung realer Anteilsoption kommt es damit auf Seiten des Mitarbeiters zu keinem Dry-Income und die Mitarbeiterbeteiligung unterliegt keiner Anfangsbesteuerung. Für einen Besteuerungsaufschub besteht kein Bedürfnis, aus Sicht des Mitarbeiters ist es zu diesem Zeitpunkt unbedeutend, dass virtuelle Anteilsoptionen nicht zu den „Vermögensbeteiligungen" im Sinne des § 2 Abs. 1 Nr. 1 lit. a, b und f bis l und Abs. 2 bis 5 des 5. VermBG zählen womit § 19a Abs. 1 S. 1 EStG hier nicht zur Anwendung kommt.[359]

---

355 Vgl. die Musterbeteiligungen in *Weitnauer*, Hdb Venture Capital, Anhang X. 2. Ziff. 5.

356 *Bauer/Georgi/Weist* in: Salamon, Entgeltgestaltung, I. Rn. 338; *Grisar/Zantopp*, DStR 2020, 1768, 1772.

357 BFH Urt. v. 27.05.1993, DStR 1993, 1855; v. 20.11.2008, DStR 2009, 207.

358 BFH Urt. v. 15.11.1993, DStR 1994, 317; v. 20.11.2008, DStR 2009, 207.

359 *Möllmann/Zantopp*, DStR 2020, 2817, 2823; *Westermann/Thor*, FR 2021, 198, 201.

*bb) Ausübungsphase*

Ein Zufluss von Einnahmen tritt erst mit der Erfüllung des Anspruchs in der Ausübungsphase der virtuellen Beteiligung ein.[360] Die Höhe des geldwerten Vorteils entspricht der individuellen Exit-Erlösbeteiligung des Mitarbeiters, die formelartig nach den zugrundeliegenden Optionsbedingungen berechnet wird. Konkreter Zuflusszeitpunkt ist die Erlangung der wirtschaftlichen Verfügungsmacht, was bei einer auf Barzahlung gerichteten Beteiligung regelmäßig die Gutschrift der Exit-Erlösbeteiligung auf dem Konto des Arbeitnehmers ist.[361]

*cc) Steuervergünstigungen*

Anders als bei der Frage nach der Anfangsbesteuerung wirkt der Umstand, dass es sich bei virtuellen Anteilsoptionen nicht um „Vermögensbeteiligung" im Sinne des § 2 Abs. 1 Nr. 1 lit. a, b und f bis l und Abs. 2 bis 5 des 5. VermBG handelt, bei der Frage nach etwaigen Steuervergünstigungen nunmehr zulasten des Mitarbeiters aus. Der Steuerfreibetrag in Höhe von EUR 1.440 gemäß § 3 Nr. 39 S. 1 EStG kommt hier nicht zur Anwendung. Bei entsprechender Ausgestaltung der zugrundeliegenden Beteiligungsbedingungen kommt lediglich die Tarifermäßigung aus § 34 Abs. 1, Abs. 2 Nr. 4 EStG in Betracht.[362] Eine darüberhinausgehende Förderung schuldrechtlicher Mitarbeiterbeteiligungen sieht das Einkommensteuerrecht derzeit nicht vor.

*b) Behandlung auf Ebene der Arbeitgebergesellschaft*

Ist die Gesellschaft nach den zugrundeliegenden Beteiligungsbedingungen der Anspruchsgegner des schuldrechtlichen Zahlungsanspruchs, muss sie nach herrschender Auffassung im Zeitpunkt der Einräumung Rückstellungen für ungewisse Verbindlichkeiten bilden, § 249 Abs. 1 S. 1 HGB.[363] Diese Aufwendungen kann die Gesellschaft sodann als Betriebsausgaben steuerlich geltend machen.[364]

---

360 BFH Urt. v. 23.07.1999, DStR 1999, 1524; v. 20.11.2008, DStR 2009, 207; *Schönhaar*, GWR 2017, 293, 294.

361 *Binnewies*, GmbH-StB 2019, 239, 242; *Grisar/Zantopp*, DStR 2020, 1768, 1772.

362 *Bauer/Georgi/Weist* in: Salamon, Entgeltgestaltung, I. Rn. 340.

363 Die Rückstellungsbildung erfolgt nach § 253 Abs. 1 S. 2 HGB in Höhe des Betrags, der nach vernünftiger kaufmännischer Beurteilung notwendig ist. Dazu ausführlich *Weitnauer/Dunkmann*, GWR 2017, 393, 352.

364 *Grisar/Zantopp*, DStR 2020, 1768, 1773; *Schrade/Denninger*, DStR 2019, 2615, 2618; *Stenzel*, DStR 2018, 82, 83.

Mit Auszahlung des schuldrechtlichen Anspruchs an den Mitarbeiter muss sie schließlich auch lohnsteuerliche Pflichten aus § 38 EStG erfüllen.

## III. Virtuelle Anteile (Phantom Stocks)

### *1. Grundlagen*

#### *a) Funktionsweise*

Im Unterschied zu den virtuellen Anteilsoptionen bilden die virtuellen Anteile keine Optionen, sondern Gesellschaftsanteile nach. Hierbei erhält der Mitarbeiter sämtliche virtuellen Anteile bereits im Einräumungszeitpunkt. Diese bestehen fortan „phantomartig" neben den realen Geschäftsanteilen, was zugleich Grund für die häufig anzutreffende Bezeichnung „Phantom Stocks" ist.[365] Damit die Anreizwirkung der Mitarbeiterbeteiligung nicht im Einräumungszeitpunkt endet und die Liquidität des Start-ups vorzeitig belastet wird, steht die tatsächliche Ausübung des Zahlungsanspruchs unter der aufschiebenden Bedingung des Eintritts eines Exits und die Anteile unterliegen einem Vesting und korrespondierenden Leaver-Regelungen.[366] Hinsichtlich der individuellen Exit-Erlösbeteiligung des Mitarbeiters führen virtuelle Anteile damit zum gleichen wirtschaftlichen Ergebnis wie virtuelle Anteilsoptionen. Der eine Unterschied besteht darin, dass mit der Einräumung virtueller Anteile nicht nur ein einmaliger Zahlungsanspruch im Exit verbunden ist, sondern das Beteiligungsmodell auch über eine Dividendenkomponente verfügt.[367]

#### *b) Formel zur Berechnung der Gewinnbeteiligung*

Hinsichtlich der Berechnung der individuellen Exit-Erlösbeteiligung des Mitarbeiters ergeben sich keine Unterschiede zu den virtuellen Anteilsoptionen, weshalb sich die dortigen Ausführungen auf virtuelle Anteile übertragen lassen. Die Beteiligungsbedingungen müssen allerdings um Regelungen zur Berechnung der konkreten Höhe der Gewinnbeteiligung des Mitarbeiters

---

365 *Hoppe*, NZG 2018, 811, 813.

366 *Schönhaar*, GWR 2017, 293, 294; *Weinheimer/Renner* in: Hölters, Hdb Unternehmenskauf, Rn. 14.114 ff.; *Weitnauer*, Hdb Venture Capital, Anhang X. 2. Ziff. 2.

367 Wenngleich Start-ups bis zum Exit nur selten Gewinne generieren, wird in der Beteiligungspraxis zunehmend beobachtet, dass virtuelle Mitarbeiterbeteiligungen auch ein Dividendenrecht abbilden, vgl. *Bank/Möllmann*, VC Agreements in Germany, Rn. 424; *Hoppe*, NZG 2018, 811, 813; *Hornung*, DB 2019, 1566.

ergänzt werden. Dies erfolgt ebenfalls unter Einsatz von Formeln, die beispielhaft so aussehen können:[368]

$$Z = A \times G$$

wobei gilt

| | |
|---|---|
| *Z* = | Zahlungsanspruch des Mitarbeiters gegen die Gesellschaft |
| *A* = | Anzahl der gevesteten virtuellen Anteile des Mitarbeiters |
| *G* = | Netto-Gewinn, der auf einen virtuellen Anteil entfällt |

„*A*" berücksichtigt nur die gevesteten virtuellen Anteile, der Mitarbeiter partizipiert mit zunehmender Dauer des Beschäftigungsverhältnisses zunehmend an den Gewinnausschüttungen der Arbeitgebergesellschaft. Maßgeblicher Zeitpunkt für die Bestimmung der Anzahl gevesteter Anteile ist in der Regel der Gewinnausschüttungsbeschluss der Gesellschafterversammlung. Im Mittelpunkt steht aber die Berechnung der konkreten Höhe des auszuschüttenden Netto-Gewinns „*G*". Auch hier können zusätzliche Faktoren berücksichtigt werden, weshalb sich die Berechnung in einer separaten Formel anbietet. Die konkreten Ausgestaltungen gehen in der Beteiligungspraxis auseinander, eine Berechnungsformel könnte aber wie folgt aussehen:

$$G = \frac{g - d}{r + v}$$

wobei gilt

| | |
|---|---|
| *g* = | Gesamthöhe des auszuschüttenden Gewinns |
| *d* = | Vorrangig auszuzahlende Dividendenpräferenzen |
| *r* = | Summe aller gewinnbezugsberechtigten realen Anteile |
| *v* = | Summe aller gewinnbezugsberechtigten virtuellen Anteile |

368 Für eine alternative Ausgestaltung der Berechnungsformel siehe *Weitnauer*, Hdb Venture Capital, Anhang X. 2. Ziff. 3.2.

Die Formel ähnelt der Berechnung der Exit-Erlöse, die auf einen Geschäftsanteil entfallen. Ausgangspunkt ist die Ermittlung des Gewinns, der grundsätzlich auf einen Geschäftsanteil entfallen würde. Dazu wird die Gesamthöhe des auszuschüttenden Gewinns „*g*" durch die Summe aller gewinnbezugsberechtigten realen Anteile „*r*" und virtuellen Anteile „*v*" geteilt. Anknüpfungspunkt für den insgesamt auszuschüttenden Gewinn können bilanzielle Gewinngrößen sein, beispielsweise die handelsbilanziellen Jahresüberschüsse, § 275 Abs. 2 Nr. 17 bzw. Abs. 3 Nr. 16 HGB.[369] Alternativ kann auch der Gewinnbetrag zugrunde gelegt werden, der laut Beschluss der Gesellschafterversammlung gemäß § 29 GmbHG an die Gesellschafter ausgeschüttet wird.[370] Zu Vermeidung einer wirtschaftlichen Verwässerung der Gewinnbezugsrechte der Wagniskapitalgeber ist es denkbar, Dividendenpräferenzen zu vereinbaren, die von der Gesamthöhe des auszuschüttenden Gewinns subtrahiert werden.[371] Diesen kommt eine vergleichbare Wirkung wie den Liquidationspräferenzen bei der Verteilung von Exit-Erlösen zu, gemäß § 29 Abs. 3 S. 2 GmbHG werden bestimmte Gesellschafter bei der Auszahlung der Gewinne vorrangig bedient.[372]

### c) *Zahlenbeispiel*

Zur Veranschaulichung folgendes Beispiel:[373] Ein Mitarbeiter erhält 200 virtuelle Anteile an seiner Arbeitgebergesellschaft. Zwei Jahre nach Einräumung dieser Beteiligung wird die Gesellschaft profitabel. Ein Teil der erzielten Gewinne wird in das unternehmerische Vorhaben reinvestiert. Der andere Teil soll hingegen als Belohnung für die Erreichung dieses „Meilensteins" an Gesellschafter und Mitarbeiter ausgeschüttet werden. Die Gesamthöhe des auszuschüttenden Gewinns beträgt EUR 100.000 („*g*"). Davon ist die Hälfte wegen im Vorfeld vereinbarter Dividendenpräferenzen an Wagniskapitalgeber auszuschütten („*d*"). Das Stammkapital der Gesellschaft beträgt im Ausschüttungszeitpunkt EUR 29.000 (eingeteilt in Geschäftsanteile von je EUR 1,00). Daneben gibt es 1.000 virtuelle Anteile. Sämtliche realen („*r*") wie virtuellen („*v*") Anteile sind gewinnbezugsberechtigt. Im Ausschüttungszeitpunk konnte der Mitarbeiter

369 *Stenzel* in: Holzner/Mantke/Stenzel, Hdb Managementbeteiligung, Rn. 527.
370 *Weitnauer*, Hdb Venture Capital, Anhang X. 2. Ziff. 3.2.
371 Mitarbeiter werden wegen ihres geringen finanziellen Verlustrisikos auf dem letzten Rang bedient.
372 Ausführlich zu Dividendenpräferenzen in Wagniskapitalbeteiligungsverträgen *Kuntz*, Kapitalgesellschaften zwischen Freiheit und Zwang, S. 524 ff.
373 Auch hier stets auf zwei Nachkommastellen gerundet.

nach den zugrundeliegenden Vesting-Regelungen bereits 50 % seiner Beteiligung, mithin 100 virtuelle Anteile, vesten („*A*“).

Zur Ermittlung des nunmehr fälligen Zahlungsanspruchs des Mitarbeiters gegen die Gesellschaft ist zunächst der Netto-Gewinn, der auf einen virtuellen Anteil entfällt, zu berechnen. Unter Hinzuziehung der oben genannten Formel gilt:

$$G = \frac{100.000 - 50.000}{29.000 + 1.000}$$

*G* beträgt damit EUR 1,66 Nun lässt sich der Zahlungsanspruch *Z* ermitteln. Bei Anwendung der eingangs erwähnten Beispielformel gilt hier:

$$Z = 100 \ x \ 1{,}66$$

Die Belohnung des Mitarbeiters, mithin sein individueller Zahlungsanspruch gegen die Gesellschaft, beläuft sich auf EUR 166,66.

Derart niedrige Summen können die persönlichen Vermögensverhältnisse begünstigter Mitarbeiter kaum verbessern.[374] Insbesondere kann der Gewinnausschüttung keine kompensatorische Wirkung für niedrige Festgehälter zugeschrieben werden.[375] Aus diesem Grund steht die spätere Exit-Erlösbeteiligung typischerweise im Fokus einer Mitarbeiterbeteiligung im Venture Capital. Hier sind, wie eingangs deutlich wurde, signifikant höhere Beteiligungsquoten möglich.

### 2. *Steuerrechtliche Behandlung*

Die steuerliche Behandlung virtueller Anteile entspricht grundsätzlich derjenigen von virtuellen Anteilsoptionen. Sie unterliegen keiner Anfangsbesteuerung, es kommt erst bei tatsächlicher Auszahlung der Exit-Erlösbeteiligung an den Mitarbeiter zur progressiven Arbeitslohnbesteuerung gemäß § 19 Abs. 1 S. 1 Nr. 1 i.V.m. § 32a EStG. Wird der Mitarbeiter darüber hinaus während

---

374 Selbst wenn der Mitarbeiter zu diesem Zeitpunkt sämtliche Anteile gevestet hätte, würde seine Gewinnbeteiligung lediglich EUR 332,00 betragen (200 x 1,66 = 332,00).

375 Selbst wenn der Mitarbeiter im Ausschüttungszeitpunkt 100 % seiner Anteile gevestet hätte, beliefe sich seine individuelle Beteiligung im Ausgangsfall nur auf EUR 333,33.

der Haltephase seiner virtuellen Beteiligung an den Gewinnen der Gesellschaft beteiligt, unterliegen diese im Zeitpunkt des tatsächlichen Zuflusses ebenfalls der progressiven Besteuerung als Arbeitslohn.[376] Der Steuerfreibetrag aus § 3 Nr. 39 S. 1 EStG scheitert am Erfordernis einer „Vermögensbeteiligung". Auf Ebene der Gesellschaft können die laufenden Auszahlungen an Mitarbeiter als Personalaufwand steuerlich geltend gemacht werden.[377]

## IV. Zusammenfassung

Virtuelle Anteilsoptionen gewähren dem Begünstigten einen exitbasierten Anspruch auf eine anteilswertorientierte Barvergütung. Virtuelle Anteile verfügen darüber hinaus noch über eine Dividendenkomponente. Der zentrale Vorteil dieser besonderen Art der Mitarbeiterbeteiligung besteht im Vergleich zu den Eigenkapitalbeteiligungen darin, dass ihre Ausgestaltung auf rein schuldrechtlicher Grundlage erfolgt. Dies ermöglicht viele Gestaltungsmöglichkeiten hinsichtlich der zugrundeliegenden Beteiligungsbedingungen und der Mitarbeiter kann sich in Ermangelung von Gesellschafterrechten nicht in die Angelegenheiten der Gesellschafter einmischen. Darüber hinaus besteht ein insgesamt geringer administrativer und finanzieller Aufwand bei der Aufsetzung der Beteiligung. Dies ermöglicht insgesamt die Schaffung eines groß angelegten Mitarbeiterbeteiligungsprogramms für die Beteiligung vieler Mitarbeiter nachgelagerter Führungsebenen. Allerdings wird auch keine über das Beschäftigungsverhältnis hinausgehende, gesellschaftsrechtliche Bindung des Mitarbeiters an die Gesellschaft erzeugt, weshalb dieser Mitarbeiterbeteiligungsform die geringste Anreizwirkung zugesprochen wird.[378] Die steuerliche Behandlung der virtuellen Beteiligungen ähneln der eines ESOP, es kommt zu keiner Anfangsbesteuerung. Dafür unterliegen die Einkünfte in der Veräußerungsphase stets der progressiven Arbeitslohnbesteuerung, § 19 Abs. 1 S. 1 Nr. 1 i.V.m. § 32a EStG.

---

376 *Bauer/Georgi/Weist* in: Salamon, Entgeltgestaltung, I. Rn. 338.

377 *Stenzel*, DStR 2018, 82, 83; *Weitnauer*, Hdb Venture Capital, Anhang X. 2. Ziff. 3.3.

378 *Bloß*, GmbHR 2016, 104, 105; *Heckschen/Glombik*, GmbHR 2013, 841, 844; *Rupp*, EStB 2006, 192.

# 3. Teil Rechtsfragen der Vertragsgestaltung

Obwohl alle Parteien einer Wagniskapitalfinanzierung grundsätzlich von der Einführung einer Mitarbeiterbeteiligung profitieren, stehen ihre Interessen bei der Beantwortung einzelner Gestaltungsfragen oft zueinander in Konflikt. Gegenstand dieses Teils sind die vertraglichen Möglichkeiten zur Herstellung eines Interessenausgleichs und die rechtlichen Grenzen bei der Vertragsgestaltung.

## A. Der mitarbeitende Gesellschafter

Im Gegensatz zu einem ESOP oder VSOP ist mit der direkten Beteiligung von Mitarbeitern an der Gesellschaft von Beginn an die Einräumung umfassender Gesellschafterrechte verbunden. Hierbei tritt ein Interessenkonflikt unter den beteiligten Akteuren einer Mitarbeiterbeteiligung besonders deutlich in Erscheinung. Auf der einen Seite sind die Mitarbeiter an einer möglichst engen Einbindung in die Gesellschaft interessiert. So können sie nicht nur in der Gesellschafterversammlung die Geschicke „ihrer" Gesellschaft mitlenken, sondern erhalten auch Zugang zu wertvollen Informationen des Unternehmens und damit zu ihrer eigenen Beteiligung. Auf der anderen Seite sind sämtliche Wagniskapitalgeber und Gründer zwar an einem motivierten Mitarbeiterteam und einer daraus folgenden höheren Erfolgswahrscheinlichkeit des unternehmerischen Vorhabens[379] interessiert. Allerdings erschwert das Auflösen vorher bestehender Informationsasymmetrien die Kontrolle über die Mitarbeiter. Auch verkompliziert die Aufnahme der Mitarbeiter in den Kreis der Gesellschafter die Entscheidungsfindung in der Gesellschafterversammlung und führt zu einer Minderung der Einflussmöglichkeiten der übrigen Gesellschafter. Dies wirft zwangsläufig die Frage auf, inwiefern sich die direkte Beteiligung von Mitarbeitern durch eine Beschränkung oder Bündelung der Möglichkeiten gesellschaftsrechtlicher Einflussnahme derart modifizieren lässt, dass diese Form der Mitarbeiterbeteiligung für die Gründer und Wagniskapitalgeber attraktiver wird und damit in der Beteiligungspraxis häufiger zum Einsatz kommt.

379 Dazu oben 1. Teil C. I. 4.

## I. Sonderrechte zugunsten der Wagniskapitalgeber

Im Venture Capital erfolgt, neben den Regelungen zur Erlösverteilung, auch die Ausgestaltung der sonstigen Rechte unter den Gesellschaftern disquotal, mithin in Abweichung von ihren tatsächlichen Beteiligungsquoten in Relation zum Stammkapital.[380] Obwohl sie Träger des höchsten finanziellen Ausfallrisikos sind, könnten die Wagniskapitalgeber etwa aufgrund ihrer Minderheitsbeteiligung keinen richtungsweisenden Einfluss innerhalb der Gesellschaft ausüben.[381] Daher werden ihre Rechte durch eine Anpassung der Regelungen im Gesellschaftsvertrag und in den schuldrechtlichen Nebenvereinbarungen angepasst und ihnen so eine hervorgehobene Stellung unter den Gesellschaftern eingeräumt.[382] Dies umfasst zum Beispiel eine Vereinbarung zu zustimmungspflichtigen Geschäften.[383]

## II. Beschränkung von Stimmrechten der Mitarbeiter

Spiegelbildich zu diesem „Mehr" ist es denkbar, Mitarbeitern ein „Weniger" an Rechten einzuräumen. Eine naheliegende Gestaltungsvariante besteht in diesem Zusammenhang darin, Mitarbeitern nur stimmrechtslose Geschäftsanteile zu gewähren.[384]

### *1. Einräumung stimmrechtsloser Geschäftsanteile*

Das Stimmrecht des GmbH-Gesellschafters gehört nicht zum unantastbaren Kernbereich seiner Mitgliedschaft.[385] Vollständige Stimmrechtsausschlüsse sind insofern anerkannt, die § 45 Abs. 1 i.V.m. § 47 Abs. 2 GmbHG lassen sich durch die Aufnahme entsprechender Regelungen im Gesellschaftsvertrag

---

380 *Grever*, RNotZ 2019, 1, 2; *Liebscher* in: MüKo GmbHG, § 45 Rn. 131.

381 *Weitnauer*, NZG 2001, 1065, 1066. Etwas anderen kann ggf. in den späteren (allerdings auch weniger oft vorkommenden) Growth und Later Stages gelten. Hier nehmen die Beteiligungsquoten der Wagniskapitalgeber angesichts immer größer werdender Investitionssummen typischerweise zu. Dazu bereits 1. Teil A. III.

382 *Kuntz*, Gestaltung von Kapitalgesellschaften zwischen Freiheit und Zwang, S. 556.

383 Dazu gehören z.B. Änderungen des Gesellschaftervertrags, die Aufnahme neuer Gesellschafter, Änderung der Beteiligungsverhältnisse, Bestellung und Abberufung von Geschäftsführern, Abschluss von Beherrschungs- und Gewinnabführungsverträgen, vgl. *Weitnauer*, NZG 2001, 1065, 1070.

384 *Bloß*, GmbHR 2016, 104, 105.

385 BGH Urt. v. 14.07.1954, NJW 1954, 1563; *Liebscher* in: MüKo GmbHG, § 45 Rn. 135.

abbedingen.[386] Der Stimmrechtsausschluss führt reflexartig zu einem Anwachsen der übrigen Stimmrechte, das Recht wird insofern nicht isoliert und verstößt daher auch nicht gegen das Abspaltungsverbot.[387] Als relativ unverzichtbares Mitgliedsrecht kann es allerdings nur mit Zustimmung des betroffenen Gesellschafters verringert oder ausgeschlossen werden.[388] Auch verbleibt stets ein Zustimmungserfordernis des nicht-stimmberechtigten Gesellschafters, wenn andere Kernbereiche seiner Mitgliedschaft verkürzt oder ihm höhere Pflichten auferlegt werden.[389] Abgesehen davon sind Beschränkungen des Stimmrechts aber nahezu schrankenlos möglich.[390] Um den Mitarbeiter an die unternehmensinternen Entscheidungsprozesse heranzuführen, seinen direkten Einfluss auf die Unternehmensleitung aber gleichwohl gering zu halten, kommt die Einräumung stimmrechtsloser Geschäftsanteile also grundsätzlich in Betracht.

Gleichwohl ist das Störpotential von Mitarbeitern in der Gesellschafterversammlung insgesamt überschaubar. Ihre Beteiligungsquoten sind niedriger als diejenigen der Wagniskapitalgeber und Gründer, gleichzeitig verfügen sie über keine mitgliedschaftsrechtliche Vorzugstellung. In der Regel befinden sich damit weder einzelne noch mehrere Mitarbeiter in der Position, Entscheidungen zu blockieren oder Sperrminoritäten zu bilden. Eine Ausnahme stellen einstimmig zu fassende Beschlüsse dar. Ein vollständiger Stimmrechtsausschluss wäre jedoch mit einem erheblichen Anreizverlust beim begünstigten Mitarbeiter verbunden. Seine Einbindung in unternehmensinterne Prozesse, wozu insbesondere die Entscheidungsfindung in der Gesellschafterversammlung zählt, stellt den wesentlichen Grund dafür dar, dass der direkten Anteilsübertragung die größte Anreizwirkung unter allen Mitarbeiterbeteiligungsformen zugeschrieben wird.[391] Eine anreizoptimierte Gestaltung sollte das Stimmrecht begünstigter Mitarbeiter daher nur für solche Entscheidungen ausschließen, die nach dem Gesellschaftsvertrag Einstimmigkeit unter den Gesellschaftern voraussetzen. Alternativ kann sich der Mitarbeiter im Wege

---

386 BGH Urt. v. 14.07.1954, NJW 1954, 1563; *Drescher* in: MüKo GmbHG, § 47 Rn. 137; ausführlich *Grever*, RNotZ 2019, 1, 2.

387 *Grever*, RNotZ 2019, 1, 3.

388 *Grever*, RNotZ 2019, 1, 3; *Harbarth* in: MüKo GmbHG, § 53 Rn. 100.

389 Auch ist eine Zustimmung bei einer Änderung des Unternehmenszwecks oder Umwandlungsbeschlüssen erforderlich, vgl. *Fox/Hüttche/Lechner*, GmbHR 2000, 521, 534; *Heckschen/Glombik*, GmbHR 2013, 1009, 1010.

390 Sogar der kumulative Ausschluss von Stimm- und Gewinnbezugsrechten ist laut BGH möglich, vgl. Urt. v. 14.07.1954, NJW 1954, 1563.

391 Dazu schon Teil 2 A. I. 2. b).

einer Stimmbindungsvereinbarung auch zu einem bestimmten Stimmverhalten verpflichten.[392]

## 2. *Gründung eines Stimmrechts-Pools*

Werden mehrere Mitarbeiter unmittelbar an der Gesellschaft beteiligt, kommt zudem die Bündelung ihrer Stimmrechte in einem Stimmrechts-Pool in Betracht. Durch Erteilung einer Stimmrechtsvollmacht werden ihre Stimmrechte dann nur noch einheitlich durch einen Gesellschafter ausgeübt.[393] Die Entscheidungsfindung unter den Mitarbeitern wird in einem Stimmrechtspoolvertrag geregelt, der keiner besonderen Form bedarf.[394] Die Ausgestaltung der dortigen Abstimmungsmehrheiten darf unabhängig von den Mehrheitserfordernissen der Gesellschafterversammlung erfolgen.[395] Einzelne Mitarbeiter sind damit nicht in der Position, Beschlüsse zu blockieren. Auch werden Meinungsverschiedenheiten unter den Mitarbeitern in dieser Gestaltungsvariante nicht in die Gesellschafterversammlung getragen, sondern in den Stimmrechts-Pool verlagert. Allerdings verfügen die Mitarbeiter durch diese Bündelung auch über einen größeren gemeinsamen Stimmanteil. Ihr Einfluss in der Gesellschafterversammlung nimmt damit insgesamt zu.[396]

## 3. *Einkommensteuerrechtliche Würdigung*

Die mit dem Stimmrechts-Pool verbundene Gründung einer Innen-GbR hat zunächst keine Auswirkungen auf die einkommensteuerrechtliche Einordnung späterer Veräußerungsgewinne einzelner Mitarbeiter, da deren Gesellschafterstellung an der GmbH hiervon unberührt bleibt.[397] Indes kann die Beschränkung der Stimmrechte im Innenverhältnis Auswirkungen auf die Zuordnung des wirtschaftlichen Eigentums der Anteile gemäß § 39 AO und damit auf die Frage der Endbesteuerung haben. Damit die vorteilhafte Kapitalertragsteuer § 20 Abs. 2 S. 1 Nr. 1 i.V.m. § 32d Abs. 1 S. 1 EStG zur Anwendung kommt, müssen die wesentlichen Verwaltungs- und Vermögensrechte der Anteile auf den Erwerber übertragen werden.[398] Die Beschränkung des Stimmrechts

---

392 *Heckschen/Glombik*, GmbHR 2013, 1009, 1010.

393 *Weitnauer*, Hdb Venture Capital, Teil D Rn. 44.

394 *Fox/Hüttche/Lechner*, GmbHR 2000, 521, 534.

395 BGH Urt. v. 24.11.2008, NJW 2009, 669.

396 *Weitnauer*, Hdb Venture Capital, Teil E Rn. 44.

397 *Weitnauer*, Hdb Venture Capital, Teil E Rn. 46, 47.

398 StRspr. des BFH, vgl. Urt. v. 10.03.1998, BStBl II 1988, 832; v. 11.07.2006, DStR 2006, 2163; v. 09.10.2008, NJW-RR 2009, 467; v. 30.06.2011, DStRE 2011, 1247;

kann von der zuständigen Finanzverwaltung als Indiz hinzugezogen werden, um die wirtschaftliche Zuordnung der Anteile zum Mitarbeiter zu versagen. Pauschale Aussagen, bis zu welchem Grad eine Beschränkung zulässig ist, lassen sich nicht treffen. Die einkommensteuerrechtliche Einordnung erfolgt stets, wie im 2. Teil dieser Untersuchung dargestellt, anhand einer Gesamtwürdigung der Beteiligungsbedingungen im Einzelfall.[399] Angesichts seiner Minderheitsbeteiligung kann der Mitarbeiter aber ohnehin kaum Einfluss in der Gesellschafterversammlung ausüben. Dem Stimmrecht wird im Rahmen der einkommensteuerrechtlichen Würdigung damit jedenfalls keine herausragende Bedeutung zukommen.[400] Eine sichere und insofern steueroptimierte Vertragsgestaltung sollte dennoch keine vollständige, sondern allenfalls eine teilweise Beschränkung des Stimmrechts vorsehen.

## III. Keine Beschränkung der Auskunfts- und Einsichtsrechte

Im Gegensatz zum Stimmrecht zählt das jederzeitiger Auskunfts- und Einsichtsrecht[401] des Gesellschafters gegenüber der Geschäftsführung gemäß § 51a Abs. 1 GmbHG zum unverzichtbaren Kernbereich seiner Mitgliedschaft. Der zwingende Charakter ist gesetzlich ausdrücklich festgeschrieben, § 51a Abs. 3 GmbHG. Es kann, selbst mit ausdrücklicher Zustimmung des betroffenen Gesellschafters, nicht durch eine entsprechende Regelung im Gesellschaftsvertrag abbedungen werden.[402] Etwas anderes gilt nach der Rechtsprechung des BGH auch nicht bei der unentgeltlichen oder vergünstigten Anteilsübertragung im Rahmen von Sweet Equity-Strukturen. Weil ein Gesellschafter seine Beteiligung nicht zum Marktwert erworben hat, darf er nicht zum Gesellschafter „zweiter Klasse“ gemacht werden, indem etwa seine Mitwirkungsrechte übermäßig eingeschränkt werden.[403]

---

v. 09.07.2014, DStR 2014, 1829. Dazu bereits oben ausführlich Teil 2 A. II. 1. c) bb) (2) (b).

399 StRspr. des BFH, vgl. Urt. v. 05.04.2006, DStRE 2006, 972; v. 20.11.2008, DStR 2009, 207; v. 01.02.2007, DStR 2007, 1004; v. 05.11.2013, DStR 2014, 258; v. 04.10.2016, DStR 2017, 247.

400 So auch: *Hohaus/Inhester*, DStR 2003, 1765, 1767.

401 Nachfolgend zusammen auch nur „Informationsrechte“.

402 *Harbarth* in: MüKo GmbHG, § 53 Rn. 99.

403 BGH Urt. v. 09.01.1989, NJW 1989, 2685; *Fox/Hüttche/Lechner*, GmbHR 2000, 521, 529; *Heckschen/Glombik*, GmbHR 2013, 1009.

### 1. *Schikanöse Ausnutzung durch den Mitarbeiter*

Aus Sicht der Gründer und Wagniskapitalgeber entsteht dadurch das Risiko der missbräuchlichen oder schikanösen Ausnutzung von Informationsrechten durch direkt beteiligte Mitarbeiter. Gemeint sind Fälle der extensiven Geltendmachung von Auskunftsersuchen durch abtrünnige Mitarbeiter mit dem alleinigen Ziel, den Geschäftsbetrieb der Gesellschaft zu stören. Fügt er der Gesellschaft Schaden zu, schadet der Mitarbeiter zwar auch seiner eigenen Beteiligung und damit sich selbst. Mit einem solchen Verhalten müssen Gründer und Wagniskapitalgeber aber dann rechnen, wenn sie sich mit dem Mitarbeiter zerstritten haben und der Wert seiner Mitarbeiterbeteiligung gering ist.

### 2. *Zugang zu sensiblen Unternehmensinformationen*

Ein weiteres Problem entsteht dadurch, dass Mitarbeiter Zugang zu sensiblen Unternehmensinformationen haben, was bei einem vermeintlich gesunden Arbeitsklima Konflikte erzeugen kann, die von der Arbeit ablenken und dem gemeinsamen Ziel der Unternehmenswertsteigerung schaden. Das betrifft einerseits das vertikale Verhältnis zwischen dem Mitarbeiter und den Gründern und Wagniskapitalgebern. Die Einräumung von Vorzugsrechten oder Verlagerung finanzieller Risiken kann hier zu Streit führen.[404] In Hinblick auf Gehaltsunterschiede oder vorteilhaftere Konditionen einer Mitarbeiterbeteiligung kann der Zugang zu zum Vertrags- und Zahlenwerk der Gesellschaft aber auch zu Konflikten auf horizontaler Ebene, also unter den Mitarbeitern, führen.[405]

Indes sind Differenzierungen unter den Gesellschaftern und Mitarbeitern wegen ihres unterschiedlichen Werts für die Gesellschaft gelegentlich geboten. Im Ergebnis kann die Offenlegung entsprechender Informationen von offen ausgetragenen Konflikten bis zum Verlassen einzelner Mitarbeiter aus der Gesellschaft führen. Gleichzeitig fördert der Zugang zu entsprechenden Informationen aber auch die Transparenz im Unternehmen und kann Missstände offenlegen.

---

404 Beispielhaft sind die an späterer Stelle noch ausführlich zu behandelnden Regelungen zur sog. Downround Protection, zu nennen, die in wirtschaftlich ohnehin schwierigen Zeiten zu einem zusätzlichen Wertverlust der Beteiligungen der Gründer und Mitarbeiter führen. Dazu unten E. II. 2.

405 *Mohr*, GmbH-StB 2005, 305, 306.

### IV. Zwischenergebnis

Der Gesetzgeber hat für die Rechtsform der GmbH, anders als für die AG, einen überschaubaren Gesellschafterkreis vorgesehen. Das wird an den mit einer Gesellschafterstellung einhergehenden, umfangreichen Einflussmöglichkeiten besonders deutlich.[406] Dafür ist der gesetzliche Rahmen weitgehend disponibel, das „Störpotential" einzelner Mitarbeiter lässt sich seitens der übrigen Gesellschafter durch eine Beschränkung seiner Mitwirkungsrechte stellenweise reduzieren.[407] Die fehlende Kontrolle über den Informationszufluss ist hingegen ein zentraler Grund, warum die direkte Beteiligung von Mitarbeitern derzeit vorwiegend unter Mitarbeitern eingesetzt wird, die schon vor Einräumung der Mitarbeiterbeteiligung über einen entsprechenden Informationszugang verfügen. Das sind überwiegend Führungskräfte des C-Levels, zur Beteiligung von Mitarbeitern unterer Hierarchieebenen wird hingegen der „Umweg" über ein ESOP oder VSOP bevorzugt.[408]

## B. Das Pooling

Soll mehreren Mitarbeitern eine Eigenkapitalbeteiligung an der Arbeitgebergesellschaft eingeräumt werden, kommt ihre Bündelung in „Mitarbeiter-Pools" in Betracht.[409] Im Gegensatz zum Stimmrechts-Pool werden hierbei nicht nur die Stimmrechte, sondern die Gesellschaftsanteile selbst zusammengefasst. Rechtstechnisch erfolgt die Ausgestaltung der zugrundeliegenden, mittelbaren Beteiligungsstruktur entweder durch Zwischenschaltung einer Unterbeteiligungsgesellschaft oder im Wege eines Treuhandverhältnisses.[410]

---

406 *Rupp*, EStB 2006, 192, 194.

407 *Bloß*, GmbHR 2016, 104, 105.

408 *Fox/Hüttche/Lechner*, GmbHR 2000, 521, 530; *Hohaus*, DStR 2002, 789, 791.

409 *Bloß*, GmbHR 2016, 104, 107; *Grisar/Zantopp*, DStR 2020, 1768.

410 Untypisch im Umfeld des Wagniskapitals sind hingegen individuelle mittelbare Beteiligungsstrukturen. Dabei hält der jeweilige Gesellschafter die ihm zugeteilten Anteile über eine eigene Beteiligungsgesellschaft, z.B. eine persönliche Holding-Kapitalgesellschaft. Die steuerlichen Vorzüge dieser Beteiligungsstrukturen kämen bei Mitarbeitern in Start-ups angesichts der geringen Anzahl erworbener Anteile nicht zur Geltung. Entsprechende Ausgestaltungen sind eher im Umfeld von Managementbeteiligungen im Private Equity anzutreffen und werden nachfolgend nicht behandelt, vgl. *Grisar/Zantopp*, DStR 2020, 1768.

## I. Unterbeteiligung

Die indirekte Beteiligung eines Mitarbeiters über eine Unterbeteiligungsgesellschaft ist gegenüber der direkten Beteiligung mit keinen finanziellen Nachteilen verbunden. Bei entsprechender Ausgestaltung lässt sich ein wirtschaftlich identisches Ergebnis erzeugen.[411] Gleichzeitig führt die Schaffung eines zweiten, getrennten Beteiligungsverhältnisses auf Ebene der Arbeitgebergesellschaft zu zahlreichen Vorteilen. Der Gesellschafterkreis der Arbeitgebergesellschaft bleibt insgesamt überschaubar, laufende Anteilsveränderungen durch den Ein- und Austritt von Mitarbeitern werden vermieden.[412] Der Verwaltungsaufwand, der mit der Beteiligung von Mitarbeitern entsteht, wird auf die Unterbeteiligungsgesellschaft verlagert.[413] Zudem erfolgt die Ausübung sämtlicher Gesellschafterrechte an der Arbeitgebergesellschaft nur noch gebündelt durch einen geschäftsführenden Unterbeteiligungsgesellschafter, was das Missbrauchsrisiko einzelner Mitarbeiter reduziert.[414]

Hinsichtlich der Geltendmachung des Stimmrechts ähnelt diese Beteiligungsstruktur einem Stimmrechtspool, verfügt aus Sicht der Gründer und Wagniskapitalgeber aber über einen weiteren Vorteil. Zur ordnungsgemäßen Einberufung der Gesellschafterversammlung muss nur eine Einladung an die

---

411 Sowohl aus Gründen der Anreiz- als auch der Steueroptimierung wird die Unterbeteiligung in der Regel „atypisch" ausgestaltet. In Abgrenzung zur „typischen" Unterbeteiligung vermittelt diese nicht nur einen Anspruch auf eine Partizipation an den Gewinnansprüchen der Unterbeteiligungsgesellschaft, sondern darüber hinaus eine Beteiligung an den Wertschwankungen des Geschäftsanteils sowie Mitverwaltungsrechte. *Hohaus*, GmbHR 2002, 883, 884 u. 885; *Reichert/Weller* in: MüKo GmbHG, § 15 Rn. 245; BFH Urt. v. 09.05.2000, DStR 2000, 1553.

412 *Heckschen/Glombik*, GmbHR 2013, 1009, 1016.

413 Auch entsteht kein zusätzlicher Verwaltungsaufwand durch die umfangreichen Erlaubnis- und Registrierungspflichten für alternative Investmentfonds, da Unterbeteiligungsgesellschaften als Mitarbeiterbeteiligung nicht den Regelungen des KAGB und KWG unterliegen. Dazu ausführlich: *Bloß*, GmbHR, 104, 109; *Weitnauer*, Hdb Venture Capital, Teil I Rn. 1 ff.

414 Die Ausübung der Gesellschafterrechte wird durch interne Verhaltenspflichten festgelegt, *Reichert/Weller* in: MüKo GmbHG, § 15 Rn. 265; *Hohaus*, GmbHR 2002, 883, 884. Soll hinsichtlich des gebündelten Einflusses der Mitarbeiter nach unterschiedlichen Mitarbeiterebenen differenziert werden, muss jeweils eine eigene Unterbeteiligungsgesellschaft gegründet werden, vgl. *Bloß*, GmbHR 2016, 104, 108 (Fn. 40). Den dadurch entstehenden Mehraufwand bei der Verwaltung der Unterbeteiligungsgesellschaft selbst gilt es allerdings zu berücksichtigen.

Unterbeteiligungsgesellschaft, statt an alle Mitarbeiter, gerichtet werden.[415] Das vereinfacht Ladungsszenarien, Eilentscheidungen werden schneller getroffen und das Risiko fehlerhafter Gesellschafterbeschlüsse verringert.[416]

### 1. *Vermögensverwaltende Personengesellschaften*

Als Rechtsform der Unterbeteiligungsgesellschaft werden überwiegend vermögensverwaltende Personengesellschaften, insbesondere die GbR oder KG, eingesetzt.[417] Ihr Gesellschaftszweck beschränkt sich auf das Halten und Verwalten der Geschäftsanteile an der Arbeitgebergesellschaft.[418]

#### *a) Zwischenschaltung einer GbR*

Die Gründung einer GbR-Unterbeteiligungsgesellschaft gestaltet sich schnell und kostengünstig, da es hierzu keiner zwingenden Form oder eines Startkapitals bedarf.[419] In dem Gesellschaftsvertrag werden die Konditionen des Mitarbeiterbeteiligungsprogramms festgelegt, er ist insofern mit den Rahmenbedingungen, auf die sich Gründer und Wagniskapitalgeber geeinigt haben, zu harmonisieren.[420] Mit ihrem Beitritt in die GbR unterwerfen sich die Mitarbeiter

---

415 Das Recht zur Teilnahme an der Gesellschafterversammlung zählt zum unantastbaren Kernbereich der Mitgliedschaft, es kann nicht abbedungen werden. Sämtliche Gesellschafter müssen zur Gesellschafterversammlung geladen werden, unabhängig davon, ob sie stimmberechtigt sind, vgl. *Liebscher* in: MüKo GmbHG, § 45 Rn. 135 u. § 51 Rn. 7. Bei Einsatz einer GbR ist die Ladung spätestens seit Anerkennung ihrer Teilrechtsfähigkeit an die Gesellschaft selbst zu richten, vgl. *Liebscher* in: MüKo GmbHG, § 51 Rn. 11.

416 *Bloß*, GmbHR 2016, 104, 105; *Heckschen/Glombik*, GmbHR 2013, 1009, 1016.

417 Eine Gesellschaft ist „vermögensverwaltend", wenn sie keine Gewinn-, sondern Überschusseinkünfte erzielt. Nach § 2 Abs. 2 Nr. 2 EStG zählen dazu die Einkünfte aus nichtselbstständiger Arbeit, Kapitalvermögen, Vermietung und Verpachtung sowie sonstige Einkünfte i.S.v. § 22 EStG, vgl. *Milatz/Sax*, DStR 2017, 141.

418 *Bloß*, GmbHR 2016, 104, 108; *Heckschen/Glombik*, GmbHR 2013, 1009, 1016.

419 Dazu ausführlich *Schäfer* in: MüKoBGB, § 705 Rn. 1 ff.

420 Da es sich hierbei aber um keine schuldrechtliche Nebenabrede, sondern die GbR-Satzung handelt, sind AGB-rechtliche Vorschriften wegen § 310 Abs. 4 S. 1 BGB nach h.M. nicht zu berücksichtigen, vgl. BGH Beschl. v. 09.03.2009, DStR 2009, 1107; *Basedow* in: MüKoBGB, § 310 Rn. 120; *Simon* in: Grobys/Panzer-Heemeier, SWK Arbeitsrecht, Mitarbeiterbeteiligung Rn. 12; *Stenzel*, DStR 2018, 139, 141. Zur Anwendbarkeit des AGB-Rechts auf VC-Beteiligungsverträge: *Kuntz*, Gestaltung von Kapitalgesellschaften zwischen Freiheit und Zwang, S. 248 ff. Für a.A. siehe *Binz/Sorg* in: Binz/Sorg, Die GmbH & Co. KG, 12. Aufl. 2018, § 13 Rn. 16 ff.; *Winkler*, Rechtsfragen der VC-Finanzierung, S. 55 ff.

damit zugleich den Konditionen der Mitarbeiterbeteiligung. Der Gesellschaftsvertrag ersetzt insofern die individualvertraglichen Beteiligungsbedingungen zwischen der Arbeitgebergesellschaft und den begünstigten Mitarbeitern über die Mitarbeiterbeteiligung.

Zur Beteiligung der Mitarbeiter wird die Beteiligungsquote des gesamten Mitarbeiterbeteiligungsprogramms, auf die sich die Gründer und Wagniskapitalgeber der Arbeitgebergesellschaft geeinigt haben, in einem ersten Schritt auf die GbR übertragen.[421] Gründungsgesellschafter der GbR können bereits Mitarbeiter der Arbeitgebergesellschaft sein. Aus Sicht der Wagniskapitalgeber oder Gründer ist es zudem vorteilhaft, wenn sie selbst, die Arbeitgebergesellschaft oder von ihnen beherrschte Vehikel von Beginn an eine „Platzhalterbeteiligung" an der GbR innehaben. Das ermöglicht einerseits, die Funktion des geschäftsführenden Gesellschafters in der GbR zu besetzen und dadurch eine spannungsfreie Zusammenarbeit zwischen Arbeitgeber- und Unterbeteiligungsgesellschaft sicherzustellen.[422] Andererseits verwässern die internen Beteiligungsverhältnisse der GbR nicht durch eine spätere Beteiligung neuer Mitarbeiter.[423] Anstelle eines Beitritts als Neugesellschafter der GbR ist nur noch eine Abtretung bereits bestehender „Platzhalteranteile" an den oder die neuen Mitarbeiter statt der Schaffung und Vergabe neuer Anteile erforderlich.[424]

Die Übertragung der GbR-Anteile an die zu beteiligenden Mitarbeiter setzt keine notarielle Beurkundung voraus, obwohl zum Gesellschaftsvermögen ausschließlich Anteile einer GmbH gehören.[425] Dies ermöglicht den unkomplizierten und schnellen Ein- und Austritt einer größeren Anzahl von Mitarbeitern. Seit der Änderung des § 40 Abs. 1 S. 2 GmbHG im Zuge des Gesetzes zur Umsetzung der Vierten EU-Geldwäscherichtlinie vom 23.06.2017 sind in der Gesellschafterliste der Arbeitgebergesellschaft neben Angaben zur direkt beteiligten GbR auch der Name, Vorname, Geburtsdatum und Wohnort der indirekt beteiligten GbR-Gesellschafter aufzunehmen.[426] Dadurch entsteht nicht nur ein zusätzlicher administrativer Aufwand bei Wechseln im Gesellschafterbestand

421 Hierbei gelten die bereits besprochenen Formerfordernisse, vgl. Teil 2 A. I. 1.

422 Die Einräumung zusätzlicher Vorzugsrechte ist ebenfalls denkbar, *Bloß*, GmbHR 2016, 104, 108; *Heckschen/Glombik*, GmbHR 2013, 1009, 1017.

423 *Heckschen/Glombik*, GmbHR 2013, 1009, 1016.

424 *Heckschen/Glombik*, GmbHR 2013, 1009, 1016.

425 Eine Umgehung des Schutzzwecks von § 15 Abs. 4 GmbHG besteht nach dem BGH im Rahmen einer Mitarbeiterbeteiligung ausdrücklich nicht, vgl. Urt. v. 10.03.2008, DStR 2008, 1147; *Heckschen/Glombik*, GmbHR 2013, 1009, 1017.

426 Ob nur die GbR oder auch ihre Gesellschafter in der Gesellschafterliste anzugebenen sind, war bis dahin umstritten. Dazu *Heidinger* in: MüKo GmbHG,

der GbR. Auch gewährleistet die Beteiligungsstruktur über eine GbR nicht (mehr) die Anonymität der beteiligten Mitarbeiter. Für jedermann, insbesondere für konkurrierende Unternehmen oder nicht-beteiligte Mitarbeiter, ist damit einsehbar, welche Mitarbeiter an der Arbeitgebergesellschaft beteiligt sind.[427] Weitere Nachteile der GbR bestehen in ihrer fehlenden Publizität und der Vollhaftung ihrer Gesellschafter.[428]

### b) *Zwischenschaltung einer GmbH/UG (haftungsbeschränkt) & Co. KG*

Neben der GbR kommen KG-Strukturen als weitere Gestaltungsvariante der Unterbeteiligung in Betracht. Kommanditisten der KG sind die Mitarbeiter, im Gegensatz zur GbR ist hierbei die Einbringung einer Einlage erforderlich, wodurch sie für ihre Beteiligung finanziell in Vorleistung treten müssen.[429] Ihre Anonymität ist auch bei dieser Gestaltungsvariante nicht gewährleistet, zwar sind sie nach § 40 Abs. 1 S. 2 GmbHG nicht in der Gesellschafterliste der Arbeitgebergesellschaft, gleichwohl im Handelsregistereintrag der KG nach § 162 Abs. 1 S. 1 HGB anzugeben. Da die KG registerfähig ist, greift aber wiederum § 15 HGB zum Schutz des Rechtsverkehrs.[430]

---

§ 40 Rn. 46. Dies ändert sich wieder durch das Gesetz zur Modernisierung des Personengesellschaftsrechts (MoPeG) zum 01.01.2024. Gemäß § 40 Abs. 1 S. 2 GmbHG n.F. müssen ab dann nur noch der Name der GbR, deren Sitz und das zuständige Registergericht und die Registernummer in die Gesellschafterliste der GmbH aufgenommen werden.

427 Diese Nachteile entfallen auch nicht mit Inkrafttreten des MoPeG. Denn die Eintragung einer GbR in die Gesellschafterliste einer GmbH setzt zwingend ihre Eintragung in das Gesellschaftsregister voraus, vgl. § 40 Abs. 1 S. 3 GmbHG n.F. Gemäß §§ 707a Abs. 1 S. 1, 707 Abs. 2 Nr. 2 lit. a) BGB n.F. sind darin wiederum der Name, Vorname, Geburtsdatum und Wohnort jedes Gesellschafters anzugeben, weshalb Mitarbeiter nicht anonym bleiben können. Da gemäß § 707 Abs. 3 S. 2 BGB n.F. das Ausscheiden eines Gesellschafters und der Eintritt eines neuen Gesellschafters zur Eintragung in das Gesellschaftsregister anzumelden sind, verschiebt sich der administrative Aufwand mit jedem Wechsel im Gesellschafterbestand lediglich von der GmbH auf die GbR.

428 *Heckschen/Glombik*, GmbHR 2013, 1009, 1016. Jedenfalls das Publizitätsdefizit entfällt mit Inkrafttreten des MoPeG zum 01.01.2024. Die Beteiligung einer GbR an einer GmbH setzt dann zwingend ihre Eintragung im Gesellschaftsregister voraus, vgl. § 40 Abs. 1 S. 3 GmbHG n.F.

429 Ihr Haftungsrisiko wird dadurch aber auch entsprechend begrenzt, § 171 Abs. 1 HGB. Vgl. *Heckschen/Glombik*, GmbHR 2013, 1009, 1018.

430 *Heckschen/Glombik*, GmbHR 2013, 1009, 1018.

Als Komplementär werden entweder Gründer oder Wagniskapitalgeber der Arbeitgebergesellschaft eingesetzt, die auch die Geschäfte der KG führen, sie insbesondere in der Gesellschafterversammlung der Arbeitgebergesellschaft vertreten. Aus Gründen der Haftungsbegrenzung wird in der Beteiligungspraxis aber vor allem die Gestaltungsvariante einer GmbH & Co. KG gewählt.[431] Als Komplementär-GmbH können Vehikel der Gründer oder Wagniskapitalgeber eingesetzt werden. Die Neugründung einer GmbH eigens für die Unterbeteiligungsgesellschaft bietet sich hingegen, wegen des einzubringenden Stammkapitals in Höhe von EUR 25.000, nicht an. Als Komplementärin könnte aber eine UG (haftungsbeschränkt) mit einem Stammkapital von nur EUR 1,00 gegründet werden.[432]

## 2. *Vermögensverwaltende Kapitalgesellschaften*

Als Rechtsform der Unterbeteiligungsgesellschaft kommen grundsätzlich auch Kapitalgesellschaften in Betracht. Neben einer GmbH ist, insbesondere wegen des geringeren Mindestkapitalaufwands, abermals die Variante der UG (haftungsbeschränkt) denkbar. Nachteilig ist, neben dem insgesamt aufwendigeren Gründungsprozess, vor allem das Formerfordernis aus § 15 Abs. 3 u. 4 GmbHG. Dadurch gestaltet sich die Beteiligung mehrerer Mitarbeiter schwierig, wechselnde Beteiligungen durch Abtretung der Geschäftsanteile erfordern stets eine notarielle Beurkundung. Auch entsteht auf Ebene der Unterbeteiligungsgesellschaft ein zusätzlicher Aufwand durch gesetzliche Buchführungs- und Bilanzierungspflichten. Insgesamt verlagert diese Gestaltungsvariante den administrativen und finanziellen Aufwand von der Arbeitgebergesellschaft nur auf die Unterbeteiligungsgesellschaft, führt darüber hinaus aber kaum zu nennenswerten Vorteilen. Personengesellschaften stellen insofern die vorzugswürdigere Gestaltungsvariante dar.

---

431 *Bloß*, GmbHR 2016, 104, 108; *Grisar/Zantopp*, DStR 2020, 1768; *Heckschen/Glombik*, GmbHR 2013, 1009, 1018; *Holzner* in: Holzner/Mantke/Stenzel, Hdb Managementbeteiligung, Rn. 682; *Stenzel*, DStR 2018, 82.

432 Das gilt nach h.M. auch dann, wenn die UG (haftungsbeschränkt) selbst keinen Kapitalanteil an der KG hält und nicht an den Gewinnen beteiligt ist, *Bloß*, GmbHR 2016, 104, 108. Ausführlich zur UG (haftungsbeschränkt) & Co. KG: *Grunewald* in: MüKoHGB, § 161 Rn. 106–108.

## II. Treuhandstrukturen

Alternativ zur Zwischenschaltung einer Unterbeteiligungsgesellschaft kann das Pooling der Mitarbeiter im Wege einer Treuhandstruktur erfolgen, indem ein Treuhänder die Geschäftsanteile aller begünstigten Mitarbeiter hält.[433] Als Treuhänder wird im Umfeld des Private Equity regelmäßig eine Treuhand-Gesellschaft gegründet, typischerweise eine GmbH mit zwei einzelgeschäftsführungsbefugten Geschäftsführern.[434] Aus Gründen der Kostenersparnis empfiehlt sich im Umfeld des Venture Capital aber eher, einen Gründer oder Wagniskapitalgeber als Treuhänder einzusetzen.

Nach Außen tritt der Treuhänder als Eigentümer in Erscheinung, er hält die Rechte und Pflichten aus dem Eigentum aber nicht für eigene Rechnung, sondern unterliegt nach den zugrundeliegenden Treuhandverträgen den Weisungen der Mitarbeiter.[435] Eine entsprechende Weisungserteilung gegenüber dem Treuhänder setzt dann einen Mehrheitsbeschluss der Treugeber im Innenverhältnis voraus.[436] Sowohl die zugrundeliegende schuldrechtliche Treuhandvereinbarung, als auch die dingliche Abtretung der Anteile sind nach herrschender Meinung gemäß § 15 Abs. 3 GmbHG beziehungsweise § 15 Abs. 4 GmbHG notariell beurkundungspflichtig.[437] Der wesentliche Vorteil dieser Gestaltungsvariante besteht, neben der vergleichsweise einfachen Struktur, in der Anonymität der Mitarbeiter.[438] Es besteht keine Pflicht zur Offenlegung der Treuhandverhältnisse. Weder konkurrierende Unternehmen noch nichtbeteiligte Mitarbeiter können sehen, wer an dem Mitarbeiterbeteiligungsprogramm des Start-ups partizipiert

---

433 Zu den verschiedenen Treuhandmodellen (Übertragungs-, Vereinbarungs- und Erwerbstreuhand) siehe *Heckschen/Glombik*, GmbHR 2013, 1009, 1018.

434 Das dient der Gewährleistung der ständigen Erreichbarkeit und damit der Handlungsfähigkeit der Treuhänder, vgl. *Hohaus*, DStR 2002, 789, 791. Die Arbeitgebergesellschaft selbst kann nicht Treuhänderin ihrer eigenen Gesellschaftsanteile sein, vgl. BFH Urt. v. 29.01.1975, BStBl II 1975, 553.

435 Nicht möglich ist es, das Stimmrecht auf die Treugeber zu übertragen. Dem steht das Abspaltungsverbot entgegen, vgl. *Hohaus*, DStR 2002, 789, 793; *Holzner* in: Holzner/Mantke/Stenzel, Hdb Managementbeteiligung, Rn. 687.

436 *Hohaus*, DStR 2002, 789, 791.

437 *Heckschen/Glombik*, GmbHR 2013, 1009, 1018.

438 *Bloß*, GmbHR 2016, 104, 107; *Holzner* in: Holzner/Mantke/Stenzel, Hdb Managementbeteiligung, Rn. 685.

## III. Einkommensteuerrechtliche Würdigung

Die steuerliche Behandlung der mittelbaren Beteiligungsstrukturen unterscheidet sich, je nach Rechtsform der zwischengeschalteten Unterbeteiligungsgesellschaft, mitunter erheblich. Insofern erfolgt eine isolierte Betrachtung, angefangen mit den Auswirkungen einer vermögensverwaltenden Personengesellschaft.

### *1. Vermögensverwaltende Personengesellschaften*

Der wesentliche Vorteil vermögensverwaltender Personengesellschaften besteht in ihrer steuerlichen Transparenz. Es entsteht keine zusätzliche Besteuerung auf Ebene der Unterbeteiligungsgesellschaft, sämtliche Einkünfte werden unmittelbar von den Mitarbeiter-Gesellschaftern erzielt und sind grundsätzlich auch nur dort zu versteuern.[439]

#### *a) Vermeidung einer gewerblichen Prägung, § 15 Abs. 3 Nr. 2 EStG*

Ausnahmsweise sind Gewinne bereits auf Ebene der Personengesellschaft nach § 15 Abs. 1 Nr. 2 EStG den Einkünften aus gewerblicher Mitunternehmerschaft zuzuordnen und unterliegen dann der Gewerbesteuer.[440] Ein Gestaltungsziel der Mitarbeiterbeteiligung besteht folglich darin, eine gewerbliche Prägung der Unterbeteiligungsgesellschaft zu vermeiden.

Nach der gesetzlichen Fiktion aus § 15 Abs. 3 Nr. 2 EStG liegt eine gewerblich geprägte Personengesellschaft vor, wenn eine Kapitalgesellschaft persönlich haftende Gesellschafterin ist und nur diese, beziehungsweise Personen, die nicht Gesellschafter der Personengesellschaft sind, geschäftsführungsbefugt sind. Die Gefahr einer gewerblichen Prägung besteht damit vor allem bei KG-Strukturen unter Einsatz einer Komplementär-GmbH. Eine gewerbliche „Entprägung“ lässt sich hier aber dadurch erreichen, dass neben der Kapitalgesellschaft eine weitere natürliche Person, die Gesellschafter ist, geschäftsführungsbefugt ist.[441] Eine steueroptimierte Beteiligungsstruktur sieht insofern

---

439 *Bloß*, GmbHR 2016, 104, 108; *Holzner* in: Holzner/Mantke/Stenzel, Hdb Managementbeteiligung, Rn. 683; *Lüdicke* in: Lüdicke/Sistermann, Unternehmenssteuerrecht, § 1 Rn. 1 ff.

440 Das gilt nicht nur für KG-Strukturen, sondern auch für die GbR, die zu den „anderen Gesellschaften“ i.S.v § 15 Abs. 1 S. 1 Nr. 2 EStG zählt. Dazu *Wacker* in: Schmidt, EStG, § 15 Rn. 169.

441 Keine Rolle spielt es, ob allein oder nur gemeinschaftlich mit der Kapitalgesellschaft vertretungsbefugt, *Wacker* in: Schmidt, EStG, § 15 Rn. 221; BFH Urt. v. 22.11.1994, DStR 1995, 1017; v. 23.05.1996, DStR 1996, 1443.

vor, einem der beteiligten Mitarbeiter als Gesellschafter der Unterbeteiligungsgesellschaft entsprechend Geschäftsführerbefugnis einzuräumen.[442]

### *b) Steuerlicher Durchgriff auf Ebene der Mitarbeiter*

Wie eingangs erwähnt, gilt bei der Besteuerung von Personengesellschaften das Transparenzprinzip. Danach werden sämtliche erzielte Einkommen der Personengesellschaft ihren Gesellschaftern als originäre Einkünfte zugerechnet.[443] Es kommt also zu einem steuerlichen Durchgriff auf Ebene der Mitarbeiter.[444]

Grundsätzlich kommt es also bereits im Erwerbszeitpunkt der Beteiligung zu einer Besteuerung des gewährten Preisnachlasses als Arbeitslohn. Indes greift hier der Besteuerungsaufschub des § 19a Abs. 1 S. 1 EStG. Gemäß § 19a Abs. 1 S. 2 EStG gilt dieser ausdrücklich auch dann, wenn die Vermögensbeteiligung mittelbar über eine Personengesellschaft gehalten wird.

Die laufende Bezüge in der Haltephase sowie Gewinne aus der Veräußerung der Kapitalgesellschaftsbeteiligungen durch die Personengesellschaft werden den Mitarbeitern anteilig, das heißt entsprechend ihrer Beteiligungsquote, gemäß § 39 Abs. 2 Nr. 2 AO wirtschaftlich zugerechnet und unterliegen der Einkommensbesteuerung.[445] Entscheidend für die Frage, ob die Vermögenszuflüsse dort der günstigen Kapitalveräußerungs- oder der progressiven Arbeitslohnbesteuerung unterliegen, sind die Vertragsregelungen, die das Innenverhältnis der Unterbeteiligungsgesellschaft und damit den mittelbaren Einfluss der Mitarbeiter auf die Arbeitgebergesellschaft zum Gegenstand haben.[446]

---

442 *Bloß*, GmbHR 2016, 104, 108. Ob es sich dabei auch um eine juristische Person handeln darf, die Gesellschafterin der Unterbeteiligungsgesellschaft ist (z.B. eine Kommanditisten-GmbH), ist umstritten. Nach wohl h.L. und Ansicht der Finanzverwaltung ist dies aber wegen des eindeutigen Wortlauts in § 15 Abs. 3 Nr. 2 EStG zulässig, dazu *Holzner* in: Holzner/Mantke/Stenzel, Hdb Managementbeteiligung, Rn. 684. A.A. *Wacker* in: Schmidt, EStG, § 15 Rn. 222.

443 *Lüdicke* in: Lüdicke/Sistermann, Unternehmenssteuerrecht, § 1 Rn. 3.

444 BFH Urt. v. 03.05.1993, BStBl. II 1993, 616; v. 03.07.1995, BStBl. II 1995, 617; v. 03.02.2010, BStBl. II 2010, 751.

445 Sog. Bruchteilsbetrachtung, vgl. BFH Urt. v. 02.04.2008, DStR 2008, 1131; v. 09.05.2000, DStR 2000, 1553; *Hohaus*, GmbHR 2002, 883, 886; *Holzner* in: Holzner/Mantke/Stenzel, Hdb Managementbeteiligung, Rn. 683; *Milatz/Sax*, DStR 2017, 141 ff.

446 Mithin der Gesellschaftsvertrag und ggf. zusätzliche schuldrechtliche Nebenvereinbarungen. Vgl. dazu auch der Urteilssachverhalt in BFH Urt. v. 04.10.2016, DStRE 2016, 209; FG Köln, Urt. v. 20.05.2015, DStRE 2016, 209.

## 2. *Vermögensverwaltende Kapitalgesellschaften*

Bei der steuerlichen Erfassung von Kapitalgesellschaften gilt hingegen das Trennungsprinzip. Unter steuerrechtlichen Gesichtspunkten ist damit eine strenge Unterscheidung zwischen Gesellschafts- und Gesellschafterebene verbunden.[447] Infolgedessen unterliegen etwaige Gewinne auf Ebene der Unterbeteiligungsgesellschaft zunächst der Ertragsbesteuerung und anschließend, im Zeitpunkt ihrer Ausschüttung, einer Einkommensbesteuerung auf Ebene der Mitarbeiter.[448] Diese zusätzliche Besteuerungsebene verringert den tatsächlichen, beim Mitarbeiter verbleibenden Netto-Gewinn aus der Mitarbeiterbeteiligung.

Zur Vermeidung dieser steuerlichen Doppelbelastung sieht das Körperschaftsteuergesetz stellenweise Milderungsmöglichkeiten vor. So können die Veräußerungsgewinne nach § 8b Abs. 2, 3 KStG auf Ebene der unterbeteiligten Kapitalgesellschaft zu 95 % steuerfrei thesauriert werden.[449] Auch Gewinnausschüttungen bleiben gemäß § 8b Abs. 1 KStG bei der Ermittlung des zu versteuernden Einkommens grundsätzlich außer Betracht. Dies setzt nach § 8b Abs. 4 KStG allerdings eine Mindestbeteiligungsquote von 10 % voraus.

Indes profitieren Mitarbeiter, dem eindeutigen Wortlaut des § 19a Abs. 1 S. 2 EStG zufolge, bei Einsatz zwischengeschalteter Kapitalgesellschaften nicht vom Besteuerungsaufschub in § 19a Abs. 1 S. 1 EStG. Begünstigte Mitarbeiter sind somit bereits im Erwerbszeitpunkt zur Begleichung einer Arbeitslohnbesteuerung auf den gewährten Preisnachlass verpflichtet. Dies stellt einen weiteren Grund dafür dar, mittelbare Beteiligungsstrukturen unter Einsatz einer Personengesellschaft vorzuziehen.

## 3. *Steuerfreibetrag aus § 3 Nr. 39 S. 1 EStG bei Unterbeteiligungen?*

Der seit Inkrafttreten des FoStoG erhöhte Freibetrag von EUR 1.440 aus § 3 Nr. 39 S. 1 EStG setzt eine Vermögensbeteiligung „am Unternehmen des Arbeitgebers" voraus. Eine dem § 19a Abs. 1 S. 2 EStG vergleichbare Klarstellung, die eine Übertragbarkeit auf zwischengeschaltete Personengesellschaften statuiert, sieht die Norm nicht vor. Bei strenger Wortlautauslegung wären

---

447 *Teufel* in: Lüdicke/Sistermann, Unternehmenssteuerrecht, § 2 Rn. 1.

448 Zu den auf Ebene der Unterbeteiligungsgesellschaft erhobenen Ertragssteuern zählt die Körperschaftssteuer, der Solidaritätszuschlag als Ergänzungsabgabe zur Körperschaftssteuer und die Gewerbesteuer. Mit einem Rechenbeispiel: *Teufel* in: Lüdicke/Sistermann, Unternehmenssteuerrecht, § 2 Rn. 5.

449 Sog. „Steuerstundungseffekt", vgl. *Holzner* in: Holzner/Mantke/Stenzel, Hdb Managementbeteiligung, Rn. 743.

solche Beteiligungsstrukturen von einer Steuerprivilegierung ausgeschlossen, die ein zweites, von der Arbeitgebergesellschaft getrenntes Beteiligungsverhältnis durch Zwischenschaltung einer Unterbeteiligungsgesellschaft vorsehen.

Nach hier vertretener Auffassung sind aber auch mittelbare Beteiligungskonstellationen vom Anwendungsbereich der Norm zu umfassen.[450] Wie mehrfach gesehen ist es im Rahmen der Einkommensbesteuerung nicht unüblich, eine von der zivilrechtlichen Eigentümerstellung abweichende wirtschaftliche Betrachtungsweise vorzunehmen. Was bei der Zuordnung von Einkunftsarten gilt, sollte konsequenterweise auch für dabei zur Anwendung kommende Privilegierungen gelten. Es ist nicht einzusehen, warum ein mittelbar beteiligter Mitarbeiter schlechter als ein unmittelbar beteiligter Mitarbeiter mit nur individuell beschränkten anstatt gebündelten Gesellschafterrechten behandelt werden sollte, sie sich wirtschaftlich und hinsichtlich ihrer gesellschaftsrechtlichen Einflussmöglichkeiten gleichwohl in einer vergleichbaren Position befinden.

Auch die Finanzverwaltung hat sich für eine extensive Auslegung des § 3 Nr. 39 S. 1 EStG ausgesprochen.[451] Danach stelle auch der Erwerb von Vermögensbeteiligungen durch eine Bruchteils- oder Gesamthandgemeinschaft, der ausschließlich Arbeitnehmer angehören, einen Erwerb im Sinne des § 2 Abs. 1 Nr. 1 des 5. VermBG dar. Dies gelte jedoch nicht, wenn die gemeinschaftlich erworbenen Vermögensbeteiligungen den Arbeitnehmern bei wirtschaftlicher Betrachtung nicht zuzurechnen sind.[452] Steuerschädlich dürften insofern solche Strukturen sein, die eine Beteiligung der Arbeitgebergesellschaft selbst zur eigenen Kontrollsicherung auf Ebene der Unterbeteiligungsgesellschaft vorsehen. Gleiches dürfte hinsichtlich solcher Gestaltungsvarianten gelten, im Rahmen derer die Geschäftsführung der Unterbeteiligungsgesellschaft einzig Gesellschaftern der Arbeitgebergesellschaft obliegt.[453]

### *4. Treuhandstrukturen*

Abweichend vom Grundsatz der Einheit von zivilrechtlicher und wirtschaftlicher Eigentümerstellung in § 39 Abs. 1 AO, sieht § 39 Abs. 2 Nr. 1 S. 2 Var. 1 AO ausdrücklich vor, dass Wirtschaftsgüter bei Treuhandverhältnissen dem Treugeber zuzurechnen sind. Dadurch wird der Mitarbeiter einkommensteuerrechtlich so behandelt, als würde er die Anteile unmittelbar halten. Sämtliche

---

450 So auch *Westermann/Thor*, FR 2021, 198, 199.
451 BMF Schreiben v. 08.12.2009, BStBl. I S. 1514, Tz. 1.1.2.
452 BMF Schreiben v. 08.12.2009, BStBl. I S. 1514, Tz. 1.1.2.
453 *Kutsch/Kersting*, BB 2011, 373, 381.

Einkünfte aus der Beteiligung sind bei ihm voll zu versteuern.[454] Konsequenterweise muss daher auch der Besteuerungsaufschub des § 19a Abs. 1 S. 1 EStG in entsprechenden Beteiligungskonstellationen zu seinen Gunsten greifen.

Unter welchen Voraussetzungen ein steuerlich anzuerkennendes Treuhandverhältnis allerdings vorliegt, ist gesetzlich nicht näher bestimmt.[455] Nach ständiger Rechtsprechung des BFH ist es dazu jedenfalls nicht ausreichend, die zugrundeliegende Vereinbarung als „Treuhandvertrag" zu bezeichnen.[456] Vielmehr muss die mit der Eigentümerstellung verbundene Verfügungsmacht so zu Gunsten des Treugebers eingeschränkt sein, dass das rechtliche Eigentum an den Gesellschaftsanteilen beim Treuhänder nur noch als „leere Hülle" erscheint.[457] Maßgeblich sind dafür die zugrundeliegenden Vertragsklauseln im Innenverhältnis, bei deren Beurteilung die Finanzverwaltung und finanzgerichtliche Rechtsprechung insbesondere auf das Weisungsrecht, den Herausgabeanspruch und die Kündigungsmöglichkeit des Treugebers abstellt.[458]

### *a) Weisungsgebundenheit des Treuhänders trotz Pooling von Treugeberrechten*

Zwar hat die Rechtsprechung zu keinem Zeitpunkt auf das Erfordernis der Weisungsgebundenheit des Treuhänders verzichtet, gleichwohl darf es unterschiedlich stark ausgeprägt sein.[459] Insbesondere eine Einzelweisungsbefugnis des Treugebers wird nicht verlangt. Der BFH hat ausdrücklich festgestellt,

---

454 BFH Urt. v. 20.01.1999, DStR 1999, 973; *Holzner* in: Holzner/Mantke/Stenzel, Hdb Managementbeteiligung, Rn. 703.

455 Beim Nachweis der Treuhänderschaft wird ein strenger Maßstab angelegt. Nach § 159 Abs. 1 S. 1 AO hat jeder, der behauptet, dass er Rechte, die auf seinen Namen lauten, nur als Treuhänder innehat, auf Verlangen nachzuweisen, wem die Rechte oder Sachen gehören. Andernfalls sind sie ihm zuzurechnen, *Holzner* in: Holzner/Mantke/Stenzel, Hdb Managementbeteiligung, Rn. 690, 692.

456 BFH Urt. v. 20.01.1999, DStR 1999, 973; v. 21.05.2014, DStR 2014, 1868.

457 BFH Urt. v. 20.01.1999, DStR 1999, 973; v. 24.11.2009, DStR 2010, 494; v. 21.05.2014, DStR 2014, 1868.

458 *Bloß*, GmbHR 2016, 104, 107; *Hohaus*, DStR 2002, 789, 791. Daneben muss das Risiko eines Wertverlusts beim Treugeber liegen und die Vereinbarung muss auf einer ernsthaften, zivilrechtlich wirksamen und klar nachweisbaren Vereinbarung beruhen. Die Vereinbarung eines Treuhandentgelts ist dazu nicht zwingend erforderlich, wird jedoch als Indiz für das Bestehen einer Treuhandvereinbarung hinzugezogen, vgl. ausführlich *Holzner* in: Holzner/Mantke/Stenzel, Hdb Managementbeteiligung, Rn. 698 ff.

459 *Hohaus*, DStR 2002, 789, 791.

dass ein „Pooling", infolgedessen mehrere Treugeber ihre Rechte nur gemeinschaftlich ausüben können, der steuerlichen Anerkennung der jeweiligen Treuhandverhältnisse nicht entgegensteht.[460] Die Bündelung der Treugeberrechte sei, nach der für die Prüfung wirtschaftlichen Eigentums maßgeblichen wirtschaftlichen Betrachtungsweise, mit einer gesamthänderischen Beteiligung oder einer gemeinschaftlichen Beteiligung i.S.v. § 741 BGB vergleichbar und müsse daher entsprechend gleichbehandelt werden.[461]

### *b) Herausgabeanspruch und Kündigungsmöglichkeit des Treugebers*

Als weitaus problematischer erweist sich der Umstand, dass der Treugeber nur dann eine dem zivilrechtlichen Eigentum vergleichbare wirtschaftliche Position erwirbt, wenn er das Treugut nach der zugrundeliegenden Treuhandvereinbarung vom Treuhänder zurückverlangen kann.[462] Das steht dem Interesse der Gründer und Wagniskapitalgeber, die dem Mitarbeiter bei dieser Gestaltungsvariante gerade keine unmittelbare Gesellschafterstellung einräumen möchten, entgegen.[463] Zu einer solchen könnte es aber in Folge einer Kündigung des Treuhandvertrags durch den begünstigten Mitarbeiter kommen.

Ein vollständiger Kündigungsausschluss des Treuhandvertrags liefe der steuerlichen Anerkennung des Treuhandverhältnisses zuwider.[464] Ein zeitliches Aufschieben durch Vereinbarung von langen Kündigungsfristen ist zwar grundsätzlich denkbar. Der BFH hat in diesem Zusammenhang entschieden, dass die erstmalige Kündigungsmöglichkeit nach einem Jahr mit einer anschließenden Kündigungsfrist von einem weiteren Jahr einer steuerlichen Anerkennung des

460 BFH Urt. v. 21.05.2014, DStR 2014, 1868.

461 BFH Urt. v. 21.05.2014, DStR 2014, 1868, Rn. 57, mit Verweis auf BFH Urt. v. 10.12.1992, DStR 1993, 910, wonach die Mitunternehmerschaft des Treugeber-Kommanditisten zu bejahen ist, wenn diese ihre Weisungsbefugnisse gegenüber dem Treuhänder nur gemeinsam ausüben können.

462 BFH Urt. v. 29.10.1991, DStR 1992, 610; v. 15.07.1997, DStRE 1997, 759; v. 20.01.1999, DStR 1999, 973; v. 24.11.2009, DStRE 2010, 494; v. 21.05.2014, DStR 2014, 1868.

463 Auch der Umweg über ein „permanentes" Treuhandverhältnis, wonach der Treugeber die Herausgabe nur an einen neuen Treuhänder, nicht jedoch an sich selbst veranlassen darf, steht der steuerlichen Anerkennung des Treuhandverhältnisses nach Ansicht der Finanzverwaltung entgegen, vgl. BMF v. 01.09.1994, BStBl I 1994, 615, Rz. 5, Tz. 1.3; a.A. *Hohaus*, DStR 2002, 789, 792.

464 BFH Urt. v. 20.01.1999, DStR 1999, 973; v. 21.05.2014, DStR 2014, 1868; *Hohaus*, DStR 2002, 789, 792. Gleiches gilt in Bezug auf das Recht zur außerordentlichen Kündigung, vgl. BFH Urt. v. 10.12.1992, DStR 1993, 910; v. 04.03.1999, DStR 1999, 1187.

Treuhandverhältnisses nicht entgegensteht.[465] Ob damit zugleich die zeitliche Grenze einer gerade noch angemessenen Kündigungsfrist erreicht ist, hat er offengelassen. Allerdings muss, nach Ansicht der Finanzverwaltung, die Beendigungsmöglichkeit eines Treuhandverhältnisses nach spätestens zwei Jahren gegeben sein.[466] Angesichts dessen sind Treuhandstrukturen mit den Gestaltungszielen einer Mitarbeiterbeteiligung im Venture Capital, die regelmäßig auf eine längere Bindung als zwei Jahre abzielen, nur schwer in Einklang zu bringen.[467] Mittelbare Beteiligungsstrukturen unter Einsatz einer (Personen-) Gesellschaft stellen insofern die vorzugswürdigere Gestaltungsvariante dar.

### 5. *Keine Unterbrechung des Veranlassungszusammenhangs*

Schließlich führen sämtliche mittelbare Beteiligungskonstellationen bei der Abgrenzung zwischen Einkünften aus Kapitalveräußerung und solchen aus nichtselbstständiger Arbeit keine Unterbrechung des Veranlassungszusammenhangs herbei.[468] Die Qualifikation als Arbeitslohn setzt also nicht voraus, dass dem Mitarbeiter der Vorteil durch die Arbeitgebergesellschaft selbst eingeräumt wird.[469] Drittzuwendungen können auch zu Arbeitslohn führen, sofern sie der Arbeitgebergesellschaft zuzurechnen sind. Dabei kommt es nach dem BFH entscheidend darauf an, dass der Vorteil ein Entgelt für eine Leistung darstellt, die der Mitarbeiter für den Arbeitgeber erbringt, erbracht hat oder erbringen soll.[470]

## C. Das Vesting

Ohne die Aufnahme zusätzlicher Vertragsbestimmungen vermag die eingeräumte Mitarbeiterbeteiligung selbst noch keine Bindungswirkung bei den begünstigten Mitarbeitern zu erzeugen. Sie könnten ihr Arbeitsverhältnis

---

465 BFH Urt. v. 21.05.2014, DStR 2014, 1868.

466 BMF v. 01.09.1994, BStBl I 1994, 615, Rz. 5, Tz. 1.3.

467 *Bloß*, GmbHR 2016, 104, 107.

468 BFH Urt. v. 01.09.2016, DStR 2016, 2638.

469 BFH Urt. v. 20.05.2010, DStR 2010, 1888; v. 06.10.2014, DStR 2017, 247; vgl. auch *Holzner* in: Holzner/Mantke/Stenzel, Hdb Managementbeteiligung, Rn. 709; *Weitnauer/Dunkmann*, GWR 2013, 349.

470 BFH Urt. v. 01.09.2016, DStR 2016, 2638. Die Feststellung der entsprechenden Beweggründe für den Erwerb hat das FG als Tatsacheninstanz festzustellen. Siehe auch *Binnewies*, GmbH-StB 2019, 239, 241; *Holzner* in: Holzner/Mantke/Stenzel, Hdb Managementbeteiligung, Rn. 711.

unmittelbar nach Einräumung ihrer Beteiligung beenden, gleichwohl im Falle eines Exits an den hierbei erzielten Gewinnen partizipieren (sogenanntes „free riding" oder „Trittbrettfahrertum").[471] Aus Sicht der Wagniskapitalgeber und Gründer besteht ein vorrangiges Gestaltungsziel insofern darin, Mitarbeiter durch die Aufnahme zusätzlicher Regelungen an die Gesellschaft dauerhaft zu binden. Rechtstechnisch erfolgt dies durch eine Verknüpfung der rechtlich voneinander getrennt bestehenden Rechtsverhältnisse, das Beschäftigungsverhältnis einerseits und die Mitarbeiterbeteiligung andererseits.[472] Dazu unterliegen die Anteile oder Anteilsoptionen der Mitarbeiter in einem ersten Schritt dem sogenannten „Vesting". Dies führt zu einem zeitlich gestaffelten Anwachsen der Beteiligung, die Mitarbeiter müssen sich ihre Anteile durch einen Verbleib im Unternehmen gewissermaßen verdienen. In einem zweiten Schritt regeln „Leaver"-Klauseln das rechtliche Schicksal der Beteiligung für den Fall, dass Mitarbeiter ihr Beschäftigungsverhältnis trotzdem frühzeitig, mithin vor dem Eintritt eines Exits, beenden.

Das Zusammenspiel aus Vesting- und Leaver-Klauseln kommt bei sämtlichen Mitarbeiterbeteiligungsformen zum Einsatz, also bei Anteilen und Anteilsoptionen sowohl auf schuld- als auch gesellschaftsrechtlicher Grundlage. Angesichts der mannigfaltigen Gestaltungsmöglichkeiten beim Entwurf der zugrundeliegenden Vertragsbestimmungen, erfolgt trotz des engen sachlichen Zusammenhangs eine getrennte Behandlung beider Klauseln. Gegenstand der nachfolgenden Untersuchung sind zunächst die Regelungen zum Vesting.

## I. Der Begriff „Vesting"

Wie zahlreiche andere Begriffe im Umfeld des Venture Capital stammt auch das „Vesting" aus der angelsächsischen Rechtsterminologie.[473] Vereinzelt finden sich mit „Ansparbedingungen", „Bleibeklauseln", „Anwachsungsregeln" oder „Erdienungszeiträumen" deutsche Synonyme für die zugrundeliegenden Vertragsbestimmungen.[474] Oft ist zudem der Begriff der „Verfallklausel" anzutreffen, vorwiegend im Zusammenhang mit dem Erlöschen von Ansprüchen aus

---

471 *Kuntz*, Gestaltung von Kapitalgesellschaften zwischen Freiheit und Zwang, S. 152.

472 *Inhester* in: Jesch/Striegel/Boxberger, Rechtshandbuch PE, § 14 Rn. 46.

473 *Gabrysch* in: Drygala/Wächter, Venture Capital, S. 62; *Hohaus* in: Jesch/Striegel/Boxberger, Rechtshandbuch PE, § 13 Rn. 52.

474 *Inhester* in: Jesch/Striegel/Boxberger, Rechtshandbuch PE, § 14 Rn. 46; *Sandleben* in: Schüppen/Schaub, Aktienrecht 2018, § 17 Rn. 147; *Schniepp/Giesecke*, NZG 2017,

Aktienoptionsplänen.[475] Terminologisch nicht gleichzusetzen ist das Vesting mit „Wartefristen". Dieser Begriff wird im Rahmen der erstmaligen Ausübbarkeit von Anteilsoptionen, etwa im Rahmen von § 193 Abs. 2 Nr. 4 AktG, verwendet. Auch besteht ein Unterschied zu „Haltefristen", die inhaltlich einem Veräußerungsverbot bereits erworbener Anteile entsprechen, sowie zu „Ausübungszeiträumen", womit die Ausübung von Anteilsoptionen in bestimmten Zeitfenstern gemeint ist.[476]

## II. Vesting-Perioden und Cliff

Das Vesting führt ein gestaffeltes Anwachsen der Anteile über einen vorher festgelegten Zeitraum herbei. Je länger der Mitarbeiter für die Gesellschaft arbeitet, desto mehr Anteile gelten als „gevestet" und können ihm grundsätzlich nicht mehr entzogen werden.[477] Im Rahmen dieses abgestuften Verfahrens wird einerseits ein bereits geleisteter Einsatz des Mitarbeiters angemessen berücksichtigt. Andererseits führt ein vorzeitiges Ausscheiden aus dem Unternehmen zum Verfall derjenigen Anteile, die bis zu diesem Zeitpunkt noch nicht gevestet wurden und setzt damit einen Anreiz, langfristig für das Unternehmen zu arbeiten.

Der gestaffelte Zuwachs findet in regelmäßigen zeitlichen Abständen statt, typischerweise monatlich oder quartalsweise („Vesting-Perioden").[478] Um ein Abwandern von Mitarbeitern insbesondere in den wegweisenden ersten Monaten zu verhindern, sehen die Beteiligungsbedingungen zudem vor, dass die Beendigung des Beschäftigungsverhältnisses innerhalb des ersten Jahres nach

---

128, 131; *Schönhaar*, GWR 2017, 293, 294; *Schrade/Denninger*, DStR 2019, 2615, 2617; *Wilhelm*, NZG 2013, 1211.

475 *Maletzky*, NZG 2003, 715; *Schnipp/Giesecke*, NZG 2017, 128; *Staake*, NJOZ 2010, 2492, 2497; vgl. auch BAG Urt. v. 28.05.2008, NZA 2008, 1066.

476 *Staake*, NJOZ 2010, 2492, 2497.

477 Ggf. nur gegen eine Abfindung zum Verkehrswert entziehbar. Eine Ausnahme gilt beim sogenannten „Bad Leaver", dazu unten ausführlich unter D. I. 2. Vgl. auch *Inhester* in: Jesch/Striegel/Boxberger, Rechtshandbuch PE, § 14 Rn. 46; *Kawka/Vocke/L'habitant*, BB 2017, 1694; *Risse/Kästle/Engelstädter/Gebler/Lorenz* in: M&A und Corporate Finance von A–Z, „Vesting"; *Weitnauer*, Hdb Venture Capital, Teil E Rn. 220.

478 Seltener auch täglich oder jährlich, vgl. *Bank/Möllmann*, VC Agreements in Germany, Rn. 265; *Gabrysch* in: Drygala/Wächter, Venture Capital, S. 62; *Hohaus* in: Jesch/Striegel/Boxberger, Rechtshandbuch PE, § 13 Rn. 52; *Kawka/Vocke/L'habitant*, BB 2017, 1694.

Einräumung pauschal zu einem Verfall aller Anteile führt („Cliff").[479] Insgesamt erstreckt sich das Vesting typischerweise auf einen Zeitraum von drei bis vier Jahren.[480] Wird die Mitarbeit im Unternehmen ohne Entgeltfortzahlungsanspruch unterbrochen (unbezahlter Urlaub, Sabbaticals, Mutterschutz, Elternzeit, Krankheit, Berufsunfähigkeit oder sonstige Suspendierungen des Beschäftigungsverhältnisses), sehen die Beteiligungsbedingungen oft ein Pausieren des Vestings vor, sodass dieser Zeitraum im Einzelfall auch länger ausfallen kann.[481]

## III. Positives und negatives Vesting

Das Vesting ist entweder im Wege einer gestaffelten Übertragung von Mitarbeiteranteilen möglich („positives Vesting"), was mangels gesetzgeberischer Formvorgaben bei den Mitarbeiterbeteiligungen auf rein schuldrechtlicher Grundlage gestalterisch problemlos umsetzbar ist.[482] Hingegen führen die notariellen Formerfordernisse des GmbHG bei Mitarbeiterbeteiligungen auf gesellschaftsrechtlicher Grundlage bei jeder Anteils- oder Optionseinräumung nach Ablauf einer Vesting-Periode zu einem wiederkehrenden administrativen und finanziellen Aufwand.[483]

Insofern empfiehlt sich bei den Eigenkapitalbeteiligungen mit dem „negativen Vesting" eine umgekehrte Vorgehensweise.[484] Schon im Einräumungszeitpunkt erfolgt die Übertragung aller Anteile oder Anteilsoptionen, womit die notariellen Formvorgaben nur einmalig zur Anwendung kommen. Gleichzeitig

---

479 Je nach Zeitpunkt der Einräumung sind auch längere oder kürzere Cliffs denkbar, vgl. *Gabrysch* in: Drygala/Wächter, Venture Capital, S. 67; *Schönhaar*, GWR 2017, 293, 294.

480 Sieht das Vesting der Mitarbeiterbeteiligung z.B. eine Gesamtdauer von 48 Monaten mit einem Cliff von 12 Monaten und Vesting-Perioden von je 3 Monaten vor, wachsen dem Mitarbeiter nach einem Jahr erstmalig 25 % seiner Anteile und die restlichen 75 % nach jeweils 3 Monaten zu je 6,25 % an. Vgl. auch *Gabrysch* in: Drygala/Wächter, Venture Capital, S. 62; *Kawka/Vocke/L'habitant*, BB 2017, 1694; *Schönhaar*, GWR 2017, 293, 294; *Weinheimer/Renner* in: Hölters, Hdb Unternehmenskauf, Rn. 14.116.

481 *Bank/Möllmann*, VC Agreements in Germany, Rn. 264; *Schönhaar*, GWR 2017, 293, 294. Zur (arbeitsrechtlichen) Zulässigkeit solcher Klauseln, vgl. *Stiegler*, NZA 2019, 1116 ff.

482 *Schönhaar*, GWR 2017, 293, 294.

483 Dazu bereits oben Teil 2 A. I. 1.

484 *Bank/Möllmann*, VC Agreements in Germany, Rn. 221; *Gabrysch* in: Drygala/Wächter, Venture Capital, S. 62 ff; *Weitnauer*, Hdb Venture Capital, Teil E Rn. 221.

werden die Anteile oder Anteilsoptionen entweder mit einer vorherigen Abtretungsverpflichtung des Mitarbeiters oder einer Einziehungsvereinbarung im Gesellschaftervertrag belastet.[485] Sofern das Beschäftigungsverhältnis vor Ablauf der letzten Vesting-Periode endet, kommt es zur Rückübertragung des „ungevesteten" Teils der Beteiligung. Das zeitliche Voranschreiten des Beschäftigungsverhältnisses führt hingegen, rechtstechnisch als auflösende Bedingung gemäß § 158 Abs. 2 BGB, die Aufhebung der auf den Anteilen lastenden Beschränkungen herbei.[486]

## IV. Exit vor Ablauf der Vesting-Perioden

Problematisch gestaltet sich das Vesting hingegen, wenn die Gesellschaft ihre eigenen Erwartungen übertrifft und es schon vor Ablauf der letzten Vesting-Perioden zu einem lukrativen Exit kommt. In diesen Fällen stellt sich aus Sicht der begünstigten Mitarbeiter insbesondere die Frage nach dem rechtlichen Schicksal ihrer zu diesem Zeitpunkt noch ungevesteten Anteile.

### *1. Single Trigger Accelerated Vesting*

Grundsätzlich könnten die Mitarbeiter nur mit dem gevesteten Teil ihrer Beteiligung, indes nicht vollumfänglich am Exit partizipieren. Infolgedessen wäre der vorzeitige Eintritt eines Exits bei den Mitarbeitern mit einem finanziellen Nachteil verbunden und erzeugt dadurch einen Fehlanreiz. Ihr Interesse bestünde nunmehr darin, den Eintritt eines Exits zeitlich hinauszuzögern, das Unternehmenswachstum zu bremsen anstatt es zu beschleunigen. Denn dadurch käme es erst nach Ablauf der letzten Vesting-Periode zu einem Exit und sie könnten mit ihrer gesamten Beteiligung an den hierbei erzielten Erlösen partizipieren.

Um insofern wieder einen Interessengleichlauf zwischen Gründern, Wagniskapitalgebern und den beteiligten Mitarbeitern herzustellen, ist eine Ergänzung der Vestingvereinbarungen um ein sogenanntes beschleunigten Vesting geboten („Accelerated Vesting").[487] Ein verfrühter Exit führt dann zum vorzeitigen Entfallen auch der auf den ungevesteten Anteilen lastenden Beschränkungen („Single Trigger Accelerated Vesting").[488] Abweichend von den regulären

---

485 Dazu sogleich ausführlich unter D. II.

486 *Hohaus* in: Jesch/Striegel/Boxberger, Rechtshandbuch PE, § 13 Rn. 53.

487 *Weitnauer*, Hdb Venture Capital, Teil F Rn. 153; *Wilhelm*, NZG 2013, 1211, 1217.

488 *Bank/Möllmann*, VC Agreements in Germany, Rn. 269; *Kuntz*, Gestaltung von Kapitalgesellschaften zwischen Freiheit und Zwang, S. 153.

Vesting-Perioden gelten dann alle Anteile als gevestet, womit ein finanzieller Anreiz auch für einen vorzeitigen Exit erzeugt ist.

## *2. Double Trigger Accelerated Vesting*

Regelungen zum Single Trigger Accelerated Vesting versagen jedoch dann, wenn der Exit rein zufällig und innerhalb kürzester Zeit nach Einräumung der Mitarbeiterbeteiligung stattfindet. Mitarbeiter würden dann vollumfänglich an den erzielten Erlösen beteiligt, ohne einen signifikanten Beitrag dazu geleistet zu haben („Windfall Profits").[489] Um auch in diesen Fällen ein interessengerechtes Ergebnis herzustellen, kann das beschleunigte Vesting neben dem vorzeitigen Eintritt eines Exits um einen zweiten Auslöser ergänzt werden („Double Trigger Accelerated Vesting").[490]

Die vorzeitige Aufhebung der auf den ungevesteten Anteilen lastenden Beschränkungen setzt zwar ebenfalls zunächst einen Exit vor Ablauf der letzten Vesting-Periode voraus. In Abweichung zum Single Trigger Accelerated Vesting läuft das Vesting nach Eintritt des Exits dann aber regulär weiter. Der Mitarbeiter muss sich die vollständige Verwertung seiner Beteiligung durch seine weitere Mitarbeit auch nach dem Exit verdienen. Zu einer finanziellen Benachteiligung käme es aus seiner Sicht nur dann, wenn er unmittelbar im Anschluss an den Exit durch seinen nunmehr neuen Arbeitgeber gekündigt würde. Denkbar sind Szenarien, in denen der Erwerber im Anschluss an einen Trade Sale sein eigenes Personal im Zielunternehmen installieren will oder er das Unternehmen überhaupt nicht fortführen möchte, weil er nur am Erwerb geistigen Eigentums interessiert war.[491]

Daher besteht der zweite Auslöser des Double Trigger Accelerated Vesting in der Beendigung des Beschäftigungsverhältnisses vor Ablauf der letzten Vesting-Periode. Dieser zweite Auslöser stellt sicher, dass die Aussicht auf eine vollständige Verwertung der Mitarbeiterbeteiligung stets gegeben ist. Um gleichzeitig aber auch einem Missbrauch durch den Mitarbeiter entgegenzuwirken, darf die Beendigung des Beschäftigungsverhältnisses nur durch den Arbeitgeber und ohne wichtigen Grund erfolgen.[492] Andernfalls könnte der

---

489 *Bank/Möllmann*, VC Agreements in Germany, Rn. 273.

490 *Bank/Möllmann*, VC Agreements in Germany, Rn. 271.

491 *Bank/Möllmann*, VC Agreements in Germany, Rn. 272.

492 Bei Mitarbeitern auf C-Level wäre denkbar, den zweiten Auslöser zusätzlich an die Beendigung der Organstellung als Geschäftsführer zu knüpfen. Dazu *Bank/Möllmann*, VC Agreements in Germany, Rn. 272.

Mitarbeiter das beschleunigte Vesting seiner Anteile selbst herbeiführen, indem er etwa ordentlich kündigt oder einen wichtigen Grund für eine außerordentliche Kündigung durch die Arbeitgebergesellschaft setzt.

## V. Vesting in Abhängigkeit vom Eintritt eines Exits?

Das Double Trigger Accelerated Vesting stellt demzufolge sicher, dass Mitarbeiter auch für die Zeit nach dem Exit in der Arbeitgebergesellschaft tätig sind. Diese Weiterbeschäftigung ist aus Sicht der Gründer und Wagniskapitalgeber mit dem Vorteil verbunden, dass der Exit nicht zugleich zu einem Abwandern sämtlicher Schlüsselmitarbeiter und des mit ihnen verbundenen Know-How's führt. Das kann wiederum die Attraktivität des Unternehmens für potentielle Käufer und damit den Erwerbskaufpreis der Geschäftsanteile erhöhen. Die Regelung zum Double Trigger Accelerated Vesting vermag eine entsprechende Bindungswirkung jedoch nur für den Fall eines verfrühten Exits zu gewährleisten. Ein finanzieller Anreiz für einen Verbleib im Unternehmen ist aus Sicht der Mitarbeiter dann nicht mehr gegeben, wenn der Exit nach Ablauf der letzten Vesting-Periode eintritt.

Vor diesem Hintergrund kann ein Gestaltungsziel der Gründer und Wagniskapitalgeber darin bestehen, den Eintritt eines Exits derart in die Vesting-Perioden zu integrieren, sodass ein vollständiges Vesting der Mitarbeiterbeteiligung den Eintritt eines Exits zwingend voraussetzt. Dadurch wäre ein finanzieller Anreiz für einen Verbleib im Unternehmen nach einem Exit in jedem Szenario gewährleistet. Eine solche Klausel könnte beispielsweise vorsehen, dass zunächst nur 50 % der Beteiligung nach ihrer Einräumung regulär, das heißt monatlich oder quartalsweise, vesten. Anschließend pausiert das Vesting bis zum Eintritt des Exits. Erst im Anschluss an diesen vesten die restlichen 50 % regulär weiter.

### *1. Zeitliche Höchstgrenzen beim Vesting*

Bei Einsatz einer entsprechenden Klausel wäre die beim Mitarbeiter erzeugte Bindungsdauer ungewiss, schließlich steht im Einräumungszeitpunkt der Beteiligung nicht fest, wann es zum Eintritt eines Exits kommt. Vor diesem Hintergrund stellt sich zwangsläufig die Frage, ob es beim Vesting zeitliche Höchstgrenzen gibt.

#### *a) Rechtsprechungsgrundsätze zu Bindungsfristen bei Jahressonderzahlungen*

Bisher musste sich die Rechtsprechung nicht ausdrücklich mit der zulässigen Bindungsdauer im Rahmen von Vesting-Regelungen auseinandersetzen. Als

Anknüpfungspunkt zur Bemessung einer zulässigen Höchstgrenze könnten aber die richterrechtlich entwickelten Grundsätze zur zulässigen Bindungsdauer bei Stichtags- und Rückzahlungsklauseln im Zusammenhang mit Jahressonderzahlungen dienen. Auch hier wird die Rentabilität der eingeräumten Beteiligung an den Bestand des Arbeitsverhältnisses geknüpft.[493] Die Regelungen verfolgen insofern den gleichen Zweck wie das Vesting einer Mitarbeiterbeteiligung im Venture Capital. Nach dem BAG hängt die Dauer der zulässigen Bindung maßgeblich von der Höhe der jeweiligen Sonderzahlung ab. Je höher die Summe ist, desto länger wird dem Arbeitnehmer zugemutet, sich auf eine eventuelle Rückzahlung einzurichten und seine Lebensführung darauf einzustellen, dass er den Rückzahlungsbetrag wieder aufbringen muss, wenn er das Arbeitsverhältnis aufgibt. Der Arbeitnehmer kann also um so länger gebunden werden, je höher der gewährte Vorteil ist.[494]

Allerdings weichen die den Entscheidungen zugrundeliegenden Gratifikationen in einem zentralen Punkt entscheidend von Mitarbeiterbeteiligungen in Start-ups ab. Letztere zahlen sich für den Mitarbeiter finanziell erst und nur dann aus, wenn es zu einer signifikanten Wertsteigerung des Unternehmens kommt. Sie verfügen über einen ungleich größeren, spekulativen Charakter als gewöhnliche Gratifikationen. Auch ist die Höhe der eigenen Beteiligungen im Zeitpunkt der Einräumung nicht bestimmbar. Sie ähneln insofern eher Aktienoptionen. Auch hier ist ungewiss, ob und gegebenenfalls in welcher Höhe eine sich im Aktienkurs widerspiegelnde Wertsteigerung der emittierenden Gesellschaft eintritt und der bezugsberechtigte Arbeitnehmer überhaupt einen finanziellen Vorteil erlangt.[495] Indes hat sich das BAG in seiner Entscheidung zu Bindungsfristen bei Jahressonderzahlungen klar zur Übertragbarkeit der Grundsätze auf Aktienoptionen geäußert. Die bloße Chance auf einen möglichen Erwerb genieße nicht den gleichen arbeitsrechtlichen Schutz wie gesicherte Vergütungsbestandteile.[496] Eine Übertragung der Rechtsprechungsgrundsätze

---

493 „Stichtagsklauseln" zeichnen sich dadurch aus, dass der Arbeitnehmer nur dann eine Sonderzahlung erhält, wenn er sich an einem vorher festgelegten Stichtag in einem ungekündigten Arbeitsverhältnis befindet. Bei „Rückzahlungsklauseln" muss der Arbeitnehmer eine bereits erhaltene Sonderzahlung zurückzahlen, wenn er innerhalb eines festgelegten Zeitraums aus dem Arbeitsverhältnis ausscheidet, vgl. *Lembke*, BB 2001, 1469, 1473; *Pulz*, BB 2004, 1107, 1111.

494 StRspr. des BAG, vgl. Urt. v. 19.09.1984 – 5 AZR 366/83 (unveröff.); v. 21.05.2003, NZA 2003, 1032, 1033; v. 28.04.2004, NZA 2004, 924; v. 28.03.2007, NZA 2007, 687.

495 BAG Urt. v. 28.05.2008, NZA 2008, 1066, 1071.

496 BAG Urt. v. 28.05.2008, NZA 2008, 1066, 1071.

zu Bindungsfristen bei Jahressonderzahlungen auf die in gleicher Weise spekulativen Mitarbeiterbeteiligungen im Venture Capital ist daher nicht geboten. „Je mehr (virtuelle) Anteile oder Anteilsoptionen, desto länger die zulässige Bindungsdauer" kann hier folglich nicht gelten.[497]

### *b) Gesetzliche Anknüpfungspunkte zur Bestimmung einer Höchstfrist*

Im GmbHG finden sich schon keine allgemeinen Bestimmungen zu Mitarbeiterbeteiligungen und somit erst recht nicht hinsichtlich hierbei bestehender Höchstbindungsfristen. Als Anknüpfungspunkt für die Bestimmung einer Höchstfrist beim Vesting lassen sich aber möglicherweise die Wertungen aus anderen, gesetzlich verankerten Fristen hinzuziehen.

#### *aa) Vier-Jahresfrist in § 193 Abs. 2 Nr. 4 AktG*

Als solche kommen die Wertungen des AktG zu Wartefristen bei Aktienoptionen für Arbeitnehmer einer AG in Betracht. Gemäß § 193 Abs. 2 Nr. 4 AktG muss die Dauer für die erstmalige Ausübung von Arbeitnehmer-Aktienoptionen nach § 192 Abs. 2 Nr. 3 AktG mindestens vier Jahre betragen. Diese Dauer sei ausreichend, um eine langfristige Kursentwicklung angemessen zu berücksichtigen und das langfristige Unternehmenswohl widerzuspiegeln.[498] Gleiches gelte, der Begründung des Gesetzgebers zufolge, ausdrücklich auch bei der Bemessung der Länge von Halte- und Wartefristen bei Phantom Stocks, Stock Appreciation Rights sowie vergleichbaren schuldrechtlichen Beteiligungsformen.[499] Eine Bindungsdauer von bis zu vier Jahren vermag bei einer AG folglich noch keine unangemessene Benachteiligung zulasten der Arbeitnehmer herbeizuführen.

Für eine Übertragbarkeit dieser Wertung auf die hier untersuchten Mitarbeiterbeteiligungsformen an einer GmbH spricht die bereits angesprochene Vergleichbarkeit in Hinblick auf ihren spekulativen Charakter. Begünstigte Mitarbeiter sollen erst zu einem späteren Zeitpunkt in anfänglich noch nicht bestimmbaren Umfang an einer bis dahin erfolgten Unternehmenswertsteigerung finanziell

---

497 Vgl. zur Übertragbarkeit der richterlichen Grundsätze auf Aktienoptionen: *Lembke*, BB 2001, 1469; *Pulz*, BB 2004, 1107; *Schniepp/Giesecke*, NZG 2017, 128; *Staake*, NJOZ 2010, 2494.

498 BT-Drucks. 16/12278, S. 5; *Schniepp/Giesecke*, NZG 2017, 128, 132.

499 Entsprechende Nachbildungen bezwecken ebenso eine sich im Aktienkurs widerspiegelnde Wertsteigerung und verfolgen bezüglich der Motivation und Bindung des bezugsberechtigten Mitarbeiters dieselben Ziele, vgl. BT-Drucks. 16/12278, S. 5 und BAG Urt. v. 28.05.2008, NZA 2008, 1066, 1073.

partizipieren. Auch sind Arbeitnehmer einer AG nicht schutzbedürftiger als die einer GmbH, andernfalls könnte der Arbeitnehmerschutz durch einen Rechtsformwechsel der Arbeitgebergesellschaft umgangen werden.[500] § 193 Abs. 2 Nr. 4 AktG dient dem Schutz der Arbeitnehmer-Aktionäre, eine vergleichbare Regelung bei einer GmbH kann insofern nicht aus Gründen des Arbeitnehmerschutzes unwirksam sein.[501] Richtigerweise müssen die Wertungen des § 193 Abs. 2 Nr. 4 AktG daher auch bei den Mitarbeiterbeteiligungen an einer GmbH gelten.[502]

Für die hier untersuchte Mitarbeiterbeteiligung bedeutet dies, dass eine Bindung von Mitarbeitern über einen Zeitraum von vier Jahren durch ein Vesting der Anteile zulässig sein wird. Im Umkehrschluss aus dem Wortlaut des § 193 Abs. 2 Nr. 4 AktG („mindestens“ vier Jahre) geht zudem hervor, dass noch längere Bindungsfristen zulässig sein dürften. Allerdings finden sich weder in der Norm selbst noch in der zugrundeliegenden Gesetzesbegründung oder einschlägigen Rechtsprechung[503] Ausführungen dazu, welche Bindungsdauer maximal zulässig ist.

#### *bb) Fünf-Jahresfrist in § 624 BGB und § 15 Abs. 4 TzBfG*

Eine solche ist unterdessen § 624 BGB und § 15 Abs. 4 TzBfG zu entnehmen. Den beiden Normen zufolge ist die dienst- oder arbeitsvertragliche Bindung für eine längere Zeit als fünf Jahre nicht zulässig, spätestens dann muss die Möglichkeit zur Kündigung bestehen.[504] Bei Übertragung dieser Wertungen auf das Vesting im Rahmen einer Mitarbeiterbeteiligung, dürfte dessen Gesamtdauer einen Zeitraum von fünf Jahren nicht überschreiten.[505] Dagegen ließe sich zwar einwenden, dass Vesting-Regelungen lediglich zu einer faktischen, nicht aber einer rechtlichen Bindung an die Arbeitgebergesellschaft führen.[506] Die Möglichkeit zur Kündigung steht den Mitarbeitern schließlich jederzeit offen.

---

500 *Schniepp/Giesecke*, NZG 2017, 128, 132.

501 BAG Urt. v. 28.05.2008, NZA 2008, 1066, 1072.

502 So auch: *Schniepp/Giesecke*, NZG 2017, 128, 132.

503 Das BAG wies in einer Entscheidung zwar auf die Problematik hin, musste sie im zugrundeliegenden Fall aber nicht entscheiden, vgl. Urt. v. 28.05.2008, NZA 2008, 1066, 1072.

504 *Maletzky*, NZG 2003, 715, 717; *Pulz*, BB 2004, 1107, 1112.

505 Das entspricht auch der weit überwiegenden Ansicht im Schrifttum zu Höchstbindungsfristen im Zusammenhang mit Verfallsklauseln bei Aktienoptionen, vgl. *Lembke*, BB 2001, 1469, 1473; *Maletzky*, NZG 2003, 715, 717; *Pulz*, BB 2004, 1107, 1112.; *Schanz*, NZA 2000, 626, 634.

506 *Staake*, NJOZ 2010, 2492, 2500.

Dieser Einwand verkennt jedoch, dass der mit Beendigung des Arbeitsverhältnisses drohende finanzielle Verlust aus Sicht des Mitarbeiters in gleicher Weise dazu geeignet ist, ihn an einer Kündigung des Arbeitsverhältnisses zu hindern. Das gilt umso mehr im Umfeld von Start-ups, wo die Mitarbeiterbeteiligung nicht „on top", sondern als Kompensation für die vergleichsweise niedrigen Festgehälter eingeräumt wird. Auch droht sonst eine Umgehung der zulässigen Höchstbindungsfrist in § 624 BGB und § 15 Abs. 4 TzBfG durch die Schaffung sonstiger faktischer Abhängigkeitsverhältnisse außerhalb des Arbeits- oder Dienstverhältnisses.[507]

*cc) Zwölf-Jahresfrist in § 19a Abs. 4 S. 1 Nr. 2 EStG*

Möglicherweise sind den Änderungen durch das FoStoG, konkret durch § 19a EStG, Wertungen zu entnehmen, wonach bei Mitarbeiterbeteiligungen in Start-ups längere Bindungsfristen möglich sind. Schließlich ist nach dem Realisationstatbestand des § 19a Abs. 4 S. 1 Nr. 2 EStG der mit Einräumung der Mitarbeiterbeteiligung verbundene, geldwerte Vorteil spätestens zwölf Jahren nach Übertragung der Vermögensbeteiligung zu versteuern. Dieser Besteuerungsaufschub lässt indes keine Rückschlüsse darauf zu, dass zugleich auch eine (faktische) Bindung von Mitarbeitern von bis zu zwölf Jahren rechtlich zulässig ist.

*c) Einzelfallabhängigkeit*

Je länger der Mitarbeiter für das Unternehmen arbeitet, desto höher ist auch sein Interesse daran, eine Kompensation für sein bis dahin geringes Festgehalt zu erhalten. Gleichzeitig wird das mit dem Vesting beabsichtigte Ziel der Gründer und Wagniskapitalgeber mit fortschreitendem Anstellungsverhältnis durch eine Umwandlung des Know-How's der Mitarbeiter in verwertbare Rechte der Gesellschaft wie Patente, Gebrauchsmuster und Urheberrechte erfüllt. Insofern nimmt die Schutzwürdigkeit des Interesses der Arbeitgebergesellschaft an einer Bindung der Mitarbeiter ab, je länger diese für die Gesellschaft tätig ist.

Pauschale Aussagen, ab welchem konkreten Zeitpunkt eine Bindung von Mitarbeitern an die Gesellschaft im Wege eines Vestings die Grenze der Zulässigkeit überschreitet, lassen sich indes nicht treffen. Die Schutzbedürftigkeit des

---

507 Auch das BAG verweist in seiner Rechtsprechung zu Verfallsklauseln bei Aktienoptionen auf die Wertungen aus § 624 BGB, ohne dabei jedoch inhaltlich Stellung zu beziehen, da die vereinbarte Bindungsfrist im zugrundeliegenden Fall unterhalb der Schwelle von fünf Jahren lag, vgl. BAG Urt. v. 28.05.2008, NZA 2008, 1066.

Mitarbeiters variiert insbesondere nach Art der ihm eingeräumten Beteiligung. Während Mitarbeiter rein schuldrechtlich ausgestalteter Beteiligungen beim vorzeitigen Verlassen der Gesellschaft lediglich einen schuldrechtlichen Zahlungsanspruch gegen die Gesellschaft verlieren, kommt es bei einer Eigenkapitalbeteiligung auch zum Verlust ihrer Stellung als Mitgesellschafter.[508] Ebenso spielt die Höhe des im Einzelfall gezahlten Festgehalts eine tragende Rolle. Je höher dieses ausfällt, desto weniger wird ein finanzielles Abhängigkeitsverhältnis anzunehmen sein und desto eher ist es dem Mitarbeiter zuzumuten, den Verlust seiner Mitarbeiterbeteiligung beim Verlassen der Gesellschaft hinzunehmen.[509]

Zwar werden Vesting-Regelungen von bis zu fünf Jahren, in Anlehnung an § 624 BGB und § 15 Abs. 4 TzBfG, einer gerichtlichen Prüfung regelmäßig standhalten. Gleichwohl ist nicht auszuschließen, dass kürzere oder längere Bindungsklauseln, je nach Ausprägung der beim Mitarbeiter tatsächlich erzeugten (faktischen) Bindungswirkung, im Einzelfall zulässig sind. Maßgeblich bleibt insofern eine Gesamtwürdigung sämtlicher Umstände des Einzelfalls.

### 2. *Keine zeitlich unbefristete Bindung von Mitarbeitern*

Wenngleich eine starre Höchstfrist beim Vesting nicht besteht, sind jedenfalls solche Klauseln unzulässig, die in zeitlicher Hinsicht überhaupt keine Grenze vorsehen. Für die Mitarbeiter wäre bei Einsatz einer solchen Klausel nicht nur unklar, zu welchem Zeitpunkt sie ihre verbleibenden Anteile vesten können. Sie hätten insofern keine Planungssicherheit für einen möglichen Arbeitsplatzwechsel. Auch erhielten sie in Szenarien, in denen es nie zum Exit kommt, überhaupt keine Möglichkeit die ihnen eingeräumte Beteiligung vollständig zu verwerten. Vor diesem Hintergrund wäre folgende Modifikation der eingangs dargestellten Beispielklausel denkbar: Danach vesten die ersten 50 % der Anteile regulär nach Einräumung der Beteiligung. Die verbleibenden 50 % vesten nach Eintritt eines Exits, spätestens jedoch nach Ablauf von drei Jahren nach Einräumung der Beteiligung weiter, sodass die letzte Vesting-Periode fünf Jahre nach Einräumung der Beteiligung endet. Im Ergebnis lässt sich dadurch jedoch keine längere Bindung, als bei den derzeit gängigen Vesting-Regelungen erzeugen. Für die Wagniskapitalgeber und Gründer sind Gestaltungen, die den

---

508 *Schniepp/Giesecke*, NZG 2017, 128, 133. Ob der Mitarbeiter nur einen Teil oder seine gesamte Beteiligung verliert, hängt davon ab, ob der Grund für sein Ausscheiden als Good oder Bad Leaver qualifiziert wird. Dazu sogleich ausführlich.

509 *Schniepp/Giesecke*, NZG 2017, 128, 133.

Exit bewusst in das Vesting integrieren, demnach mit keinen nennenswerten Vorteilen verbunden.

### 3. *Rechtsfolgen und AGB-rechtliche Besonderheiten*

Erweist sich eine Vesting-Regel danach als im Einzelfall zu lang, schränkt sie den Mitarbeiter unangemessen in seiner Berufsfreiheit ein, die Unwirksamkeit der zugrundeliegenden Regelung folgt insofern aus § 138 Abs. 1 BGB i.V.m. Art. 12 GG.[510] Die arbeitsgerichtliche Rechtsprechung hat überlange Bindungsklauseln in derartigen Fällen auf das gerade noch zulässige Maß zurückgeführt.[511] Dies ist bei Mitarbeiterbeteiligungen im Umfeld von Venture Capital allerdings nur bedingt möglich. Sofern Mitarbeiter vereinzelt zu individuell ausgehandelten Konditionen an der Gesellschaft beteiligt wurden, lässt sich die Dauer der unzulässigen Vesting-Regelung nachträglich auf die im Einzelfall angemessene Höchstdauer reduzieren. Das ist insbesondere bei der direkten Übertragung von Geschäftsanteilen der Fall.

Anders verhält es sich jedoch bei den weit häufiger verbreiteten Mitarbeiterbeteiligungsprogrammen, die sich an eine Vielzahl von Mitarbeitern richten, mithin VSOP und ESOP. Die Beteiligungsbedingungen erfüllen typischerweise die definitorischen Voraussetzungen Allgemeiner Geschäftsbedingungen und unterliegen als solche einer zusätzlichen AGB-Inhaltskontrolle.[512] Mangels einschlägiger, spezieller Klauselverbote in den §§ 308, 309 BGB richtet sich die Kontrolle des Vestings nach der Generalklausel in § 307 Abs. 1 S. 1 BGB.[513] Danach ist eine Bestimmung unwirksam, wenn sie den Vertragspartner entgegen den Geboten von Treu und Glauben unangemessen benachteiligt. Bei der Beurteilung der Unangemessenheit ist ein genereller, typisierender, vom Einzelfall

---

510 *Pulz* in: BB 2004, 1107; *Schniepp/Giesecke*, NZG 2017, 128, 132, vgl. auch BAG, Urt. v. 26.09.2007, NZA 2008, 1066. Da die Nichtigkeit der gesamten Mitarbeiterbeteiligung regelmäßig durch Einsatz einer salvatorischen Klausel ausgeschlossen ist, jedenfalls aber nicht dem hypothetischen Interesse der Parteien entsprechen wird, bleibt der übrige Teil der Vereinbarung wirksam, § 139 BGB.

511 Vgl. BAG, Urt. v. 13.07.1962, NJW 1962, 1932; v. 12.12.1962, BeckRS 2009, 74692; siehe auch *Pulz* in: BB 2004, 1107, 1112.

512 Dazu bereits 2. Teil B. II. 4. und C. II. 1 a).

513 Insbesondere § 308 Nr. 1 BGB greift im Rahmen eines ESOP nicht. Beim Einsatz von Anteilsoptionen müssen keine Rückübertragungsangebote für Geschäftsanteile vereinbart werden, sodass der Anwendungsbereich des Klauselverbots hier nicht eröffnet ist. Anders beim sog. Managermodell, vgl. dazu BGH Urt. v. 19.09.2005, NJW 2005, 3641.

losgelöster Maßstab anzulegen. Abzuwägen sind die Interessen des Verwenders gegenüber den Interessen der typischerweise beteiligten Vertragspartner.[514] Die Ergebnisse dieser AGB-rechtlichen Inhaltskontrolle weichen allenfalls punktuell von denjenigen der allgemeinen Vertragsinhaltskontrolle am Maßstab von § 138 Abs. 1 BGB i.V.m. Art. 12 GG ab.[515] Ein den Mitarbeiter unangemessen in seiner Berufsfreiheit einschränkendes Vesting führt regelmäßig auch zu einer unangemessenen Benachteiligung entgegen den Geboten von Treu und Glauben und ist gemäß § 307 Abs. 1 S. 1 BGB unwirksam.[516] Ein entscheidender Unterschied zur allgemeinen Vertragsinhaltskontrolle besteht hingegen auf Rechtsfolgenseite. Wegen des AGB-rechtlichen Verbots der geltungserhaltenden Reduktion ist eine Rückführung auf die gerade noch zulässige Vesting-Höchstdauer ausgeschlossen.[517] Stattdessen ist die Vesting-Regelung insgesamt unwirksam, sämtliche virtuellen Anteile und Anteilsoptionen wachsen den betroffenen Mitarbeitern unmittelbar nach Einräumung vollumfänglich an.[518] Aus Sicht der Arbeitgebergesellschaft würde der mit der Mitarbeiterbeteiligung verfolgte Zweck einer Bindung des Mitarbeiters vollständig verfehlt, stattdessen entstünde die Problematik des Trittbrettfahrertums.[519] Zur Vermeidung dessen bietet sich der Einsatz einer GbR-Unterbeteiligungsgesellschaft an. Die Beteiligungsbedingungen stellen dann gleichzeitig den Gesellschaftsvertrag dar und unterliegen stets der Bereichsausnahme des § 310 Abs. 4 S. 1 BGB, womit AGB-Recht nicht anwendbar ist.[520]

---

514 StRspr. vgl. etwa BAG Urt. v. 17.03.2016, NZA 2016, 945; v. 24.08.2017, NJW 2018, 418. Siehe auch *Wurmnest* in: MüKo BGB, § 307 Rn. 35.

515 *Pulz* in: BB 2004, 1111; auch der BGH verweist im Urt. v. 19.09.2005, NJW 2005, 3641 im Rahmen seiner Ausführungen zu § 307 Abs. 1 BGB ausdrücklich auf das zu § 138 Abs. 1 BGB Gesagte.

516 *Pulz* in: BB 2004, 1107, 1111.

517 StRspr. vgl. BAG Urt. v. 18.09.2018, NZA 2018, 1619. Wer die Möglichkeit nutzen kann, die ihm der Grundsatz der Vertragsfreiheit für die Aufstellung Allgemeiner Geschäftsbedingungen eröffnet, muss auch das vollständige Risiko einer Klauselunwirksamkeit tragen. Andernfalls läuft das Transparenzgebot in § 307 Abs. 1 S. 2 BGB weitgehend leer, so der BGH, vgl. etwa Urt. v. 22.09.2015, BeckRS 2015, 19758.

518 Die Mitarbeiterbeteiligung bleibt im Übrigen wegen § 306 Abs. 1 BGB wirksam.

519 Dazu oben C.

520 Dazu bereits 2. Teil B. II. 4. und 3. Teil B. I. 1. a). Vgl. auch *Thelen*, RNotZ 2020, 121, 126.

### VI. Einkommensteuerrechtliche Würdigung

Mit Inkrafttreten des FoStoG ist es aus Sicht des direkt beteiligten Mitarbeiters für eine steuerliche Optimierung nicht mehr erforderlich, das Vesting als negatives Vesting auszugestalten. Zuvor wäre mit jeder Anteilsübertragung nach Ablauf einer Vesting-Periode, bei einer Gestaltung über ein positives Vesting, der damit verbundene geldwerte Vorteil beim Mitarbeiter als Arbeitslohn zu versteuern. Mit Einführung des Besteuerungsaufschubs in § 19a Abs. 1 S. 1 EStG stellt sich diese Problematik in ausgewählten Fällen nicht mehr.[521] Wegen des nach wie vor bestehenden finanziellen wie administrativen Mehraufwands, der mit jeder Anteilsübertragung angesichts der notariellen Formerfordernisse entsteht, ist die Gestaltung über ein negatives Vesting gleichwohl vorzugswürdig.

## D. Der Leaver

In engem sachlichem Zusammenhang zum Vesting stehen Vereinbarungen zum sogenannten „Leaver".[522] Die Regelungen konkretisieren die Rechtsfolgen des Vestings für den Fall der vorzeitigen Beendigung des Beschäftigungsverhältnisses, indem sie differenzierte Rechtsfolgen je nach Art der Beendigung herbeiführen. Während das Ausscheiden des Mitarbeiters aus der Gesellschaft vor Ablauf der letzten Vesting-Periode zunächst nur den weiteren Zuwachs ungevesteter Anteile stoppt, können die Regelungen zum Leaver mitunter zum Verlust bereits gevesteter Anteile führen. Die Klauseln werden, im Zusammenspiel mit dem Vesting, bei sämtlichen Mitarbeiterbeteiligungsformen in Start-ups eingesetzt. Besonders bedeutsam und rechtlich anspruchsvoll wird die Ausgestaltung bei den Eigenkapitalbeteiligungen, da der Verlust der Mitarbeiterbeteiligung hier gleichbedeutend mit einem Ausschluss aus dem Kreis der Gesellschafter sein kann.

### I. Differenzierung nach dem Grund des Ausscheidens

Das vorrangige Gestaltungsziel der Leaver Regelungen besteht darin, eine interessengerechte Abwicklung der Mitarbeiterbeteiligung für den vorzeitigen

---

521 Vgl. zu den Ausnahmen Teil 4 A. I. 1.

522 Auch zu diesem Begriff hat sich in der deutschen Beteiligungspraxis kein Pendant etabliert, gelegentlich wird der Begriff der „Verfallbestimmungen" sowohl für das Vesting als auch für Leaver-Regelungen verwendet, ohne dass eine nähere Differenzierung erfolgt.

Austritt des Mitarbeiters aus der Arbeitgebergesellschaft zu gewährleisten. Wer sich etwa aufgrund einer Krankheit dazu gezwungen sieht, das Unternehmen zu verlassen, soll anders behandelt werden als derjenige, der dem Unternehmen vorsätzlich Schaden zugefügt hat.[523] Daher knüpfen Leaver-Klauseln inhaltlich an den Grund für das Ausscheiden an, eine Kategorisierung erfolgt typischerweise in „Good Leaver" und „Bad Leaver".[524]

## *1. Der Good Leaver*

Als Good Leaver-Fälle werden diejenigen Austrittsgründe qualifiziert, die nicht in der Person des Mitarbeiters begründet sind, sondern sich von außen zutragen oder aufgrund solcher Umstände, die zwar in der Person des Mitarbeiters liegen, sich in redlicher Weise aber nicht zu seinem Nachteil auswirken sollten.[525]

Eine Gestaltungsmöglichkeit besteht darin, sämtliche Szenarien, die einen Good Leaver hervorrufen, ausdrücklich in den Beteiligungsbedingungen aufzulisten. Hierzu zählt typischerweise die ordentliche Kündigung durch die Arbeitgebergesellschaft und der Tod oder die Berufsunfähigkeit des begünstigten Mitarbeiters.[526] Eine vermehrt anzutreffende Gestaltungsalternative besteht in einer Negativabgrenzung zum Bad Leaver.[527] Danach sind sämtliche Ausschlussgründe als Good Leaver zu qualifizieren, die keinen Bad Leaver darstellen. Auf Rechtsfolgenseite sieht die Klausel vor, dass der Mitarbeiter beim Verlassen vor Ablauf der letzten Vesting-Periode seine zu diesem Zeitpunkt gevesteten Anteile behält, die ungevesteten Anteile hingegen verfallen. Dadurch erhält der Mitarbeiter einerseits die ihm versprochene Zusatzvergütung für seine bis dahin geleistete Arbeit. Andererseits entfällt mit der Beendigung seiner Tätigkeit für das Start-up der Grund für einen weiteren Zuwachs seiner Beteiligung, womit diese Gestaltung auch für die Gründer und Wagniskapitalgeber eine im Ergebnis interessengerechte Lösung bietet.

---

523 *Gabrysch* in: Drygala/Wächter, Venture Capital, S. 64.

524 *Heckschen/Glombik*, GmbHR 2013, 1009, 1015; *Weitnauer*, Hdb Venture Capital, Teil E Rn. 220.

525 *Gabrysch* in: Drygala/Wächter, Venture Capital, S. 65; *Weitnauer*, Hdb Venture Capital, Teil E Rn. 220.

526 *Gabrysch* in: Drygala/Wächter, Venture Capital, S. 65; *Heckschen/Glombik*, GmbHR 2013, 1009, 1015.

527 *Bank/Möllmann*, VC Agreements in Germany, Rn. 250.

### 2. Der Bad Leaver

Ein Bad Leaver liegt hingegen immer dann vor, wenn das Beschäftigungsverhältnis aus einem Grund endet, der aus der Sphäre des Mitarbeiters stammt und ihm persönlich vorwerfbar ist.[528] Hierzu zählen vor allem die Fälle der außerordentlichen Kündigung durch den Arbeitgeber.[529] Denkbar sind aber auch Verstöße gegen nachvertragliche Wettbewerbsverbote oder die Begehung einer Straftat gegen andere Gesellschafter.[530] Bei Eintritt eines Bad Leaver-Szenarios verfallen nicht nur die zu diesem Zeitpunkt noch ungevesteten, sondern auch sämtliche gevesteten Anteile des Mitarbeiters. Das führt im Ergebnis zum vollständigen Verlust der Mitarbeiterbeteiligung.

Regelungen zum Bad Leaver entfalten damit einerseits abschreckende Wirkung beim Mitarbeiter und halten ihn davon ab, den wirtschaftlichen Erfolg des Unternehmens durch ein schwerwiegendes Fehlverhalten zu gefährden.[531] Andererseits dient er bei den Eigenkapitalbeteiligungen der Vermeidung von Konflikten im Gesellschafterkreis für die Zeit nach dem Austritt des Mitarbeiters. Streit und Antipathien unter den Gesellschaftern stellen typische Anlässe für den Eintritt eines Bad Leavers dar.[532] Der vollständige Verlust der Gesellschafterstellung gewährleistet, dass der ausscheidende Mitarbeiter künftig keine Konflikte in der Gesellschafterversammlung provozieren und damit von der eigentlichen unternehmerischen Arbeit ablenken kann.

### 3. Die ordentliche Kündigung durch den Mitarbeiter

Bisher unbeantwortet bleibt die Frage nach dem rechtlichen Schicksal der Mitarbeiterbeteiligung für den besonders praxisrelevanten Fall der ordentlichen Kündigung durch den Mitarbeiter. Die entsprechende Einordnung als Good oder Bad Leaver ist typischer Streitpunkt zwischen den Mitarbeitern, Gründern

---

528 *Bank/Möllmann*, VC Agreements in Germany, Rn. 251; *Heckschen/Glombik*, GmbHR 2013, 1009, 1015.

529 *Weitnauer*, Hdb Venture Capital, Teil E Rn. 220. Denkbar sind außerdem die Zwangsvollstreckung in die Mitarbeiterbeteiligung, Eröffnung des Insolvenzverfahrens über das Vermögen des Mitarbeiters oder ein Verstoß gegen das Wettbewerbsverbot.

530 *Bank/Möllmann*, VC Agreements in Germany, Rn. 251; *Heckschen/Glombik*, GmbHR 2013, 1009, 1015.

531 *Bank/Möllmann*, VC Agreements in Germany, Rn. 291.

532 *Bank/Möllmann*, VC Agreements in Germany, Rn. 240, 241; *Gabrysch* in: Drygala/Wächter, Venture Capital, S. 65.

und Wagniskapitalgebern.[533] Bei der Behandlung der Regelungen zum Vesting wurde bereits deutlich, dass der Bindung von Mitarbeitern rechtliche Grenzen gesetzt sind. Insoweit erscheint fraglich, ob der vollständige Verlust der Mitarbeiterbeteiligung als Reaktion auf eine ordentliche Kündigung des Mitarbeiters zulässig ist und einer gerichtlichen Überprüfung standhält.

*a) Vereinbarkeit mit der Rechtsprechung zu Hinauskündigungsklauseln*

Ist ein Mitarbeiter direkt durch die Einräumung von Geschäftsanteilen an seiner Arbeitgebergesellschaft beteiligt, führte seine eigene grundlose Kündigung bei einer Qualifikation als Bad Leaver zugleich zum vollständigen Verlust seiner Gesellschafterstellung. Vor diesem Hintergrund könnten die in der Rechtsprechung entwickelten Grundsätze zu den Hinauskündigungsklauseln anwendbar sein. Danach sind Bestimmungen, die Gesellschaftern das Recht einräumen, einen Mitgesellschafter ohne sachlichen Grund aus der Gesellschaft auszuschließen, grundsätzlich wegen Verstoßes gegen die guten Sitten nach § 138 Abs. 1 BGB nichtig. Die freie Ausschließungsmöglichkeit kann vom Mitarbeiter als Disziplinierungsmittel empfunden werden, das ihn daran hindert, von seinen Mitgliedschaftsrechten nach eigener Entscheidung Gebrauch zu machen und seine Mitgliedschaftspflichten zu erfüllen.[534] In Hinblick auf Mitarbeiterbeteiligungen können aber Ausnahmen von diesem Grundsatz gelten. In seiner vielbeachteten Entscheidung zum sogenannten „Managermodell“ urteile der BGH, dass eine an keine Voraussetzungen geknüpfte Hinauskündigungsklausel bei Geschäftsführern einer GmbH ausnahmsweise erlaubt ist, wenn sie wegen besonderer Umstände im Einzelfall sachlich gerechtfertigt ist.[535]

Ob eine sachliche Rechtfertigung auch in der hier untersuchten Konstellation vorliegt, bedarf jedoch keiner Entscheidung. Der Verlust der Gesellschafterstellung ist an die ordentliche Kündigung seitens des Mitarbeiters und damit an eine objektive Voraussetzung gebunden, deren Eintritt nicht im Ermessen der

533 *Bank/Möllmann*, VC Agreements in Germany, Rn. 253; *Gabrysch* in: Drygala/Wächter, Venture Capital, S. 65.

534 Das betrifft nicht nur Regelungen in der Satzung, sondern auch schuldrechtliche Nebenabreden, die zu einem vergleichbaren Ergebnis führen. Vgl. BGH Urt. v. 13.07.1981, NJW 1981, 2565; v. 09.07.1990, NJW 1990, 1622; v. 08.03.2004, NJW 2004, 2013; v. 14.03.2005, NZG 2005, 479; v. 19.09.2005, NJW 2005, 3641; v. 19.09.2005, NJW 2005, 3644.

535 BGH Urt. v. 19.09.2005, NJW 2005, 3641. Das Urteil und die Übertragbarkeit der dortigen Grundsätze auf die hier untersuchten Mitarbeiterbeteiligungen in Startups werden später unter D. II. 1. b) aa) noch ausführlich behandelt.

übrigen Gesellschafter liegt. Die Gründer und Wagniskapitalgeber können den Mitarbeiter nicht zu einem bestimmten Verhalten drängen, sein Ausschluss aus dem Kreis der Gesellschafter schwebt nicht wie ein „Damoklesschwert" über ihm.[536] Die Qualifikation der ordentlichen Kündigung als Bad Leaver stellt demnach schon keine Hinauskündigungsklausel dar. Das steht einer Anwendbarkeit der entsprechenden Rechtsprechungsgrundsätze entgegen.[537]

### *b) Vereinbarkeit mit der Rechtsprechung zu unzulässigen Kündigungsbeschränkungen*

Nach § 622 Abs. 6 BGB ist die Vereinbarung einer längeren Kündigungsfrist für den Arbeitnehmer als für den Arbeitgeber unzulässig. Daraus hat das BAG in ständiger Rechtsprechung den allgemeinen Grundsatz hergeleitet, dass vertragliche Abreden, die eine ungleiche Kündigungslage zum Nachteil des Arbeitnehmers schaffen, insbesondere einen einseitigen Vermögensnachteil für den Fall einer von ihm erklärten Kündigung, unzulässig sind.[538] Der Arbeitnehmer soll sein Arbeitsverhältnis unter Einhaltung der geltenden Kündigungsfrist ohne Diskriminierung beenden und sich einer anderen Tätigkeit zuwenden dürfen.

#### *aa) Ausnahmen beim Mitarbeiter- und Managermodell*

Indes hat der BGH in den Fallentscheidungen zum Mitarbeiter- und Managermodell die Rechtsprechung des BAG zugunsten der Arbeitgeber ergänzt. Danach schließe der Grundsatz unzulässiger Kündigungsbeschränkungen nicht jede für den Arbeitnehmer ungünstige Reflexwirkung seiner Kündigung aus. Entscheidend sei stets eine Würdigung der Gesamtumstände unter Beachtung des Gebots der Verhältnismäßigkeit.[539] In beiden zugrundeliegenden Fallkonstellationen, in denen die Mitarbeiterbeteiligung jeweils als

---

536 Die Konstellation entspricht damit dem sogenannten „Mitarbeitermodell", über das der BGH ebenfalls entschied, vgl. BGH Urt. v. 19.09.2005, NJW 2005, 3644.

537 Das gilt im Übrigen auch für die eingangs beispielhaft aufgezählten Austrittsgründe, die in der Beteiligungspraxis typischerweise als Bad Leaver eingeordnet werden. Sie werden jeweils nur durch ein dem Mitarbeiter persönlich vorwerfbares Handeln ausgelöst. Ihr Eintritt steht nicht im Ermessen der Gründer und Wagniskapitalgeber.

538 BAG Urt. v. 09.02.1956, NJW 1956, 926; v. 11.03.1971, DB 1971, 1068; v. 06.09.1989, NZA 1990, 147.

539 BGH Urt. v. 19.09.2005, NJW 2005, 3641; v. 19.09.2005, NJW 2005, 3644, jeweils in Anlehnung an das BAG Urt. v. 18.09.2001, NZA 2002, 148 für die vergleichbare Rechtslage nach § 5 BBiG.

direkte Eigenkapitalbeteiligung ausgestaltet war, stand die tantiemeähnliche Vergütungsstruktur im Vordergrund. Darüber hinaus sei die Beteiligung aus Sicht des Mitarbeiters mit keinen schutzwürdigen Vorteilen verbunden. Angesichts der niedrigen Beteiligungsquoten ginge es offensichtlich nicht darum, dass Mitarbeiter wesentlichen Einfluss in der Gesellschafterversammlung ausüben sollen. Es werde lediglich eine finanzielle Zusatzvergütung für die Dauer der Beschäftigung eingeräumt. Mit Beendigung des Arbeits- oder Dienstverhältnisses verliere die weitere Beteiligung an der Gesellschaft ihren rechtfertigenden Sinn (Bindung an das Unternehmen, Motivationssteigerung und Belohnung für geleistete Dienste). Im Gegenteil, die weitere Teilhabe am Wertzuwachs des Gesellschaftsvermögens führe ohne korrespondierende Mitarbeit zu einem unverdienten Vermögensvorteil des ausscheidenden Mitarbeiters.[540] Zudem würde der Gesellschaft die Möglichkeit genommen, nachrückende Mitarbeiter mit den nunmehr freiwerdenden Mitarbeiteranteilen auszustatten, was die Existenz des Mitarbeiterbeteiligungsprogramms als solche gefährde. Daher erfüllen Vereinbarungen, die bei Beendigung des Dienst- oder Arbeitsverhältnisses zum Verlust der Beteiligung führen, schon nicht die Voraussetzungen einer unzulässigen Kündigungserschwerung, sind insofern nicht gemäß §§ 134, 622 Abs. 6 BGB nichtig.[541]

### *bb) Übertragbarkeit auf Mitarbeiterbeteiligungen im Venture Capital*

Die nach dem BGH gebotene Einzelfallbetrachtung verbietet eine pauschale Übertragung der Ergebnisse aus den Entscheidungen zum Mitarbeiter- und Managermodell auf die hier untersuchten Mitarbeiterbeteiligungen im besonderen Umfeld von Start-ups. Die Beteiligungsstrukturen weisen einen entscheidenden Unterschied zu den Fallkonstellationen auf, die vom BGH zu entscheiden waren. Mitarbeiter sind dort an einer bereits profitablen Gesellschaft beteiligt worden, der wirtschaftliche Wert ihrer Beteiligung bestand, so der BGH ausdrücklich, „in dem erheblichen Gewinnausschüttungspotential während der Dauer der dienstvertraglichen Bindung".[542] Anders verhält es sich bei den Mitarbeiterbeteiligungen in Start-ups. Weder schuld- noch

540 Stichwort „Trittbrettfahrertum", dazu bereits oben unter C.

541 BGH Urt. v. 19.09.2005, NJW 2005, 3641, v. 19.09.2005, NJW 2005, 3644.

542 Vgl. BGH zum „Mitarbeitermodell", Urt. v. 19.09.2005, NJW 2005, 3644. Beim „Managermodell" verglich der BGH das mit der Gesellschafterstellung verbundene Gewinnbezugsrecht mit einer Tantiemeregelung, deren Wegfall bei Beendigung des zugrundeliegenden Vertragsverhältnisses selbstverständlich ist, BGH Urt. v. 19.09.2005, NJW 2005, 3641.

gesellschaftsrechtliche Beteiligungsformen weisen eine vergleichbare tantiemeähnliche Vergütungsstruktur auf. Ihr wirtschaftlicher Wert besteht im einmaligen Erlösbeteiligungspotential bei Eintritt eines Exits. Bis dahin fließen den Mitarbeitern keine liquiden Mittel aus der Mitarbeiterbeteiligung zu, sie haben insbesondere noch keine Kompensation für ihre niedrigen Festgehälter erhalten. Insofern vermag die Mitarbeiterbeteiligung mit Auflösung der Bindung an die Gesellschaft zwar ihren rechtfertigenden Sinn für die Zukunft zu verlieren. Dies trifft jedoch nicht in Hinblick auf ihre Vergütungsfunktion für in der Vergangenheit erbrachte Leistungen zu. Die Frage der Zulässigkeit entsprechender Klauseln lässt sich daher nicht beantwortet, ohne die Vergütung einzubeziehen, die an den Mitarbeiter im Gegenzug für den vollständigen Verlust seiner Beteiligung gezahlt wird.[543]

Das Gestaltungsziel des Bad Leavers besteht, wie bereits erörtert, im entschädigungslosen Verlust der gesamten Mitarbeiterbeteiligung. In Abgrenzung zum Good Leaver sollen nicht nur die ungevesteten, sondern auch die gevesteten Anteile oder Anteilsoptionen verfallen, sodass der Mitarbeiter im Ergebnis überhaupt keine Zusatzvergütung erhält. Die drohenden finanziellen Einbußen sollen ihn vom sanktionierten Verhalten abhalten und im Falle eines Zuwiderhandelns bestrafen. Die Vereinbarung hat insofern den Charakter einer Vertragsstrafe. Mit Blick auf die übrigen Bad Leaver Fälle ist die harte Rechtsfolge des vollständigen Verlusts der Beteiligung insofern angemessen, als dass sich das zum Ausschluss führende Verhalten des Mitarbeiters – denkbar ist etwa die Weitergabe sensibler Unternehmensinformationen an Konkurrenzunternehmen – bewusst gegen die Arbeitgebergesellschaft oder ihrer Gesellschafter richtet. Im Gegensatz dazu bezweckt der Mitarbeiter mit seiner ordentlichen Kündigung regelmäßig keine Schädigung seines Arbeitgebers, sondern verfolgt lediglich das Ziel eines Arbeitgeberwechsels.

Indes haben die Gründer und Wagniskapitalgeber bei Vertragsschluss für den Mitarbeiter erkennbar auf eine lange und erfolgreiche Zusammenarbeit vertraut.[544] Die typischerweise personalistisch strukturierten Start-ups sind vom Einsatz ihrer Mitarbeiter abhängig.[545] Erschwerend kommen der Fachkräftemangel und die generelle Schwierigkeit der Start-ups, qualifizierte Mitarbeiter

---

543 Dies steht im Einklang mit der vom BGH gebotenen Gesamtwürdigung aller Umstände, BGH Urt. v. 19.09.2005, NJW 2005, 3641; v. 19.09.2005, NJW 2005, 3644, jeweils in Anlehnung an das BAG Urt. v. 18.09.2001, NZA 2002, 148 für die vergleichbare Rechtslage nach § 5 BBiG.

544 *Gabrysch* in: Drygala/Wächter, Venture Capital, S. 66.

545 *Martinius/Stubert*, BB 2006, 1977, 1982.

für ihr risikobehaftetes Vorhaben zu begeistern, hinzu. Dies vorausgeschickt, kann der Abgang eines wichtigen Mitarbeiters das unternehmerische Vorhaben in vergleichbarer Weise gefährden, wie die bewusste Schädigung des Unternehmens.

Paradoxerweise ruft diese Konstellation sogar den umgekehrten Effekt einer Hinauskündigungsklausel hervor: Wegen ihres hohen Stellenwerts im Unternehmen können einzelne Mitarbeiter durch Androhung der eigenen ordentlichen Kündigung Druck auf die Gründer und Wagniskapitalgeber ausüben. Der Austritt des Mitarbeiters schwebt damit wie ein „Damoklesschwert" über ihrem statt über dem Kopf des Mitarbeiters. Um sich also einerseits vor einer derart kompromittierenden Lage, andererseits vor den wirtschaftlichen Schäden, die der tatsächliche Abgang einzelner Mitarbeiter hervorruft, zu schützen, ist die harte Sanktionierung einer Bad Leaver-Klausel nicht unverhältnismäßig hart. Damit ist auch der vollständige Verlust der Beteiligung bei Mitarbeiterbeteiligung in Umfeld des Venture Capital eine für den Mitarbeiter zwar ungünstige, gleichwohl legitime Reflexwirkung seiner ordentlichen Kündigung. Die Qualifikation der ordentlichen Kündigung als Bad Leaver ist nicht gemäß §§ 134, 622 Abs. 6 BGB nichtig.

### *cc) Nochmals: Keine zeitlich unbefristete Bindung von Mitarbeitern*

Einschränkend sind jedoch die Ausführungen zu den Höchstfristen beim Vesting, insbesondere die Wertungen aus § 624 BGB und § 15 Abs. 4 TzBfG, zu berücksichtigen.[546] Der begünstigte Mitarbeiter muss jedenfalls nach Ablauf der im Einzelfall zulässigen Vesting-Gesamtdauer das Arbeitsverhältnis beenden und sich einer anderen Tätigkeit zuwenden dürfen, ohne mit finanziellen Einbußen rechnen zu müssen. Danach sind solche Bad Leaver-Klauseln unzulässig, die auch nach Ablaufen der letzten Vesting-Perioden für den Fall der ordentlichen Kündigung weiterhin einen Verfall des gevesteten Teils der Beteiligung vorsehen. Eine Bad Leaver-Klausel vermag die Gründer und Wagniskapitalgeber insofern zwar vor dem vorzeitigen, nicht jedoch vor dem generellen Abgang ihrer Mitarbeiter zu schützen.

### *c) Vereinbarkeit mit AGB-Recht*

Erfüllen die Beteiligungsbedingungen die Voraussetzungen Allgemeiner Geschäftsbedingungen, was insbesondere bei ESOP oder VSOP häufig der Fall ist, unterliegen die Leaver-Klauseln zusätzlich der AGB-rechtlichen

546 Dazu bereits oben C. V. 1. b) bb).

Inhaltskontrolle nach den §§ 307 ff. BGB.[547] Die Qualifikation der ordentlichen Eigenkündigung als Bad Leaver könnte demnach gegen das Klauselverbot ohne Wertungsmöglichkeit in § 309 Nr. 6 BGB verstoßen. Danach sind solche Bestimmungen unwirksam, durch die dem Verwender für den Fall, dass sich der andere Vertragsteil vom Vertrag löst, die Zahlung einer Vertragsstrafe versprochen wird. Zwar sind Verfallklauseln im Gegensatz zu herkömmlichen Vertragsstrafen nicht mit einer Zahlungsverpflichtung des Vertragspartners verbunden. Gleichwohl führen sie zum Verlust einer Rechtsposition, was eine vergleichbare Wirkung beim Vertragspartner erzeugt. § 309 Nr. 6 BGB ist daher auf Verfallklauseln grundsätzlich anwendbar.[548] In den hier untersuchten Fällen löst sich der Mitarbeiter mit seiner Kündigung allerdings nicht von seiner Mitarbeiterbeteiligung. Die Kündigung richtet sich vielmehr gegen den Arbeitsvertrag, der jedoch rechtlich selbstständig neben der Mitarbeiterbeteiligung besteht. § 309 Nr. 6 BGB greift hingegen nur, wenn sich der Vertragspartner von demjenigen Vertrag löst, in den die als AGB vorformulierte Vertragsstrafe einbezogen wurde. Das Klauselverbot ist daher im Fall der ordentlichen Kündigung des Arbeitsverhältnisses auf die Beteiligungsbedingungen seiner Mitarbeiterbeteiligung nicht anwendbar.[549]

Mangels Einschlägigkeit anderer Klauselverbote richtet sich die AGB-Inhaltskontrolle nach der Generalklausel in § 307 Abs. 1 S. 1 BGB. Im Rahmen dieser Interessenabwägung sei auf die Ausführungen zu unzulässigen Kündigungsbeschränkungen verwiesen, §§ 134, 622 Abs. 6 BGB. Wegen des erkennbaren Interesses der Arbeitgebergesellschaft an einer langfristigen Bindung, der herausragenden Bedeutung einzelner Mitarbeiter für die Start-ups und ihrer Möglichkeit, die eigene ordentliche Kündigung als Druckmittel gegen die Gesellschaft einzusetzen zu können, stellen entsprechende Klauseln im besonderen Umfeld des Venture Capital nach hier vertretender Auffassung zwar eine harte, gleichwohl keine unangemessen benachteiligende Regelung zulasten der Mitarbeiter dar.[550]

---

547 Dazu bereits umfassend im 2. Teil B. II. 4. und 2. Teil C. II. 1. a).

548 OLG Frankfurt a.M., Urt. v. 18.12.2008, BeckRS 2008, 26894; *Schulte-Nölke* in: Schulze, Bürgerliches Gesetzbuch, 11. Auflage, Baden-Baden 2021, § 309 Rn. 22.

549 Daher sind bei Anwendbarkeit des AGB-Rechts auf Mitarbeiterbeteiligungen auch nicht die „im Arbeitsrecht geltenden Besonderheiten" gemäß § 310 Abs. 4 S. 2 BGB angemessen zu berücksichtigen. Für den Begriff des „Arbeitsvertrags" sind die Voraussetzungen in § 611a Abs. 1 BGB maßgebend, die eine Mitarbeiterbeteiligung gerade nicht erfüllt, *Fornasier* in: MüKo BGB, § 310 Rn. 143; BAG Urt. v. 28.05.2008, NZA 2008, 1066.

550 Dazu oben D. I. 3. b) bb).

### 4. *Der Ordinary Leaver*

Ungeachtet ihrer rechtlichen Zulässigkeit kann die Qualifikation der ordentlichen Kündigung als Bad Leaver potentielle Mitarbeiter von der Anstellung in einem Start-up abschrecken und damit die Suche nach geeignetem Personal zusätzlich erschweren. Um ein sowohl für Gründer und Wagniskapitalgeber als auch für die Mitarbeiter hinnehmbare Regelung zu finden, ist die Abkehr von der bisherigen Dichotomie, also einer Differenzierung in Good Leaver und Bad Leaver, durch Schaffung einer dritten Kategorie, beispielsweise einem „Ordinary Leaver", erforderlich. Hierbei handelt es sich um einen Kompromiss aus den für Mitarbeiter sehr harten Rechtsfolgen des Bad Leavers einerseits und den für Gründer und Wagniskapitalgeber weichen Rechtsfolgen des Good Leavers andererseits.[551] Diese dritte Kategorie muss nicht nur bei der ordentlichen Kündigung des Mitarbeiters, sondern kann auch bei vergleichbaren Vorgängen, wie einer grundlosen Amtsniederlegung als Geschäftsführer, zur Anwendung kommen. Bei der Ausgestaltung der konkreten Rechtsfolgen des Ordinary Leavers eröffnen sich denkbare viele Gestaltungsspielräume für die Praxis, Schwellenwerte und Anwendungsfälle lassen sich im Einzelfall ausverhandeln.[552] Die Vereinbarung könnte für den Fall der ordentlichen Kündigung des Mitarbeiters beispielsweise vorsehen, dass der Mitarbeiter den noch ungevesteten Teil seiner Beteiligung vollständig, den bereits gevesteten Teil jedoch nur zur Hälfte verliert.

## II. Rechtstechnische Rückführung der verfallenen Anteile

Kommt es zum Eintritt eines Good, Ordinary oder Bad Leavers, bedarf es bei den virtuellen Beteiligungsformen keiner Rückführung des verfallenen Teils der Mitarbeiterbeteiligung. Die formelartige Berechnung des individuellen Auszahlungsanspruchs gegen die Gesellschaft berücksichtigt schließlich nur die gevesteten und nicht-verfallenen Anteile.[553] Auch die Rückführung des verfallenen Teils der Beteiligung eines ESOP wirft keine schwerwiegenden Fragen auf. Die nach den Leaver-Regelungen verfallenen Anteilsoptionen erlöschen automatisch nach § 158 Abs. 2 BGB. Bei Optionsausübung entsteht somit nur

---

551 Vgl. auch *Gabrysch* in: Drygala/Wächter, Venture Capital, S. 66, der für den Fall der Eigenkündigung des Mitarbeiters ebenfalls eine dritte Kategorie, den sogenannten „Grey Leaver", vorschlägt.

552 Vgl. für weitere Gestaltungsvarianten: *Gabrysch* in: Drygala/Wächter, Venture Capital, S. 67 oder *Weitnauer*, Hdb Venture Capital, Teil F Rn. 220.

553 Dazu bereits Teil 2 C. II. 1. c).

ein Recht zum Bezug des nicht verfallenen Teils der Beteiligung.[554] Komplizierter verhält es sich hingegen bei der direkten Anteilsübertragung. Der Mitarbeiter erhält hier in der Regel, dem negativen Vesting geschuldet, bereits im Zeitpunkt der Einräumung sämtliche Geschäftsanteile. Bei Eintritt eines Leaver-Szenarios stellt sich somit die Frage nach der rechtstechnischen Rückführung der nunmehr verfallenen Geschäftsanteile.

In einfach gelagerten Fällen erfolgt diese über eine im Vorfeld getroffene Abtretungsverpflichtung des betroffenen Mitarbeiters. Zur tatsächlichen Rückübertragung der Anteile ist hierbei aber nach wie vor eine Mitwirkungshandlung des betroffenen Mitarbeiters vonnöten, wovon dieser gerade in konfliktgeladenen Bad Leaver-Szenarien absehen könnte. Die Erfüllung der Abtretungsverpflichtung müsste dann umständlich im Wege einer Leistungsklage gerichtlich durchgesetzt werden. Eine schnelle und rechtssichere Rückübertragung ist aber gerade für die dynamischen Start-ups von enormer Bedeutung. So gilt es, mit Blick auf künftige Finanzierungsrunden, Klarheit hinsichtlich der Verteilung der Gesellschaftsanteile herzustellen. Ferner lenkt ein bis zur tatsächlichen Rückübertragung herrschender Rechtsstreit den Fokus vom operativen Geschäft ab. Schließlich könnten die freiwerdenden Anteile nicht unmittelbar an nachrückende Mitarbeiter verteilt werden.[555] Aus Sicht der Gründer und Wagniskapitalgeber sind daher zusätzliche Absicherungen für eine reibungslose Rückübertragung des verfallenen Teils der Beteiligung erforderlich. In Betracht kommen zwei Gestaltungsmöglichkeiten.

### *1. Absicherung über das Recht zur Zwangseinziehung*

Dabei handelt es sich einerseits um eine Absicherung über das Recht zur zwangsweisen Einziehung von Gesellschaftsanteilen. Hierzu ist eine entsprechende Zwangseinziehungsregelung schon im Zeitpunkt vor Einräumung der Mitarbeiterbeteiligung in der Satzung erforderlich, § 34 Abs. 2 GmbHG. Weigert sich der betroffene Mitarbeiter trotz entsprechenden Einziehungsbeschlusses in der Gesellschafterversammlung zur Rückübertragung der verfallenen Geschäftsanteile, erlöschen diese mit der Mitteilung des Beschlusses an den betroffenen Gesellschafter und der Einreichung einer neuen Gesellschafterliste durch die Geschäftsführer automatisch.[556] Der betroffene Mitarbeiter

554 Dazu bereits Teil 2 B. II. 2.

555 *Gabrysch* in: Drygala/Wächter, Venture Capital, S. 68; *Weitnauer*, Hdb Venture Capital Teil E Rn. 265.

556 BGH Urt. v. 24.01.2012, NZG 2012, 259; *Strohn* in: MüKo GmbHG, § 34 Rn. 61 ff; *Kawka/Vocke/L'habitant*, BB 2017, 1694, 1695.

kann die Rückübertragung also nicht blockieren. Gleichzeitig ist er aber auch nicht schutzlos gestellt, eine gerichtliche Überprüfung der Einziehung ist im Wege der Anfechtungsklage möglich.[557]

### a) *Anforderungen an den Einziehungsgrund*

Auch die Einziehungsgründe sind zwingend in der Satzung anzugeben, indem sie dort etwa enumerativ aufgelistet werden. Das allgemeine Abstellen auf einen „wichtigen Grund" ist aber ebenso zulässig.[558] Indes müssen die Anwendungsfälle in der Beteiligungspraxis, also die jeweiligen Leaver-Fälle, den inhaltlichen Anforderungen an einen hinreichenden Einziehungsgrund genügen. Dabei gelten nicht dieselben strengen Anforderungen wie bei einem zum vollständigen Ausschluss aus der Gesellschaft berechtigenden wichtigen Grund.[559] Die Zwangseinziehung beruht stets auf einer freiwilligen Vereinbarung des betroffenen Gesellschafters beziehungsweise der Anerkennung dieser Vereinbarung bei seinem Beitritt. Das Vorliegen eines sachlichen Grundes in der Person des Gesellschafters ist insofern ausreichend.[560]

Schon früh hat der BGH in diesem Zusammenhang anerkannt, dass die Beendigung der Mitarbeit in einer personalistisch ausgerichteten und auf die Mitarbeit ihrer Gesellschafter angelegten GmbH den Ausschluss eines Gesellschafters vorsehen kann.[561] Das Ende der Mitarbeit sei ein sachlicher Grund, den Gesellschafter am künftigen Erfolg nicht mehr zu beteiligen.[562] Dem ist auch im Umfeld des Venture Capitals mit Blick auf das bereits diskutierte Problem des Trittbrettfahrertums zuzustimmen. Die weitere Beteiligung ist den

---

557 *Gabrysch* in: Drygala/Wächter, Venture Capital, S. 68; *Kawka/Vocke/L'habitant*, BB 2017, 1694, 1695.

558 BGH Urt. v. 13.02.1995, NJW 1995, 1358, 1359; *Kuntz*, Gestaltung von Kapitalgesellschaften zwischen Freiheit und Zwang, S. 729; *Strohn* in: MüKo GmbHG, § 34 Rn. 49; *Ulmer/Habersack* in: Habersack/Casper/Löbbe, GmbHG § 34, Rn. 38. Durch die enumerative Auflistung werden indes sensible Details der Mitarbeiterbeteiligung für jedermann im Handelsregister einsehbar und der Rückgriff auf eine Generalklausel wäre insbesondere in Grenzfällen nicht möglich. Vor diesem Hintergrund empfiehlt sich die Aufnahme eines enumerativen Katalogs in einer schuldrechtlichen Nebenvereinbarung, die dann als Auslegungshilfe hinzugezogen werden kann, vgl. *Weitnauer*, Hdb Venture Capital, Teil E Rn. 264.

559 *Strohn* in: MüKo GmbHG, § 34 Rn. 49.

560 *Kersting* in: Noack/Servatius/Haas, GmbHG, § 34, Rn. 9; *Strohn* in: MüKo GmbHG, § 34 Rn. 49; *Ulmer/Habersack* in: Habersack/Casper/Löbbe, GmbHG § 34, Rn. 40a.

561 BGH Urt. v. 20.06.1983, NJW 1983, 2880, 2881.

562 BGH Urt. v. 20.06.1983, NJW 1983, 2880, 2881.

übrigen Gesellschaftern nicht zuzumuten, der weitere Erfolg des Start-ups beruht auf ihrem, nicht jedoch auf dem Einsatz des nicht mehr für die Gesellschaft tätigen Gesellschafters. Auch besteht das Risiko, dass der mittlerweile ausgeschiedene Gesellschafter Entscheidungsprozesse in der Gesellschafterversammlung in die Länge zieht und Konflikte provoziert. Das Ergebnis steht insofern auch in Einklang mit einer obergerichtlichen Entscheidung, wonach neben einem sachlichen Grund auch die Unzumutbarkeit der weiteren Fortsetzung der Gesellschaft mit dem betroffenen Gesellschafter erforderlich sei, sofern die Gesellschafterstellung in der Satzung nicht ausdrücklich an die Mitarbeit geknüpft ist und die Regelung zum Ausschluss aus der Gesellschaft führt.[563]

### *b) Ausschluss beim Good oder Ordinary Leaver*

Die Zulässigkeit des Ausschlusses von nicht mehr für die Gesellschaft tätigen Gesellschaftern beim Bad Leaver wirft zwangsläufig die Frage auf, ob sich das Ergebnis auch auf den Good oder Ordinary Leaver übertragen lässt. Schließlich führt die vorzeitige Beendigung des Beschäftigungsverhältnisses in den dortigen Fällen nur zum Verlust des ungevesteten Teils der Beteiligung. Mit den gevesteten Anteilen könnte der Mitarbeiter weiter am Wertzuwachs der Gesellschaft partizipieren. Das mag in Einzelfällen gewollt sein. Denkbar sind Konstellationen, in denen der mitarbeitende Gründer mangels unternehmerischer Fähigkeiten seine Tätigkeit im Unternehmen einstellt, gleichwohl für seine innovative Geschäftsidee sowie die Gründung und den Aufbau der Gesellschaft auch in Zukunft dauerhaft belohnt werden soll. Der vollständige Ausschluss des Mitarbeiters auch bei Eintritt eines Good oder Ordinary Leaver-Szenarios wird aber aus Sicht der übrigen Gesellschafter wegen der Problematik des Trittbrettfahrertums regelmäßig die vorzugswürdigere Gestaltungsvariante darstellen.

#### *aa) Vereinbarkeit mit der Rechtsprechung zu Hinauskündigungsklauseln*

Im Gegensatz zum Bad Leaver knüpft der Eintritt eines Good oder Ordinary Leavers nicht immer an ein objektives Ereignis an. Die Beendigung des Dienst- oder Arbeitsverhältnisses kann, wie am Beispiel der ordentlichen arbeitgeberseitigen Kündigung deutlich wird, im Ermessen der anderen Gesellschafter liegen. Eine entsprechende Zwangseinziehungsregelung eröffnet ihnen damit die Möglichkeit zur freien Hinauskündigung von beteiligten Mitarbeitern.

---

563 OLG Hamm Urt. v. 01.04.1998, GmbHR 1998, 1081. Ebenso: *Kuntz*, Gestaltung von Kapitalgesellschaften zwischen Freiheit und Zwang, S. 730. Zweifelnd: *Winkler*, Rechtsfragen der VC-Finanzierung, S. 195.

Hinauskündigungsklauseln sind grundsätzlich unzulässig und nach § 138 Abs. 1 BGB nichtig, sollten sie nicht wegen besonderer Umstände sachlich gerechtfertigt sein.[564]

Ursprünglich befand der BGH eine Satzungsregelung, die Einziehung von Geschäftsanteilen an die Beendigung der Mitarbeit knüpfen, nur dann für zulässig, wenn die Beendigung der Mitarbeit ihrerseits nicht willkürlich erfolgt.[565] Indes machte er in seiner Entscheidung zum Managermodell deutlich, dass auch dieser Grundsatz nicht ausnahmslos gilt.[566] In der zugrundeliegenden Entscheidung führte die Abberufung des betroffenen Gesellschafters als Geschäftsführer zugleich zum Verlust seiner Minderheitsbeteiligung. Die Geschäftsanteile waren ihm zuvor als Sweet Equity und zu Motivationszwecken in Hinblick auf seine Tätigkeit als Geschäftsführer eingeräumt worden. Laut BGH sei der willkürliche Ausschluss eines Gesellschafters dann ausnahmsweise gerechtfertigt, wenn seine Gesellschafterstellung an eine nur vorübergehende Organ- oder Mitarbeiterstellung anknüpft. Die eingeräumten Geschäftsanteile bilden insofern nur einen Annex zur Mitarbeit, der Verlust der Gesellschafterstellung falle nicht entscheidend ins Gewicht.[567]

*bb) Übertragbarkeit auf Mitarbeiterbeteiligungen im Venture Capital*

Eine mit dem Fall des Mangermodells grundsätzlich vergleichbare Interessenlage liegt auch beim Ausscheiden von Mitarbeitern aus einem Start-up vor. Die Einräumung der Gesellschafterstellung erfolgt ausschließlich in Hinblick auf seine Mitarbeit im Unternehmen. Unterschiede ergeben sich aber hinsichtlich ihrer Vergütungsfunktion für in der Vergangenheit erbrachte Leistungen. Im Rahmen der Behandlung der Grundsätze zu unzulässigen Kündigungsbeschränkungen wurde bereits deutlich, dass begünstigte Mitarbeiter in den hier untersuchten Konstellationen, anders als im vom BGH entschiedenen Fall, noch keine Belohnung für ihre bisherigen Leistungen erhalten haben.[568] Indes ist die weitere Beteiligung an der Gesellschaft nicht zwingend erforderlich, um

564 BGH Urt. v. 13.07.1981, NJW 1981, 2565; v. 09.07.1990, NJW 1990, 1622; v. 08.03.2004, NJW 2004, 2013; v. 14.03.2005, NZG 2005, 479; v. 19.09.2005, NJW 2005, 3641; v. 19.09.2005, NJW 2005, 3644. Dazu auch bereits oben D. I. 3. a).

565 BGH Urt. v. 20.06.1983, NJW 1983, 2880, 2881, fragliche Satzungsregelungen seien entsprechend einschränkend auszulegen.

566 BGH Urt. v. 19.09.2005, NJW 2005, 3641.

567 BGH Urt. v. 19.09.2005, NJW 2005, 3641; siehe auch OLG München, Urt. v. 05.10.2016, DStR 2017, 113, 114.

568 Dazu schon D. I. 3. b).

dieses Vergütungsziel zu erreichen. Als Anerkennung für seine erbrachten Leistungen kann dem Mitarbeiter insbesondere auch eine Abfindung gezahlt werden. Die Frage der im Einzelfall angemessenen Abfindungshöhe wird sogleich ausführlich behandelt, hat im Übrigen aber auch keine Auswirkungen auf die Wirksamkeit der Zwangseinziehung, sondern ist hiervon rechtlich getrennt zu würdigen.[569]

Die Hinauskündigung eines Mitarbeiters bei Eintritt eines Good oder Ordinary Leaver ist damit sachlich gerechtfertigt, entsprechende Zwangseinziehungsregelungen nicht nach § 138 Abs. 1 BGB nicht.[570] Vor dem Hintergrund der Problematik des Trittbrettfahrertums besteht die vorzugswürdige Gestaltungsvariante insofern darin, bei jedem Leaver-Szenario den Mitarbeiter vollständig aus der Gesellschaft auszuschließen und erst auf Rechtsfolgenseite hinsichtlich der Bemessung der Abfindungshöhe nach Good, Ordinary und Bad Leaver zu differenzieren.

## 2. *Absicherung über eine dinglich wirkende Call-Option*

Neben der Einziehungslösung besteht mit der Call-Option-Lösung eine weitere, in der Beteiligungspraxis des Venture Capital zudem häufiger anzutreffende Gestaltungsvariante.[571] Hierbei wird schon im Zeitpunkt der Anteilsübertragung eine aufschiebend bedingte, dinglich wirkende Anteilsübertragung für den Eintritt eines Leaver Szenarios vereinbart, indem der Mitarbeiter ein unwiderrufliches Angebot zum Kauf und zur Abtretung seiner verfallenen Geschäftsanteile abgibt („Call-Option").[572] Begünstigte der Call-Option sind entweder die Arbeitgebergesellschaft selbst oder die Gründer oder Wagniskapitalgeber.[573] Die zugrundeliegende Vereinbarung bedarf bei Einräumung der Beteiligung der notariellen Form, § 15 Abs. 4 GmbHG. Gleiches gilt hinsichtlich der die Call-Option auslösenden Annahmeerklärung. Ein Mehraufwand

---

569 BGH Urt. v. 19.09.2005, NJW 2005, 3641; v. 20.06.1983, WM 1983, 956. An eine der Höhe nach unangemessenen Abfindungsregelung tritt eine Abfindung nach dem Verkehrswert.

570 Im Ergebnis ebenso: *Kuntz*, Gestaltung von Kapitalgesellschaften zwischen Freiheit und Zwang, S. 732; *Schockenhoff*, NZG 2018, 201, 205; *Thelen*, RNotZ 2020, 121, 132; *Weitnauer/Grob*, GWR 2015, 353, 354.

571 *Kawka/Vocke/L'habitant*, BB 2017, 1694, 1695.

572 *Bank/Möllmann*, VC Agreements in Germany, Rn. 228 ff; *Gabrysch* in: Drygala/Wächter, Venture Capital, S. 69; *Kawka/Vocke/L'habitant*, BB 2017, 1694, 1695; *Weitnauer*, Hdb Venture Capital, Teil E Rn. 206.

573 *Weitnauer*, Hdb Venture Capital, Teil E Rn. 206.

entsteht dadurch jedoch nicht, ein notarielles Formerfordernis besteht zu beiden Zeitpunkten ohnehin.[574]

Wegen des sachenrechtlichen Bestimmtheitsgrundsatzes muss bereits bei Vereinbarung des dinglich wirkenden Angebots die übergehenden Geschäftsanteile konkret bezeichnet werden. In der Beteiligungspraxis erfolgt dies unter Zuhilfenahme einer „Vesting Schedule", die den Beteiligungsbedingungen regelmäßig als Anlage beigefügt wird.[575] Anhand dieser lässt sich für jede Vesting-Periode tabellarisch ablesen, welche der mit laufenden Nummern bestimmten Geschäftsanteile des Mitarbeiters an den Begünstigten der Call-Option übertragen wird.[576] Anders als bei einer rein schuldrechtlichen Verpflichtung ist die dinglich wirkende Abtretung einseitig durchsetzbar und ist damit nicht von einer etwaigen Mitwirkungshandlung des Mitarbeiters abhängig.[577] Dem betroffenen Mitarbeiter steht es aber frei, zur Wahrung seiner Rechte auf Rückübertragung der Geschäftsanteile zu klagen.

Mit Blick auf das Problem grundsätzlich unzulässiger Hinauskündigungsklauseln gelten die Ausführungen zur Zwangseinziehung entsprechend. Demnach kann auch der als Good oder Ordinary Leaver ausscheidende Mitarbeiter mittels einer Call-Option zur Rückübertragung seiner gevesteten Anteile verpflichtet werden.

## III. Finanzielle Entschädigung bei Rückführung der Beteiligung

Die vorzeitige Rückführung seiner Mitarbeiterbeteiligung im Zuge einer Leaver-Regelung wirft zuletzt die Fragen auf, wann und in welcher Höhe der Mitarbeiter hierbei finanziell zu entschädigen ist.

---

574 Dazu schon Teil 2 A. I. 1.

575 *Gabrysch* in: Drygala/Wächter, Venture Capital, S. 69.

576 Mit einem Beispiel: *Gabrysch* in: Drygala/Wächter, Venture Capital, S. 69 u. 70. Die Vesting-Schedules sind, wegen der unterschiedlichen Anzahl verfallener Anteile, für Good und Bad Leaver Fälle jeweils separat zu erstellen. Sie können auch bei virtuellen Beteiligungsprogrammen eingesetzt werden, sind dort aber nicht zwingend erforderlich (sie erfüllen dann nur eine Klarstellungsfunktion, etwa um Meinungsverschiedenheit hinsichtlich der genauen Anzahl verfallener Anteile zu vermeiden).

577 Voraussetzung der wirksamen Abtretung ist lediglich eine entsprechende Mitteilung beim betroffenen Gesellschafter, *Bank/Möllmann*, VC Agreements in Germany, Rn. 230.

### *1. Abfindung beim Bad Leaver*

Das Gestaltungsziel beim Bad Leaver besteht, wie mehrfach gesehen, darin, den betroffenen Mitarbeiter weder für vergangene Leistungen zu belohnen noch ihn am künftigen Wertzuwachs der Gesellschaft zu beteiligen. Er soll im Ergebnis so gestellt werden, als habe er nie eine Mitarbeiterbeteiligung bekommen.

Dies wirft beim Einsatz eines VSOP oder ESOP keine schwerwiegenden Probleme auf. Virtuelle Anteile oder Anteilsoptionen verfallen, ehe ein Zahlungsanspruch des Mitarbeiters überhaupt entstehen konnte.[578] Damit entsteht auch keine korrespondierende Zahlungsverpflichtung der Gesellschaft. Beim Einsatz eines ESOP erlöschen die Bezugsrechte automatisch nach § 158 Abs. 2 BGB. Da noch keine Anteile übertragen wurden, steht dem Mitarbeiter auch kein Abfindungsrecht zu. Gegen entsprechende schuldrechtliche Gestaltungen bestehen keine Wirksamkeitsbedenken, insbesondere der Grundsatz unzulässiger Kündigungsbeschränkungen steht dem kompensationslosen Verlust der Mitarbeiterbeteiligung nicht entgegen, sofern er zeitlich nicht unbeschränkt gilt.[579] Hingegen erweist sich die Rechtslage im Falle einer direkten Eigenkapitalbeteiligung abermals als problematisch. Ausscheidende Gesellschafter sind beim Einzug ihrer Geschäftsanteile grundsätzlich nach dem vollen wirtschaftlichen Wert ihrer Geschäftsanteile abzufinden.[580]

#### *a) Rechtmäßigkeit von Abfindungsbeschränkungen*

Indes sind Beschränkungen des Abfindungsanspruchs zulässig, Grenzen der Vertragsgestaltung ergeben sich aus § 138 Abs. 1 BGB.[581] Dabei darf kein grobes Missverhältnis zwischen dem vertraglichen Abfindungsanspruch und dem wahren Wert des Gesellschaftsbeteiligung entstehen, wobei das Interesse der verbleibenden Gesellschafter an dem Fortbestand des Gesellschaftsunternehmens

---

578 *Schönhaar*, GWR 2017, 293, 295.

579 Dazu oben D. I. 3. b).

580 Der Abfindungsanspruch ist gesetzlich nicht geregelt, als allgemeiner Rechtsgrundsatz und in Analogie zu § 738 Abs. 1 S. 2 BGB aber allgemein anerkannt, BGH Urt. v. 27.09.2011, NZG 2011, 1420; v. 29.04.2014, NZG 2014, 820. In der Literatur: *Kersting* in: Noack/Servatius/Haas, GmbHG § 34, Rn. 22; *Sosnitza* in: Michalski/Heidinger/Leible/Schmidt, GmbHG § 34, Rn. 46 ff; *Strohn* in: MüKo GmbHG § 34, Rn. 218; *Ulmer/Habersack* in: Habersack/Casper/Löbbe, GmbHG § 34, Rn. 72. Dies gilt auch bei Verwendung einer Call-Option, dazu sogleich ausführlich.

581 Vgl. BGH Urt. v. 09.01.1989, ZIP 1989, 770; v. 16.12.1991, NJW 1992, 892; v. 19.09.2005, NJW 2005, 3644; v. 29.04.2014, NZG 2014, 820.

und das Interesse des ausscheidenden Gesellschafters an einer angemessenen wirtschaftlichen Verwertung seiner Beteiligung gegeneinander abzuwägen sind.[582]

Um das Gestaltungsziel des Bad Leavers zu erreichen, muss die Abfindungsregelung eine Beschränkung auf denjenigen Betrag vorsehen, den der Mitarbeiter seinerseits für seine Beteiligung gezahlt hat.[583] Dadurch partizipiert er nicht an einer zwischenzeitlichen Wertsteigerung. Gleichzeitig ist ausgeschlossen, dass der Mitarbeiter Verluste erwirtschaftet. Dies liefe dem Gestaltungsziel des Bad Leavers zuwider, dessen Strafcharakter ausschließlich im Entzug der zusätzlichen Verdienstmöglichkeit besteht. Der BGH hat die Rechtmäßigkeit entsprechender Klauseln in seiner Entscheidung zum „Mitarbeitermodell" ausdrücklich anerkannt.[584] Auch hier erfolgte eine Beschränkung der dem Mitarbeiter bei der Rückübertragung des Gesellschaftsanteils zu zahlenden Abfindung auf den Betrag, den er bei Erwerb gezahlt hat. Die Abfindungshöhe sei sachlich gerechtfertigt, weil die Beteiligung einerseits ausdrücklich auf die Dauer der Mitarbeit begrenzt war. Andererseits, weil eine Abfindung zum Verkehrswert die für die weitere Durchsetzbarkeit des Modells erforderliche finanzielle Grundlage zerstört und dadurch nur die erste Generation von Mitarbeiter-Gesellschaftern in den Genuss einer Mitarbeiterbeteiligung käme.[585]

### *b) Übertragbarkeit auf Mitarbeiterbeteiligungen im Venture Capital*

Die Ausführungen lassen sich grundsätzlich auf Mitarbeiterbeteiligungen im Venture Capital übertragen, die ebenfalls nur für die Dauer der Mitarbeit eingeräumt werden. Das gilt auch mit Blick auf den Fortbestand des Mitarbeiterbeteiligungsprogramms. Gerade in Start-ups wäre die finanzielle Grundlage

---

582 BGH Urt. v. 09.01.1989, ZIP 1989, 770; v.19.09.2005, NJW 2005, 3644.

583 Sogenannte „Nennwert- oder Kaufpreisklausel". Daneben sind gelegentlich auch „Buchwertklauseln" anzutreffen. Hierbei knüpft die Abfindung an den im Jahresabschluss festgestellten Buchwert eines Geschäftsanteils zzgl. eines Jahresüberschusses und Gewinnvortrags unter Abzug der Verbindlichkeiten sowie eines Jahresfehlbetrags oder Verlustvortrags, *Weitnauer/Grob*, GWR 2015, 353, 356; *Winkler*, Rechtsfragen der VC-Finanzierung, S. 198. Da hierbei aber nicht ausgeschlossen werden kann, dass der Mitarbeiter einen Gewinn generiert, lässt sich das Gestaltungsziel des Bad Leavers bei Einsatz einer entsprechenden Klausel nicht erreichen. Die Beschränkung nur auf das bei Einräumung gezahlte Entgelt ist insofern vorzugswürdig.

584 BGH Urt. v. 19.09.2005, NJW 2005, 3644.

585 BGH Urt. v. 19.09.2005, NJW 2005, 3644.

angesichts ihrer fehlenden Liquidität bei einer vorzeitigen Abfindung zum Verkehrswert zerstört. Unterschiede ergeben sich abermals mit Blick auf die Vergütungsfunktion für in der Vergangenheit erbrachte Leistungen. Wie im Fall des Managermodells sieht die Beteiligungsstruktur beim Mitarbeitermodell eine Gewinnbeteiligung für die Dauer der Mitarbeit des Begünstigten vor.[586] An einer vergleichbaren Komponente fehlt es bei den hier untersuchten Beteiligungsstrukturen im Venture Capital.

Indes gibt es im dortigen Umfeld einen anderen Grund, den es bei der Gesamtabwägung und Frage nach der Sittenwidrigkeit von Abfindungsbeschränkungen einzubeziehen gilt.[587] Denn das zum Ausschluss des Mitarbeiters führende Fehlverhalten gefährdet den wirtschaftlichen Erfolg eines jungen und ohnehin risikobehafteten Unternehmens mehr als den eines etablierten Unternehmens. Das gilt, wie bereits deutlich wurde, auch für den Fall der Qualifikation der ordentlichen Kündigung des Mitarbeiters als Bad Leaver.[588] Wegen der Abhängigkeit der Start-ups von einzelnen Mitarbeitern ist das vorzeitige Verlassen in diesem Fall mit Blick auf die negativen Auswirkungen auf den unternehmerischen Erfolg mit den bereits erwähnten, typischen Fällen des Bad Leavers gleichzusetzen. Dieser Umstand vermag den positiven Beitrag des Mitarbeiters zum Unternehmenswachstum bei rückblickender Betrachtung zu neutralisieren. Der Mitarbeiter ist im Ergebnis genauso zu stellen, wie er bei Eintritt in das unternehmerische Vorhaben stand. Ihn also einerseits nicht zusätzlich zu bestrafen, indem der Mitarbeiter etwa zur Zahlung einer Vertragsstrafe verpflichtet wird, ihn andererseits auch nicht im Wege einer Mitarbeiterbeteiligung zusätzlich zu belohnen, ist vor diesem Hintergrund nur angemessen. Entsprechende Gestaltungen begründen im besonderen Umfeld der Start-ups daher kein Missverhältnis, die zu einer Unwirksamkeit der Abfindungsklausel nach § 138 Abs. 1 BGB führt.[589]

Das Ergebnis steht unter der Prämisse, dass der vorherige Anteilserwerb in Gestalt von Sweet Equity erfolgt ist. Hat der Mitarbeiter seine Beteiligung hingegen entgeltlich erworben, ist ein vollständiger Abfindungsausschluss nicht zulässig.[590] Wenn er aber lediglich den Nennwert der ihm eingeräumten

---

586 BGH Urt. v. 19.09.2005, NJW 2005, 3644.

587 *Bank/Möllmann*, VC Agreements in Germany, Rn. 290; *Gabrysch* in: Drygala/Wächter, Venture Capital, S. 73.

588 Dazu bereits oben D. I. 3.

589 Im Ergebnis ebenso: *Bank/Möllmann*, VC Agreements in Germany, Rn. 291; *Stenzel*, DStR 2018, 139, 141.

590 BGH Urt. v. 29.04.2014, NZG 2014, 820.

Geschäftsanteile gezahlt hat, ist die Gesellschaft auch nur zur Rückzahlung dieser Summe verpflichtet. Hat der Mitarbeiter die Geschäftsanteile unentgeltlich erhalten, ist auch ein vollständiger Abfindungsausschluss rechtlich zulässig.[591] Das kann natürlich nur dann gelten, wenn das zum Ausschluss führende Verhalten dem Mitarbeiter einerseits persönlich vorwerfbar ist und dem Grunde nach überhaupt geeignet ist, das Unternehmenswachstum ernsthaft zu gefährden.[592] Darauf ist bei der Einordnung einzelner Austrittsgründe als Bad Leaver zu achten. In Grenzfällen empfiehlt sich die mildere und damit rechtssichere Lösung über eine Einordnung zum Beispiel als Ordinary Leaver.

## 2. *Abfindung beim Good oder Ordinary Leaver*

Beim Good oder Ordinary Leaver soll der ausscheidende Mitarbeiter hingegen eine angemessene Vergütung für seinen Beitrag zum Wertzuwachs des Unternehmens erhalten. Das bedeutet im Falle der direkten Eigenkapitalbeteiligung hinsichtlich der gevesteten Geschäftsanteile, dass der Mitarbeiter diesen Teil seiner Beteiligung entweder behält und zu einem späteren Zeitpunkt, dem Exit, gewinnbringend veräußert.[593] Etwas anderes gilt, wenn die Beteiligungsbedingungen zur Vermeidung eines Trittbrettfahrertums die Rückführung aller Anteile vorsehen. Die Abfindung der gevesteten Anteile erfolgt dann zum Verkehrswert der Geschäftsanteile, schließlich hat der Mitarbeiter seine Belohnung für erbrachte Leistungen, anders als beim Bad Leaver, nicht durch eine etwaige Verfehlung verwirkt.[594] Die ungevesteten Geschäftsanteile verfallen hingegen entschädigungslos, eine Abfindung ist gegebenenfalls in Höhe des bei Einräumung aufgebrachten Nennwerts der Beteiligung zu erbringen. Der Mitarbeiter hat sich eine Abfindung zum Verkehrswert hinsichtlich dieser Anteile nach dem Gedanken des Vestings noch nicht verdient.[595]

Bei Einsatz eines VSOP oder ESOP wird das Gestaltungsziel des Good oder Ordinary Leavers durch Abschluss einer separaten Abfindungsvereinbarung mit dem Mitarbeiter erzielt. Unter wirtschaftlichen Gesichtspunkten führt

---

591 BGH Urt. v. 19.09.2005, NJW 2005, 3644.

592 Vgl. dazu bereits die typischen Bad Leaver Fälle unter D. I. 2.

593 In diesem Fall stellt sich die Frage eines etwaigen Abfindungsanspruchs natürlich nicht. *Bank/Möllmann*, VC Agreements in Germany, Rn. 238.

594 *Bank/Möllmann*, VC Agreements in Germany, Rn. 247; *Gabrysch* in: Drygala/Wächter, Venture Capital, S. 71; *Stenzel*, DStR 2018, 139, 142.

595 *Bank/Möllmann*, VC Agreements in Germany, Rn. 291; *Gabrysch* in: Drygala/Wächter, Venture Capital, S. 71.

diese zum identischen Ergebnis wie die soeben diskutierte Abfindungszahlung einer direkten Eigenkapitalbeteiligung.

### 3. *Rückerwerbskaufpreis bei der Call-Option-Lösung*

Eine angemessene Abfindung ist auch dann an den ausscheidenden Gesellschafter zu zahlen, wenn er seine Geschäftsanteile nicht im Wege der zwangsweisen Einziehung, sondern einer schuld- oder gesellschaftsvertraglichen Rückübertragungspflicht verliert.[596] Die Regelung ist ebenfalls am Maßstab des § 138 Abs. 1 BGB zu messen. Bei der Ermittlung der angemessenen Rückerwerbskaufpreishöhe gelten dieselben Grundsätze wie bei der Ermittlung einer angemessenen Abfindungshöhe.[597] Insofern sei auf die dortigen Ausführungen verwiesen.[598]

Unterschiede ergeben sich jedoch mit Blick auf die Rechtsfolge. Eine unangemessen niedrige Abfindung führt im Falle der Zwangseinziehung zwar zur Nichtigkeit der Abfindungsregelung.[599] Die Einziehungsklausel selbst und der Einziehungsbeschluss bleiben aber wirksam.[600] Allerdings tritt an die Stelle der unangemessen niedrigen Abfindung eine Abfindung zum Verkehrswert.[601] Ein unangemessen niedriger Kaufpreis führt bei einer Call Option hingegen zur Nichtigkeit der gesamten Übertragung, ohne dass es zu einer Anpassung kommt.[602] Um bei Einsatz einer Call-Option die Unwirksamkeit der gesamten

---

596 BGH Urt. v. 07.12.2001, ZIP 2002, 258; v. 19.09.2005, NJW 2005, 3644; BGH NJW 2010, 3718.

597 *Bank/Möllmann*, VC Agreements in Germany, Rn. 286; *Weitnauer/Grob*, GWR 2015, 353, 355.

598 Vgl. D. III. 1. b).

599 BGH Urt. v. 16.12.1991, NJW 1992, 892; *Kersting* in: Noack/Servatius/Haas, GmbHG § 34, Rn. 31; *Strohn* in: MüKo GmbHG, § 34 Rn. 249.

600 BGH Urt. v. 19.09.1997, NJW 1977, 2316; v. 20.06.1983, NJW 1983, 2880; *Kersting* in: Noack/Servatius/Haas, GmbHG § 34, Rn. 33; *Strohn* in: MüKo GmbHG, § 34 Rn. 249.

601 *Kersting* in: Noack/Servatius/Haas, GmbHG § 34, Rn. 22; vgl. auch BGH Urt. v. 20.06.1983, NJW 1983, 2880; v. 19.09.2005, NJW 2005, 3641.

602 Dieser Grundsatz wird aus dem BGH Urt. v. 22.01.2013, NZG 2013, 220 hergeleitet, dass sich eigentlich auf die Rückübertragung von Aktien bezieht. Das Urteil wird von der Literatur aber verallgemeinernd verstanden und soll auch bei der Rückübertragung von GmbH-Geschäftsanteilen gelten, vgl. *Bank/Möllmann*, VC Agreements in Germany, Rn. 297; *Kawka/Vocke/L'habitant*, BB 2017, 1694, 1695; *Weitnauer*, Hdb Venture Capital, Teil E Rn. 264 ff.; *Weitnauer/Grob*, GWR 2015, 353, 355.

Rückkaufvereinbarung sowie im Falle der Zwangseinziehung eine automatische Anpassung auf den Verkehrswert der Geschäftsanteile zu vermeiden, empfiehlt sich die Vereinbarung einer Auffangregelung. Danach ist die unwirksame Kaufpreis- oder Abfindungshöhe durch die niedrigste noch zulässige Summe zu ersetzen.[603]

## IV. Steuerrechtliche Würdigung

### *1. Einkommensteuerrechtliche Behandlung*

Leaver-Regelungen können sich auf die einkommensteuerrechtliche Behandlung der Eigenkapitalbeteiligungen auswirken. Im Mittelpunkt steht abermals die Zuordnung wirtschaftlichen Eigentums gemäß § 39 Abs. 2 Nr. 1 AO bei der Frage der Abgrenzung zwischen Einkünften aus nichtselbstständiger Arbeit und solchen aus Kapitalvermögen. Wie im 2. Teil dieser Untersuchung dargestellt, kommt es hierbei auch darauf an, ob der Mitarbeiter eine geschützte Rechtsposition erworben hat, die ihm gegen seinen Willen nicht mehr entzogen werden kann.[604] Insofern können solche Leaver-Regelung als Indiz für die nachteilhafte Einordnung als Arbeitslohn hinzugezogen werden, die bei Eintritt eines Good oder Ordinary Leavers den vollständigen Ausschluss des Mitarbeiters aus der Gesellschaft vorsehen.[605]

Für eine vorteilhafte Einordnung als Einkünfte aus Kapitalvermögen muss der Mitarbeiter zudem stets die Chance von Wertveränderungen tragen.[606] Problematisch erweisen sich insofern Bad Leaver-Regelungen, die im Ergebnis überhaupt keine Beteiligung an einer etwaigen Wertsteigerung der Gesellschaft vorsehen. Damit der Mitarbeiter auch in diesen Fällen die Möglichkeit einer, wenn auch geringen, Wertsteigerungschance hat, ist eine Regelung denkbar, nach der neben dem bei Einräumung gezahlten Entgelt eine variable, vom Wertzuwachs der Gesellschaft abhängige Verzinsung an den Mitarbeiter zu erbringen ist.[607] Ob es einer solchen steueroptimierten Gestaltung bedarf, die

---

603 Die Zulässigkeit entsprechender Auffangklauseln ist in der höchstrichterlichen Rechtsprechung ausdrücklich anerkannt, vgl. BGH Urt. v. 27.09.2011, DStR 2011, 2418. Siehe auch *Bank/Möllmann*, VC Agreements in Germany, Rn. 296; *Kawka/Vocke/L'habitant*, BB 2017, 1694, 1695; *Thelen*, RNotZ 2020, 121, 133; *Weitnauer/Grob*, GWR 2015, 353, 355.

604 Dazu schon Teil 2 A. II. 1.

605 *Binnewies/Finke*, AG 2018, 789, 790; *Hohaus/Inhester*, DStR 2003, 1765, 1767.

606 Auch dazu bereits Teil 2 A. II. 1.

607 *Hohaus/Inhester*, DStR 2003, 1765, 1767.

sich ausschließlich zugunsten des ausscheidenden Mitarbeiters auswirkt, ist angesichts seines zum Bad Leaver führenden Fehlverhaltens aber zu bezweifeln.

### *2. Schenkungssteuerrechtliche Behandlung*

Je nach konkreter Vertragsgestaltung kann der Eintritt eines Leaver-Szenarios auch schenkungssteuerrechtliche Komplikationen hervorrufen.

#### *a) Schenkungssteuerpflicht bei Rückübertragung durch Call-Options*

Gemäß § 7 Abs. 7 S. 1 ErbStG gilt die Anteilsübertragung eines ausscheidenden Gesellschafters auf die anderen Gesellschafter als Schenkung, wenn die hierbei geleistete Abfindungshöhe unterhalb des Verkehrswerts der Geschäftsanteile liegt. Die Bereicherung der verbleibenden Gesellschafter, konkret die Differenz zwischen Abfindungshöhe und tatsächlichem Wert der Anteile zum Zeitpunkt der Rückübertragung, unterfällt dann der Schenkungssteuer.[608] Allerdings muss die Rückübertragung zwingend aufgrund einer Regelung im Gesellschaftsvertrag erfolgen. Zwar wurde dieses Tatbestandsmerkmal mit Neufassung des § 7 Abs. 7 S. 1 ErbStG aus dem Gesetzeswortlaut gestrichen.[609] Gleichwohl hat der BFH mit Urteil vom 20.01.2016 klargestellt, dass sich die bisherige Rechtslage dadurch nicht ändere.[610] Somit fallen jedenfalls die in den schuldrechtlichen Nebenvereinbarungen verankerten Call-Optionen nicht unter die Schenkungsfiktion des § 7 Abs. 7 S. 1 ErbStG. Auch der Auffangtatbestand des § 7 Abs. 1 Nr. 1 ErbStG, der grundsätzlich jede freigiebige Zuwendung besteuert, kommt hier nicht zur Anwendung. Auf subjektiver Ebene wäre hierzu ein „Wille zur Unentgeltlichkeit" beim Zuwendenden erforderlich.[611] Der Mitarbeiter müsste bei der Rückübertragung der Anteile in dem Bewusstsein gehandelt haben, zu dieser Vermögenshingabe rechtlich nicht verpflichtet zu sein.[612] Indes beruht die Vermögensverschiebung in der hier untersuchten Konstellation auf der von

---

608 Dies gilt natürlich auch dann, wenn die Rückübertragung nicht an einen Mitgesellschafter, sondern die Kapitalgesellschaft selbst erfolgt. Die Norm kommt hingegen nicht zur Anwendung, wenn die Anteile unmittelbar an einen Dritten, etwa einen nachrückenden Mitarbeiter, übertragen werden. Hier kommt allenfalls der Auffangtatbestand des § 7 Abs. 1 Nr. 1 ErbStG zur Anwendung, der aber am „Willen zur Unentgeltlichkeit" scheitert. Dazu sogleich ausführlich.

609 Vgl. Art. 10 Nr. 2 lit. b. StEntlG 1999/2000/2002.

610 BFH Urt. v. 20.01.2016, DStR 2016, 743.

611 BFH Urt. v. 28.10.2009, LSK 2010, 220167; v. 06.05.2020, DStR 2020, 2119.

612 BFH Urt. v. 06.05.2020, DStR 2020, 2119; vgl. auch *Kawka/Vocke/L'habitant*, BB 2017, 1694, 1696; *Kahsnitz*, KÖSDI 2020, 2189 Rn. 52.

Anfang an auf den Geschäftsanteilen lastenden Verpflichtung zur Rückübertragung bei Eintritt eines Leavers.

### b) *Schenkungssteuerpflichtige Zwangseinziehung*

§ 7 Abs. 7 S. 2 ErbStG erweitert die Schenkungsfiktion aus S. 1 im besonderen Fall der Rückübertragung von Geschäftsanteilen unterhalb des Verkehrswerts ausdrücklich auf die Fälle der Einziehung. Vertragsgestaltungen unter Einsatz einer Einziehungsregelung werden, im Gegensatz zu Call-Options, gesellschaftsvertraglich verankert und fallen damit grundsätzlich in den Anwendungsbereich der Norm.

#### *aa) Keine Schenkung bei „nicht vollwertiger Beteiligung"?*

Teile des Schrifttums fordern eine teleologische Reduktion der § 7 Abs. 7 S. 1 u. 2 ErbStG.[613] Um eine objektive Bereicherung des Beschenkten anzunehmen, sei stets eine tatsächliche Vermögensverschiebung erforderlich. Daran soll es aber fehlen, wenn dem ausscheidenden Gesellschafter schon bei seiner Aufnahme in die Gesellschaft eine „nicht vollwertige Beteiligung" eingeräumt worden ist. Dies sei insbesondere bei Mitarbeiterbeteiligungen der Fall, wenn die Einräumung der Beteiligung gegen ein geringes Entgelt erfolgt und gleichzeitig von Anfang an gesellschaftsvertraglich feststeht, dass der Mitarbeiter für seine Anteile keine oder eine nur reduzierte Abfindung erhält (sogenannte „Naked-in/Naked-out-Gestaltungen").[614] Die Regelung des § 7 Abs. 7 S. 1 u. 2 ErbStG sei auf diese Fälle nicht anwendbar.

#### *bb) Übertragbarkeit auf Mitarbeiterbeteiligungen im Venture Capital*

Die Naked-in/Naked-out-Gestaltungen entsprechen denjenigen Konstellationen, die dem BGH in seinen beiden Fallentscheidungen zum Mitarbeiter- und Managermodell zugrunde lagen. Sie zeichnen sich durch eine zeitlich befristete Übertragung der Anteile aus, ihr wirtschaftlicher Wert beschränkt sich auf die laufenden Gewinnbeteiligungen. Die hier untersuchten Mitarbeiterbeteiligungen verfügen hingegen nicht über einen tantiemeähnlichen Charakter. Das vorrangige Ziel aller Parteien besteht darin, den Mitarbeiter im Exit zum Verkehrswert seiner Anteile auszuzahlen und ihn an der bis dahin erfolgten

---

613 *Kreutzinger*, ZEV 2013, 252 ff. Dazu auch *Esskandari*, DStR 2016, 1251 ff.; *Kawka/Vocke/L'habitant*, BB 2017, 1694, 1696; *Kahsnitz*, KÖSDI 2020, 2189 Rn. 53.

614 *Esskandari*, DStR 2016, 1251; *Kawka/Vocke/L'habitant*, BB 2017, 1694, 1696; *Kreutzinger*, ZEV 2013, 252.

Wertsteigerung zu beteiligen. Ein „Naked-out“ soll also vermieden werden. Mit den Naked-in/Naked-out-Gestaltungen vergleichbare Szenarien entstehen allenfalls bei Eintritt eines Bad Leavers. Da allerdings im Zeitpunkt des Erwerbs der Beteiligung nicht feststeht, ob ein Leaver überhaupt eintritt, kann nicht argumentiert werden, der ausscheidende Gesellschafter habe von Anfang an keine vollwertige Beteiligung erhalten sollen. Eine teleologische Reduktion mit der Begründung, es habe keine Vermögensverschiebung stattgefunden, kommt bei Mitarbeiterbeteiligungen im Venture Capital folglich nicht Betracht. Insofern verbleibt bei den Vertragsgestaltungen unter Einsatz einer Zwangseinziehung das Risiko eines schenkungssteuerrechtlichen Vorgangs. Call-Options stellen insofern die vorzugswürdigere Gestaltungsvariante dar.

#### *c) Mittelbare Beteiligungskonstellationen*

Die obigen Ausführungen gelten bei Mitarbeiterbeteiligungen unter Einsatz einer zwischengeschalteten Personen- oder Kapitalgesellschaft entsprechend. Hier sind allerdings nicht die Gesellschafter der Arbeitgebergesellschaft, sondern diejenigen der zwischengeschalteten Beteiligungsgesellschaft objektiv bereichert. Bei Treuhandgestaltungen treten hingegen keine schenkungssteuerrechtlichen Probleme bei den verbleibenden Gesellschaftern auf. Für die Frage, ob eine Vermögensverschiebung stattgefunden hat, ist einzig die zivilrechtliche Eigentümerlage entscheidend.[615] § 39 Abs. 2 Nr. 1 S. 2 Var. 1 AO ist im Erbschaft- und Schenkungssteuerrecht nicht anwendbar.[616] Da der Mitarbeiter bei den Treuhandgestaltungen nicht zum Eigentümer der Anteile wird, scheidet auch eine den Schenkungssteuertatbestand auslösende Vermögensverschiebung aus.

## E. Die Antidilution

Mit dem Hinzutreten neuer Gesellschafter ist stets die Reduzierung der Beteiligungsquote mindestens eines Altgesellschafters verbunden.[617] Diese

615 BFH Urt. v. 06.05.2020, DStR 2020, 2119.

616 BFH Urt. v. 25.01.2001, DStRE 2001, 656; v. 06.05.2020, DStR 2020, 2119.

617 Zwar besteht nach h.M. auch im Recht der GmbH analog § 186 Abs. 1 AktG ein gesetzliches Bezugsrecht zugunsten aller Gesellschafter, vgl. *Lieder* in: MüKo GmbHG, § 55 Rn. 70; *Servatius* in: Noack/Servatius/Haas, GmbHG § 55, Rn. 20. Der Beitritt eines neuen Gesellschafters setzt indes voraus, dass einer oder mehrere Altgesellschafter freiwillig auf ihre Bezugsrechte verzichten (oder von ihrem Bezugsrecht ausgeschlossen werden) damit der neue Gesellschafter zur Zeichnung

„Verwässerung“ hat zum einen Auswirkungen auf die mitgliedschaftsrechtliche Position des oder der betroffenen Gesellschafter. Mit der eigenen Beteiligungsquote verringert sich das Stimmrecht und damit Einfluss und Kontrolle in der Gesellschafterversammlung. Zum anderen reduziert sich das Zugriffsrecht auf die Erlöse der Gesellschaft, sodass eine verwässernde Wirkung auch hinsichtlich der vermögensrechtlichen Position des oder der betroffenen Gesellschafter eintritt.[618]

Hauptanwendungsfall der Verwässerung im Venture Capital ist der Beitritt neuer Investoren in einer Finanzierungsrunde. Aber auch sonstige Maßnahmen, wozu insbesondere die Einräumung von Mitarbeiterbeteiligungen zählt, können eine verwässernde Wirkung auf die übrigen Beteiligungen ausüben.[619] Umgekehrt wirken sich Veränderungen auf Kapitalebene der Gesellschaft auch auf die eingeräumten Mitarbeiterbeteiligungen aus. Das betrifft nicht nur gesellschafts-, sondern auch schuldrechtliche Beteiligungsformen. Insofern besteht das Ziel der nachfolgenden Untersuchung darin, die Wechselwirkung zwischen den Beteiligungsquoten der Wagniskapitalgeber, Gründer und der begünstigten Mitarbeiter zu beleuchten. Insbesondere sollen die Auswirkungen von Mitarbeiterbeteiligungen auf die im Venture Capital typischerweise eingesetzten Regelungen zum Verwässerungsschutz (in der angelsächsischen Rechtsterminologie auch „Antidilution“) untersucht werden.[620]

## I. Verwässerungsschutz der Wagniskapitalgeber

Wegen der unterschiedlichen Stellung, die Wagniskapitalgeber, Gründer und Mitarbeiter insbesondere unter gesellschaftsrechtlichen Gesichtspunkten in einem Start-up einnehmen, wirken sich sämtliche Veränderungen in der

---

der neuen Anteile zugelassen werden kann. Sofern der Beitritt des neuen Gesellschafters nicht nach vorheriger Kapitalerhöhung, sondern durch Übertragung von Altgesellschafteranteilen erfolgt, kommt es zu einer Verwässerung der Beteiligungsquoten derjenigen Altgesellschafter, die ihre Anteile abtreten.

618 *Kuntz*, Gestaltung von Kapitalgesellschaften zwischen Freiheit und Zwang, S. 127.

619 Vgl. für weitere Maßnahmen mit verwässernder Wirkung: *Kuntz*, Gestaltung von Kapitalgesellschaften zwischen Freiheit und Zwang, S. 129 ff.

620 „Verwässerungsschutz“ ist hier weit zu verstehen und meint sowohl den generellen Schutz vor einer Reduzierung der bisherigen Beteiligungsquote als auch vor einer niedrigen Unternehmensbewertung in einer Folgefinanzierungsrunde (sog. „Downround“, dazu später ausführlich). Im Schrifttum wird der Begriff teilweise eng verstanden und ausschließlich im Kontext der sog. „Downround Protection“ verwendet, vgl. *Weitnauer*, Hdb Venture Capital, Teil E Rn. 128.

Gesellschaft anders auf ihre Beteiligungen aus. Angefangen mit der Verwässerung der Wagniskapitalgeber, soll daher eine isolierte Behandlung der jeweiligen Akteure erfolgen.

### *1. Verwässerung infolge der Einräumung einer Mitarbeiterbeteiligung*

Zunächst erfolgt eine Behandlung der verwässernden Folgen, die eine Mitarbeiterbeteiligung unmittelbar auf die Beteiligungen der Wagniskapitalgeber ausübt. Diese variieren, je nachdem ob der Wagniskapitalgeber schon vor Einräumung der Mitarbeiterbeteiligung an der Gesellschaft beteiligt war oder beides im Zuge derselben Finanzierungsrunde geschieht.

#### *a) Verwässerung der Bestands-Wagniskapitalgeber*

Verfügt die Zielgesellschaft noch nicht über ein Mitarbeiterbeteiligungsprogramm, ist es aus Sicht der Wagniskapitalgeber vorteilhaft, ein solches parallel mit ihrem Beitritt einzuführen. Das hat, neben den bereits behandelten positiven Auswirkungen auf die Entwicklung des Start-ups,[621] vor allem praktische Gründe. Eigenkapitalbeteiligungen lassen sich aus der ohnehin stattfindenden Kapitalerhöhung der Finanzierungsrunde speisen und sämtliche notariellen Formerfordernisse in einem Termin abhandeln.

Gelegentlich wird ein Mitarbeiterbeteiligungsprogramm aber erst nach dem Beitritt der Wagniskapitalgeber eingeführt, zum Beispiel weil geeignetes Personal erst noch gefunden werden muss. Zudem werden bereits bestehende Mitarbeiterbeteiligungsprogramme fortlaufendem erweitert, um die Incentivierung zusätzlicher Mitarbeiter zu ermöglichen.[622] Die verwässernden Folgen der Einräumung einer Mitarbeiterbeteiligung auf die Bestandsgesellschafter variieren dabei je nach Form der eingeräumten Mitarbeiterbeteiligung.

##### *aa) Direkte Vergabe von Geschäftsanteilen*

Die direkte Vergabe von Geschäftsanteilen an Mitarbeiter erfolgt typischerweise durch Übertragung neuer Geschäftsanteile aus einer vorherigen Kapitalerhöhung bei gleichzeitigem Bezugsrechteverzicht sämtlicher Altgesellschafter.[623]

---

621 Dazu bereits 1. Teil C. I.

622 Oder um bereits beteiligte Mitarbeiter angesichts einer Verwässerung ihrer Beteiligung erneut zu incentivieren, im Einzelnen dazu sogleich.

623 Dazu bereits 2. Teil A. I. 1.

Damit sinkt auch der relative Beteiligungsumfang der Wagniskapitalgeber am Stammkapital der Gesellschaft.[624]

Gleichwohl sind die spürbaren verwässernden Folgen auf ihre Stimmrechtsposition angesichts der typischerweise vereinbarten Sonderrechte zugunsten der Wagniskapitalgeber in der Gesellschafterversammlung[625] sowie den gleichzeitigen Stimmrechtsbündelungen und Stimmrechtsbeschränkungen der Mitarbeiter[626] gering.

Schutz vor einer vermögensrechtlichen Verwässerung gewährleisten die Regelungen zur disquotalen Erlösverteilung.[627] Indem ihre Vorzugsgeschäftsanteile vorrangig und damit insbesondere vor den Stammgeschäftsanteilen der Mitarbeiter bedient werden, hat die direkte Vergabe von Geschäftsanteilen an Mitarbeiter keine Auswirkungen auf die individuelle Erlösbeteiligung der Wagniskapitalgeber.[628]

### *bb) ESOP*

Bei der Vergabe von ESOP verschieben sich etwaig verwässernde Effekte auf den Zeitpunkt der Optionsausübung. Da dieser aber in der Regel identisch mit dem Zeitpunkt des Ausstiegs der Wagniskapitalgeber aus der Gesellschaft ist, tritt für die Dauer ihrer Beteiligung typischerweise keine Verwässerung ihrer Stimmrechte in der Gesellschafterversammlung ein.[629]

---

624 Hiervon abweichend können sich die Altgesellschafter aber auch darauf verständigen, dass nur ein Teil von ihnen diese Last tragen soll, indem nur die Beteiligungen ausgewählter Altgesellschafter verwässern. Das kann etwa der Fall sein, wenn die Wagniskapitalgeber im Rahmen einer Finanzierungsrunde auf eine höhere Beteiligung verzichten, die Gründer sich im Gegenzug dazu verpflichten, geeignete Mitarbeiter zu suchen und anschließend einen Teil ihrer Beteiligung abzugeben. Rechtstechnisch verzichten sie dazu entweder auf ihr Bezugsrecht im Rahmen einer späteren Kapitalerhöhung oder treten einen Teil ihrer Beteiligung an die Mitarbeiter ab.

625 Dazu schon oben unter 3. Teil A. I.

626 Dazu schon oben unter 3. Teil A. II.

627 Dazu schon oben unter 2. Teil A. I. 3. b).

628 Etwas anderes gilt dann, wenn nach Bedienung des untersten Ranges Exit-Erlöse übrigbleiben. Dann würden Wagniskapitalgeber gegebenenfalls nicht vorrangig bedient und damit weniger Erlöse erhalten. Dazu bereits ausführlich 2 Teil A. I. 3. b).

629 Das gilt nicht hinsichtlich solcher Wagniskapitalgeber, die auch nach einem Exit eine Beteiligung an der Zielgesellschaft haben, die Mitarbeiter gleichzeitig ihre Beteiligung nach Optionsausübung behalten.

Auch im Rahmen einem ESOP werden die Mitarbeiter im Anschluss an ihre Optionsausübung bei der Verteilung von Exit-Erlösen erst auf der untersten Ebene mit den Stammgeschäftsanteilen bedient. Angesichts der Regelungen zur disquotalen Erlösverteilung tritt unter vermögensrechtlichen Gesichtspunkten also ebenfalls keine Verwässerung der Beteiligungen der Wagniskapitalgeber ein.

### *cc) VSOP*

Ein VSOP räumt begünstigten Mitarbeitern zu keinem Zeitpunkt eine Gesellschafterstellung ein, weder in Gestalt von Phantom Stocks noch Stock Appreciation Rights. Damit geht auch kein korrespondierendes Stimmrecht in der Gesellschafterversammlung einher.[630] Hierin besteht aus Sicht der Wagniskapitalgeber und Gründer ein Vorteil dieser Mitarbeiterbeteiligungsform gegenüber den Eigenkapitalbeteiligungen. Die Einräumung eines VSOP ist zu keinem Zeitpunkt mit einer Verwässerung ihrer Stimmrechtsposition verbunden.

Indes kommen auch die Regelungen zur disquotalen Erlösverteilung in den Gesellschaftervereinbarungen mit Blick auf die rein schuldrechtlich beteiligten Mitarbeiter nicht zum Tragen. Damit hätten die Wagniskapitalgeber gegenüber den Begünstigten eines VSOP grundsätzlich kein vorrangiges Zugriffsrecht auf die Erlöse der Gesellschaft. Um eine daraus folgende Verwässerung der vermögensrechtlichen Position ihrer Beteiligung zu verhindern, kommen zwei Gestaltungsvarianten in Betracht. Einerseits kann die Formel zur Berechnung der schuldrechtlichen Zahlungsansprüche vorsehen, dass die an Wagniskapitalgeber auszuzahlenden Erlöse von den Gesamterlösen subtrahiert werden.[631] Dadurch sinkt die Berechnungsgrundlage des VSOP-Anspruchs und damit auch die individuelle Beteiligungsquote des Mitarbeiters. Im Ergebnis ist dadurch die gewünschte Gleichbehandlung virtueller Anteile mit den realen (Stamm-)Geschäftsanteilen von Mitarbeitern hergestellt. Steht bei Einräumung der Beteiligung der Wagniskapitalgeber zudem schon fest, dass es zu einem späteren Zeitpunkt zu einer virtuellen Beteiligung von Mitarbeitern kommt, besteht mit der Vereinbarung der fully-diluted-Anteilskaufpreisberechnung eine weitere Variante des Verwässerungsschutzes der Wagniskapitalgeber. Dazu sogleich ausführlich.

---

630 Auch ist es in der Beteiligungspraxis nicht üblich, die Begünstigten eines VSOP durch entsprechende Regelungen in den schuldrechtlichen Nebenvereinbarungen am Entscheidungsprozess der Gesellschaft teilhaben zu lassen.

631 Dazu bereits 2. Teil C. II. 1. c).

### *b) Verwässerung neu hinzutretender Wagniskapitalgeber*

Die verwässernden Folgen einer Mitarbeiterbeteiligung beeinflussen bereits die Verhandlung über die Konditionen einer neuen Finanzierungsrunde, indem sie als argumentativer Anknüpfungspunkt neu hinzutretender Wagniskapitalgeber dienen, den Umfang ihrer künftigen Beteiligung zu erhöhen[632]

#### *aa) Anpassung der Anteilskaufpreisberechnung*

Denn anstatt einen Verwässerungsschutz erst im Zeitpunkt des tatsächlichen Eintritts der Verwässerung einzurichten, lassen sich die Auswirkungen auch vorbeugend berücksichtigen. Gestalterisch ist dazu eine Anpassung der Beteiligungsquote des begünstigten Wagniskapitalgebers erforderlich. Nach Eintritt des künftigen, verwässernden Ereignisses muss sie derjenigen entsprechen, die bei gleicher Investitionssumme ohne Eintritt des verwässernden Ereignisses bestanden hätte. Maßgeblich für die Berechnung der Beteiligungsquote, die ein neu hinzutretender Wagniskapitalgeber im Gegenzug für seine Investition erhält, ist der Kaufpreis, der auf einen Anteil entfällt.[633] Grundsätzlich wird dieser im Wege der Division der Unternehmensbewertung vor Zufluss der Mittel aus der Finanzierungsrunde durch die Anzahl sämtlicher Anteile vor der Finanzierungsrunde berechnet.[634]

#### *bb) Fully-diluted-Betrachtung*

Um dabei aber bereits künftige verwässernde Ereignisse zu berücksichtigen, kann die Anzahl der Anteile vor der Finanzierungsrunde fiktiv um solche Anteile oder sonstigen Rechte erhöht werden, die zu einem späteren Zeitpunkt eine Verwässerung herbeiführen („fully-diluted-Betrachtung“).[635] Welche Faktoren sich im Rahmen dieser fully-diluted-Betrachtung auf die

---

632 *Bank/Möllmann*, VC Agreements in Germany, Rn. 22 u. 426. Dazu stellen sie sich etwa auf den Standpunkt, die personelle Ausstattung der Gesellschaft sei wirtschaftlich Sache der Gründer oder aller Bestandsgesellschafter. Vgl. auch *Weitnauer*, Hdb Venture Capital, Teil E Rn. 239.

633 Je niedriger der Anteilskaufpreis, desto mehr Anteile erhält der Wagniskapitalgeber für seine Investitionssumme und desto größer seine individuelle Beteiligungsquote.

634 *Müller* in: Beck'sches Fb Zivil-, Wirtschafts- und Unternehmensrecht D–E, O. 2. Rn. 2.

635 *Bank/Möllmann*, VC Agreements in Germany, Rn. 429; *Kuntz*, Gestaltung von Kapitalgesellschaften zwischen Freiheit und Zwang, S. 138; *Schönhaar*, GWR 2017, 293, 295.

Anteilskaufpreisberechnung auswirken, kann variieren und ist Gegenstand individueller Vertragsverhandlungen. In der Beteiligungspraxis werden neben Wandlungs- und Optionsrechten typischerweise auch virtuelle Mitarbeiterbeteiligungen berücksichtigt.[636] Zur Wirkungsweise einer fully-diluted-Betrachtung im Rahmen der Anteilskaufpreisberechnung einer Finanzierungsrunde folgendes Beispiel:[637]

Ein Wagniskapitalgeber investiert EUR 3.000.000 in eine Zielgesellschaft mit einem Stammkapital in Höhe von EUR 50.000 (eingeteilt in Geschäftsanteile von je EUR 1,00) und einigt sich mit den bisherigen Gesellschaftern auf eine Unternehmensbewertung vor Zufluss der Mittel aus der Finanzierungsrunde („Pre-Money")[638] von EUR 7.000.000. In derselben Finanzierungsrunde werden außerdem 5.000 virtuelle Anteile zur Incentivierung an Mitarbeiter vergeben. Bei einer Division der Pre-Money-Unternehmensbewertung durch die Anzahl der Anteile vor der Finanzierungsrunde ergibt dies zunächst einen Anteilskaufpreis von EUR 140,00.[639] Für seine Investitionssumme von EUR 3.000.000 erhielte der neu hinzutretende Wagniskapitalgeber demnach 21.429 Geschäftsanteile,[640] das Stammkapital der Gesellschaft liegt nach Zufluss der Mittel aus der Finanzierungsrunde („Post-Money")[641] bei EUR 71.429[642] und die Beteiligungsquote des neu hinzugetretenen Wagniskapitalgebers beträgt 30 %.[643] Dabei erfolgte die Berechnung des Anteilskaufpreises allerdings nur unter Berücksichtigung der realen Anteile vor der Finanzierungsrunde („non-diluted-Betrachtung").

---

636 *Bank/Möllmann*, VC Agreements in Germany, Rn. 426; *Schönhaar*, GWR 2017, 293, 295.

637 Nachfolgend bei Euro-Beträgen stets auf zwei Nachkommastellen und bei Geschäftsanteilen auf ganze Zahlen gerundet.

638 Im Gegensatz dazu die „Post-Money Bewertung", die den Unternehmenswert nach Zufluss der Mittel aus der Finanzierungsrunde bezeichnet (Pre-Money Bewertung + Gesamtinvestitionssumme der Finanzierungsrunde). *Kuntz*, Gestaltung von Kapitalgesellschaften zwischen Freiheit und Zwang, S. 165.

639 7.000.000 / 50.000 = 140. Vgl. zur Berechnung des Anteilskaufpreises im Wagniskapital: *Müller* in: Beck'sches Fb Zivil-, Wirtschafts- und Unternehmensrecht D–E, O. 2. Rn. 2.

640 3.000.000 / 140 = 21.429.

641 Eine Pre- und Post-Money-Betrachtung kann nicht nur in Bezug auf den Unternehmenswert, sondern auch hinsichtlich des Stammkapitals der Gesellschaft erfolgen.

642 50.000 + 21.429 = 71.249.

643 (100 / 71.429) x 21.429 = 30.

Um eine spätere Verwässerung durch die VSOP's bei der Verteilung etwaiger Exit-Erlöse zu kompensieren, einigen sich die Parteien auf eine fully-diluted-Betrachtung. Das führt zu einer Addition der Anzahl der Anteile vor der Finanzierungsrunde um die 5.000 virtuellen Mitarbeiteranteile. Bei der Anteilskaufpreisberechnung des Wagniskapitalgebers erhöht sich dadurch der Nenner (Anzahl der Anteile vor der Finanzierungsrunde) bei gleichbleibendem Zähler (Pre-Money-Unternehmensbewertung), was zu einem niedrigeren Quotienten (Anteilskaufpreis) führt.[644] Im Zahlenbeispiel sinkt der Anteilskaufpreis dadurch von EUR 140,00 (non-diluted) auf EUR 127,27 (fully-diluted).[645] Im Ergebnis kann der neu hinzutretende Wagniskapitalgeber 23.572 statt der ursprünglichen 21.429 Geschäftsanteile zeichnen.[646] Seine Beteiligungsquote wächst auf 32 %, da sich aber gleichzeitig die Beteiligungsquoten der übrigen Gesellschafter nicht erhöhen, gehen diese zusätzlichen 2 % zu ihren Lasten.[647]

Die fully-diluted-Betrachtung führt also bereits bei Beginn ihres Beteiligungsvorhabens zu einem Wachstum der Beteiligungsquoten der neu hinzutretenden Wagniskapitalgeber und damit auch ihrer Stimmrechte. Aus ihrer Sicht ist diese Gestaltungsvariante gegenüber einem rein vermögensrechtlichen Verwässerungsschutz durch Berücksichtig ihrer Vorzugsanteile bei der Berechnung schuldrechtlicher VSOP-Zahlungsansprüche vorteilhafter.

#### *cc) Mitarbeiter-Pools auf Post-Money-Basis*

Im Beispielsfall hat sich das Stammkapital der Gesellschaft durch den Beitritt des neuen Wagniskapitalgebers von EUR 50.000 (Pre-Money) auf EUR 73.572 (Post-Money) erhöht. Damit sinkt allerdings auch der relative Umfang der virtuellen Mitarbeiteranteile am Stammkapital. Vor dem Beitritt entsprachen die 5.000 Anteile noch 10 % des Stammkapitals, nach der Finanzierungsgrunde nur noch 6,79 %. Um eine solche Verwässerung der Mitarbeiteranteile durch das gleichzeitige Hinzutreten neuer Wagniskapitalgebers zu verhindern, sehen die Finanzierungsdokumentationen oft die Bereitstellung eines Mitarbeiter-Pools

---

644 Alternativ kann auch die der Finanzierungsrunde zugrundeliegende Unternehmensbewertung nach unten angepasst werden. Verkleinert sich der Zähler bei gleichem Nenner ergibt dies ebenfalls einen niedrigeren Quotienten. Vgl. mit einem Rechenbeispiel: *Bank/Möllmann*, VC Agreements in Germany, Rn. 428.

645 7.000.000 / (50.000 + 5.000) = 127,27.

646 3.000.000 / 127,27 = 23.572.

647 (100 / (50.000 + 23.572)) x 23.572 = 32,04.

vor, dessen Volumen einem bestimmten Prozentsatz des Post-Money-Stammkapitals der Gesellschaft entsprechen soll.[648]

### *dd) Rechnerische „Abwärtsspirale" bei gleichzeitiger fully-diluted-Betrachtung*

Unterliegt die Anteilskaufpreisberechnung des hinzutretenden Wagniskapitalgebers in derselben Finanzierungsrunde gleichzeitig einer fully-diluted-Betrachtung, ist folgende Wechselwirkung bei der Berechnung der jeweiligen Beteiligungshöhen festzustellen:

In Abweichung zum Ausgangsfall einigen sich die Parteien darauf, statt der fixen Summe von 5.000 Geschäftsanteilen (10 % des Pre-Money-Stammkapitals) einen Pool an virtuellen Anteilen bereitzustellen, der 10 % des Post-Money-Stammkapitals umfasst. Die tatsächliche Anzahl virtueller Mitarbeiteranteile steht anfänglich noch nicht fest, sodass die Ermittlung der Beteiligungsquote des neu hinzutretenden Wagniskapitalgebers zunächst nur unter Zugrundelegung einer non-diluted-Betrachtung erfolgen kann. Wie im Ausgangsfall liegt der Anteilskaufpreis bei EUR 140,00, der Wagniskapitalgeber wäre zur Zeichnung von 21.429 Anteilen berechtigt und das Stammkapital beträgt (Post-Money) EUR 71.429. Damit steht auch die Berechnungsgrundlage für die Ermittlung des Umfangs des Mitarbeiter-Pools, der folglich 7.143 virtuelle Anteile umfasst.[649] Diese zusätzlichen Mitarbeiteranteile lösen die fully-diluted-Betrachtung bei der Anteilskaufpreisberechnung aus, was ein Absinken des Anteilskaufpreises von EUR 140,00 auf EUR 122,50 zur Folge hat.[650] Die Beteiligung des neu hinzutretenden Wagniskapitalgebers steigt dadurch auf 24.490 Geschäftsanteile.[651] Das erhöht wiederum das Post-Money-Stammkapital der Gesellschaft auf 74.490[652] und damit auch die Bezugsgröße für den Mitarbeiter-Pool, der sich um 306 auf 7.449 virtuelle Anteile erhöht.[653] Diese zusätzlichen Mitarbeiteranteile müssen wiederum bei der fully-diluted-Anteilskaufpreisberechnung einfließen, womit dieser abermals auf EUR 121,85 sinkt.[654]

---

648 *Bank/Möllmann*, VC Agreements in Germany, Rn. 427; *Weitnauer*, Hdb Venture Capital, Teil E Rn. 239.

649 71.429 x 0,1 = 7.143.

650 (7.000.000 / (50.000 + 7.143) = 122,50.

651 (3.000.000 / 122,50) = 24.490.

652 50.000 + 24.490 = 74.490.

653 74.490 x 0,1 = 7.449.

654 7.000.000 / (50.000 + 7.449) = 121,85.

Diese rechnerische „Abwärtsspirale“ geht so lange weiter, bis das Absinken des Anteilskaufpreises derart marginal ist, dass der Wagniskapitalgeber dadurch keinen zusätzlichen Anteil zeichnen kann. Denn dann steigt das Post-Money-Stammkapitals der Gesellschaft nicht weiter und damit die relevante Bezugsgröße für die Errechnung der Mitarbeiteranteile. Im Beispiel ist dies erst bei einem Anteilskaufpreis von EUR 121,82 der Fall.[655] Der neu hinzutretende Wagniskapitalgeber kann infolgedessen 24.626 Geschäftsanteile zeichnen.[656] Das führt zu einem Post-Money-Stammkapital von EUR 74.626 womit die Anzahl der an die Mitarbeiter auszugebenen Anteile 7.463 (10 % des Post-Money-Stammkapitals) beträgt.[657] Im Ergebnis sind die Mitarbeiteranteile zwar vor einer unmittelbaren Verwässerung ihrer Beteiligung geschützt. Die Abwärtsspirale hat aber auch zu einem Beteiligungswachstum des Wagniskapitalgebers auf nunmehr 33 % geführt.[658] Im Ergebnis verkompliziert sich nicht nur die Anteilskaufpreisberechnung der Finanzierungsrunde, sondern die Beteiligungsquote des verwässerungsgeschützten Wagniskapitalgebers steigt abermals.[659]

655 Der Anteilskaufpreis von EUR 121,85 berechtigt den Wagniskapitalgeber zur Zeichnung von 24.620 Geschäftsanteilen (3.000.000 / 121,85 = 24.620). Der Mitarbeiter-Pool erhöht sich dadurch auf 7.462 ((50.000 + 24.620) x 0,1 = 7.462). Der fully-diluted-Anteilskaufpreis sinkt auf EUR 121,82 (7.000.000 / (50.000 + 7.462) = 121,82), die Beteiligung des Wagniskapitalgebers steigt auf 24.626 (3.000.000 / 121,82 = 24.626). Der Mitarbeiter-Pool erhöht sich auf 7.463 ((50.000 + 24.626) x 0,1 = 7.463). Der fully-diluted-Anteilskaufpreis sinkt dadurch so marginal, dass dies keinerlei Auswirkungen auf die beiden Nachkommastellen des vorherigen Anteilskaufpreises hat (7.000.000 / (50.000 + 7.463) = 121,82). Der Wagniskapitalgeber kann dadurch keine weiteren Anteile zeichnen, das Stammkapital (Post-Money) erhöht sich nicht. Damit ändert sich zugleich nicht mehr die relevante Bezugsgröße für den Mitarbeiter-Pool auf Post-Money-Basis. Die Abwärtsspirale ist beendet.

656 3.000.000 / 121,82 = 24.626.

657 74.626 x 0,1 = 7.462,60 (gerundet 7.463).

658 (100 / (50.000 + 24.626)) x 24.626 = 32,99.

659 Die Abwärtsspirale ließe sich nur verhindern, indem der Mitarbeiter-Pool von der fully-diluted-Betrachtung der Anteilskaufpreisberechnung ausgeschlossen wird. Dies wird der neu hinzutretende Wagniskapitalgeber angesichts einer daraus folgenden Verwässerung seiner Beteiligung aber regelmäßig nicht akzeptieren. Alternativ kann ein Mitarbeiter-Pool auf Pre- statt auf Post-Money-Basis oder, wie im Ausgangsfall, eine feststehende Anzahl an Anteilen für die Mitarbeiter vereinbart werden. Dies hat aber jeweils eine Verwässerung der Mitarbeiteranteile durch die fully-diluted-Betrachtung zur Folge.

## *2. Verwässerung infolge einer Downround*

Die Unternehmensbewertung eines Start-ups beruht, mangels belastbarer Gegenwartszahlen, in erster Linie auf einer Prognose des unternehmerischen Wachstums.[660] Angesichts ihres spekulativen Charakters fällt die Unternehmensbewertung und damit auch der Anteilskaufpreis einer nachfolgenden Finanzierungsrunde im Vergleich zur vorherigen Finanzierungsrunde nicht selten niedriger aus (sogenannte „Downround“).[661] Schuldrechtliche Verwässerungsschutzklauseln zur „Downround Protection“ sollen Wagniskapitalgeber vor dem Risiko einer anfänglichen Überbewertung schützen.[662] Streng genommen handelt es sich hierbei nicht um einen Schutz vor einer Verwässerung ihrer Beteiligung, sondern davor, im Vergleich zu späteren Finanzierungsrunden nicht „zu viel“ für die eigene Beteiligung zu zahlen.[663]

### *a) Auswirkungen von Mitarbeiterbeteiligungen auf die Downround Protection*

Die Downround Protection der Wagniskapitalgeber soll eine rückwirkende Bewertungsanpassung der vorherigen, „geschützten“ Finanzierungsrunde herbeiführen.[664] Rechtstechnisch erfolgt dies im Wege der Nachzeichnung zusätzlicher Anteile durch die verwässerungsschutzberechtigten Wagniskapitalgeber.[665] Die nachzuzeichnenden Anteile werden in der Regel aus einer parallel zur Downround stattfindenden Kapitalerhöhung gespeist.[666] Zur Ermittlung

---

660 Ausführlich zur Bewertungsproblematik bei Start-ups im 4. Teil A. I. 1. d).

661 *Bank/Möllmann*, VC Agreements in Germany, Rn. 176; *Kuntz*, Gestaltung von Kapitalgesellschaften zwischen Freiheit und Zwang, S. 126; *Vogel* in: Drygala/Wächter, Venture Capital, S. 85; *Weitnauer*, Hdb Venture Capital, Teil E Rn. 128.

662 *Bank/Möllmann*, VC Agreements in Germany, Rn. 176; *Kuntz*, Gestaltung von Kapitalgesellschaften zwischen Freiheit und Zwang, S. 126.

663 *Kuntz*, Gestaltung von Kapitalgesellschaften zwischen Freiheit und Zwang, S. 126; *Müller* in: Beck'sches Fb Zivil-, Wirtschafts- und Unternehmensrecht D–E, O. 2. Rn. 10; *Weitnauer*, Hdb Venture Capital, Teil E Rn. 128.

664 *Bank/Möllmann*, VC Agreements in Germany, Rn. 177.

665 Hier ergeben sich Gestaltungsspielräume. Die Nachzeichnung zusätzlicher Anteile kann z.B. davon abhängig gemacht werden, dass sich der verwässerungsschutzberechtigte Wagniskapitalgeber an der Downround beteiligt (sog. „Pay to Play“), vgl. *Kuntz*, Gestaltung von Kapitalgesellschaften zwischen Freiheit und Zwang, S. 132.

666 Alternativ lässt sich die Nachzeichnung auch durch die Übertragung von Bestandsanteilen abbilden, was allerdings mit schenkungs- bzw. ertragssteuerlichen Risiken

der genauen Anzahl nachzuzeichnender Anteile werden verschiedene Berechnungsverfahren eingesetzt. Ihnen ist gemeinsam, dass sie den verwässerungsschutzberechtigten Wagniskapitalgeber so stellen, als habe er seine Beteiligung in der geschützten Finanzierungsrunde zu einem niedrigeren Anteilskaufpreis erworben.[667] Gegenstand der nachfolgenden Untersuchung sind etwaige Auswirkungen, die Mitarbeiterbeteiligungen auf die Anzahl nachzuzeichnender Anteile ausüben.

### *aa) Full Ratchet*

Das „Full Ratchet"-Berechnungsverfahren stellt den verwässerungsschutzberechtigten Wagniskapitalgeber so, als habe er sein ursprüngliches Investment zum günstigeren Anteilspreis der Downround getätigt.[668] Infolgedessen ist er zur Nachzeichnung so vieler Anteile berechtigt, bis der Durchschnittspreis seiner gesamten Beteiligung dem der Downround entspricht.[669] Zusätzliche Kriterien, etwa das (Nicht-)Bestehen eines Mitarbeiterbeteiligungsprogramms, werden bei der Ermittlung der Anzahl nachzuzeichnender Anteile nicht berücksichtigt.

### *bb) Weighted Average*

Bei den „Weighted Average"-Berechnungsverfahren wird nicht nur der Anteilskaufpreis der Downround zur Ermittlung der Anzahl nachzuzeichnender Anteil zugrunde gelegt. Stattdessen wird ein gewichteter Durchschnittspreis aus beiden Finanzierungsrunden berechnet.[670] Je nachdem, welche Kriterien in die Gewichtung dieses Durchschnittspreises einfließen, lässt sich weiter differenzieren. Bei der engsten Variante („Narrow Based Weighted Average") werden nur die unterschiedlichen Gesamtinvestitionssummen beider

---

verbunden ist, *Vogel* in: Drygala/Wächter, Venture Capital, S. 87, 88; *Weitnauer*, Hdb Venture Capital, Teil E Rn. 129.

667 *Müller* in: Beck'sches Fb Zivil-, Wirtschafts- und Unternehmensrecht D–E, O. 3. Rn. 10.

668 *Thelen*, RNotZ 2020, 121, 130; *Vogel* in: Drygala/Wächter, Venture Capital, S. 85.

669 *Bank/Möllmann*, VC Agreements in Germany, Rn. 181; *Weitnauer*, Hdb Venture Capital, Teil E Rn. 130.

670 *Bank/Möllmann*, VC Agreements in Germany, Rn. 185; *Thelen*, RNotZ 2020, 121, 130.

Finanzierungsrunden zueinander in Relation gesetzt.[671] In der Beteiligungspraxis erfolgt dies unter Einsatz einer Berechnungsformel, die wie folgt aussehen kann:[672]

$$D = \frac{G1 + G2}{A1 + A2}$$

wobei gilt

| | |
|---|---|
| *D* = | Gewichteter Durchschnittspreis |
| *G1* = | Gesamtinvestitionssumme des verwässerungsschutzbegünstigen Investors in der geschützten Finanzierungsrunde |
| *G2* = | Gesamtinvestitionssumme der Investoren in der Downround |
| *A1* = | Summe der gezeichneten Anteile des verwässerungsschutzberechtigten Investors in der geschützten Finanzierungsrunde |
| *A2* = | Summe der gezeichneten Anteile der Investoren in der Downround |

Eine Erweiterung der Kriterien, die in die Gewichtung des Durchschnittpreises einfließen, findet beim „Broad Based Weighted Average"-Berechnungsverfahren statt. So finden nicht nur reale Anteile, sondern auch andere Rechte, die zu einer Verwässerung der Beteiligungsverhältnisse führen, Berücksichtigung (fully-diluted-Betrachtung).[673] Dazu zählen neben Wandlungs- und Optionsrechten insbesondere auch sämtliche Formen der Mitarbeiterbeteiligung.[674] Dadurch verändert sich zwangsläufig die Berechnungsformel:[675]

---

671 *Vogel* in: Drygala/Wächter, Venture Capital, S. 86.

672 Vgl. für alternative Berechnungsformeln: *Bank/Möllmann*, VC Agreements in Germany, Rn. 187; *Kuntz*, Gestaltung von Kapitalgesellschaften zwischen Freiheit und Zwang, S. 138; *Müller* in: Beck'sches Fb Zivil-, Wirtschafts- und Unternehmensrecht D–E, O. 3. Rn. 10; *Weitnauer*, Hdb Venture Capital, Anhang VII.1 Nr. 6.2. Wenngleich sich die verschiedenen Formeln in der Beteiligungspraxis äußerlich voneinander unterscheiden, führen sie oft zu ähnlichen oder identischen Ergebnissen.

673 *Kuntz*, Gestaltung von Kapitalgesellschaften zwischen Freiheit und Zwang, S. 138; *Schönhaar*, GWR 2017, 293, 295.

674 Die Auswahl dieser Kriterien ist Gegenstand individueller Vertragsverhandlungen. *Kuntz*, Gestaltung von Kapitalgesellschaften zwischen Freiheit und Zwang, S. 137; *Weitnauer*, Hdb Venture Capital, Teil E Rn. 130.

675 Für eine alternative Broad Based Weighted Average-Formel vgl. *Bank/Möllmann*, VC Agreements in Germany, Rn. 189; *Kuntz*, Gestaltung von Kapitalgesellschaften

$$D = \frac{P1 x S1 + P2 x S2}{S1 + S2}$$

wobei gilt

*D* = Gewichteter Durchschnittspreis
*P1* = Anteilskaufpreis der geschützten Finanzierungsrunde
*S1* = Summe sämtlicher Anteile nach der geschützten Finanzierungsrunde auf fully-diluted-Basis
*P2* = Anteilskaufpreis der Downround
*S2* = Summe sämtlicher Anteile nach der Downround auf fully-diluted-Basis

*cc) Zahlenbeispiel*

Die Auswahl zugunsten einer dieser Berechnungsformeln hat signifikante Auswirkungen auf die Anzahl der nachzuzeichnenden Anteile. Zur Veranschaulichung folgendes Zahlenbeispiel:[676]

Ausgangspunkt ist eine Serie A-Finanzierungsrunde, bei der sich die Gründer und ein Wagniskapitalgeber auf eine Pre-Money-Unternehmensbewertung von EUR 5.000.000 einigen. Das Stammkapital der Gesellschaft (eingeteilt in Geschäftsanteile von je EUR 1,00) beträgt Pre-Money EUR 25.000, Mitarbeiterbeteiligungen gibt es zu diesem Zeitpunkt nicht. Der Serie A-Anteilskaufpreis liegt damit bei EUR 200.[677] Die Gesamtinvestitionssumme des Serie A-Wagniskapitalgebers beträgt EUR 1.000.000, sodass er nach der Finanzierungsrunde 5.000 Anteile hält.[678] Das Stammkapital der Gesellschaft beträgt nach der Serie A-Finanzierungsrunde EUR 30.000. In der darauffolgenden Serie B-Finanzierungsrunde sinkt die Pre-Money-Unternehmensbewertung um EUR 1.000.000 auf nunmehr EUR 4.000.000. Im Zuge der Serie B-Finanzierungsrunde sollen zudem Mitarbeiter durch die Ausgabe von 5.000 virtuellen Anteile incentiviert werden. Um sich vor einer späteren wirtschaftlichen Verwässerung seiner Beteiligung zu schützen, besteht der Serie B-Wagniskapitalgeber auf einer fully-diluted-Betrachtung bei der Anteilskaufpreisberechnung. Der Serie B-Anteilskaufpreis beträgt

---

zwischen Freiheit und Zwang, S. 139; *Müller* in: Beck'sches Fb Zivil-, Wirtschafts- und Unternehmensrecht D–E, O. 3. Rn. 10.

676 Nachfolgend stets auf zwei Nachkommastellen gerundet.

677 5.000.000 / 25.000 = 200.

678 1.000.000 / 200 = 5.000.

damit EUR 114,28.[679] Investiert der später hinzutretende Wagniskapitalgeber der Serie B EUR 1.000.000 in das Start-up, erhält er im Gegenzug 8.750 Geschäftsanteile.[680]

(1) Gestaltungsmöglichkeit 1: Full Ratchet-Klausel

Wenn der Beteiligungsvertrag der Serie A-Finanzierungsrunde eine Full Ratchet-Klausel beinhaltet, wird der Serie A-Wagniskapitalgeber so gestellt, als habe er seine ursprüngliche Beteiligung zum Serie B-Anteilskaufpreis erworben. Für sein damaliges Investment von EUR 1.000.000 hätte er 8.750 statt der 5.000 Geschäftsanteile erhalten. Die Klausel berechtigt ihn somit zur Nachzeichnung von 3.750 Geschäftsanteilen. Damit geht allerdings die Verwässerung der Beteiligungsquote des neu hinzutretenden Serie B-Wagniskapitalgebers einher. Zu seinen Gunsten greift nunmehr die fully-diluted-Betrachtung bei der Serie B-Anteilskaufpreisberechnung. Der Anteilskaufpreis sinkt dadurch auf EUR 103,23.[681] Der Serie B-Wagniskapitalgeber erhält weitere 937 Anteile.[682] Durch das Sinken des Serie B-Anteilskaufpreises kommt wiederum die Full Ratchet-Klausel des Serie A-Wagniskapitalgebers zum Zug und berechtigt ihn zur Nachzeichnung von weiteren 937 Geschäftsanteilen.

Somit kommt es auch hier zu einer rechnerischen Abwärtsspirale zwischen der fully-diluted Anteilskaufpreisberechnung der Downround und der Full Ratchet-Klausel der geschützten Finanzierungsrunde. Im Zahlenbeispiel kommt diese erst dann zum Erliegen, wenn die Beteiligungshöhen beider Wagniskapitalgeber angesichts ihrer identischen Gesamtinvestitionssummen von EUR 1.000.000 übereinstimmen. Dies ist erst der Fall, wenn der Anteilskaufpreis der Serie B-Finanzierungsrunde auf genau EUR 100,00 gesunken ist, die Beteiligungsquote beider Wagniskapitalgeber umfasst dann jeweils 10.000 Geschäftsanteile.[683]

Die Folgen einer Abwärtsspirale sind bei einer Downround Protection weitaus dramatischer als diejenigen im Rahmen eines Mitarbeiter-Pools auf Post-Money-Basis. Sie führt nicht nur dazu, dass der fully-diluted Anteilskaufpreis sinkt, sondern auch derjenige der geschützten Finanzierungsrunde. Dadurch erhöhen sich sowohl der Beteiligungsumfang neu hinzutretender

679 4.000.000 / (30.000 + 5.000) = 114,28.

680 1.000.000 / 114,28 = 8.750.

681 4.000.000 / (30.000 + 5.000 + 3.750) = 103,23.

682 1.000.000 / 103,23 = 9.687. Abzüglich der Anteile, die er bereits erhält (8.750) ergibt dies 937.

683 1.000.000 / 100,00 = 10.000.

Wagniskapitalgeber als auch derjenige der verwässerungsgeschützten Bestandsinvestoren. Das wirkt sich doppelt zulasten derjenigen Gesellschafter aus, die von keinem Verwässerungsschutz profitieren.[684]

(2) Gestaltungsmöglichkeit 2: Narrow Based Weighted Average-Klausel

Unter Zugrundelegung einer Narrow Based Weighted Average-Formel ergibt sich im Beispielsfall ein gewichteter Durchschnittspreis von EUR 145,45.[685] Wenn der Serie A-Wagniskapitalgeber seine ursprüngliche Beteiligung zu diesem Anteilskaufpreis erworben hätte, erhielte er 6.875 Geschäftsanteile.[686] Die Klausel berechtigt ihn somit Nachzeichnung von 1.875 Anteilen.[687] Schon jetzt wird deutlich, dass die Zugrundelegung eines gewichteten Durchschnittspreises den Umfang der nachzuzeichnenden Anteile deutlich verringert.

Allerdings entsteht auch hier eine Wechselwirkung mit der fully-diluted-Betrachtung bei der Anteilskaufpreisberechnung der Downround. Die Abwärtsspirale endet erst, wenn der gewichtete Durchschnittspreis derart marginal gesunken ist, dass der verwässerungsschutzberechtigte Wagniskapitalgeber keine zusätzlichen Anteile nachzeichnen kann, die ihrerseits das Post-Money-Stammkapital weiter erhöhen. Im Zahlenbeispiel ist dies der Fall, wenn der gewichtete Durchschnittspreis EUR 140,00 beträgt.[688] Am Ende der Abwärtsspirale ist der Serie A-Wagniskapitalgeber zur Nachzeichnung von 268 Geschäfts-

---

684 Vgl. insofern auch *Kuntz*, Gestaltung von Kapitalgesellschaften zwischen Freiheit und Zwang, S. 133, der in Anbetracht der gravierenden Folgen für die nichtverwässerungsgeschützten Gesellschafter auch von einer „Todesspirale" spricht.

685 (1.000.000 + 1.000.000) / (5.000 + 8.750) = 145,45.

686 1.000.000 / 145,45 = 6.875.

687 6.875 - 5.000 = 1.875.

688 Unter Zugrundelegung dieses Kaufpreises hätte der Serie A-Wagniskapitalgeber in der Serie A-Finanzierungsrunde 7.143 Geschäftsanteile erhalten (1.000.000 / 140,00 = 7.143). Der Serie A-Wagniskapitalgeber zeichnet folglich in der Serie B-Finanzierungsrunde 2.143 Geschäftsanteile nach (7.143 - 5.000 Anteile aus der Serie A-Finanzierungsrunde). Die Anzahl sämtlicher Anteile der Gesellschaft beträgt nach der Serie B-Finanzierungsrunde nunmehr 37.143 (30.000 Geschäftsanteile nach der Serie A-Finanzierungsrunde + 5000 virtuelle Mitarbeiteranteile + 2.143 nachzuzeichnende Anteile). Hinsichtlich des Anteilskaufpreises der Serie B-Finanzierungsrunde gilt dann: 4.000.000 / 37.143 = 107,69. Der Serie B-Wagniskapitalgeber erhält 9.286 (1.000.000 / 107,69 = 9.286). Nach der Narrow Based Weighted Average-Klausel gilt dann wieder (1.000.000 + 1.000.000) / (5.000 + 9.286) = 140,00. Dies entspricht wieder dem ursprünglichen gewichteten Durchschnittspreis, womit die Abwärtsspirale beendet ist.

anteile berechtigt, seine Beteiligung liegt bei 7.143 Geschäftsanteile.[689] Der Serie B-Wagniskapitalgeber erhält infolge der fully-diluted-Betrachtung weitere 536 Geschäftsanteile, seine Beteiligung umfasst nunmehr 9.286 Geschäftsanteile.[690]

(3) Gestaltungsmöglichkeit 3: Broad Based Weighted Average-Klausel
Bei Anwendung einer Broad Based Weighted Average-Formel beträgt der gewichtete Durchschnittspreis im Beispielsfall EUR 149,15.[691] Dies berechtigt den Serie A-Wagniskapitalgeber zur Nachzeichnung von 1.705 Geschäftsanteilen.[692] Die Berücksichtigung der 5.000 zusätzlichen virtuellen Anteile für Mitarbeiter erhöhen demnach den gewichteten Durchschnittspreis im Vergleich zur Narrow Based Weighted Average-Formel.

Allerdings kommt es auch hier zu einer Abwärtsspirale infolge der fully-diluted-Betrachtung der Anteilskaufpreisberechnung in der Serie B-Finanzierungsrunde. Im Zahlenbeispiel kommt diese bei einem gewichteten Durchschnittspreis von EUR 145,47 zum Erliegen.[693] Infolge dieser Abwärtsspirale kann der Serie A-Wagniskapitalgeber weitere 1.874 Geschäftsanteile nachzeichnen, seine Beteiligung umfasst nach der Serie B-Finanzierung 6.875 Geschäftsanteile.[694] Der Anteilskaufpreis der Serie B-Finanzierungsrunde sinkt auf EUR 108,48, der Serie B-Wagniskapitalgeber kann weitere 468 Geschäftsanteile zeichnen, seine Beteiligung umfasst Post-Money 9.218.[695]

---

689 1.000.000 / 140,00 = 7.143.

690 1.000.000 / 107,69 = 9.286.

691 (200 x 30.000 + 114,28 x 43.750) / (30.000 + 43.750) = 149,15.

692 1.000.000 / 149,15 = 6.705. Abzüglich der 5.000 Geschäftsanteile aus der Serie A-Finanzierungsrunde ergibt dies 1.705.

693 Unter Zugrundelegung dieses Kaufpreises hätte der Serie A-Wagniskapitalgeber in der Serie A-Finanzierungsrunde 6.874 Geschäftsanteile erhalten (1.000.000 / 145,47 = 6.874). Der Serie A-Wagniskapitalgeber zeichnet folglich in der Serie B-Finanzierungsrunde 1.874 Geschäftsanteile nach (6.874 – 5.000 Anteile aus der Serie A-Finanzierungsrunde). Die Anzahl sämtlicher Anteile der Gesellschaft beträgt nach der Serie B-Finanzierungsrunde nunmehr 36.874 (30.000 Geschäftsanteile nach der Serie A-Finanzierungsrunde + 5.000 virtuelle Mitarbeiteranteile + 1.874 nachzuzeichnende Anteile). Hinsichtlich des Anteilskaufpreises der Serie B-Finanzierungsrunde gilt dann: 4.000.000 / 36.874 = 108,48. Der Serie B-Wagniskapitalgeber erhält 9.218 Anteile (1.000.000 / 108,48 = 9.218). Nach der Broad Based Weighted Average-Klausel gilt dann wieder (200 x 30.000 + 108,48 x 44.218) / (30.000 + 44.218) = 145,47. Dies entspricht dem ursprünglichen gewichteten Durchschnittspreis, womit die rechnerische Abwärtsspirale beendet ist.

694 1.000.000 / 145,45 = 6.875.

695 1.000.000 / 108,48 = 9.218.

(4) Zusätzliche „Abwärtsspirale" bei Mitarbeiter-Pool auf Post-Money-Basis

Einigen sich die Parteien der Downround darauf, zusätzlich einen Mitarbeiter-Pool auf Post-Money-Basis einzurichten, hätte dies dramatische Auswirkungen. Erst wenn die Abwärtsspirale aus der Downround Protection und der fully-diluted Anteilskaufpreisberechnung zum Erliegen gekommen ist, steht die Anzahl aller Anteile nach der Finanzierungsrunde (Post-Money) und damit die Bezugsgröße für den Mitarbeiter-Pool fest. Da der Anteilskaufpreisberechnung der Serie B-Finanzierungsrunde aber auf fully-diluted-Basis erfolgt, muss die soeben berechnete Anzahl neu geschaffener virtueller Mitarbeiteranteile bei der Berechnung des Anteilskaufpreises nachträglich berücksichtigt werden. Dadurch sinkt der Anteilskaufpreis, was wiederum die Downround Protection auslöst. Nachdem die Abwärtsspirale also ein erstes Mal zum Erliegen gekommen ist, wird sie durch den Mitarbeiter-Pool auf Post-Money-Basis ein zweites Mal ausgelöst und führt sodann zu einer dreifachen Wechselwirkung zwischen Downround Protection, fully-diluted-Anteilskaufpreisberechnung und Post-Money Mitarbeiter-Pool. Das verkompliziert nicht nur die mathematische Ermittlung der individuellen Beteiligungshöhen, sondern führt auch zu einer weiteren Reduzierung der relativen Beteiligungsquoten aller nicht-verwässerungsgeschützten Gesellschafter am Stammkapital der Gesellschaft.

*dd) Zwischenergebnis*

Aus Sicht der Wagniskapitalgeber ist die Full Ratchet-Klausel am vorteilhaftesten. Sie berechtigten den verwässerungsschutzberechtigten Wagniskapitalgeber zur Nachzeichnung der meisten Geschäftsanteile (im Zahlenbeispiel 5.000). Durch die Zugrundelegung eines gewichteten Durchschnittspreises sinkt die Anzahl der nachzuzeichnenden Anteile im Rahmen der Narrow Based Weighted Average-Klausel deutlich (im Zahlenbeispiel nur noch 2.143). Die Aufnahme zusätzlicher Kriterien in die Gewichtung des Durchschnittspreises führt bei der Broad Based Weighted Average-Klausel abermals zu einem niedrigeren Umfang nachzuzeichnender Anteile (im Zahlenbeispiel 1.874). Mitarbeiterbeteiligungen fließen nur im Rahmen der Broad Based Weighted Average-Klausel in die Ermittlung des Durchschnittspreises ein und wirken sich dort zulasten des verwässerungsgeschützten Wagniskapitalgebers aus, indem sie seine Anzahl nachzuzeichnender Anteile verringern.

Das Zahlenbeispiel verdeutlicht zudem, dass sämtliche Gestaltungsmöglichkeiten der Downround Protection in Kombination mit einer fully-diluted-Betrachtung bei der Anteilskaufpreisberechnung in der Downround zu einer rechnerischen „Abwärtsspirale" zulasten der nicht-verwässerungsgeschützten

Gesellschafter führen. Der Effekt fällt bei den Weighted Average-Klauseln weniger drastisch aus als bei der Full Ratchet-Klausel, bei der Broad Based Weighted Average-Klausel wiederum geringer als bei der Narrow Based Weighted Average-Klausel. Ursächlich ist dafür stets eine geringere Differenz zwischen dem Anteilskaufpreis der Downround und dem Anteilskaufpreis, der nach der jeweiligen Formel bei der Anzahl nachzuzeichnender Anteile zugrunde gelegt wird. Die Vereinbarung eines Pools zu schaffender Mitarbeiteranteile auf Post-Money-Basis verkompliziert das Berechnungsverfahren abermals und erhöht die Beteiligungsquoten der verwässerungsgeschützten Beteiligungen, indem es die Abwärtsspirale um eine dritte Komponente verstärkt.

### *b) Keine Downround Protection bei Sweet Equity-Strukturen*

Mitarbeiter erhalten reale Anteile typischerweise als Sweet Equity, womit ihr Anteilskaufpreis erheblich niedriger ist als derjenige einer Finanzierungsrunde. Infolgedessen zahlen Wagniskapitalgeber im Vergleich zu den begünstigten Mitarbeitern stets „zu viel“ für ihre Beteiligung. Im Fall einer ungenauen oder zu weiten Definitionen des „Downround“-Begriffs eröffnet sich für Wagniskapitalgebern mithin die Möglichkeit, die Vergabe echter Anteile an Mitarbeiter unter die Regelungen zur Downround Protection zu subsumieren. Die sich daran anschließende Nachzeichnung von Geschäftsanteilen auf Basis des Sweet Equity-Anteilskaufpreises der Mitarbeiter kann zu einer fast vollständigen Übernahme der Gesellschaft durch den verwässerungsschutzberechtigten Investor führen.[696]

---

696 Dazu folgendes Zahlenbeispiel: Hat ein Wagniskapitalgeber bei einer Pre-Money Unternehmensbewertung von EUR 5.000.000 und einem Stammkapital von EUR 50.000 insgesamt EUR 1.000.000 in die Gesellschaft investiert, erhält er hierfür eine Beteiligung von 10.000 Geschäftsanteilen (1.000.000 / (5.000.000 / 50.000) = 10.000). Seine Beteiligungsquote beträgt nach der Finanzierungsrunde 16,6 %. Werden nunmehr 5.000 Geschäftsanteile an Mitarbeiter als Sweet Equity zum Kaufpreis von EUR 1,00 pro Anteil ausgegeben, hätte der Wagniskapitalgeber bei Anwendung einer Full-Ratchet-Klausel für seine ursprüngliche Investitionssumme von EUR 1.000.000 insgesamt 1.000.000 Anteile erhalten. Die Klausel berechtigt ihn somit zur Nachzeichnung von 990.000 Geschäftsanteilen. Das Stammkapital der Gesellschaft beträgt dadurch EUR 1.055.000 und die Beteiligungsquote des verwässerungsgeschützten Wagniskapitalgebers 94 % (hätte es nicht nur einen, sondern mehrere verwässerungsschutzberechtigte Wagniskapitalgeber gegeben, dürften diese ebenfalls eine signifikant hohe Anzahl an Geschäftsanteilen nachzeichnen. Infolgedessen wäre die Beteiligung aller nicht-verwässerungsgeschützten Gesellschafter weiter auf ein zu vernachlässigendes Minimum geschrumpft).

Dies entspricht offensichtlich weder dem Sinn und Zweck einer Downround Protection, noch der wirtschaftlichen Zielsetzung der Mitarbeiterbeteiligung. Die Vergabe echter Anteile an Mitarbeiter sollte daher ausdrücklich vom Anwendungsbereich der Downround Protection ausgeschlossen werden.[697] Eine entsprechende Klarstellung verringert das Risiko der einseitigen Vorteilsnahme durch die verwässerungsschutzberechtigten Wagniskapitalgeber im Falle eines späteren Zerwürfnisses mit dem Gründerteam.

## II. Verwässerungsschutz der Mitarbeiter

Es stellt sich die Frage, wie sich die soeben diskutierten Verwässerungsschutzmechanismen der Wagniskapitalgeber und andere Veränderungen in der Gesellschaft auf die Beteiligungsquoten der begünstigten Mitarbeiter auswirken.

### *1. Verwässerung durch Folgefinanzierungsrunden*

Soeben wurde bereits festgestellt, dass eine neu eingeführte Mitarbeiterbeteiligung immer dann durch eine Finanzierungsrunde verwässert, wenn die maßgebliche Bezugsgröße für die Anzahl der Anteile das Pre-Money-Stammkapital der Gesellschaft ist.[698] Diese Verwässerung lässt sich vermeiden, indem der Beteiligungsumfang der Mitarbeiterbeteiligung in Relation zum Post-Money-Stammkapital bestimmt wird.

Im Fokus der nachfolgenden Untersuchung stehen nunmehr die verwässernden Folgen einer Finanzierungsrunde auf bereits bestehende Mitarbeiterbeteiligungen. Diese variieren naturgemäß je nach konkreter Form der Beteiligung.

#### *a) Direkte Vergabe von Geschäftsanteilen*

Mit der Aufnahme neuer Wagniskapitalgeber in den Kreis der Gesellschafter ist zwangsläufig eine Reduktion des relativen Beteiligungsumfangs eines oder mehrerer Altgesellschafter verbunden. In Bezug auf Mitarbeiterbeteiligung stellt sich insofern die Frage, ob ihre Beteiligungsquote aufrechterhalten oder reduziert wird.

---

697 Vgl. mit einem Formulierungsbeispiel: *Bank/Möllmann*, VC Agreements in Germany, Abschn. 11.6.4.

698 Dazu oben E. I. 1. b).

*aa) Aufrechterhaltung der Beteiligungsquote*

Die ursprünglich vereinbarte Beteiligungsquote der Mitarbeiter ließe sich zwar in jeder Folgefinanzierungsrunde durch ein Nachzeichnen von Geschäftsanteilen aufrechterhalten. Indes sieht die Beteiligungsdokumentation einer Wagniskapitalfinanzierung vor, dass nur diejenigen Gesellschafter im Rahmen einer Finanzierungsrunde zur Zeichnung neuer Anteile zugelassen sind, die auch an der Finanzierungsrunde teilnehmen.[699] Hingegen zählen, neben den Gründern, die direkt beteiligten Mitarbeiter typischerweise zu denjenigen Altgesellschaftern, die sich in Ermangelung eigener finanzieller Ressourcen nicht beteiligen können.[700] Nach der Finanzierungsdokumentation schließt sie das aus dem Kreis der Bezugsberechtigten aus.

(1) Gesetzliches Bezugsrecht des GmbH-Gesellschafters

Indes erwächst aus der Gesellschafterstellung des Mitarbeiters auch ein gesetzliches Bezugsrecht, überwiegend hergeleitet aus § 186 Abs. 1 AktG analog.[701] Vor diesem Hintergrund stellt sich die Frage, ob das Übergehen der Mitarbeiter bei der Vergabe neuer Anteile in einer Finanzierungsrunde überhaupt zulässig ist.

(2) Vereinbarung von Bezugsrechtsverzichten

Die rechtstechnische Umsetzung der Aufnahme neuer Wagniskapitalgeber gestaltet sich in der zugrundeliegenden Finanzierungsdokumentation typischerweise so, dass diejenigen Bestandsgesellschafter, die sich nicht an der Finanzierungsrunde beteiligen, freiwillig auf ihr Bezugsrecht verzichten.[702]

*(a) Kein Bezugsrechtsausschluss*

Ein Ausschluss des Bezugsrechts durch die übrigen Gesellschafter ist nur unter strengen formellen wie materiellen Vorgaben möglich.[703] Das gilt vor dem Hintergrund des Gleichbehandlungsgrundsatzes umso mehr, wenn nur das

---

699 *Bank/Möllmann*, VC Agreements in Germany, Rn. 169.

700 *Bank/Möllmann*, VC Agreements in Germany, Rn. 437; *Martinius/Stubert*, BB 2006, 1977, 1981.

701 Vgl. *Servatius* in: Noack/Servatius/Haas, GmbHG § 55, Rn. 20. Nach a.A. gründet das Bezugsrecht auf dem Zulassungsbeschluss, *Ulmer/Casper* in: Habersack/Casper/Löbbe, GmbHG § 55 Rn. 52. Vgl. ausführlich zum Meinungsstand *Lieder* in: MüKo GmbHG, § 55 Rn. 67–72 der sich im Ergebnis der überwiegenden Auffassung anschließt.

702 *Bank/Möllmann*, VC Agreements in Germany, Rn. 27, 169; *Thelen*, RNotZ 2020, 121, 126; *Weitnauer*, Hdb Venture Capital, Teil E Rn. 138.

703 *Servatius* in: Noack/Servatius/Haas, GmbHG § 55, Rn. 25–30.

Bezugsrecht einzelner Gesellschafter ausgeschlossen werden soll. Ob die Voraussetzungen hier erfüllt sind, bedarf allerdings keiner Entscheidung, da die Beteiligungsdokumentation gerade keinen Ausschluss, sondern einen freiwilligen Verzicht der betroffenen Gesellschafter vorsieht.[704]

*(b) Rechtmäßigkeit der Stimmbindungsvereinbarung*

Die Verpflichtung der Bestandsgesellschafter, im Rahmen einer Kapitalerhöhung auf ihr gesetzliches Bezugsrecht zu verzichten, stellt viel eher eine schuldrechtliche Stimmbindungsvereinbarung des oder der betroffenen Gesellschafter dar.[705] Entsprechende Vereinbarungen sind nicht nur unter Gesellschaftern, sondern nach überwiegender Meinung im Schrifttum auch zugunsten Dritter – etwa den neu hinzutretenden Wagniskapitalgebern – zulässig.[706] Gleichwohl bestehen bei der Vertragsgestaltung inhaltliche Grenzen, etwa wenn der Stimmbindungsinhalt im Widerspruch zu institutionellen Wertungen des Gesellschaftsrechts, zum Gesellschaftsinteresse oder zur mitgliedschaftlichen Treuepflicht steht.[707] Zwar erwächst das Bezugsrecht eines Gesellschafters aus seiner Stellung als Gesellschafter und ist damit untrennbarer an seine Mitgliedschaft an der GmbH geknüpft. Als solcher kann es weder Gegenstand gesonderter Verfügungen sein noch ist es generell verzichtbar.[708] Etwas anderes gilt jedoch hinsichtlich des Bezugsanspruchs, der als selbstständiges Recht mit Fassung des Kapitalerhöhungsbeschlusses entsteht. Dieser konkrete Anspruch, gerichtet auf Teilnahme an der Kapitalerhöhung entsprechend der bisherigen Beteiligungsquote, ist als solcher übertrag- und verzichtbar.[709] Eine entsprechende Stimmbindung verstößt demnach nicht schon gegen gesellschaftsrechtliche Grundsätze.[710]

---

704 *Martinius/Stubert*, BB 2006, 1977, 1981.

705 *Winkler*, Rechtsfragen der VC-Finanzierung, S. 170.

706 *Drescher* in: MüKo GmbHG, § 47 Rn. 241, 245; *Römermann* in: Michalski/Heidinger/Leible/J. Schmidt, GmbHG § 47 Rn. 511. Auch wird sie nach der Rspr. des BGH grundsätzlich zugelassen, vgl. Urt. v. 29.05.1967, NJW 1963; v. 20.01.1983, NJW 1983, 1910. A.A. *Schäfer* in: MüKoBGB, § 717 Rn. 25.

707 *Winkler*, Rechtsfragen der VC-Finanzierung, S. 170.

708 *Arnold/Born* in: Bork/Schäfer, GmbHG, § 55 Rn. 23.

709 Das gilt sogar vor Fassung des tatsächlichen Kapitalerhöhungsbeschlusses als zukünftiger, konkreter Bezugsanspruch, vgl. *Arnold/Born* in: Bork/Schäfer, GmbHG, § 55 Rn. 26; *Martinius/Stubert*, BB 2006, 1977, 1981; *Servatius* in: Noack/Servatius/Haas, GmbHG § 55, Rn. 23.

710 Etwas anderes gilt auch nicht vor dem Hintergrund der Rechtsprechung des Bundesgerichtshofs zu Hinauskündigungsklauseln. Zwar ist der Bezugsrechteverzicht

*(c) Keine Vergleichbarkeit mit Hinauskündigungsklauseln*

Je mehr Finanzierungsrunden stattfinden, desto weiter schrumpft auch der relative Beteiligungsumfang der nicht-bezugsberechtigten Gesellschafter am Stammkapital der Gesellschaft. Daher wird die Verwässerung der Beteiligungsquote im Schrifttum teileweise auch als „Gesellschafterausschluss auf Raten“ bezeichnet.[711] Damit stellt sich die Frage, ob die mehrfach diskutierten Grundsätze des BGH zu Hinauskündigungsklauseln auf die Bezugsrechtsverzichte der Mitarbeiter übertragbar sind und damit die Nichtigkeit entsprechender Stimmbindungsvereinbarungen nach § 138 Abs. 1 BGB zur Folge hätte.[712]

Für eine Vergleichbarkeit mit Hinauskündigungsklauseln spricht, dass die Mitarbeiter angesichts ihrer Minderheitsbeteiligung in der Gesellschafterversammlung praktisch keinen Einfluss darauf haben, ob es zu einer Finanzierungsrunde und damit einhergehender Verwässerung kommt oder nicht. Sie sind insofern dem Ermessen der übrigen Gesellschafter ausgeliefert. Allerdings unterscheidet sich die hinter den Klauseln stehende Motivation wesentlich voneinander. Während Hinauskündigungsklauseln darauf abzielen, den oder die betroffenen Gesellschafter durch den drohenden Ausschluss aus der Gesellschaft zu einem bestimmten Verhalten zu disziplinieren, geht es beim Bezugsrechtsverzicht ausschließlich darum, den mit fortschreitendem Wachstum einhergehenden Finanzbedarf des Start-ups zu decken.[713] Der Zufluss neuen Kapitals durch die Aufnahme neuer Gesellschafter im Rahmen einer Finanzierungsrunde ist nur durch den Bezugsrechteverzicht oder -ausschluss eines oder mehrerer Altgesellschafter möglich. Diejenigen Gesellschafter von der Zeichnung von Anteilen auszuschließen, die sich nicht an der Finanzierungsrunde beteiligen, ist auch nicht willkürlich, sondern verfolgt das legitime Ziel, ein Trittbrettfahrertum unter den Altgesellschaftern zu verhindern. Außerdem liegt der Eintritt einer Finanzierungsrunde nicht im alleinigen Ermessen der Altgesellschafter, sondern ist auch von der Investitionsbereitschaft der Wagniskapitalgeber abhängig. Auch kommt es im Unterschied zu Hinauskündigungsklauseln beim Bezugsrechtsverzicht nie zu einem vollständigen Ausschluss der

---

mit einer Reduzierung der Beteiligungsquote, nicht jedoch mit einem Verlust der Mitgliedschaft verbunden.

711 *Martinius/Stubert*, BB 2006, 1977, 1981; *Wiedemann* in: Großkommentar AktG, 4. Aufl. 2012, § 186 Rn. 13.

712 Zu Hinauskündigungsklauseln bereits ausführlich oben D. I. 3. a).

713 Bzw. die Zahlungsfähigkeit der Gesellschaft bei einem negativen Geschäftsverlauf oder im Sanierungsfall zu gewährleisten

nicht-bezugsberechtigten Gesellschafter aus dem Gesellschafterkreis, sondern nur zu einer Reduzierung ihrer relativen Beteiligungsquoten.

Letzterem ließe sich zwar entgegengehalten, dass die betroffenen Gesellschafter dadurch möglicherweise in der Gesellschafterversammlung keinen Einfluss auf die Geschicke der Gesellschaft ausüben können, was dem Szenario eines Ausschlusses nahekommt. Dieses Argument lässt sich auf Mitarbeiterbeteiligungen im Venture Capital allerdings nicht übertragen, da die Mitarbeiter angesichts ihrer geringen Beteiligungsquote und der disquotalen Ausgestaltung von Gesellschafterrechten[714] ohnehin nicht in der Lage sind, Entscheidungen der Gesellschaft zu beeinflussen. Eine Vergleichbarkeit freiwilliger Bezugsrechtsverzichte zur Ermöglichung von Folgefinanzierungsrunden mit Hinauskündigungsklauseln ist daher nicht gegeben. Entsprechende Regelungen verstoßen nicht gegen die guten Sitten gemäß § 138 Abs. 1 BGB und sind nicht sittenwidrig.

### *bb) Keine spürbare Verwässerung bei überproportionalem Wertzuwachs*

Mithin unterliegen direkte Eigenkapitalbeteiligungen von Mitarbeitern mit jeder weiteren Finanzierungsrunde einer kapitalmäßigen Verwässerung. Dabei variieren die tatsächlich spürbaren wirtschaftlichen Auswirkungen, je nachdem, wie sich die Entwicklung des Unternehmens im Einzelfall gestaltet.

Die Post-Money-Unternehmensbewertung errechnet sich im Wege der Addition der Pre-Money-Bewertung um die zugeflossenen Investitionsbeiträge aus einer Finanzierungsrunde. Der Zufluss frischen Kapitals ist insofern stets mit einer höheren Bewertung der Gesellschaft und damit mit einem höheren Verkehrswert der Geschäftsanteile verbunden. Folgefinanzierungsrunden wirken sich daher nicht zwangsläufig nachteilhaft zulasten des Mitarbeiters aus, was folgendes Beispiel verdeutlicht:

Nach einer Serie A-Finanzierungsrunde sind Mitarbeiter in einem Umfang von 10 % an einer Gesellschaft mit einem Post-Money-Stammkapital von EUR 50.000 (eingeteilt in EUR 1,00 je Geschäftsanteil) beteiligt. Die Post-Money-Unternehmensbewertung beträgt EUR 5.000.000, der Verkehrswert aller Anteile im Mitarbeiter-Pool liegt demnach bei EUR 500.000.[715] In der Folgezeit kann die Gesellschaft ein rasantes Wachstum verzeichnen, sodass es wenig später zu einer lukrativen Serie B-Finanzierungsrunde kommt.

714 Dazu oben A. I.

715 5.000.000 x 0,1 = 500.000. Der Verkehrswert pro Anteil beträgt EUR 100,00 (5.000.000 / 50.000 = 100).

Das Stammkapital wächst auf EUR 100.000, die Unternehmensbewertung auf EUR 15.000.000. Die Beteiligungsquote der Mitarbeiter sinkt nach der Serie B-Finanzierungsrunde zwar von 10 % auf 5 %.[716] Gleichwohl ist das Hinzutreten neuer Wagniskapitalgeber bei gleichzeitiger Verwässerung der Beteiligungsquoten aus Sicht der Mitarbeiter zu begrüßen. Der Verkehrswert aller Anteile im Mitarbeiter-Pool hat sich angesichts des überproportionalen Unternehmenswachstums von EUR 500.000 auf EUR 750.000 erhöht.[717]

Das gilt jedoch nur unter wirtschaftlichen, nicht aber unter mitgliedschaftsrechtlichen Gesichtspunkten. Im Beispiel führt die Reduzierung der Beteiligungsquote um 5 % zu einer korrespondierenden Verringerung ihrer Stimmrechte und damit ihres Einflusses in der Gesellschafterversammlung.

Steigt die Bewertung der Gesellschaft hingegen proportional zum Stammkapital, bleibt auch der Wert der Mitarbeiterbeteiligungen konstant.[718] Zu einem Wertverlust der Mitarbeiterbeteiligung kommt es mithin nur dann, wenn der Unternehmenswert im Vergleich zum Stammkapital langsamer oder überhaupt nicht wächst sowie in Fällen eines Unternehmenswertverlusts.

### *cc) Verwässernde Folgen der disquotalen Erlösverteilung*

Mit der Schaffung neuer Vorzugsgeschäftsanteile in einer Finanzierungsrunde steigt auch die Summe derjenigen Geschäftsanteile, die bei der disquotalen Erlösverteilung vor den Stammgeschäftsanteilen der Mitarbeiter bedient werden. Sofern bis zum Exit ein überproportionaler Wertzuwachs des Unternehmens erfolgt ist, verbleiben auf der untersten Ebene regelmäßig hinreichend Erlöse, die an die Mitarbeiter verteilt werden können.[719] In den Fällen eines stagnierenden oder negativen Unternehmenswertwachstums verstärken die

---

716 (100 / 100.000) x 5.000 = 5.

717 Der Verkehrswert pro Anteil beträgt EUR 150,00 (15.000.000 / 100.000 = 150), der Verkehrswert der 5.000 Mitarbeiteranteile im Mitarbeiter-Pool liegt demnach bei EUR 750.000 (5.000 x 150 = 750.000).

718 Im Beispielsfall ist das Stammkapital um 100 % von EUR 50.000 auf EUR 100.000 gestiegen. Das Wachstum des Unternehmenswerts betrug hingegen 200 % (von EUR 5.000.000 auf EUR 15.000.000). Wäre der Unternehmenswert proportional zum Stammkapital um 100 % auf EUR 10.000.000 gestiegen, bliebe der Verkehrswert aller Anteile im Mitarbeiter-Pool unverändert bei EUR 500.000 ((10.000.000 / 100.000) x 5.000 = 500.000).

719 Wie viele Erlöse an die Gesellschafter der untersten Stufe ausgezahlt werden, ist einzelfallabhängig und variiert je nach konkretem Unternehmenswertwachstum, der Anzahl an Vorzugs- und Stammgeschäftsanteilen den Renditezuschlägen der Wagniskapitalgeber und ob non-participating oder participating

Regelungen zu den Liquidationspräferenzen hingegen die verwässernden Folgen einer jeden Finanzierungsrunde auf die Mitarbeiteranteile.

### *b) ESOP*

In Abweichung zur direkten Vergabe von Geschäftsanteilen gilt hinsichtlich der Verwässerung eines ESOP durch Finanzierungsrunden Folgendes: Bis zur Optionsausübung haben die Begünstigten eines ESOP keine Gesellschafterstellung inne. Gestalterisch ist daher auch kein freiwilliger Verzicht auf ein etwaiges gesetzliches Bezugsrecht erforderlich. Auch verfügen die Begünstigten bis zum Exit über keine Gesellschafterrechte, sodass es in dieser Zeit zu keiner Verwässerung ihrer Stimmrechte kommt. Allerdings sinkt mit jeder Kapitalerhöhung zwischen Einräumungs- und Ausübungszeitpunkt der relative Anteil der späteren Beteiligung am Stammkapital. Somit fällt die Beteiligungsquote des Mitarbeiters im Ausübungszeitpunkt geringer aus als sie im Einräumungszeitpunkt wäre. Bei der Verteilung späterer Exit-Erlöse kommt es insofern zu einer wirtschaftlichen Verwässerung. Behält der Mitarbeiter auch nach Optionsausübung seine Gesellschafterstellung, veräußert sie also nicht im Zuge des Exits, ist es in der Zwischenzeit zudem zu einer Verwässerung seiner Stimmrechte gekommen.

### *c) VSOP*

Bei den rein schuldrechtlich ausgestalteten Beteiligungen kommt es hingegen nie zu einer Verwässerung der Stimmrechte. Sieht die Formel zur Errechnung des schuldrechtlichen Zahlungsanspruchs der Mitarbeiter ein Subtrahieren der Beteiligungen der Wagniskapitalgeber von den insgesamt generierten Exit-Erlösen vor, ist mit jeder Finanzierungsrunde stets eine wirtschaftliche Verwässerung der Mitarbeiter verbunden. Sehen die Formeln ein solches Subtrahieren nicht vor, erfolgt ein Ausgleich der wirtschaftlichen Folgen der VSOP's auf die Wagniskapitalgeber typischerweise durch Vereinbarung einer fully-diluted-Betrachtung. Dadurch sinkt der relative Umfang der virtuellen Anteile am Stammkapital, sodass auch auf diesem Weg eine wirtschaftliche Verwässerung der Mitarbeiterbeteiligungen eintritt.[720]

---

Liquidationspräferenzen vereinbart wurden. Pauschale Aussagen lassen sich insofern nicht treffen.

720 Sehen die Berechnungsformeln bereits ein Subtrahieren der auf die Wagniskapitalgeber entfallenden Erlöse von den Gesamterlösen vor, gilt es zum Schutz der Mitarbeiter darauf zu achten, in den Folgefinanzierungsrunden nicht zusätzlich

## 2. *Verwässerung durch die Downround Protection der Wagniskapitalgeber*

Beteiligte Mitarbeiter müssen für die Einräumung ihrer Beteiligung regelmäßig kein oder ein nur geringes Entgelt aufbringen. Insofern stellt sich mit Blick auf spätere Finanzierungsrunden nicht die Frage des „zu-viel-Zahlens“. Mitarbeiterbeteiligung sehen daher keine Regelungen zur Downround Protection vor, entsprechende Vereinbarungen stellen ein exklusives Recht der Wagniskapitalgeber dar.

### *a) Auswirkungen auf die Mitarbeiterbeteiligungen*

Kommt es zu einer Downround führt nicht nur die Finanzierungsrunde selbst, sondern auch das zusätzliche Nachzeichnen von Anteilen durch verwässerungsgeschützte Wagniskapitalgeber eine Verwässerung der Mitarbeiterbeteiligungen herbei.[721] Die verwässerungsgeschützten Wagniskapitalgeber müssen für das Nachzeichnen der Geschäftsanteile allerdings keine finanziellen Mittel zur Verfügung stellen, sodass es zu keinem Ausgleich der kapitalmäßigen Verwässerung durch einen gleichzeitigen wirtschaftlichen Wertzuwachs der Mitarbeiterbeteiligung kommen könnte. Gerade bei substantiellen Bewertungsabschlägen schrumpfen die Beteiligungen der Mitarbeiter angesichts des bereits beschriebenen Effekts der rechnerischen Abwärtsspirale auf einen Bruchteil und verlieren damit ihren wirtschaftlichen Wert.[722] Damit stellt sich zwangsläufig die Frage der Zulässigkeit entsprechender Regelungen.

### *b) Meinungsstand im Schrifttum*

Trotz ihrer gravierenden Auswirkungen auf die Altgesellschafter, erachtet ein Teil des Schrifttums sämtliche Klauseln zur Downround Protection generell

---

eine fully-diluted Anteilskaufpreisberechnung zu vereinbaren. Andernfalls käme es zu einer doppelten Verwässerung der Mitarbeiterbeteiligung.

721 Etwas anderes gilt nur, wenn zeitgleich mit der Downround neue Mitarbeiteranteile geschaffen und vergeben werden, maßgebliche Bezugsgröße für die Anzahl auszugebener Anteile dabei das Post-Money-Stammkapital ist. In diesem Fall kommt es zu der bereits behandelten Verstärkung der Abwärtsspirale bei der Anteilskaufpreisberechnung, infolgedessen sich die Summe der auszugebenen Anteile auch zugunsten der Mitarbeiter erhöht. Die Downround Protection wirkt sich dann ausnahmsweise zum Vorteil der begünstigten Mitarbeiter aus.

722 Siehe auch *Kuntz*, Gestaltung von Kapitalgesellschaften zwischen Freiheit und Zwang, S. 687; *Martinius/Stubert*, BB 2006, 1977, 1978.

für zulässig.[723] Sie stellen insbesondere keinen Verstoß gegen das Hinauskündigungsverbot dar. Die Ausübung der Downround Protection knüpfe schließlich an ein konkretes Ereignis an und hängt nicht vom Ermessen der Gesellschafter ab. Darüber hinaus dienen sie dem legitimen Ziel, die Wagniskapitalgeber vor einer anfänglichen Überbewertung der Gesellschaft zu schützen. Dürften die Parteien dieses Risiko nicht im Wege einer späteren Korrektur der Beteiligungsverhältnisse teilen, schadet dies letztlich den übrigen Gesellschaftern, da die Wagniskapitalgeber stattdessen von Anfang an eine niedrigere Bewertung durchsetzen.

Andere Teile des Schrifttums erachten Full-Ratchet-Klauseln für unwirksam, da sie stets zu einer Überkompensation der verwässerungsgeschützten Wagniskapitalgeber führen.[724] Weighted-Average-Klauseln können hingegen vereinbart werden, um das Risiko von Fehleinschätzungen gleichmäßig unter den Gesellschaftern aufzuteilen.

### *c) Stellungnahme*

Der ersten Ansicht ist insoweit zuzustimmen, als dass eine Übertragbarkeit der Grundsätze zu Hinauskündigungsklauseln nicht geboten ist. Ob es zu einer Downround kommt, liegt nicht im Ermessen der Wagniskapitalgeber, weshalb die Gefahr der Disziplinierung ihrer Mitgesellschafter für die Dauer ihrer Mitgliedschaft nicht besteht. Die Ansicht verkennt jedoch, dass eine Full-Ratchet-Klausel das Risiko einer anfänglichen Fehlbewertung nicht unter allen Gesellschaftern aufteilt, sondern einseitig von den verwässerungsgeschützten Wagniskapitalgebern auf die nicht-verwässerungsgeschützten Gesellschafter, insbesondere die Gründer und Mitarbeiter, verlagert. Indes ist das Risiko eines unternehmerischen Scheiterns einer Finanzierung mit Venture Capital inhärent.[725] Es vermag die Einräumung von Vorzugsrechten in der Gesellschafterversammlung oder bei der Verteilung etwaiger Erlöse zugunsten der Wagniskapitalgeber zu rechtfertigen. Eine vollständige Risikoverlagerung allgemeiner Marktrisiken zulasten der übrigen Gesellschafter geht jedoch zu weit. Das gilt selbst dann, wenn die Downround nicht auf einem negativen

723 *Martinius/Stubert*, BB 2006, 1977, 1981.

724 Die Unwirksamkeit soll entweder aus einem Rückgriff auf § 138 Abs. 1 BGB oder, wenn AGB vorliegen, auf § 307 Abs. 1 S. 1 BGB resultieren. *Kuntz*, Gestaltung von Kapitalgesellschaften zwischen Freiheit und Zwang, S. 686 ff.; *Winkler*, Rechtsfragen der VC-Finanzierung, S. 177.

725 *Müller* in: Beck'sches Fb Zivil-, Wirtschafts- und Unternehmensrecht D–E, O. 3. Rn. 10.

Geschäftsverlauf, sondern einer zu positiven Darstellung des Unternehmens seitens der Gründer beruht, um etwa die Pre-Money-Unternehmensbewertung und damit den Anteilskaufpreis einer Finanzierungsrunde künstlich in die Höhe zu treiben („Window Dressing“).[726] Schließlich hatten die Wagniskapitalgeber im Rahmen ihrer Due-Diligence-Prüfung die Möglichkeit, das Unternehmen einer umfassenden Kontrolle zu unterziehen und die Bewertung anzupassen.[727] Außerdem wirkte sich das Fehlverhalten der Gründer bei der Unternehmensdarstellung sonst zulasten der Mitarbeiter aus, obwohl diese am Bewertungsprozess der Gesellschaft nicht beteiligt waren und ihnen deshalb kein Fehlverhalten vorzuwerfen ist. Generell sind die Folgen einer Full-Ratchet-Klausel für etwaig beteiligten Mitarbeiten verheerend. Sie führt im Falle eines negativen Geschäftsverlaufs angesichts des drohenden Verlusts der Beteiligung nicht nur zu einer Demotivation bei der Verrichtung der täglichen Arbeit.[728] Auch würde den Mitarbeitern durch den Wertverlust ihrer Beteiligung die Möglichkeit genommen, eine Entlohnung für bereits verrichtete Dienste zu erhalten.[729]

Insgesamt ist damit den Ansichten zuzustimmen, die Full-Ratchet-Klausel für unwirksam erachten. Die Vereinbarung von Weighted-Average Klauseln ist hingegen interessengerecht, um das anfängliche Risiko einer Fehlbewertung des Unternehmens unter den Gesellschaftern zu teilen. Dies gilt jedoch unter der Einschränkung, dass die Gewichtung des Durchschnittspreises im Einzelfall kein mit einer Full-Ratchet-Klausel vergleichbares Ergebnis erzeugt. Da die späteren wirtschaftlichen Folgen einer Mitarbeiterbeteiligungen bei der Gestaltung der Finanzierungsdokumentation typischerweise zugunsten der Wagniskapitalgeber Berücksichtigung finden, ist es nur konsequent, diese bei der Gewichtung des Durchschnittspreises auch zulasten der Wagniskapitalgeber

---

726 Vgl. ausführlich zum Window Dressing im Umfeld des Wagniskapitals: *Kuntz*, Gestaltung von Kapitalgesellschaften zwischen Freiheit und Zwang, S. 689 ff.

727 *Kuntz*, Gestaltung von Kapitalgesellschaften zwischen Freiheit und Zwang, S. 690.

728 *Weitnauer*, Hdb Venture Capital, Teil E Rn. 131. Vorausgesetzt, die Mitarbeiter haben Kenntnis von den Verwässerungsschutzklauseln der Wagniskapitalgeber. Das ist jedenfalls bei der direkten Eigenkapitalbeteiligungen sichergestellt. Begünstigte eine ESOP oder VSOP haben keinen Einblick in etwaige Gesellschaftervereinbarungen und damit in die Verwässerungsschutzregeln der übrigen Gesellschafter.

729 *Kuntz*, Gestaltung von Kapitalgesellschaften zwischen Freiheit und Zwang, S. 687.

zu berücksichtigen.[730] Insofern stellen Broad Based Weighted Average-Klauseln das interessengerechteste Ergebnis her.

## III. Verwässerungsschutz der Gründer

Abschließend gilt es noch die verwässernden Folgen mit Blick auf die Beteiligungen der Gründer zu untersuchen.

### *1. Verwässerung durch Finanzierungsrunden*

Folgefinanzierungsrunden führen stets zu einer kapitalmäßigen Verwässerung der Gründerbeteiligungen. Wie direkt beteiligte Mitarbeiter verzichten auch sie zur Ermöglichung der Finanzierungsrunde freiwillig auf ihr Bezugsrecht.[731] Mit dem Absinken des relativen Umfangs ihrer Beteiligung am Stammkapital sinkt auch ihr Stimmrecht und damit ihr Einfluss in der Gesellschafterversammlung. Die Stammgeschäftsanteile der Gründer werden mit denjenigen der Mitarbeiter erst nach den Vorzugsgeschäftsanteilen der Wagniskapitalgeber bedient, sodass mit jeder Schaffung und Vergabe neuer Vorzugsanteile auch eine Reduzierung der späteren individuellen Erlösbeteiligung einhergeht.[732] Damit sind auch die Gründerbeteiligungen nur in dem Szenario eines überproportionalen Unternehmenswachstums finanziell ertragreich, was eine hohe persönliche Abhängigkeit der Gründer vom Erfolg ihres Unternehmens begründet.[733]

Kommt es nach einer oder mehrere Finanzierungsrunden zu einer zu starken Verwässerung der Gründerbeteiligungen, vermag dies mitunter zu einer Demotivation des Gründerteams zu führen. Um sie insofern wieder für die unternehmerische Arbeit zu incentivieren, bietet sich insbesondere das Nachzeichnen bereits existierender Geschäftsanteile aus einem Mitarbeiterbeteiligungsprogramm an.

---

730 Vgl. die Ausführungen zur fully-diluted-Anteilskaufpreisberechnung und zu den Liquidationspräferenzen.

731 *Weitnauer*, Hdb Venture Capital, Teil E Rn. 138.

732 *Bank/Möllmann*, VC Agreements in Germany, Rn. 437; *Kuntz*, Kapitalgesellschaften zwischen Freiheit und Zwang, S. 62; *Stenzel*, DStR 2018, 82, 83.

733 Es erzeugt aber auch den Anreiz, sich verstärkt auf das unternehmerische Vorhaben zu konzentrieren. Dadurch beweisen die Gründer potentiellen Wagniskapitalgebern, dass sie vom Erfolg ihres Geschäftsmodells überzeugt sind, was sich positiv auf deren Investitionsbereitschaft auswirken kann, *Kuntz*, Kapitalgesellschaften zwischen Freiheit und Zwang, S. 64.

### 2. *Verwässerung durch die Downround Protection der Wagniskapitalgeber*

Wie die Geschäftsanteile direkt beteiligter Mitarbeiter verfügen auch die Gründeranteile nicht über eine Downround Protection. Die mitunter drastischen, verwässernden Folgen entsprechender Regelungen auf die Gründerbeteiligungen entsprechen denjenigen auf die Eigenkapitalbeteiligung von Mitarbeitern. Insbesondere Full Ratchet-Klauseln verlagern das einer Wagniskapitalfinanzierung inhärente Risiko unternehmerischen Scheiterns in unzulässiger Weise auf die Gründer und sind auch deshalb unzulässig. Im Übrigen sei auf die Ausführungen zu den Folgen der Downround Protection auf direkt beteiligte Mitarbeiter verwiesen, die hier entsprechend gelten.[734]

### 3. *Verwässerung durch Mitarbeiterbeteiligungen*

Die direkte Beteiligung von Mitarbeitern wirkt sich auf die Gründer grundsätzlich wie eine Folgefinanzierungsrunde aus, verwässert demnach sowohl ihre Stimmrechte als auch die vermögensrechtliche Position ihrer Beteiligung. Allerdings werden die Beteiligungen der Mitarbeiter nicht bevorzugt, sondern gleichberechtigt bei der Verteilung etwaiger Erlöse auf Ebene der Stammgeschäftsanteile bedient. Die wirtschaftlichen Folgen sind damit weniger schwerwiegend als bei einer Folgefinanzierungsrunde.

Bei der Vereinbarung eines VSOP oder ESOP kommt es zwar nicht zu einer Verwässerung der Gründer-Stimmrechte. Gleichwohl werden die begünstigten Mitarbeiter bei der Verteilung von Erlösen gleichberechtigt mit den Gründern behandelt, sodass auch hier mit jeder Beteiligung von Mitarbeitern eine Verwässerung jedenfalls unter wirtschaftlichen Gesichtspunkten eintritt.

Wie bereits erörtert, versuchen neu hinzutretende Wagniskapitalgeber durch Vereinbarung einer fully-diluted Betrachtung bei der Anteilskaufpreisberechnung die wirtschaftliche Last einer Mitarbeiterbeteiligung gelegentlich auf die Altgesellschafter, und damit insbesondere die Gründer, abzuwälzen.[735] Aus Gründersicht gilt es bei den Verhandlungen der Konditionen einer Finanzierungsrunde darauf zu achten, hierdurch nicht doppeltet benachteiligt zu werden. Die Liquidationspräferenzen der Wagniskapitalgeber gewährleisten bereits, dass ihre Vorzugsgeschäftsanteile bei der Verteilung etwaiger Erlöse stets vor den als Stammgeschäftsanteilen klassifizierten Geschäftsanteilen der

---

734 Dazu bereits oben E. II. 2.

735 Dazu bereits oben E. I. 1.

Mitarbeiter bedient werden. Damit sind ihre Beteiligungen bereits vor einer etwaigen wirtschaftlichen Verwässerung infolge einer direkten Beteiligung von Mitarbeitern geschützt. Eines zusätzlichen Schutzes durch die Vereinbarung einer fully-diluted Anteilskaufpreisberechnung bedarf es insofern nicht mehr. Die fully-diluted-Betrachtung lässt sich dann nur noch mit dem vorbeugenden Schutz vor einer späteren Verwässerung der Stimmrechte rechtfertigen. Auch dazu kommt es bei der direkten Beteiligung von Mitarbeitern, je nach Ausgestaltung ihrer Stimmrechte im Einzelfall, gegebenenfalls gar nicht.[736] Bei der Einräumung eines ESOP bedarf es eines solchen Schutzes in Ermangelung einer Verwässerung von Stimmrechten bis zum Exit nicht. Auch bei einem VSOP gibt es kein praktisches Erfordernis für eine fully-diluted-Betrachtung, wenn die Formeln zur Berechnung der schuldrechtlichen Zahlungsansprüche der Mitarbeiter vorsehen, dass die Erlösbeteiligungen der Wagniskapitalgeber von den Gesamterlösen abzuziehen sind. Ohnehin wird das interessengerechteste Ergebnis erzeugt, indem sämtliche Gesellschafter die Kosten einer Mitarbeiterbeteiligung zu gleichen Teilen tragen. Alle Akteure einer Wagniskapitalfinanzierung profitieren gleichermaßen vom künftigen Wertzuwachs, den die Incentivierung von Mitarbeitern hervorruft.[737] Es ist nicht einzusehen, warum die Wagniskapitalgeber die „Last" einer Mitarbeiterbeteiligung durch vertragliche Mechanismen wie die fully-diluted Anteilkaufpreisberechnung einseitig auf die Altgesellschafter, insbesondere die Gründer, verlagern.

---

736 Zur Ausgestaltung der Stimmrechte oben A. II.

737 *Weitnauer*, Hdb Venture Capital, Teil F Rn. 126.

# 4. Teil Fortentwicklung der Mitarbeiterbeteiligung im Venture Capital

## A. Handlungsbedarf de lege lata

Nach der Darstellung des gegenwärtigen Entwicklungsstands und der Diskussion noch offener Rechtsfragen der Vertragsgestaltung in den bisherigen Teilen der Arbeit richtet sich der Blick in diesem 4. Teil in die Zukunft. Das erklärte Ziel besteht darin, einen innovativen Beitrag zur Verbesserung der regulatorischen Rahmenbedingungen und damit auch zur Verbreitung von Mitarbeiterbeteiligungen im Umfeld des deutschen Venture Capital zu leisten. Zu diesem Zweck soll zunächst der Handlungsbedarf de lege lata auch auf Grundlage der bisherigen Forschungsergebnisse herausgearbeitet werden, ehe anschließend die Erarbeitung eigener Lösungsvorschläge de lege ferenda erfolgt.

### I. Kritik am steuerrechtlichen Rahmen nach dem FoStoG

Die nachfolgende Darstellung fasst die Schwächen der nationalen Besteuerung von Mitarbeiterbeteiligungen im Venture Capital zusammen. Im Zentrum stehen die jüngsten Änderungen, die für die beteiligten Akteure nach Inkrafttreten des Fondstandortgesetzes (FoStoG) seit Juli 2021 gelten.

#### *1. Schwächen des Besteuerungsaufschubs, § 19a EStG*

Dabei handelt es sich erstens um den Zeitpunkt der Besteuerung, konkret das Entstehen von Dry-Income infolge der unentgeltlichen oder verbilligten Übertragung von Geschäftsanteilen.[738] Auf den ersten Blick scheint das FoStoG diese Problematik mit Einführung des Besteuerungsaufschubs in § 19a Abs. 1 S. 1 EStG gelöst zu haben. Bei genauerer Betrachtung erweisen sich die damit einhergehenden Veränderungen aber als dringend korrekturbedürftig.

##### *a) Persönlicher und sachlicher Anwendungsbereich*

##### *aa) Größe der Start-ups*

Der in § 19a Abs. 1 S. 1 EStG verankerte Besteuerungsaufschub kommt gemäß § 19a Abs. 3 EStG nur bei Arbeitgebergesellschaften mit weniger als 250 Mitarbeiter und einem Jahresumsatz von höchstens EUR 50.000.000 beziehungsweise

---

738 Dazu bereits 2. Teil A. II. 1. a) aa).

einer Jahresbilanz von maximal EUR 43.000.000 zur Anwendung.[739] Das steht in Widerspruch zur Zielsetzung der Norm. § 19a EStG soll ausweislich der Gesetzesbegründung gezielt Mitarbeiterbeteiligungen in Start-ups fördern.[740] Indes zeichnen sich Start-ups definitorisch durch überdurchschnittlich schnelles Wachstum aus.[741] § 19a EStG soll also einerseits Start-ups begünstigen, schließt aber andererseits zu schnell wachsende Unternehmen aus dem Kreis der Begünstigten aus. Dem liegt die fehlerhafte Überlegung des Gesetzgebers zugrunde, dass unternehmerisches Wachstum zwangsläufig zum Erreichen der Gewinnschwelle („Break-Even") oder Profitabilität führt und die Unternehmen dann nicht mehr auf steuerliche Vergünstigungen angewiesen sind.[742] Das gilt jedoch nicht für Start-ups, die trotz rasanten Wachstums lange Zeit Verluste erwirtschaften, um ihr neues Geschäftsmodell einschließlich etwaiger Vertriebsstrukturen überhaupt aufbauen zu können.

#### *bb) Alter der Start-ups*

Auch kommt der Besteuerungsaufschub gemäß § 19a Abs. 3 EStG nur zur Anwendung, wenn die Gründung der Arbeitgebergesellschaft nicht mehr als zwölf Jahre zurückliegt. Dieser Anwendungsvoraussetzung liegt ebenfalls ein fehlerhaftes Verständnis von Start-ups zugrunde. Demnach könne man nach Ablauf dieser Zeitspanne nicht mehr von einem jungen Wachstumsunternehmen, sondern müsse bereits von einem etablierten Unternehmen sprechen.[743] Das trifft aber nur bedingt zu. Zwar findet der Exit der Wagniskapitalgeber regelmäßig binnen vier bis acht Jahren statt.[744] Vor allem Start-ups mit forschungs- und entwicklungsintensiven Geschäftsmodellen sind aber auf spätere Finanzierungsrunden angewiesen.[745] Hier besteht in den Growth oder Later

---

739 Vgl. Art. 2 Abs. 1 des Anhangs der Empfehlung der Kommission vom 6. Mai 2003 betreffend die Definition der Kleinstunternehmen sowie der kleinen und mittleren Unternehmen (ABl. L 124 vom 20. Mai 2003, S. 36), auf den § 19a Abs. 3 EStG unmittelbar verweist.

740 BT-Drucks. 19/27631, S. 53.

741 Dazu bereits 1. Teil A. II. 1.

742 *Kuntz/Engelhardt*, ZGR 2021, 348, 355.

743 *Kuntz/Engelhardt*, ZGR 2021, 348, 356.

744 Dazu im Einzelnen oben 1. Teil A. I.

745 Vgl. die Stellungnahme des Bundesrats zum Gesetzesentwurf der Bundesregierung, mit den Beispielen BioNTech und CureVac aus der Venture Capital-Praxis, bei denen der Besteuerungsaufschub trotz ihrer Klassifizierung als Start-up jeweils nicht zur Anwendung käme, BT-Drucks. 19/27631, S. 130.

Stages erneut enormer Kapitalbedarf im Rahmen dessen auch der unternehmensinternen Mitarbeiterbeteiligung große praktische Bedeutung zukommt.[746]

Ein weiteres Problem ruft der nicht näher definierte Begriff der „Gründung“ hervor, womit wohl das Datum der Registereintragung der Arbeitgebergesellschaft gemeint sein dürfte.[747] Infolgedessen fallen aber solche Start-ups aus dem Anwendungsbereich des Besteuerungsaufschubs, die zur Umgehung der bürokratischen Hürden einer GmbH-Neugründung auf eine Mantel- oder Vorratsgesellschaft zurückgreifen.[748]

Schließlich wird den beteiligten Akteuren mit § 19a Abs. 3 EStG ein zusätzlicher administrativer Aufwand aufgebürdet. Vor der Einräumung einer jeden Mitarbeiterbeteiligung ist zu prüfen, ob die Anwendungsvoraussetzungen des § 19a Abs. 3 EStG (noch) erfüllt sind. Das gilt nicht nur mit Blick auf das Alter, sondern auch die Größe des Start-ups. Mitarbeiterbeteiligungen zu fördern, heißt aber auch, bürokratische Hürden ab- und nicht aufzubauen.[749]

### *cc) Arbeitsvertragliches Rechtsverhältnis*

Eine weitere Eingrenzung des Anwendungsbereichs nimmt § 19a Abs. 1 S. 1 EStG vor, wonach die Mitarbeiterbeteiligung einem „Arbeitnehmer“ von seinem „Arbeitgeber“ übertragen werden muss. Die steuerliche Privilegierung einer Mitarbeiterbeteiligung sollte aber kein exklusives Recht von Arbeitnehmern darstellen.[750] Wie in dieser Untersuchung deutlich wurde, erhalten auch freie Mitarbeiter, Berater und andere Selbstständige eine Mitarbeiterbeteiligung in Start-ups, sofern sie einen signifikanten Beitrag zum unternehmerischen Erfolg leisten.[751]

---

746 *Kuntz/Engelhardt*, ZGR 2021, 348, 355; *Möllmann/Zantopp*, DStR 2020, 2817, 2822.

747 *Westermann/Thor*, FR 2021, 198, 202.

748 *Hefner/Ostermann*, DStR 2021, 689, 691 ff., die sich vor diesem Hintergrund für eine wirtschaftlich-teleologische Auslegung des Terminus „Gründung“ im Rahmen von § 19a Abs. 3 EStG aussprechen, die auf die wirtschaftliche (Neu-)Gründung der Arbeitgebergesellschaft abstellt.

749 Mahr/Niemann-Fritsch, GWR 2021, 61, 63.

750 Auch wirft die Formulierung die Frage auf, ob Beteiligungen an Konzern-Muttergesellschaften vom Anwendungsbereich erfasst sind. Während § 3 Nr. 39 S. 3 EStG dazu einen klarstellenden Hinweis beinhaltet, fehlt es in § 19a EStG an einem solchen. *Möllmann/Zantopp*, DStR 2020, 2817, 2820 sprechen sich deshalb für eine extensive Auslegung von § 19a Abs. 1 S. 1 EStG aus, die Unternehmensbeteiligungen an Konzern-Muttergesellschaften einbezieht.

751 Ausführlich 1. Teil. B. I. 1.

Auch im Hinblick auf neue Geschäftsmodelle sollte vom Erfordernis eines arbeitsvertraglichen Rechtsverhältnisses abgesehen werden. Ausgehend von den USA, die einmal mehr eine Vorreiterrolle einnehmen, ist ein rasanter Erfolg von Geschäftsmodellen unter Einsatz sogenannter „Gig Worker“[752] zu beobachten. Darunter fallen typischerweise Selbstständige, Freiberufler oder geringfügig Beschäftigte, die kleinere Aufträge für das Unternehmen durchführen. Die wohl prominentesten Beispiele aus der Praxis stellen die Autofahrer des US-amerikanischen Fahrdienstleistungsunternehmens Uber[753] oder Gastgeber des Online Vermietungsportals Airbnb[754] dar. Mitarbeiter befinden sich dort in keinem traditionellen Arbeitsverhältnis, bilden gleichwohl die Grundlage für das gesamte unternehmerische Geschäftsmodell. Indem die Beteiligung auch dieser Mitarbeiter ermöglicht wird, eröffnet sich die Chance, global eine Vorreiterrolle einzunehmen.[755]

### *b) Die Realisationstatbestände in § 19a Abs. 4 S. 1 Nr. 1–3 EStG*

Überarbeitungsbedürftig sind zudem die enumerativ aufgelisteten Ereignisse in § 19a Abs. 4 S. 1 Nr. 1–3 EStG, die zu einem Ende des Besteuerungsaufschubs führen („Realisationstatbestände“).

#### *aa) Übertragung (Nr. 1)*

Nach § 19a Abs. 4 S. 1 Nr. 1 EStG führt die Übertragung der Beteiligung durch den Mitarbeiter zur nachträglichen Besteuerung. Da die dingliche Übertragung der Geschäftsanteile aber typischerweise mit dem Zufluss finanzieller Mittel aus dem gleichzeitigen Anteilskaufvertrag verbunden ist, droht kein Dry-Income beim Mitarbeiter. Damit endet auch der Bedarf nach einem Besteuerungsaufschub, weshalb dieser Realisationstatbestand nicht zu beanstanden ist.

---

752 Eine Analogie aus der Musikbranche, in der Musiker ihren Lebensunterhalt im Wege mehrerer kleiner, bezahlter Auftritte, sogenannter „Gigs“, bestreiten.

753 https://www.uber.com.

754 https://www.airbnb.com.

755 Die US-Börsenaufsichtsbehörde hat bereits angekündigt zu prüfen, wie gesetzgeberische Anreize für eine Beteiligung auch dieser Mitarbeiter in den USA ermöglicht werden kann, vgl. https://www.sec.gov/news/public-statement/peirce-roisman-stock-compensation-2020-11-24. Siehe auch *Lowitzsch*, Verbreitung der Mitarbeiterkapitalbeteiligung in Deutschland und Europa, S. 101.

### bb) *Zeitablauf (Nr. 2)*

Etwas anderes gilt mit Blick auf § 19a Abs. 4 S. 1 Nr. 2 EStG, wonach der Besteuerungsaufschub auch nach Ablauf von zwölf Jahren endet. An einem bei Übertragung der Anteile vergleichbaren Mittelzufluss fehlt es hier aber. Die Dry-Income Problematik verlagert sich dadurch nur auf einen späteren Zeitpunkt. Um die dann anfallende Steuerlast begleichen zu können, werden betriebstreue Mitarbeiter faktisch zu einer Veräußerung ihrer Geschäftsanteile gezwungen, obwohl sie noch weiter am Wertzuwachs des Unternehmens profitieren könnten. Ein praktisches Bedürfnis für diesen Realisationstatbestand ist nicht ersichtlich.[756]

### cc) *Arbeitgeberwechsel (Nr. 3)*

Vergleichbares trifft auf § 19a Abs. 4 S. 1 Nr. 3 EStG zu, der ein Ende des Besteuerungsaufschubs bei Beendigung des Dienstverhältnisses vorsieht. Soll ein Mitarbeiter auch nach Verlassen des Unternehmens weiter am Wertzuwachs partizipieren, wird er wegen der nunmehr anfallenden Steuerlast faktisch zur Veräußerung seiner Beteiligung gezwungen. Wenngleich die weitere Partizipation des Mitarbeiters am unternehmerischen Erfolg wegen der mehrfach angesprochenen Trittbrettfahrer-Problematik regelmäßig nicht gewollt und durch marktübliche Call-Options oder Einziehungsregelungen verhindert wird, ist nicht einzusehen, warum der Gesetzgeber den Parteien die Möglichkeit nimmt, vom Regelfall abzuweichen.[757]

Auch unter dem Gesichtspunkt der Kündigungserschwerung ist der Realisationstatbestand jedenfalls problematisch. Die drohende Nachversteuerung ist dazu geeignet, den begünstigten Mitarbeiter psychologisch an einem Arbeitgeberwechsel zu hindern.[758] Insofern verstärkt § 19a Abs. 4 S. 1 Nr. 3 EStG die ohnehin wegen gängiger Leaver-Regelungen bestehende Sanktionierung des Mitarbeiters für den Fall seiner eigenen ordentlichen Kündigung.[759]

---

756 Diese Einschätzung teilend: *Mahr/Niemann-Fritsch*, GWR 2021, 61, 63; *Möllmann/Zantopp*, DStR 2020, 2817, 2822; *Westermann/Thor*, FR 2021, 198, 202.

757 Man denke in diesem Zusammenhang an den mitarbeitenden Gründer, der mangels unternehmerischer Geschicke nicht im Unternehmen arbeiten, gleichwohl wegen seiner innovativen Geschäftsidee weiter am Wertzuwachs beteiligt werden soll. Vgl. zu den Call-Options und Einziehungsregeln 3. Teil D. II.

758 *Kuntz/Engelhardt*, ZGR 2021, 348, 356; *Mahr/Niemann-Fritsch*, GWR 2021, 61, 63; *Möllmann/Zantopp*, DStR 2020, 2817, 2822; *Westermann/Thor*, FR 2021, 198, 203.

759 Dazu schon 3. Teil D. I. 3.

### *c) Auseinanderfallen von Steuer- und Sozialversicherungspflicht*

Das Fondsstandortgesetz führt nur zu einen „Besteuerungs"-aufschub im Einräumungszeitpunkt. Die ebenfalls fällige Sozialversicherungspflicht wird hingegen nicht aufgeschoben, was zu einem Auseinanderfallen von Einkommensteuer- und Sozialversicherungspflicht führt.[760] Die im Einräumungszeitpunkt nunmehr fälligen Sozialversicherungsbeiträge erzeugen trotz Anwendbarkeit von § 19a Abs. 1 S. 1 EStG sowohl auf Ebene der Arbeitgebergesellschaft als auch beim Mitarbeiter eine mit Dry-Income vergleichbare Situation. Die Rechtslage steht auch in Widerspruch zum Grundsatz in § 17 Abs. 1 S. 2 SGB IV, wonach eine weitgehende Übereinstimmung der steuer- und sozialversicherungsrechtlichen Regelungen hergestellt werden soll. Auch müssen sich Finanz- und auch Sozialverwaltung zu verschiedenen Zeitpunkten mit der Wertermittlung der Mitarbeiterbeteiligung befassen, ohne dass dabei eine gegenseitige Bindungswirkung bestünde.[761]

### *d) Ermittlung des gemeinen Werts, § 19a Abs. 1 S. 5 EStG*

Die Bewertungsproblematik von Start-ups wurde im Rahmen dieser Untersuchung bislang nur am Rande diskutiert.[762] Spätestens im Zusammenhang mit dem Besteuerungsaufschub kommt ihr aber eine tragende Rolle zu. § 19a Abs. 1 S. 5 EStG indiziert, dass auch bei der Ermittlung des zu versteuernden geldwerten Vorteils auf den gemeinen Wert der Vermögensbeteiligung im Einräumungszeitpunkt abzustellen ist.[763] Damit stellt sich aus Mitarbeitersicht die Frage, wie die Anteile an ihrer Arbeitgebergesellschaft konkret zu bewerten sind. Mangels Börsennotierung der typischerweise als GmbH organisierten

---

760 Mahr/Niemann-Fritsch, GWR 2021, 61, 63.

761 Vgl. der Bundesrat in seiner Stellungnahme zum FoStoG, BT-Drucks. 19/27631, S. 131.

762 Siehe etwa 3. Teil E. I. 2. Neben der Verwässerung sind Bewertungsfragen aus Sicht des Mitarbeiters auch bei der Ermittlung des Basiswerts im Rahmen eines VSOP und ESOP von Bedeutung. Aber auch im Vorfeld der Mitarbeiterbeteiligung spielt die Bewertung der Anteile eine Rolle, damit Mitarbeiter abwägen zu können, ob eine angemessene Kompensation für die im Gegenzug zur Verfügung zu stellende Arbeit überhaupt realistisch ist, *Rapp/Eickes*, FR 2021, 691, 692.

763 Das galt bereits vor Inkrafttreten des FoStoG (BFH Urt. v. 29.07.2010, DStR 2010, 2231; v. 01.09.2016, GmbHR 2017, 47) wird durch die Norm aber implizit bestätigt, indem für die Anschaffungskosten der Beteiligung deren gemeiner Wert maßgeblich ist, vgl. *Kuntz/Engelhardt*, ZGR 2021, 348, 368.

Start-ups kann dabei nicht gemäß §§ 9 i.V.m. 11 Abs. 1 BewG auf den Kurswert abgestellt werden.

### aa) *Pre-Money-Unternehmensbewertung als ungeeigneter Referenzpunkt für Mitarbeiter, § 11 Abs. 2 S. 2 Hs. 1 BewG*

Stattdessen ist gemäß § 11 Abs. 2 S. 2 Hs. 1 BewG der Wert der Anteile aus Verkäufen unter fremden Dritten, die weniger als ein Jahr zurückliegen, abzuleiten. Nicht selten werden Mitarbeiterbeteiligungen im Rahmen einer Finanzierungsrunde eingeräumt. Verfehlt wäre es jedoch, zur Ermittlung des gemeinen Werts pauschal auf die zugrundeliegende Pre-Money-Unternehmensbewertung zurückzugreifen. Das wäre aus Sicht der begünstigten Mitarbeiter mit zahlreichen Nachteilen verknüpft. Erstens können Mitarbeiter keinen Einfluss auf die Bewertung ausüben, es stellt stets das Verhandlungsergebnis von Gründern und Wagniskapitalgebern dar. Zweitens verfügt die Pre-Money-Unternehmensbewertung über ein nicht unwesentliches spekulatives Moment, indem sie mangels objektiver Vergleichswerte ganz wesentlich auf den Visionen beziehungsweise dem subjektiven Vertrauen in die Fähigkeiten der Gründer beruht.[764] Sie verkörpert damit nicht den für die Mitarbeiter maßgeblichen Gegenwartswert des Unternehmens. Drittens wird die Bewertung im Rahmen einer Finanzierungsrunde, die vorrangig dazu dient, den Anteilskaufpreis der partizipierenden Wagniskapitalgeber zu ermitteln, aus der Perspektive der Investoren vorgenommen. Diese unterscheidet sich grundlegend von derjenigen der Mitarbeiter, was insbesondere an der disquotalen Ausgestaltung der Gesellschafterrechte, insbesondere zur Gewinn- und Erlösverteilung, liegt.[765] Der gemeine Wert der Stammgeschäftsanteile der Mitarbeiter ist hingegen deutlich niedriger anzusetzen als derjenige der Vorzugsgeschäftsanteile der Wagniskapitalgeber.[766] Die pauschale Hinzuziehung der Pre-Money-Unternehmensbewertung zur Bemessung des gemeinen Werts der Beteiligung im Einräumungszeitpunkt ist daher nicht sachgerecht.[767]

---

764 So das OLG München, Beschl. v. 15.06.2020, GWR 2020, 304. Im Umfeld junger Technologieunternehmen gelte deshalb „im besonderen Maße das Prinzip Hoffnung".

765 Dazu umfassend 2. Teil A. I. 3. b).

766 *Mahr/Niemann-Fritsch*, GWR 2021, 61, 63; *Westermann/Thor*, FR 2021, 198, 203.

767 Übertragungen aufgrund von Verwässerungsschutzklauseln oder anderer Mitarbeiterbeteiligung sind gleichsam ungeeignet, da auch hier keine objektiven Kriterien zur Preisbildung hinzugezogen werden, vgl. *Kuntz/Engelhardt*, ZGR 2021, 348, 369.

### *bb) Keine standardisierten Bewertungsmethoden für Start-ups, § 11 Abs. 2 S. 2 Hs. 2 BewG*

Sofern im letzten Jahr keine geeignete Referenztransaktion getätigt wurde, ist der gemeine Wert nachrangig gemäß § 11 Abs. 2 S. 2 Hs. 2 BewG unter Hinzuziehung einer anerkannten Bewertungsmethode zu ermitteln. Dazu kann es insbesondere dann kommen, wenn die Einräumung der Mitarbeiterbeteiligungen abseits einer Finanzierungsrunde stattfand. Indes sind gängige Methoden zur Bewertung von reifen Unternehmen, wie das vereinfachte Ertragswertverfahren nach §§ 199–203 BewG, Varianten des Discounted Cashflow und vergleichsorientierte Verfahren, bei Start-ups impraktikabel.[768] Dazu fehlt es jedenfalls an einer aussagekräftigen (Finanz-)Historie der Start-ups, die als Basis für eine Bewertung dienen könnte.[769] Darüber hinaus streben die jungen Wachstumsunternehmen naturgemäß innovative und bislang unbekannte Geschäftsmodelle an, sodass es auch an vergleichbaren Unternehmen mangelt, anhand derer sich eine Bewertung ableiten ließe.[770]

Zwar besteht bereits im Einräumungszeitpunkt die Möglichkeit, eine verbindliche Anrufungsauskunft gemäß § 42e EStG bei der zuständigen Finanzbehörde einzuholen. Insofern kann der Mitarbeiter jedenfalls die später fällige Arbeitslohnbesteuerung im Rahmen seiner privaten Vermögensplanung einkalkulieren.[771] Wie diese Auskunft hingegen ausfällt, lässt sich im Vorfeld jedoch nicht rechtssicher prognostizieren. Mangels standardisierter Bewertungsmethoden und behördlicher Leitlinien variieren die Ergebnisse je nach individueller Auffassung der im Einzelfall zuständigen Behörde.

## *2. Schwächen des Steuerfreibetrags, § 3 Nr. 39 EStG*

Auch der im Zuge des FoStoG überarbeitete Steuerfreibetrag in § 3 Nr. 39 EStG weist erhebliche Schwächen auf.

---

768 Ausführlich zu den Bewertungsmethoden und ihre Anwendbarkeit bei Start-ups, siehe *Noever/Schaumann/Schölzel/Warm*, DB 2020, 2081 ff.; *Rapp/Eickes*, FR 2021, 691 ff.

769 *Mahr/Niemann-Fritsch*, GWR 2021, 61, 63; *Möllmann/Zantopp*, DStR 2020, 2817, 2823; *Rapp/Eickes*, FR 2021, 691, 692; *Westermann/Thor*, FR 2021, 198, 203.

770 *Mahr/Niemann-Fritsch*, GWR 2021, 61, 63; *Rapp/Eickes*, FR 2021, 691, 693.

771 Das ist auch für den Arbeitgeber von Vorteil, schließlich haftet er gemäß § 42d Abs. 1 Nr. 1 EStG für die Lohnsteuer, zu deren Einbehalt und Abführung er verpflichtet ist.

### *a) Tatbestandliche Inkohärenz zu § 19a EStG*

Mitarbeiterbeteiligungen in Start-ups werden seit Inkrafttreten des FoStoG durch einen Gleichlauf aus Steuerfreibetrag und Besteuerungsaufschub gefördert. § 19a Abs. 1 S. 3 EStG verweist ausdrücklich auf § 3 Nr. 39 EStG, indem der dortige Freibetrag bei der Ermittlung des geldwerten Vorteils abzuziehen ist. Damit die steuerliche Förderung ihre vollständige Wirkung beim Mitarbeiter entfalten kann, müssten beide Normen bei jedenfalls vergleichbaren Sachverhalten zur Anwendung kommen.

#### *aa) Das Gleichheitskriterium in § 3 Nr. 39 S. 2 EStG*

Das ist nach derzeitiger Rechtslage indes nicht der Fall. Im Gegensatz zu § 19a EStG setzt der Steuerfreibetrag nach § 3 Nr. 39 S. 2 EStG voraus, dass die Mitarbeiterbeteiligung mindestens allen Arbeitnehmern offensteht, die bereits seit einem Jahr oder länger im Unternehmen tätig sind. Der dahinterstehende Gedanke ist unter Gerechtigkeitsgesichtspunkten grundsätzlich zu begrüßen. Das Gleichheitskriterium setzt einen positiven Anreiz dafür, nicht nur ausgewählte Führungsmitarbeiter, sondern sämtliche Mitarbeiter eines Unternehmens am Erfolg partizipieren zu lassen und fördert damit die betriebsinterne Verteilungsgerechtigkeit. Gleichwohl geht dieser Plan im Umfeld des Venture Capital nicht auf. Hier besteht ein gesteigertes Bedürfnis hinsichtlich des „Ob“ und „Wie“ einer Beteiligung zwischen Mitarbeitern je nach individueller Stellung und Bedeutung im Unternehmen zu differenzieren. Angesichts der weitreichenden Einräumung von Gesellschafterrechten sehen Start-ups zur Zeit noch davon ab, sämtliche Mitarbeiter durch eine direkte Beteiligung in den Kreis der Gesellschafter aufzunehmen.[772] Das Gleichheitskriterium führt im Ergebnis also dazu, dass überhaupt kein Mitarbeiter eines Start-ups in den Vorteil des Steuerfreibetrags kommt.

#### *bb) Mittelbare Beteiligungsstrukturen*

Im 3. Teil der Untersuchung wurde bereits deutlich, dass die Anwendbarkeit des Steuerfreibetrags mit Blick auf mittelbare Beteiligungsstrukturen gesetzlich nicht geregelt ist und damit seitens der zuständigen Finanzverwaltungen jedenfalls angezweifelt werden kann.[773] Während § 19a Abs. 1 S. 2 EStG dazu einen klarstellenden Hinweis enthält, fehlt eine vergleichbare Regelung in § 3 Nr. 39 EStG.

---

772 Dazu bereits 2. Teil A. II. 1. d).

773 Dazu bereits 3. Teil B. III. 3.

### *b) Freibetragshöhe im europäischen Vergleich*

Der Referentenentwurf zum FoStoG sah lediglich eine Verdoppelung des damaligen Steuerfreibetrags von EUR 360 gemäß § 3 Nr. 39 EStG a.F. auf EUR 720 vor.[774] Nach deutlicher Kritik aus Schrifttum, Praxis und Teilen der Politik einigte man sich in der finalen Fassung immerhin auf eine Vervierfachung auf EUR 1.440.[775] Indes verdeutlicht der Blick in das europäische Ausland, dass sich Deutschland damit nicht positiv von den anderen Ländern absetzen kann. Italien gewährt Mitarbeitern einen Freibetrag von EUR 2.100, England GBP 3.600 (umgerechnet circa EUR 4.200) und Österreich sogar bis zu EUR 4.500.[776] Die Erhöhung des Freibetrags hat die Wettbewerbsfähigkeit deutscher Unternehmen auf dem internationalen Arbeitsmarkt im Ergebnis also nur unwesentlich verbessert.

### *c) Zur Bedeutung des Steuerfreibetrags im Venture Capital*

Unabhängig von der Höhe des Steuerfreibetrags kann schon grundsätzlich angezweifelt werden, ob das Instrument des Steuerfreibetrags im Umfeld des Venture Capital überhaupt geeignet ist, einen steuerlichen Anreiz für mehr Mitarbeiterbeteiligungen zu erzeugen. Dazu folgendes Zahlenbeispiel:

Einem Mitarbeiter werden 100 Geschäftsanteile im Wert von insgesamt EUR 100.000 unentgeltlich als Sweet Equity eingeräumt. Nach Ablauf der Vesting-Perioden kommt es zum Exit, der Mitarbeiter kann seine Anteile vollständig veräußern. Gemäß § 19a Abs. 4 S. 1 Nr. 1 EStG endet damit der Besteuerungsaufschub und die Arbeitslohnbesteuerung auf den geldwerten Vorteil im Einräumungszeitpunkt (EUR 100.000) wird fällig. Unter

---

774 Vgl. Referentenentwurf des BMF: Entwurf eines Gesetzes zur Stärkung des Fondsstandorts Deutschland und zur Umsetzung der Richtlinie (EU) 2019/1160 zur Änderung der Richtlinien 2009/65/EG und 2011/61/EU im Hinblick auf den grenzüberschreitenden Vertrieb von Organismen für gemeinsame Anlagen, S. 2.

775 Vgl. Kritik aus dem Schrifttum: *Mahr/Niemann-Fritsch*, GWR 2021, 61, 63; *Westermann/Thor*, FR 2021, 198, 203. Aus der Praxis: Stellungnahme der Deutschen Steuer-Gewerkschaft zum Entwurf eines „Fondsstandortgesetz – FoStoG", S. 1. Aus der Politik: Anträge der Bundestagsfraktionen der FDP und Bündnis 90/Die Grünen zu dem Thema „Mitarbeiterbeteiligung", BT-Drucks. 19/14786 und 19/15118.

776 *Lowitzsch*, Verbreitung der Mitarbeiterkapitalbeteiligung in Deutschland und Europa, S. 43, 44; *Westermann/Thor*, FR 2021, 198, 203.

Zugrundelegung der progressiven Lohnsteuer ergibt sich nach § 32a Abs. 1 S. 2 Nr. 4 EStG grundsätzlich eine Steuerlast von EUR 32.732,47.[777]

Da hier aber die Voraussetzungen des § 3 Nr. 39 EStG vorliegen, gilt Folgendes: Nach § 19a Abs. 1 S. 3 EStG ist der Freibetrag im Rahmen der Ermittlung des zu versteuernden geldwerten Vorteils abzuziehen. Somit beträgt der geldwerte Vorteil im Beispiel nicht mehr EUR 100.000, sondern nach Abzug des steuerfreien Betrags von EUR 1.440 nur noch EUR 98.560.[778] Auf diesen Betrag ist nunmehr der progressive Lohnsteuertarif anzuwenden. Daraus ergibt sich eine Steuerlast von EUR 32.127,67.[779] In Relation zu einer Besteuerung ohne den Steuerfreibetrag entspricht dies gerade einmal einer Erleichterung von EUR 604,80 (1,85 %).[780]

Die spürbaren Auswirkungen des Freibetrags sind noch geringer, wenn sie in Relation zur Gesamtsteuerlast der Mitarbeiterbeteiligung (aufgeschobene Anfangsbesteuerung auf den eingeräumten Vorteil zuzüglich der späteren Endbesteuerung auf die Veräußerungsgewinne) gesetzt werden: Der Mitarbeiter erzielt im Exit einen zu versteuernden Veräußerungsgewinn von EUR 1.000.000, den das Finanzamt als Einkunft aus Kapitalvermögen qualifiziert. Gemäß § 32d Abs. 1 S. 1 EStG kommt damit der Abgeltungssteuersatz in Höhe von 25 % zur Anwendung, woraus sich eine Steuerlast von EUR 250.000 ergibt.[781] Die Gesamtsteuerlast des Mitarbeiters im Exit beträgt somit EUR 282.127,67.[782] Die infolge von § 3 Nr. 39 EStG bei Einräumung „gesparten" EUR 604,80 stellen in Relation zur Gesamtsteuerlast der Mitarbeiterbeteiligung gerade einmal 0,21 % dar.

Ein derart niedriger Betrag vermag die Attraktivität von Mitarbeiterbeteiligungen in Start-ups kaum zu erhöhen. Der Anhebung des Freibetrags sollte

777 0,42 x 100.000 – 9.267,53 = 32.732,47. Bei den 9.267,53 handelt es sich um den Grundfreibetrag gemäß § 32a Abs. 1 S. 2 Nr. 4 EStG. Dieser Tarif gilt für das Steuerjahr 2022. Annexsteuern (Solidaritätszuschlag und Kirchensteuer) wurden nicht berücksichtigt.

778 Der Steuerfreibetrag wird also nicht von der später ermittelten Lohnsteuer, sondern einen Schritt zuvor im Rahmen der Ermittlung der Bemessungsgrundlage für die Lohnsteuer abgezogen. Infolgedessen beträgt die tatsächliche Entlastung des Steuerzahlers weniger als EUR 1.440 (im Fall EUR 604,80).

779 0,42 x (100.000 – 1.440) – 9.267,53 = 32.127,67.

780 32.732,47 – 32.127,67 = 604,80.

781 1.000.000 x 0,25 = 250.000.

782 32.127,67 + 250.000 = 282.127,67.

in der Diskussion um bessere steuerliche Rahmenbedingungen daher keine Haupt-, sondern allenfalls eine Nebenrolle zukommen.

### 3. *Höhe der Anfangs- und Endbesteuerung*

Die Erhöhung des Steuerfreibetrags ausgeklammert, adressiert das Fondsstandortgesetz zwar die Problematik des Besteuerungszeitpunkts, nicht aber der Besteuerungshöhe.

#### a) *Ungelöste einkommensteuerrechtliche Binnenkonkurrenz*

Damit bleibt insbesondere die Frage nach der Einordnung von Veräußerungsgewinnen aus einer Eigenkapitalbeteiligung zu den beiden Einkunftsarten in § 19 Abs. 1 S. 1 Nr. 1 EStG und 20 Abs. 2 S. 1 Nr. 1 EStG unbeantwortet. Wenngleich eine Tendenz der Finanzgerichte zugunsten der vorteilhaften Einkünfte aus Kapitalvermögen festzustellen ist, lassen sich wegen der dabei gebotenen Einzelfallbetrachtung gegenteilige Ergebnis im Einzelfall nie rechtssicher ausschließen.[783] Dieser Umstand wird einer jüngeren Studie zufolge von 33 % der Gründer und 32 % der Investoren als Hemmnis bei der Einführung einer Mitarbeiterbeteiligung in Start-ups empfunden.[784]

Auch wirkt sich die ungelöste einkommensteuerrechtliche Binnenkonkurrenz unmittelbar auf die Vertragsgestaltung aus. Wie im 2. Teil deutlich wurde, kommt es bei der Einkunftsartenqualifikation erstens darauf an, ob ein Sonderrechtsverhältnis oder Veranlassungszusammenhang vorliegt und der Mitarbeiter zweitens wirtschaftliches Eigentum an den Anteilen erworben hat.[785] Dabei wird maßgeblich auf die Ausgestaltung der Beteiligungsbedingungen abgestellt. Steueroptimierte Gestaltungen verkomplizieren die Vertragsgestaltung zusätzlich, sodass sie ohne kostenintensive anwaltliche Beratung praktisch nicht zu bewerkstelligen ist.

#### b) *Ungerechte progressive Arbeitslohnbesteuerung*

Das schwerwiegendste Problem der geltenden steuerrechtlichen Rechtslage besteht in der unvorteilhaften Besteuerungshöhe für die Mitarbeiter.[786] Bei der

---

783 Dazu bereits umfassend 2. Teil A. II. 1. c) bb) (3).

784 ESOPasap-Studie, S. 43.

785 Zu Abgrenzungsfragen schon oben 2. Teil A. II. 1. c) bb) (2).

786 53 % der Gründer und 69 % der Investoren gaben in einer Studie an, dass die ungünstigen Steuersätze die größte Herausforderung bei der Umsetzung eines Mitarbeiterbeteiligungsprogramms im Unternehmen seien, vgl. ESOPasap-Studie, S. 43.

direkten Anteilsübertragung und einem ESOP unterliegt der geldwerte Vorteil der verbilligten oder unentgeltlichen Überlassung immer und die Veräußerungserlöse eventuell der progressiven Arbeitslohnbesteuerung. Bei einem VSOP unterliegen die Veräußerungserlöse stets der progressiven Arbeitslohnbesteuerung. Das führt zu Ergebnissen, die unter Gerechtigkeitsgesichtspunkten nur schwer zu ertragen sind. Während die Besteuerung der Gründer und Wagniskapitalgeber, die in deutlich größerem Umfang am Exit partizipieren, immer 25 % beträgt, beläuft sie sich bei Mitarbeitern auf bis zu 45 %.[787]

### 4. *Zusammenfassung*

Die Überarbeitung von § 19a EStG durch das FoStoG schafft mehr Probleme, als dass sie zu praktischen Lösungen führt. Die Norm verlagert das Problem des Dry-Income lediglich auf den Zeitpunkt eines künftigen Arbeitgeberwechsels, respektive den Ablauf von zwölf Jahren, § 19a Abs. 4 S. 1 Nr. 2 u. 3 EStG. Zudem schafft § 19a EStG in doppelter Hinsicht eine Zwei-Klassen-Gesellschaft unter Start-ups: Einerseits klammert sie Wachstumsunternehmen in späteren Finanzierungsrunden vom Besteuerungsaufschub aus, § 19a Abs. 3 EStG.[788] Andererseits führt die eingeschränkte Anwendbarkeit auf Arbeitnehmer zu einer Differenzierung auf Ebene der Mitarbeiter, § 19a Abs. 1 S. 1 EStG. Schließlich führt der Besteuerungsaufschub bereits im Einräumungszeitpunkt mangels standardisierter Bewertungsmethoden bei der Ermittlung des gemeinen Werts der Anteile zu willkürlichen Ergebnissen bei der späteren Besteuerungshöhe.

Die Überarbeitung von § 3 Nr. 39 EStG durch das FoStoG offenbart sich bei näherer Betrachtung als Nebelkerze. Das Gleichheitskriterium in S. 2 führt dazu, dass der Steuerfreibetrag in Start-ups praktisch nie zur Anwendung

---

787 Vgl. § 32a Abs. 1 S. 2 Nr. 5 EStG für das Steuerjahr 2022 für Ledige ab einem Einkommen von EUR 277.826 – eine Summe, die ein Mitarbeiter im Fall eines lukrativen Exits realistisch erreichen kann. Das FG Niedersachsen hält die Regelungen der Abgeltungssteuer sogar grundsätzlich für verfassungswidrig und hat die Frage nach der Vereinbarkeit mit Art. 3 Abs. 1 GG dem BVerfG jüngst zur Entscheidung vorgelegt, vgl. FG Niedersachsen Beschl. v. 18.03.2022, DStR 2022, 921. Nach Auffassung des Gerichts verstoße die Abgeltungssteuer gegen die gleichheitsrechtlich verankerte Vorgabe der Gleichbehandlung aller Einkunftsarten und einer gleichmäßigen Besteuerung nach der individuellen Leistungsfähigkeit. Die in den Gesetzesmaterialien genannten Rechtfertigungsgründe genügten den verfassungsrechtlichen Anforderungen nicht, vgl. hierzu *Schlund*, Vorlage an das BVerfG zur Vereinbarkeit der Abgeltungsteuer mit Art. 3 Abs. 1 GG, DStRK 2022, 145.

788 *Kuntz/Engelhardt*, ZGR 2021, 348, 356.

kommen dürfte. In Relation zu der drohenden Gesamtsteuerlast im Exit, führt der erhöhte Freibetrag von EUR 1.440 bei der Anfangsbesteuerung aus Sicht der Mitarbeiter zu einer kaum spürbaren Entlastung.

Das Hauptproblem bleibt unter steuerrechtlichen Gesichtspunkten die Besteuerungshöhe der Einnahmen aus der Mitarbeiterbeteiligung, die nicht nur im Rahmen der Anfangs-, sondern auch der Endbesteuerung je nach Einzelfall bis zu 45 % beträgt. Das FoStoG adressiert diese Problematik überhaupt nicht.[789]

## II. Kritik am gesellschaftsrechtlichen Rahmen

Indes beschränkt sich der dringende Reformbedarf nicht nur auf das Steuerrecht, sondern erstreckt sich auch auf grundlegende Prinzipien des Gesellschaftsrechts.

### *1. Keine Fungibilität von Geschäftsanteilen*

Zwar besteht im Recht der GmbH erhöhte Flexibilität bei der inhaltlichen Ausgestaltung der Beteiligungsbedingungen. Dies wird im direkten Vergleich zur AG deutlich. Hier steht der Grundsatz der Satzungsstrenge passgenauen Lösungen oft entgegen. Die gesellschaftsvertragliche Gestaltungsautonomie erreicht bei der GmbH jedoch dort ihre Grenze, wo es um die Fungibilität der Geschäftsanteile geht. Zwingende formelle Vorgaben bei der Schaffung neuer oder Übertragung bestehender Anteile bremsen den Ein- und Austritt von Mitarbeitern aus einem Mitarbeiterbeteiligungsprogramm und hindern laufende Anpassungen der Beteiligungsquoten zum Beispiel nach einer Verwässerung.[790] Hervorzuheben ist das notarielle Formerfordernis aus § 15 Abs. 3 u. 4 GmbHG, das bei jeder Anteilsübertragung nicht nur einen administrativen Aufwand, sondern zusätzliche Transaktionskosten verursacht. 29 % der Gründer und 22 % der Investoren erachten die komplexe und teure Administration als größte Herausforderung bei der Umsetzung eines Mitarbeiterbeteiligungsprogramms im eigenen Unternehmen.[791]

---

789 Der Gesetzesentwurf wurde von Kritikern daher schon früh als „Manifest der Mutlosigkeit" bezeichnet, vgl. Paul Ziemiak gegenüber dem *Handelsblatt*, abrufbar unter: https://www.handelsblatt.com/politik/deutschland/mitarbeiterbeteiligungen-manifest-der-mutlosigkeit-fuer-sein-start-up-gesetz-muss-scholz-viel-kritik-einstecken/26983510.html.

790 Dazu bereits ausführlich 2. Teil A. I. 1.

791 ESOPasap-Studie, S. 43.

### 2. *Störpotential des mitarbeitenden Gesellschafters*

Mehr Mitbestimmung der Mitarbeiter ist insbesondere unter sozialen Gesichtspunkten grundsätzlich ein begrüßenswertes Ziel, im Venture Capital gleichwohl nicht immer zweckdienlich und sachgerecht. Im dynamischen Umfeld der Start-ups besteht ein gesteigertes Bedürfnis, Entscheidungen unbürokratisch und schnell herbeizuführen, gerade mit Blick auf die Durchführung von Finanzierungsrunden oder eines Exits. Mit der direkten Übertragung von Geschäftsanteilen geht aber auch die Einräumung umfangreicher Gesellschafterrechte einher. Wie im 3. Teil dieser Untersuchung bereits deutlich wurde, gerät die gesellschaftsvertragliche Gestaltungsautonomie auch im Rahmen der Ausgestaltung der Mitwirkungsmöglichkeit von GmbH-Gesellschaftern an ihre Grenzen.[792] Hervorzuheben ist im Hinblick auf Mitarbeiterbeteiligungen in Start-ups das jederzeitige Auskunfts- und Einsichtsrecht mitarbeitender Gesellschafter, dessen extensive Ausübung den Geschäftsbetrieb der Arbeitgebergesellschaft massiv stören kann.[793] Der unabdingbare Zugang zum Zahlenwerk des Unternehmens verursacht zudem Konflikte sowohl auf vertikaler Ebene mit den Gründern und Wagniskapitalgebern als auch auf horizontaler Ebene unter den Mitarbeitern.[794]

## B. Handlungsoptionen de lege ferenda

Erstaunlicherweise sieht die lex lata somit auch nach den Neuerungen durch das FoStoG keine wirkungsvollen und kohärenten Rahmenbedingungen für Mitarbeiterbeteiligung im Umfeld des Venture Capital vor. Dieser Befund wird zum Anlass für eine Fortentwicklung des regulatorischen Rahmens genommen. Zuvorderst werden dazu die Leitlinien festgelegt, an denen sich die Lösungsvorschläge orientieren sollen.

### I. Leitlinien bei der rechtlichen Fortentwicklung

Die erste Leitlinie bei der Erarbeitung konkreter Reformvorschläge besteht in der Reduktion sämtlicher Kosten, die im Zusammenhang mit der Einführung einer Mitarbeiterbeteiligung entstehen. Verursacht die Beteiligung zusätzliche Kosten, schreckt das die Gründer und Wagniskapitalgeber in Ermangelung finanzieller Ressourcen ab. Daneben müssen aber auch administrative

---

792 Dazu oben 3. Teil A.
793 Dazu oben 3. Teil A. II.
794 Dazu oben 3. Teil A. III. 2.

Hürden abgebaut werden. Je geringer der Aufwand einer Mitarbeiterbeteiligung, desto wahrscheinlicher dessen praktische Einführung. Auch sollte der Rechtsrahmen dem Einsatz komplexer Beteiligungsstrukturen vorbeugen. Versteht ein begünstigter Mitarbeiter schon die Funktionsweise seiner Beteiligung nicht, wirkt sich das nachteilhaft auf seine Incentivierung aus.[795] Der regulatorische Rahmen muss daher transparente und für juristische Laien verständliche Beteiligungsmodelle ermöglichen. Eine weitere Leitlinie besteht in der Herstellung von Rechtssicherheit bei der Ausgestaltung der vertraglichen Beteiligungsbedingungen. Sämtliche beteiligten Parteien müssen insbesondere die steuerrechtlichen Folgen ihrer im Einzelfall ausgestalteten Mitarbeiterbeteiligung schon im Einräumungszeitpunkt rechtssicher einschätzen können. Sie sollten dabei insbesondere nicht dem Wohlwollen der zuständigen Finanzbehörde ausgesetzt sein. Zuletzt darf der fortentwickelte Rechtsrahmen keine missbräuchlichen Steuersparkonstruktionen ermöglichen. Die Reformen sollen zur Privilegierung von Mitarbeiterbeteiligungen in Start-ups, nicht jedoch zur Etablierung alternativer Vergütungsmodelle etwa für Manager finanzstarker Großkonzerne führen.

Nicht-standardisierte, komplizierte und teure Einzelfalllösungen wirken sich im Kontext von Mitarbeiterbeteiligungen unattraktiv auf nationale wie internationale Fachkräfte aus,[796] weshalb das übergeordnete Ziel in der Erarbeitung einer einheitlichen, standardisierten Beteiligungsform für Mitarbeiter in Start-ups besteht. Die Wahl der zu fördernden Beteiligungsform sollte auf diejenige Beteiligungsform mit der größtmöglichen Anreizwirkung beim begünstigten Mitarbeiter fallen. Ein ESOP oder VSOP räumt begünstigten Mitarbeitern keine Gesellschafterstellung ein und kann wegen der mangelnden Einbindung in unternehmensinterne Vorgänge keine mit der direkten Einräumung von Geschäftsanteilen vergleichbare Incentivierung erzeugen.[797] Vor diesem Hintergrund konzentriert sich die Erarbeitung der Reformvorschläge auf die direkte Eigenkapitalbeteiligung von Mitarbeitern. Diese Form der Mitarbeiterbeteiligung ist nicht nur unter wirtschafts-, sondern auch sozialpolitischen Gesichtspunkten förderungswürdig. Sie verbessert die Stellung der

---

795 83 % der befragten Mitarbeiter sind insgesamt unzufrieden mit der Informationslage zum Thema Mitarbeiterbeteiligung. Vor allem internationale Top-Talente erwarten transparente und einfache Beteiligungsmodelle, vgl. ESOPasap-Studie, S. 48.

796 ESOPasap-Studie, S. 61.

797 Dazu bereits 2. Teil A. I. 2. b).

Mitarbeiter im Unternehmen und trägt zu einer Demokratisierung der Unternehmenskultur bei.

Die besondere Herausforderung bei der Erarbeitung der Reformvorschläge besteht darin, diese Form der Mitarbeiterbeteiligung auch für Gründer und Wagniskapitalgeber attraktiv zu machen, mithin diejenigen Nachteile zu beseitigen, die der Grund für den derzeitigen „Umweg" der Kautelarpraxis über ein ESOP und VSOP sind. Dazu zählen insbesondere die hohen Transaktionskosten und das bereits angesprochene „Störpotential" der nunmehr mitarbeitenden Gesellschafter.[798] Dazu sind Anpassungen der gesellschaftsrechtlichen Rahmenbedingungen vonnöten. Schließlich entscheiden die Gründer und Wagniskapitalgeber letztlich über das „Ob" und „Wie" der im Unternehmen eingeführten Mitarbeiterbeteiligung.

Abschließend sei darauf hingewiesen, dass sich diese Untersuchung auf die Fortentwicklung des nationalen Rechts beschränkt. Ein einheitlicher europäischer Rechtsrahmen wäre als langfristiges Ziel zwar ebenfalls denkbar, in absehbarer Zeit gleichwohl nicht realisierbar.[799] Zum einen fehlt der Europäischen Union die hierzu erforderliche Regelungskompetenz, insbesondere mit Blick auf die Besteuerung etwaiger Mitarbeiterbeteiligungen.[800] Zum anderen liegen die rechtlichen und ökonomischen Strukturen in den Mitgliedstaaten derzeit noch zu weit auseinander.[801]

## II. Fortentwicklungen im Steuerrecht

Das erste Instrument zur Verwirklichung der soeben dargelegten Ziele stellt die Anpassung des steuerrechtlichen Rechtsrahmens, konkret des Einkommensteuerrechts, dar. In anderen europäischen Ländern konnte beobachtet werden,

---

798 Vgl. etwa 3. Teil A. IV.

799 Diskutiert wird etwa der Erlass einer europäischen Rahmenrichtlinie oder ein optionaler einheitlicher Rechtsrahmen mit einem grenzüberschreitendem Beteiligungsmodell, vgl. dazu *Lowitzsch*, Verbreitung der Mitarbeiterkapitalbeteiligung in Deutschland und Europa, S. 117 ff. Mit der Forderung nach einem europäischen Rechtsrahmen vgl. auch die Initiative *Not Optional*, abrufbar unter https://www.notoptional.eu.

800 *Lowitzsch*, Verbreitung der Mitarbeiterkapitalbeteiligung in Deutschland und Europa, S. 118.

801 *Index Ventures*, Rewarding Talent: A Guide to Stock Options for European Entrepreneurs, 2018, Country by Country Review.

dass die Einführung steuerlicher Vergünstigungen zu einem Zuwachs der privilegierten Beteiligungsform geführt hat.[802]

### *1. Reformvorschläge zu § 19a EStG*

Der erste Lösungsvorschlag adressiert § 19a EStG und zielt auf eine Reform des darin verankerten Besteuerungsaufschubs ab.

#### *a) Nochmals: Zur Problematik von Dry-Income*

Die Dry-Income Problematik stellt neben der Besteuerungshöhe aus Sicht der Mitarbeiter im Kontext der Einräumung einer Mitarbeiterbeteiligung die zentrale Hürde dar. § 19a EStG sollte dieses Problem ausweislich der Gesetzesbegründung beheben.[803] Indes hat die Untersuchung in diesem Teil der Arbeit bereits verdeutlicht, dass längst nicht alle Dry-Income-Szenarien vom Anwendungsbereich der Norm abgedeckt sind.[804]

#### *b) Gestalterische Lösungen aus Schrifttum und Praxis*

Fällt ein Sachverhalt nicht in den Anwendungsbereich von § 19a EStG, soll der Mitarbeiter gleichwohl direkt beteiligt und nicht auf ein ESOP oder VSOP verwiesen werden, ist die Kautelarpraxis auf komplexe Beteiligungsstrukturen zur Umgehung der drohenden Dry-Income-Problematik angewiesen. In Schrifttum und Gestaltungspraxis haben sich zwei Lösungsansätze herausgebildet.

##### *aa) Negative Liquidationspräferenzen*

Dabei handelt es sich erstens um das Gestaltungsmittel sogenannter „negativer Liquidationspräferenzen".[805] Vereinfacht gesagt werden die Rechte aus den eingeräumten Geschäftsanteilen hierbei mit Blick auf die Gewinn- und

---

802 Vgl. *Lowitzsch*, Verbreitung der Mitarbeiterkapitalbeteiligung in Deutschland und Europa, S. 128.

803 BT-Drucks. 19/27631, S. 54.

804 Dazu bereits oben A. I. 1.

805 Als Gestaltungsvorlage dienten hier die britischen „Growth Shares", vgl. *Grisar/Zantopp*, DStR 2020, 1768, 1773; *Kuntz/Engelhardt,* ZGR 2021, 348, 350. Hierzulande teilweise auch unter dem Synonym „Zero-Shares" bekannt, vgl. *Schönhaar*, GWR 2020, 313, 315. Davon zu unterscheiden sind die bereits beleuchteten (auch als „positive" Liquidationspräferenzen bezeichneten) Besserstellungen der Wagniskapitalgeber bei der disquotalen Verteilung von Exit-Erlösen, vgl. *Grisar/Zantopp*, DStR 2020, 1768, 1773; *Kuntz/Engelhardt,* ZGR 2021, 348, 365. Dazu bereits 2. Teil A. I. 3. b).

Erlösverteilung gestalterisch so modifiziert, dass die Beteiligung erst ab Erreichen einer vorher festgelegten Partizipationsschwelle Erträge abwerfen kann.[806] Diese Partizipationsschwelle entspricht dem Wert der Beteiligung im Zeitpunkt ihrer Einräumung.[807] Die Geschäftsanteile werden dadurch wirtschaftlich wertlos gestellt. Infolgedessen lässt sich bei den begünstigten Mitarbeitern im Einräumungszeitpunkt der Zufluss eines geldwerten Vorteils nicht feststellen. Es entsteht kein Dry-Income.[808]

Nachteilhaft an dieser Gestaltungsvariante ist ihre rechtstechnisch anspruchsvolle Umsetzung. Auch vermag sich der zugrundeliegende Mechanismus begünstigten Mitarbeitern ohne juristische Vorkenntnisse nicht immer zu erschließen, was sich nachteilhaft auf ihre Incentivierung auswirken kann. Schließlich ist ihre steuerrechtliche Anerkennung seitens der zuständigen Finanzbehörden und -gerichte derzeit noch ungewiss.[809] Negative Liquidationspräferenzen stellen insofern keine finale Lösung der Dry-Income Problematik unter deutschen Start-ups dar.

#### *bb) Verschiebung des Zuflusszeitpunkts*

Eine zweite Lösung stellt die gestalterische Verschiebung des einkommensteuerrechtlichen Zuflusszeitpunkts dar. Dem Mechanismus liegt der Gedanke zugrunde, dass eine Einkommensbesteuerung stets den Zufluss von Einnahmen beim Steuerpflichtigen voraussetzt, § 11 Abs. 1 S. 1 EStG. Kann dem Mitarbeiter aber schon das wirtschaftliche Eigentum an den ihm eingeräumten Geschäftsanteilen gemäß § 39 Abs. 2 Nr. 1 S. 1 AO nicht zugerechnet werden, fließt ihm auch kein geldwerter Vorteil zu und es kommt ebenfalls zu keinem Dry-Income.[810] Gestalterisch wird die wirtschaftliche Eigentümerstellung des

---

806 *Kuntz/Engelhardt,* ZGR 2021, 348, 364.

807 *Kuntz/Engelhardt,* ZGR 2021, 348, 366.

808 Vgl. ausführlich zur vertraglichen Gestaltung negativer Liquidationspräferenzen und hierbei auftretender Rechtsfragen: *Grisar/Zantopp*, DStR 2020, 1768 ff.; *Kuntz/Engelhardt,* ZGR 2021, 348 ff., *Schönhaar*, GWR 2020, 313 ff.

809 *Kuntz/Engelhardt,* ZGR 2021, 348, 379. *Grisar/Zantopp* empfehlen deshalb, die steuerliche Anerkennung rechtzeitig per Antrag auf Erteilung einer Lohnsteueranrufungsauskunft nach § 42e EStG bzw. auf Erteilung einer verbindlichen Auskunft nach § 89 Abs. 2 AO abzusichern, vgl. DStR 2020, 1768, 1776.

810 Dazu bereits 2. Teil A. II. 1. c) bb) (2) (b).

Mitarbeiters dazu gezielt in Frage gestellt, indem die Rechte aus den Anteilen umfassend beschränkt oder ausgeschlossen werden.[811]

Allerdings verlagert diese Gestaltungsvariante das Problem des Dry-Income lediglich auf den Zeitpunkt, in dem die auf den Anteilen lastenden Beschränkungen wieder entfallen.[812] Auch ist sie mit einem erhöhten Maß an Rechtsunsicherheit verbunden, da der genaue Zeitpunkt des Übergangs des wirtschaftlichen Eigentums der Anteile von der Einschätzung der im Einzelfall zuständigen Finanzämter abhängig ist. Das konkrete Ausmaß der notwendigen Beschränkungen von Rechten lässt sich nicht pauschal bestimmen. Erlangt der Mitarbeiter nie das wirtschaftliche Eigentum an den Geschäftsanteilen, können die späteren Veräußerungserlöse auch nicht von der vorteilhaften Kapitalertragssteuer profitieren. Stattdessen wäre die Differenz zwischen den Anschaffungskosten und dem Veräußerungserlös als lohnsteuerpflichtiger Arbeitslohn zu versteuern.[813] Damit ist auch dieser Lösungsweg für Start-ups insgesamt nicht praktikabel.

### *c) Eigene Reformvorschläge*

Vertragsgestalterische Lösungsansätze vermögen demnach keinen dauerhaften, aus Mitarbeitersicht zufriedenstellenden Zustand mit Blick auf die Dry-Income-Problematik herbeizuführen. Um spürbare Verbesserungen zu erzeugen, sind Änderungen auf legislativer Ebene unumgänglich. Nachfolgend werden dazu zunächst Vorschläge für eine Modifikation von § 19a EStG erarbeitet.

#### *aa) Extension des Anwendungsbereichs*

Eine Begrenzung des Anwendungsbereichs ist zwingend notwendig, um missbräuchliche Gestaltungen zu verhindern. Andernfalls bestünde die Gefahr, dass Unternehmensformen außerhalb des Kreises der förderbedürftigen Start-ups vom Besteuerungsaufschub profitieren. Gleichwohl ist eine Überarbeitung die Kriterien in § 19a Abs. 3 EStG geboten, um die sachlich nicht zu rechtfertigende Ungleichbehandlung der Start-ups zu beenden.[814]

---

811 *Weitnauer*, Hdb Venture Capital, Teil F Rn. 131; *Weitnauer*, GWR 2017, 391, 392. Auch kommen Drag-Along-Rechte, Lock-ups oder Vorkaufsrechte in Betracht, vgl. *Hohaus/Inhester*, DStR 2003, 1765, 1767.

812 Denkbar ist z.B. der Ablauf der Vesting-Perioden.

813 *Hohaus/Inhester*, DStR 2003, 1765, 1767.

814 Vgl. zur derzeitigen „Zwei-Klassen-Gesellschaft" unter Start-ups infolge des begrenzten Anwendungsbereichs der Norm oben A. I. 4.

(1) Anhebung des Höchstalters

In einem ersten Schritt ist das Höchstalter der Start-ups zu korrigieren. In Anlehnung an die Voraussetzungen für steuerliche Privilegien französischer Mitarbeiterbeteiligungen im Rahmen der Bons de Souscription de Parts de Créateur d'Entreprise empfiehlt sich eine Anhebung um drei weitere auf insgesamt 15 Jahre.[815] Das verringert die Anzahl der aus dem Anwendungsbereich der Norm fallenden Start-ups, die sich noch in den Later oder Growth Stages befinden. Pauschal jedes Unternehmen in den ersten 15 Jahren nach der Gründung zu fördern, privilegierte hingegen auch solche Unternehmen, die sich in diesem Zeitraum in ein etabliertes und finanziell unabhängiges Unternehmen entwickelt haben. Eine über das Alter der Unternehmen hinausgehende Eingrenzung des Anwendungsbereichs ist daher für eine zielgerichtete Privilegierung nur von Start-ups zwingend geboten.

(2) Alternative Abgrenzungskriterien

Die Schwellenwerte in Art. 2 Abs. 1 des Anhangs der Empfehlung der Kommission vom 6. Mai 2003 betreffend die Definition der Kleinstunternehmen sowie der kleinen und mittleren Unternehmen (ABl. L 124 vom 20.05.2003, S. 36) sind als Bemessungsgrundlage für die Förderbedürftigkeit von Start-ups nicht ideal. Start-ups mit mehr als 250 Mitarbeitern, einem größeren Jahresumsatz als EUR 50.000.000 beziehungsweise einer größeren Jahresbilanz als EUR 43.000.000 können bei der Einführung einer Mitarbeiterbeteiligung in gleichem Umfang auf steuerliche Förderungen angewiesen sein, wie kleinere Unternehmen.[816] In einem zweiten Schritt sollte § 19a Abs. 3 EStG daher um alternative Abgrenzungskriterien zur Bestimmung förderfähiger „Start-ups" ergänzt werden.

Wiederkehrende Schlagwörter im Rahmen geläufiger Definitionsversuche von „Start-ups" sind die beiden Begriffe „innovationsgetrieben" und „wachstumsorientiert".[817] Möglicherweise lassen sich diese als Anknüpfungspunkt hinzuziehen. Indes ist die Frage nach dem Innovationsgehalt einer Geschäftsidee stets von den subjektiven Einschätzungen des Gefragten gefärbt, was in der Praxis zwangsläufig zu Abgrenzungsproblemen führen würde. Ähnliches gilt in Hinblick auf die Wachstumsprognose. Ob ein Unternehmen künftig

---

815 *Lowitzsch*, Verbreitung der Mitarbeiterkapitalbeteiligung in Deutschland und Europa, S. 96.

816 Dazu oben A. I. 1. a) aa).

817 Exemplarisch: *Bundesverband Deutsche Startups e.V.*, Deutscher Startup Monitor 2021, S. 5. Hierzu bereits: 1. Teil A. II. 1.

überdurchschnittlich, nur durchschnittlich oder überhaupt nicht wächst, lässt sich nicht rechtssicher sagen. Beide Begriffe sind daher als Abgrenzungskriterien im Kontext von § 19a Abs. 3 EStG ungeeignet.

Den Anwendungsbereich unter Zuhilfenahme der Unternehmensbewertung einzugrenzen, kommt angesichts der bereits diskutierten Schwierigkeiten bei der Bewertung von Start-ups ebenfalls nicht in Betracht.[818]

Ungeeignet ist auch die Hinzuziehung des Break-Even. Bereits profitable Unternehmen würden dann zwar aus dem Anwendungsbereich von § 19a Abs. 3 EStG fallen. Dies setzt jedoch den negativen Anreiz, die Profitabilität des Unternehmens durch eine Modifikation des unternehmerischen Zahlenwerks zeitlich hinauszuzögern.

Auch eine an die Voraussetzung der britischen Enterprise Management Incentives angelehnte, tatbestandliche Ausgrenzung von Unternehmen bestimmter Wirtschaftszweige ist insgesamt abzulehnen.[819] Die Tätigkeitsbereiche von Start-ups sind vielfältig und lassen ein zu breites Spektrum vertretener Branchen erkennen.[820]

(3) Ausnahmeregelung bei besonderem Förderbedarf

Statt die Abgrenzungskriterien zu ersetzen, könnte § 19a Abs. 3 EStG auch um einen Ausnahmetatbestand ergänzt werden. Besteht in einem Start-up nach Ablauf von 15 Jahren oder Überschreitung der personellen beziehungsweise bilanziellen Schwellenwerte ein besonderer Förderbedarf, bliebe der Besteuerungsaufschub ausnahmsweise möglich. Das würde vor allem Unternehmen mit forschungs- und entwicklungsintensiven Geschäftsmodellen betreffen, die mehr Zeit benötigen, um der Growth Stage zu entwachsen.[821] Der besondere Förderbedarf wäre dazu in einer Forschungs- und Entwicklungserklärung schlüssig darzulegen. Als Vorlage könnte die Praxis der Niederlande dienen, wo eine vergleichbare Erklärung bereits Voraussetzung für die steuerliche Förderung von Mitarbeiterbeteiligungen in Start-ups ist.[822]

---

818 Dazu schon oben A. I. 1. d).

819 Hierzu ausführlich: https://www.gov.uk/hmrc-internal-manuals/employee-tax-advantaged-share-scheme-user-manual/etassum52100.

820 Mit einer statistischen Übersicht der häufigsten vertretenen Branchen, vgl. *Bundesverband Deutsche Startups e.V.*, Deutscher Startup Monitor 2021, S. 15.

821 BT-Drucks. 19/27631, S. 131. Dazu schon oben A. I. 1. a) aa).

822 *Lowitzsch*, Verbreitung der Mitarbeiterkapitalbeteiligung in Deutschland und Europa, S. 96, 263.

Jedoch erweist sich auch dieser Vorschlag bei näherer Betrachtung insgesamt als untauglich. Adressat der Ausnahmeregelung wäre jedes Unternehmen oberhalb der personellen und bilanziellen Schwellenwerte in § 19a Abs. 3 EStG. Der Mehraufwand, der mit der Auswertung der dann drohenden Vielzahl an Forschungs- und Entwicklungserklärungen für die Finanzbehörden entstünde, wäre unverhältnismäßig hoch und praktisch nicht zu bewerkstelligen. Insbesondere würde aber die Frage, ob im Einzelfall ein forschungs- und entwicklungsintensives Geschäftsmodell vorliegt, erhebliche Abgrenzungsprobleme aufwerfen und zu Ungerechtigkeiten führen.

(4) Zwischenergebnis

Zur Extension des Anwendungsbereichs kommt nur eine Anhebung des Höchstalters förderbedürftiger Start-ups von 12 auf 15 Jahre in Betracht. Mangels geeigneter Alternativen ist jedoch an den personellen und bilanziellen Größen in § 19a Abs. 3 EStG festzuhalten.[823]

*bb) Streichung der Ersatzrealisationstatbestände*

Einer Neugestaltung bedarf der Besteuerungsaufschub auch mit Blick auf die Ersatzrealisationstatbestände in § 19a Abs. 4 S. 1 Nr. 2–3 EStG. Die Beendigung des Besteuerungsaufschubs nach Ablauf von zwölf Jahren oder im Falle eines Arbeitgeberwechsels ist sachlich nicht zu rechtfertigen und deshalb ersatzlos zu streichen.[824] Eine Beschränkung nur auf den Zeitpunkt der Verwertung der Mitarbeiterbeteiligung im Rahmen der Rückübertragung der Anteile ist vorzugswürdig.[825]

---

823 Die dortigen Kriterien entsprechen auch der Best Practice anderer und mit Blick auf Mitarbeiterbeteiligungen in Start-ups erfolgreicher EU-Länder. Vgl. die steuerlichen Rahmenbedingungen für Mitarbeiterbeteiligungen in Start-ups in Großbritannien, Irland oder Italien, jeweils limitiert auf Unternehmen mit höchstens 250 Mitarbeiter. In Schweden ist die Mitarbeiterzahl sogar auf 50 und in Norwegen auf 10 Mitarbeiter beschränkt, *Index Ventures*, Rewarding Talent: A Guide to Stock Options for European Entrepreneurs, 2018, Country by Country Review.

824 Dazu oben A. I. 1. a). Siehe auch: *Möllmann/Zantopp*, DStR 2020, 2817, 2824

825 Bei einem vorzeitigen Arbeitgeberwechsel entsteht für die Finanzämter ein zusätzlicher administrativer Aufwand – die Arbeitslohnbesteuerung ist dann bei einem anderen Arbeitgeber nachzuholen. Dieser Aufwand müsste zum Zweck der steuerlichen Förderung von Mitarbeiterbeteiligung in Start-ups in Kauf genommen werden.

#### *cc) Sozialversicherungsaufschub*

Um die nach § 17 Abs. 1 S. 2 SGB IV gebotene Übereinstimmung zwischen steuer- und sozialversicherungsrechtlichen Regelungen mit Blick auf Mitarbeiterbeteiligungen herzustellen und Erschwernisse für Mitarbeiter und Start-ups im Einräumungszeitpunkt aus dem Weg zu räumen, ist auch der Sozialversicherungsbeitrag nachgelagert zu erfassen.[826] Der Gesetzgeber begründet die derzeitige Beitragspflicht im Einräumungszeitpunkt einerseits mit der sozialversicherungsrechtlichen Absicherung der Arbeitnehmer, andererseits der Sicherstellung der Beitragseinnahmen einzelner Zweige der Sozialversicherung.[827] Beide Argumente können im Hinblick auf einen Sozialversicherungsaufschub insofern nicht überzeugen, als dass keine Befreiung erfolgt, sondern die Zahlung des Beitrags lediglich zu einem späteren Zeitpunkt vollumfänglich nachgeholt wird.

#### *dd) Standardisierter Bewertungsrahmen für Mitarbeiteranteile*

Ein einheitlicher Bewertungsrahmen für Start-ups ist hierzulande längst überfällig. Bewertungsprobleme treten insbesondere auch bei der Bemessung des gemeinen Werts von Mitarbeiteranteilen auf. Dieser fungiert als maßgebliche Bezugsgröße für den nach § 19a EStG aufschiebend besteuerten geldwerten Vorteil im Einräumungszeitpunkt der Beteiligung.

##### (1) Zur Person des Bewertenden

Würde die Bewertung der Mitarbeiteranteile durch eine an der Beteiligung unmittelbar beteiligte Partei vorgenommen, verfälschten subjektive Interessen das Ergebnis. Wagniskapitalgeber oder Gründer setzen die Bewertung naturgemäß zu hoch an, damit ihre eigenen Beteiligungsquoten weniger stark verwässern und Mitarbeiter weniger Anteile erhalten. Im Gegensatz dazu sind Mitarbeiter an einer möglichst niedrigen Bewertung interessiert, um die Anzahl der eingeräumten Anteile zu erhöhen und die Bemessungsgrundlage für die Einkommensbesteuerung zu reduzieren.

Auch bietet es sich nicht an, die Anteilsbewertung der Mitarbeiterbeteiligung zentral durch die Finanzämter vornehmen zu lassen. Dies führte nicht nur zu einer dramatischen Überlastung und -forderung der Behörden. Auch wäre die Bewertung abermals von subjektiven Interessen gefärbt, da die Finanzämter

---

826 Dies entspricht auch der Empfehlung des Bundesrats in seiner Stellungnahme zum FoStoG, vgl. BT-Drucks. 19/27631, S. 131.

827 BT-Drucks. 19/27631, S. 116.

erwartungsgemäß möglichst hohe Steuereinnahmen für den Fiskus generieren wollen.

Um die Objektivität und Fairness der Bewertungen sicherzustellen, ist sie daher von einem unabhängigen Gutachter durchzuführen. Der administrative Aufwand der Start-ups beschränkt sich darauf, dem externen Gutachter die für die Bewertung erforderlichen Informationen zur Verfügung zu stellen. Nachteilhaft sind die mit der Bewertung einhergehenden Gutachterkosten, die mit fortschreitendem Unternehmenswachstum und steigendem Bewertungsaufwand mehrere tausend Euro betragen können und von den Start-ups zu tragen wären.[828] Dazu sogleich noch ausführlich.[829]

(2) Bewertungsmethode

Mit Blick auf die Frage, wie genau die externe Bewertung vorzunehmen ist, sind zwei Modelle denkbar.

*(a) Uneinheitliche Methode*

Die Gutachter könnten zur Bewertung eigene Methoden entwickeln und anwenden. Diese wären vor ihrem praktischen Einsatz von einer staatlichen Stelle zu prüfen und zertifizieren, um Eignung und Objektivität zu gewährleisten. Hierbei dürfen keine zu hohen Anforderungen an die Genauigkeit der Bewertung gestellt werden. Das liegt zum einen an den bereits beschriebenen generellen Bewertungsschwierigkeiten von Start-ups. Zum anderen müssen die Kosten für den Bewertungsprozess durch den Gutachter und damit auch der finanzielle Aufwand für die Start-ups möglichst niedrig gehalten werden.

*(b) Einheitliche Methode (z.B. Scoring-Sheets)*

Alternativ ist die Schaffung einer einheitlichen Bewertungsmethode denkbar, die zwingend von sämtlichen Gutachtern anzuwenden wäre. Aufbauend auf einem Vorschlag aus dem jüngeren Schrifttum[830] könnte dies zum Beispiel in Gestalt eines Scoring-Sheets erfolgen.

Dazu werden bewertungsrelevante Kriterien einmalig identifiziert und in ein Scoring-Sheet übertragen. Dies sind die quantitativ erfassbaren Parameter der

---

828 Beispielhalft die Preisliste des US-amerikanischen Dienstleistungsunternehmens *Carta,* dessen Anteilsbewertung im Rahmen einer Mitarbeiterbeteiligung nach dem dort gängigen 409A-Bewertungsverfahren je nach Größe und Komplexität des Unternehmens zwischen USD 1.000 und USD 10.000 beträgt, vgl. https://www.carta.com/blog/what-is-a-409a-valuation/#jumpto3.

829 Siehe unten B. II. 1. c) dd) (3).

830 *Noever/Schaumann/Schölzel/Warm*, DB 2020, 2081 ff.

Unternehmen wie Kapitalstruktur, Mitarbeiterzahl oder der Jahresumsatz und -gewinn. Darüber hinaus ist die Aufnahme qualitativer Kriterien unumgänglich. Dazu zählt etwa der Innovationsgehalt der Geschäftsidee, die Wachstumsprognose des Unternehmens aber auch die Qualifikation des Gründerteams auf Grundlage bisheriger unternehmerischer Erfolge. Anders als im Rahmen der Überlegungen zur Extension des Anwendungsbereichs von § 19a EStG wird die Bewertung nicht durch die Finanzämter, sondern durch spezialisierte externe Dienstleister vorgenommen. Das gewährleistet die hierbei gebotene Objektivität und praktische Durchführbarkeit.

Um die Besonderheiten der Anteilsbewertung aus Sicht der Mitarbeiter angemessen zu berücksichtigen, müssen die jeweiligen Konditionen der Mitarbeiterbeteiligung in die Bewertung einfließen. Dazu zählt die Ausgestaltung der Liquidationspräferenzen, Stimm- und Teilnahmerechte oder die Dauer der Vesting-Perioden und des Cliffs.[831]

Die eigentliche Bewertung erfolgt, indem der Gutachter die jeweiligen Kriterien in Abhängigkeit von den vorgefundenen Umständen im Start-up mit null bis zehn Punkten bewertet.[832] Dabei kann er die Kriterien unterschiedlich gewichten, etwa um das Alter und die Wachstumsphase des Start-ups im Bewertungszeitpunkt angemessen zu berücksichtigen. Sodann wird ein Final Score, bestehend aus der durchschnittlich erzielten Punktzahl, berechnet. Unter Hinzuziehung eines Vergleichsdatensatzes wird dieser Final Score abschließend in eine monetäre Bewertung umgewandelt. Jedem Final Score wird zuvor eine äquivalente Unternehmensbewertung zugewiesen. Ein Final Score von 7,55 könnte so zum Beispiel einer Bewertung von EUR 9,31 Mio. entsprechen, wohingegen ein Score von nur 5,08 zu einer Bewertung von EUR 4,43 Mio. führt.[833] Je mehr Unternehmensbewertung nach der Methode erfolgen, desto

831 Darin besteht ein wesentlicher Unterschied zu der Vorlage aus dem Schrifttum. Die dortige Bewertung wird aus Sicht der Wagniskapitalgeber zum Zweck einer Finanzierungsrunde vorgenommen. Infolgedessen sind zahlreiche „weiche Kriterien", wie Kommunikation und Vertrauen zwischen Gründer-Team und Wagniskapitalgebern, anzutreffen. Diese Kriterien lassen sich aber nicht durch einen externen Gutachter bewerten, vgl. *Noever/Schaumann/Schölzel/Warm*, DB 2020, 2081, 2083.

832 An dieser Stelle besteht die Gefahr willkürlicher und subjektiv gefärbter Bewertungen, weshalb sie zwingend durch einen externen Gutachter durchzuführen ist. Vgl. mit einem Zahlenbeispiel: *Noever/Schaumann/Schölzel/Warm*, DB 2020, 2081, 2084.

833 Das Beispiel ebenfalls aus: *Noever/Schaumann/Schölzel/Warm*, DB 2020, 2081, 2085.

größer der Vergleichsdatensatz und aussagekräftiger das Bewertungsverfahren. Zur Ermittlung des gemeinen Werts einer eingeräumten Mitarbeiterbeteiligung muss die Unternehmensbewertung nur noch in Relation zur individuellen Beteiligungsquote des Mitarbeiters gesetzt werden.

Um die Aktualität der Bewertung sicherzustellen, sollten diese für ein Jahr Gültigkeit entfalten. Etwas anderes gilt jedoch, wenn vor Ablauf eines Jahres ein Ereignis eintritt, das sich wesentlich auf die Bewertung der Anteile des Unternehmens auswirkt (z.B. Finanzierungsrunden oder ein Exit) und eine neue Bewertung der Mitarbeiteranteile erforderlich macht.[834]

(3) Kosten

Die Start-ups müssten die Kosten für die Bewertung tragen. Hierdurch entstünde ein gegebenenfalls jährlicher Kostenaufwand, der sich nachteilhaft auf die Attraktivität der Vergabe echter Anteile auswirken kann. Um dies zu verhindern, sind zwei Möglichkeiten denkbar.

Die Inanspruchnahme des standardisierten Bewertungsverfahrens könnte im Ermessen der Start-ups stehen. Um gleichzeitig aber einen positiven Anreiz für das neue Verfahren zu setzten, könnte das Bewertungsergebnis gegenüber den Finanzbehörden – in Anlehnung an § 409A des US-amerikanischen Internal Revenue Code – eine Bindungswirkung entfalten (sogenanntes „Safe-Harbor"-Prinzip).[835] Danach dürfen die Finanzämter bei der Berechnung der Einkommenssteuer nur in Ausnahmefällen vom Bewertungsergebnis abweichen, etwa wenn sie sich als grob fehlerhaft erweist. Dabei kommt es jedoch zu einer Beweislastumkehr. Es obliegt nunmehr den Behörden, die Fehlerhaftigkeit der Bewertung im Einräumungszeitpunkt nachzuweisen. Mitarbeiter und Start-ups erreichten dadurch Rechtssicherheit und weitgehende Unabhängigkeit von den Finanzämtern.

Die zweite und vorzugswürdigere Lösung besteht darin, die Anfangsbesteuerung im Einräumungszeitpunkt aufzuheben.[836] Bis zur Beendigung der Mitarbeiterbeteiligung entfiele die Bewertungsproblematik – einschließlich damit

---

834 Das gilt auch im Kontext der uneinheitlichen Methode.

835 Die im Zuge des *American Jobs Creation Act of 2004* eingeführte Norm regelt die sofortige Besteuerung eingeräumter Mitarbeiterbeteiligungen in Höhe von 20 %, sollten Unternehmen die dort festgelegten Vorgaben nicht erfüllen. Andernfalls kommt es erst im tatsächlichen Realisationszeitpunkt zu einer Besteuerung, wobei die Differenz des Marktwerts der Beteiligung im Einräumungs- und Veräußerungszeitpunkt als Besteuerungsgrundlage dient.

836 Da das standardisierte Bewertungsverfahren im Einräumungszeitpunkt somit entweder überhaupt nicht oder nur optional, nicht aber zwingend von allen Start-ups genutzt würde, eignet sich die Unternehmensbewertung auch nach einer

verbundener Mehrkosten – vollständig. Dieser Vorschlag wird im weiteren Verlauf der Untersuchung noch ausführlich diskutiert.[837]

### 2. *Reformvorschläge zu § 3 Nr. 39 EStG*

Trotz seiner geringen Auswirkung auf die Gesamtsteuerlast begünstigter Mitarbeiter[838] soll auch der Steuerfreibetrag in § 3 Nr. 39 EStG bei der Erarbeitung eigener Verbesserungsvorschläge berücksichtigt werden. Jede Form der steuerlichen Förderung ist aus Mitarbeitersicht zu begrüßen und steigert die Attraktivität des Beteiligungsmodells.

#### a) *Harmonisierung mit § 19a EStG*

Zunächst ist die tatbestandliche Inkohärenz zu § 19a EStG aufzuheben. Dazu ist das in § 3 Nr. 39 S. 2 EStG verankerte Gleichheitskriterium ersatzlos zu streichen. Nicht-begünstigte Mitarbeiter sind gleichwohl nicht schutzlos gestellt, schließlich gilt bei der Vergabe von Mitarbeiterbeteiligungen ohnehin das arbeitsrechtliche Gleichbehandlungsgebot.[839] Im Gegensatz zum Gleichheitskriterium in § 3 Nr. 39 EStG ermöglicht das jedoch Differenzierungen unter den Arbeitnehmern, vorausgesetzt der Auswahl liegen keine sachfremden oder willkürlichen Kriterien zugrunde.[840] Dadurch haben die Gründer die notwendige Flexibilität, um zu entscheiden, welcher Mitarbeiter durch die Einräumung der Beteiligung in den Kreis der Gesellschafter aufgenommen wird.

Zur Herstellung von Rechtssicherheit ist außerdem ein § 19a Abs. 1 S. 2 EStG klarstellender Zusatz einzufügen, wonach der Steuerfreibetrag ausdrücklich auch bei Einsatz mittelbarer Beteiligungsstrukturen zur Anwendung kommt.[841]

#### b) *Erhöhung der Freibetragshöhe auf wettbewerbsfähiges Niveau*

Mit einer Erhöhung auf lediglich EUR 1.440 blieben die Verbesserungen durch das FoStoG deutlich hinter den Erwartungen aus Schrifttum, Praxis

---

Standardisierung nicht als Abgrenzungskriterium für förderfähige Unternehmen im Kontext von § 19a Abs. 3 EStG.

837 Dazu unten B. II. 3. c).

838 Dazu oben A. I. 2. c).

839 *Walter*, ZRP 2019, 227, 229.

840 BAG Urt. v. 12.10.2011, NZA 2011, 693; v. 19.03.2003, NZA 2003, 724; v. 23.04.1997, NZA 1007, 1177.

841 Ein extensiver Anwendungsbereich wäre sachlich gerechtfertigt, vgl. dazu bereits 3. Teil B. III. 3.

und Teilen der Politik zurück.[842] Damit sich der Wirtschaftsstandort Deutschland im europäischen Vergleich positiv absetzen kann, sollten zwei Anträge der Bundestagsfraktionen der FDP[843] und Bündnis 90/Die Grünen[844] aus dem Jahr 2019 aufgegriffen werden, die jeweils eine Erhöhung des Steuerfreibetrags auf EUR 5.000 fordern.

### 3. *Reformvorschläge zu den Einkunftsarten*

Das FoStoG hat stellenweise Verbesserungen mit Blick auf den Besteuerungszeitpunkt direkter Mitarbeiterkapitalbeteiligungen herbeigeführt. Abgesehen von der marginalen Anhebung des Steuerfreibetrags gilt dies erstaunlicherweise nicht für die Besteuerungshöhe. Mit Szenarien, in denen nach Abzug von Steuern nur knapp die Hälfte der Brutto-Exit-Erlöse beim Mitarbeiter verbleibt, ist auch weiterhin zu rechnen. Der Gesetzgeber hat die Chance ungenutzt gelassen, das einkommensteuerrechtliche System der Einkunftsartenqualifikation an Zuflüsse aus Mitarbeiterbeteiligungen an einem Start-up anzupassen und dadurch einerseits Rechtssicherheit im Zeitpunkt der Endbesteuerung und andererseits finanzielle Entlastungen bei den begünstigten Mitarbeitern herbeizuführen.

Wie diese Änderungen im Einkommensteuerrecht konkret aussehen können, ist Gegenstand der nachfolgenden Untersuchung. Ein wesentliches Gestaltungsziel besteht darin, im Hinblick auf die Besteuerungshöhe mindestens eine Gleichstellung der Mitarbeiter mit den Wagniskapitalgebern und Gründern zu erzeugen, Zuflüsse demnach mit höchstens 25 % zu besteuern. Dazu sind verschiedene Ansätze denkbar. Im Zentrum der hier erarbeiteten Reformvorschläge steht einerseits die Schaffung einer eigenen Einkunftsart mit gesondertem Steuertarif, andererseits die Einführung einer Kollisionsnorm.

#### a) *Lösung über eine eigene Einkunftsart mit gesondertem Steuertarif*

Der erste Lösungsansatz zielt auf eine eigene einkommensteuerrechtliche Einkunftsart im Sinne von § 2 Abs. 1 S. 1 Nr. 1–7 EStG i.V.m. §§ 13–24 EStG für „Einkünfte aus Mitarbeiterbeteiligungen an einem Start-up" ab. Die Vorteile

---

842 Vgl. z.B. die Stellungnahme der Deutschen Steuer-Gewerkschaft zum Entwurf eines „Fondsstandortgesetz – FoStoG", S. 1; *Lowitzsch*, Verbreitung der Mitarbeiterkapitalbeteiligung in Deutschland und Europa, S. 134; *Walter*, ZRP 2019, 227, 228 ff.

843 BT-Drucks. 19/14786.

844 BT-Drucks. 19/15118.

dieses Vorschlags liegen auf der Hand, Regelungen zur steuerrechtlichen Förderung müssten sich nicht in das bestehende System der Einkunftsarten eingliedern. Stattdessen bestünde ein eigenes, passgenaues Regelungswerk für Mitarbeiterbeteiligungen. Bei der Festlegung der konkreten Rahmenbedingungen sind zahllose Gestaltungen denkbar.

Die Verknüpfung der Einkunftsart mit einem gesonderten Steuertarif im Sinne der §§ 31 ff. EStG führte beispielsweise zu maximaler Flexibilität bei der Bestimmung der Besteuerungshöhe. Eine Festlegung auf 25 % erzeugte die angestrebte Gleichstellung zwischen Mitarbeitern, Wagniskapitalgebern und Gründern.[845]

Ein weiterer Gestaltungsspielraum bestünde im Hinblick auf den Besteuerungszeitpunkt. Denkbar wäre eine Extension des Anwendungsbereichs auf sämtliche Einnahmen im Zusammenhang mit einer Mitarbeiterbeteiligung. Damit würden nicht nur „Einnahmen aus der Veräußerung von Geschäftsanteilen an einem Start-up durch ihre Mitarbeiter",[846] sondern auch aus der „unentgeltlichen oder verbilligten Übertragung von Geschäftsanteilen eines Start-ups an einen Mitarbeiter" der neuen Einkunftsart zugerechnet.[847] Die neue Einkunftsart verdrängt die Zurechnung von Zuflüssen aus

---

845 Sogar Besteuerungshöhen von unter 25 % wären möglich. Diese Besserstellung der Mitarbeiter wäre angesichts der höheren persönlichen Abhängigkeit von der (Netto-)Exit-Erlösbeteiligung mit Blick auf die privaten Vermögensverhältnisse insbesondere gegenüber den Wagniskapitalgebern auch sachlich zu rechtfertigen. Das gilt auch vor dem Hintergrund der in der Beteiligungspraxis üblichen vertraglichen Schlechterstellung von Mitarbeitern, konkret um die Regelungen zur disquotalen Erlösverteilung und zum Verwässerungsschutz. Da sich die Besserstellung gegenüber den Wagniskapitalgebern nur auf die Besteuerung der Erlöse, nicht aber auf die Erlösverteilung selbst bezieht, hätte eine entsprechende Neugestaltung keine negativen Auswirkungen auf deren individuelle Beteiligungsquote. Somit wäre auch nicht zu befürchten, dass Wagniskapitalgeber im Wege der Anpassung der Beteiligungsbedingungen eine etwaige finanzielle Last auf Mitarbeiter umverteilen.

846 Die Loslösung von § 20 EStG und dem Erfordernis einer echten Kapitalbeteiligung ermöglicht auch die Privilegierung schuldrechtlicher Beteiligungsformen. Die Norm lautete in diesem Fall: „Einnahmen entweder aus der Veräußerung von Geschäftsanteilen an einem Start-up durch ihre Mitarbeiter oder der Geltendmachung schuldrechtlicher Zahlungsansprüche gegenüber einem Start-up aus einer Mitarbeiterbeteiligung".

847 Der Vollständigkeit halber könnten – trotz ihrer geringen Bedeutung im Umfeld des Venture Capital – auch Zuflüsse in der Haltephase (z.B. Gewinnausschüttungen) der neuen Einkunftsart zuzurechnen sein.

Eigenkapitalbeteiligungen zu § 19 Abs. 1 S. 1 Nr. 1 EStG im Einräumungszeitpunkt als spezialgesetzliche Regelung, was sowohl im Rahmen der Anfangs- als auch der Endbesteuerung zu einer erheblich niedrigeren Besteuerung führte.[848]

Indes erwächst aus Art. 19 Abs. 1 S. 1 GG der Auftrag an die Gesetzgebung, beim Erlass und der Überarbeitung von Normen Verallgemeinerung im Wege abstrakt-genereller Regelungen zu schaffen.[849] Bei der Überarbeitung des Einkommensteuerrechts ist umso mehr darauf zu achten, diesem Allgemeinheitspostulat Folge zu leisten.[850] Eine ausgeprägte Spezifizierung bei den Einkunftsarten wirkt sich zulasten der Verständlichkeit aus und verkompliziert die einkommenssteuerrechtliche Regelungssystematik zusätzlich.

Die Schaffung einer neuen Einkunftsart liefe aber insbesondere der Systematik des Einkommensteuerrechts zuwider. Jeder steuerbare Lebenssachverhalt begründet keine jeweils eigene Einkunftsart. Stattdessen werden wirtschaftliche Einheiten gebildet und in sieben Grundtatbestände, den Einkunftsarten in § 2 EStG, eingeteilt. Eine Differenzierung nach Einkunftsarten findet nur insofern statt, als dass sie für das Ziel einer gleichmäßigen und gerechten Besteuerung erforderlich ist.[851] Mitarbeiterbeteiligungen gewinnen im Umfeld des Venture Capital zwar zunehmend an Bedeutung, ihre gesamtwirtschaftliche Bedeutung ist gleichwohl gering. Auch lassen sich die Zuflüsse, der bisherigen Praxis entsprechend, in das bestehende System der Einkunftsarten eingliedern. Die Schaffung einer gesonderten Einkunftsart wäre vor diesem Hintergrund nicht zu rechtfertigen, der Lösungsansatz aus diesem Grund insgesamt abzulehnen.

---

848 Der Besteuerungsaufschub in § 19a EStG ist einkommensteuersystematisch an die Zurechnung der Zuflüsse zu den Einkünften aus nichtselbstständiger Arbeit geknüpft, weshalb keine Anwendungsfälle für die Norm verblieben. Sie wäre mithin zu streichen. Ähnliches gilt im Hinblick auf § 3 Nr. 39 EStG. Der dortige Steuerfreibetrag, der in seiner derzeitigen Fassung nur auf Einkünfte gemäß § 19 EStG anzuwenden ist, könnte gestrichen oder an die neue Einkunftsart angepasst werden. Im Gegensatz zu § 19a EStG gilt § 3 Nr. 39 EStG aber nicht ausschließlich für Mitarbeiterbeteiligungen in Start-ups. Denkbar wäre somit, § 3 Nr. 39 EStG unverändert neben der neuen Einkunftsart fortbestehen zu lassen. Da die Norm dann aber nicht mehr bei Mitarbeiterbeteiligungen in Start-ups zur Anwendung kommt, verliert sie erheblich an praktischer Relevanz.

849 *Sachs* in: Sachs, GG, Art. 19 Rn. 20.

850 *Kirchhof* in: Kirchhof/Kulosa/Ratschow, BeckOK EStG, § 2 Rn. 102.

851 Zum Grundsatz der Gleichmäßigkeit der Besteuerung sogleich ausführlich.

### *b) Lösung über eine Kollisionsnorm*

Um steuerliche Vergünstigungen für Mitarbeiterbeteiligungen in Start-ups in Einklang mit der einkommensteuerrechtlichen Systematik zu erzeugen, bietet sich stattdessen der Weg über eine Kollisionsnorm an. Diese löst die im Veräußerungszeitpunkt bestehende einkommensteuerrechtliche Binnenkonkurrenz zwischen Einkünften aus nichtselbstständiger Arbeit und solchen aus Kapitalvermögen auf. Dazu würden „sämtliche Einnahmen aus der Veräußerung von Geschäftsanteilen an einem Start-up durch ihre Mitarbeiter" vorrangig und unabhängig von der Ausgestaltung der Beteiligungsbedingungen, insbesondere der Regelungen zum Vesting oder Leaver, den Einkünften aus Kapitalvermögen zugerechnet.[852]

Beim Einsatz eines ESOP oder der direkten Beteiligung von Mitarbeitern an der Gesellschaft käme somit stets die attraktive Kapitalertragssteuer in Höhe von 25 % gemäß § 32d Abs. 1 S. 1 EStG zu Anwendung.[853] Mitarbeiter würden finanziell entlastet und komplizierte Abgrenzungsfragen stellten sich nicht mehr.[854] VSOP profitierten nicht von dieser Regelung. Einkommensteuersystematisch setzen die Einkünfte aus Kapitalvermögen gemäß § 20 EStG echte Kapitalbeteiligungen voraus. Damit würde das Gestaltungsziel erreicht, Anreize für den vermehrten Einsatz von gesellschaftsrechtlichen Beteiligungsmodellen unter deutschen Start-ups zu schaffen.

---

852 Im Hinblick auf die Anwendungsvoraussetzung „Start-up" sei auf die bereits diskutierten Vorschläge unter B. II. 1. c. aa). im Kontext von § 19a EStG verwiesen, die dort erarbeiteten Kriterien könnten hier entsprechend gelten.

853 Dies wirkt sich ggf. steuerlich nachteilhaft zulasten der Arbeitgebergesellschaften aus: Einkünfte von Mitarbeitern aus Beteiligungen, die den Einkünften aus Kapitalvermögen zugerechnet werden, qualifizieren auf Arbeitgeberseite nicht für den Betriebsausgabenabzug. Vgl. dazu die Stellungnahme des Bundesverband Deutscher Kapitalbeteiligungen e.V. zur öffentlichen Anhörung zu dem Antrag der Fraktion der FDP „Eigentumsturbo – Mitarbeiterbeteiligung schnell durchsetzen" (BT-Drucks. 19/14786) sowie zu dem Antrag der Fraktion Bündnis 90/Die Grünen „Mitarbeiterbeteiligung erleichtern – In Start-ups und etablierten Unternehmen" (BT-Drucks. 19/15118), S. 3.

854 Die Kollisionsnorm ermöglicht insofern zwar keine Besser-, jedenfalls aber eine Gleichstellung der Mitarbeiter mit den Gründern und Wagniskapitalgebern. Eine Besserstellung der Mitarbeiter wäre ohnehin gegenüber den Gründern, die sich im Hinblick auf ihre privaten Vermögensverhältnisse und finanziellen Abhängigkeit von den Erlösen ihrer Beteiligung am Start-up in einer vergleichbaren Position wie die Mitarbeiter befinden, sachlich nicht zu rechtfertigen. Insofern erzeugt die Gleichstellung der Mitarbeiter das interessengerechtere Ergebnis.

Ohne die Aufnahme zusätzlicher Regelungen bliebe die Rechtslage im Zeitpunkt der Einräumung der Beteiligung jedoch unverändert. Insbesondere bei der direkten Einräumung von Geschäftsanteilen gilt der Besteuerungsaufschub nach § 19a EStG mit der daran anknüpfenden progressiven Arbeitslohnbesteuerung von bis zu 45 % aus § 32a Abs. 1 S. 2 Nr. 5 EStG. Zur Lösung dieser Problematik sind zwei Ansätze denkbar.

Zuflüsse aus der unentgeltlichen oder verbilligten Übertragung von Geschäftsanteilen könnten auch weiterhin als Einkünfte gemäß § 19 Abs. 1 S. 1 Nr. 1 EStG qualifiziert werden.[855] Um aber Entlastungen mit Blick auf die Besteuerungshöhe von derzeit bis zu 45 %[856] zu erzielen, wäre eine Tarifermäßigung für die hier untersuchten Fälle denkbar. Angelehnt an einen Vorschlag aus dem Schrifttum und die bis 1989 geltende Rechtslage zur Besteuerung von „Abfindungen als Entschädigung für den Verlust des Arbeitsplatzes" gemäß § 34 EStG a.F., könnte der geldwerte Vorteil oberhalb des Steuerfreibetrags nur mit dem halben durchschnittlichen persönlichen Steuersatz besteuert werden.[857] Auch auf diese Weise würden das Gestaltungsziel einer Besteuerung von maximal 25 % erreicht[858] und spürbare finanzielle Entlastungen beim Mitarbeiter erzeugt.

Die Alternative besteht im vollständigen Wegfall der Anfangsbesteuerung. In den hier untersuchten Fällen führte dies zu nur noch einem Besteuerungszeitpunkt bei Beendigung der Beteiligung. Einkünfte aus der unentgeltlichen oder verbilligten Übertragung von Geschäftsanteilen eines Start-ups an ihre Mitarbeiter unterlägen hingegen keiner Besteuerung. Dazu ist § 19a EStG, neben den bereits erarbeiteten Vorschlägen zur Erweiterung des Anwendungsbereichs,[859] mit der Maßgabe zu ändern, die Aufhebung statt der Aufschiebung der Anfangsbesteuerung herbeizuführen.[860] Der entscheidende Vorteil dieser

---

855 Dadurch bedürften auch § 19a EStG und § 3 Nr. 39 EStG keiner inhaltlichen Überarbeitung.

856 Gilt für den Veranlagungszeitraum 2022, vgl. § 32a Abs. 1 S. 2 Nr. 5 EStG.

857 *Sieg*, NZA 2015, 785, 787.

858 Der höchste denkbare Steuersatz beträgt dann 22,5 % (Hälfte des höchsten Steuersatzes von 45 % im Veranlagungszeitraum 2022 gemäß § 32a Abs. 1 S. 2 Nr. 5 EStG).

859 Dazu im Einzelnen oben B. II. 1. c).

860 Ein einheitlicher Besteuerungszeitpunkt entspricht bereits der Rechtslage zahlreicher und mit Blick auf die Beteiligung von Mitarbeitern an Start-ups erfolgreicher ausländischer Rechtsordnungen, z.B. Großbritannien (bei Enterprise Management Incentive Schemes), Israel, Frankreich, Kanada, Schweden und Italien, vgl. ESOPasap-Studie, S. 55.

Gestaltungsvariante besteht in der vollständigen Beseitigung der Dry-Income Problematik. Indem sich bei Einräumung der Beteiligung die Frage nach der Einkommensbesteuerung nicht mehr stellt, muss auch die Höhe des beim Mitarbeiter zugeflossenen Vorteils nicht mehr aufwändig ermittelt werden.

Infolgedessen entfällt unter steuerlichen Gesichtspunkten auch die Notwendigkeit der Bewertung von Mitarbeiteranteilen im Einräumungszeitpunkt. Etwaige Bewertungsfragen stellen sich erst im Veräußerungszeitpunkt. Das verringert nicht nur den administrativen und finanziellen Aufwand der an der Mitarbeiterbeteiligung unmittelbar beteiligten Parteien, sondern ist auch mit einer Entlastung der Finanzbehörden und -gerichte verbunden. Vor diesem Hintergrund stellt der Einsatz einer Kollisionsnorm bei gleichzeitiger Aufhebung der Anfangsbesteuerung durch eine Modifikation von § 19a EStG die bessere Lösungsvariante dar.

#### *c) Verfassungsrechtliche Bedenken*

Der hier empfohlene Reformvorschlag müsste einer verfassungsrechtlichen Prüfung standhalten, insbesondere mit dem Grundsatz der Steuergerechtigkeit und Gleichmäßigkeit der Besteuerung vereinbar sein.

##### *aa) Grundsatz der Steuergerechtigkeit und Gleichmäßigkeit der Besteuerung*

Als spezieller Ausdruck des allgemeinen Gleichheitssatzes in Art. 3 Abs. 1 GG gebietet der Grundsatz der Steuergerechtigkeit und Gleichmäßigkeit der Besteuerung wesentlich gleiche Sachverhalte gleich zu besteuern und Steuerpflichtige gleichmäßig und gerecht zu belasten.[861] Anders als § 3 Nr. 39 EStG, der finanzielle Entlastungen für Mitarbeiter aller Unternehmensformen vorsieht, und § 19a EStG, der zwar lediglich einen Aufschub der Steuerlast, dafür aber nur für Mitarbeiter in Start-ups herbeiführt, bezweckt der hier erarbeitete Reformvorschlag sowohl finanzielle Entlastungen als auch Privilegierungen nur von Mitarbeitern in Start-ups. Begünstigte Mitarbeiter anderer Unternehmensformen, beispielsweise großer Konzerne oder traditioneller Familienunternehmen, würden dadurch ungleich nachteilhafter besteuert.

---

861 *Nußberger* in: Sachs, GG, Art. 3 Rn. 134; stRspr. des BVerfG, vgl. BVerfG Beschl. v. 17.01.1957, NJW 1957, 417; Urt. v. 05.03.1974, NJW 1974, 689; Beschl. v. 13.03.1979, NJW 1979, 1399.

### *bb) Sachliche Rechtfertigung im Venture Capital*

Bei der Erschließung von Steuerquellen hat der Gesetzgeber nach dem BVerfG weitgehende Gestaltungsfreiheit. Will er eine bestimmte Steuerquelle erschließen, andere hingegen nicht, ist der allgemeine Gleichheitssatz grundsätzlich so lange nicht verletzt, als sich die Verschiedenbehandlung mit finanzpolitischen, volkswirtschaftlichen, sozialpolitischen oder steuertechnischen Erwägungen rechtfertigen lässt.[862] Bei der Überprüfung eines Gesetzes auf seine Vereinbarkeit mit dem Gleichheitssatz ist nicht zu untersuchen, ob der Gesetzgeber die zweckmäßigste und gerechteste Lösung gefunden hat, sondern nur, ob er die verfassungsrechtlichen Grenzen seiner Gestaltungsfreiheit eingehalten hat.[863] Ein Verstoß gegen den Gleichheitssatz kommt dabei vor allem in Betracht, wenn der Gesetzgeber eine Gruppe von Normadressaten im Vergleich zu anderen Normadressaten anders behandelt, obgleich zwischen den beiden Gruppen keine Unterschiede von solcher Art und solchem Gewicht bestehen, dass sie eine Ungleichbehandlung rechtfertigen können.[864]

Im Gegensatz zu Start-ups sind andere Unternehmensformen zur Lösung der Dry-Income Problematik im Einräumungszeitpunkt typischerweise nicht auf Steuervergünstigungen angewiesen. Sie können Mitarbeitern ein Darlehen gewähren oder ihnen zusätzliche Geschäftsanteile einräumen, aus deren Veräußerung sie die Steuerschuld begleichen können.[865] Start-ups fehlt es hingegen an Liquidität für die Gewährung entsprechender Darlehen beziehungsweise an Kapital für die Einlagen zusätzlicher Anteile.[866] Vergünstigungen im Veräußerungszeitpunkt lassen sich vor dem Hintergrund des ungleich größeren Risikos rechtfertigen, das der Beteiligung an einem Start-up anhaftet. Anders als Beteiligungen anderer Unternehmensformen sind sie daher nicht als sicherer Bestandteil der arbeitsrechtlichen Vergütungsstruktur zu betrachten. Ähnliches gilt unter dem Gesichtspunkt des Leistungsfähigkeitsprinzips. Nach ständiger Rechtsprechung des BVerfG ist die Steuerlast auf die Steuerpflichtigen stets im Verhältnis ihrer wirtschaftlichen Leistungsfähigkeit zu verteilen.[867]

---

862 BVerfG Beschl. v. 12.10.1978, NJW 1979, 859; v. 13.03.1979, NJW 1979, 1399; v. 06.12.1983, NJW 1984, 785; v. 29.11.1989, NJW 1990, 2053.

863 BVerfG Beschl. v. 16.10.1979, NJW 1980, 879; Urt. v. 28.11.1984, VersR 1985, 193; Beschl. v. 29.11.1989, NJW 1990, 2053.

864 BVerfG Beschl. 07.10.1980, NJW 1981, 271; v. 29.11.1989, NJW 1990, 2053.

865 *Kuntz/Engelhardt*, ZGR 2021, 348, 354.

866 *Kuntz/Engelhardt*, ZGR 2021, 348, 354.

867 BVerfG Urt. v. 17.01.1957, BVerfGE 6, 55; v. 24.06.1958, BVerfGE 8, 51; v. 23.11.1976, NJW 1977, 241; v. 23.01.1990, NJW 1990, 1900; v. 29.05.1990, NJW 1990, 2869;

Während Mitarbeiter anderer Unternehmensformen fortwährend höhere Gehälter bezogen haben, ist dies bei Mitarbeitern eines Start-ups gerade nicht der Fall. Zuflüsse aus Mitarbeiterbeteiligung dienen zuvorderst dem Zweck, bis dahin niedrige Festgehälter zu kompensieren. Mit Blick auf ihre privaten Gesamtvermögensverhältnisse sind Mitarbeiter in Start-ups typischerweise wirtschaftlich weniger leistungsfähig als Mitarbeiter anderer Unternehmensformen, die nicht auf höhere Gehälter verzichten mussten.

Auch darf sich der Steuergesetzgeber laut BVerfG neben anderen Erwägungsgründen ausdrücklich von volkswirtschaftlichen Motiven leiten lassen.[868] Der übergeordnete volkswirtschaftliche Nutzen der erarbeiteten Reformvorschläge liegt – neben der stärkeren Beteiligung von Arbeitnehmern am Produktivkapital der Volkswirtschaft im Allgemeinen[869] – vor allem in der Attraktivitätssteigerung des Wirtschaftsstandorts Deutschlands in Bezug auf den zukunftsträchtigen Wirtschaftszweig junger innovativer Wachstumsunternehmen. Der bereits angesprochene Fachkräftemangel in den MINT-Berufen wirkt sich auf die überwiegend im Technologiesektor angesiedelten Start-ups naturgemäß schwerer aus als in vielen anderen Unternehmensformen.[870] Gleichzeitig hängt der unternehmerische Erfolg der Start-ups maßgeblich von der Gewinnung und dem Einsatz hochqualifizierter Fachkräfte ab.[871] Insofern ist es gerechtfertigt, mit Blick auf die steuerlichen Vergünstigungen nach den Umständen des Beschäftigungsverhältnisses zu differenzieren und ausschließlich Mitarbeiter in Start-ups zu privilegieren.

### 4. *Ausweitung der INVEST-Exitzuschüsse auf Mitarbeiterbeteiligungen*

Der letzte Vorschlag zur Verbesserung der steuerlichen Rahmenbedingungen adressiert eine weitere Ungleichbehandlung zwischen Mitarbeitern auf der einen und Gründern und Wagniskapitalgebern auf der anderen Seite im Kontext der Endbesteuerung ihrer Beteiligungen. Letztere halten ihre Anteile am Start-up in der Regel mittelbar über persönliche Holding Kapitalgesellschaften.[872]

---

v. 26.01.1994, DStR 1994, 354; v. 07.07.2010, DStR 2010, 1733; v. 15.01.2014, NVwZ 2014, 1084; v. 29.03.2017, BStBl. II 2017, 1082.

868 BVerfG Beschl. v. 12.10.1978, NJW 1979, 859; v. 13.03.1979, NJW 1979, 1399; v. 06.12.1983, NJW 1984, 785; v. 29.11.1989, NJW 1990, 2053.

869 So auch die Begründung im Entwurf des FoStoG, BT-Drucks. 19/27631, S. 1.

870 Dazu schon 1. Teil C. I. 2.

871 Vgl. die Begründung im Entwurf des FoStoG, BT-Drucks. 19/27631, S. 1.

872 *Jellinghaus/Eickmann*: VC Magazin Start-up 2018, S. 44.

Nach geltendem Steuerrecht fallen bei der Verteilung der Exit-Erlöse auf Ebene dieser Vehikel gemäß § 8b KStG nahezu keine Steuern an.[873] Mitarbeiter halten ihre Beteiligungen hingegen unmittelbar als natürliche Person und geben zwischen 25 % und 45 % ihrer Exit-Erlöse an den Fiskus ab. Im Gegensatz zu den Mitarbeitern können die Gründer und Wagniskapitalgeber ihre Beteiligungen fast vollumfänglich über die Vehikel steuerfrei in andere Beteiligungsvorhaben investieren, was ihnen langfristig höhere Renditen ermöglicht.[874] Für Mitarbeiter gibt es hingegen keine finanziellen Anreize, nach einem erfolgreichen und gegebenenfalls millionenschweren Exit selbst den Schritt zum Gründer oder Wagniskapitalgeber zu wagen. Anders im Ausland, insbesondere den USA, wo ehemalige Mitarbeiter dank gründer- und investitionsfreundlicher Rahmenbedingungen häufig erfolgreich als Wagniskapitalgeber in bestehende Start-ups investieren oder eigene Start-ups gründen.[875]

Um auch in dieser Hinsicht eine Gleichstellung der Mitarbeiter zu erzeugen, sind unterschiedliche Ansätze denkbar. Naheliegend ist eine Überarbeitung des EStG in der Gestalt, dass bei entsprechenden Reinvestitionen von Mitarbeitern in Start-ups die eigentlich fällige Einkommensteuer auf die Exit-Erlöse gänzlich entfällt.[876] Eine entsprechende Regelung würde das Einkommensteuerrecht aber zusätzlich verkomplizieren und macht es mit Blick

---

873 Regelmäßig weniger als 2 % effektive Steuerbelastung auf den Exit-Erlös, vgl. *Jellinghaus/Eickmann*: VC Magazin Start-up 2018, S. 44.

874 Zwar wäre es Mitarbeiter theoretisch ebenfalls möglich, persönliche Holding-Kapitalgesellschaften zu gründen. Der Gründungs- und Verwaltungsaufwand einer entsprechenden Beteiligungsgesellschaft ist angesichts der niedrigen Beteiligungsquote der Mitarbeiter und einer individuellen Exit-Erlösbeteiligung, die möglicherweise gar nicht oder nur gering ausfällt, nicht rentabel.

875 Ein in diesem Zusammenhang häufig zitiertes Beispiel aus der Beteiligungspraxis ist die sogenannte „Paypal-Mafia“ um Elon Musk, Peter Thiel, Reid Hoffman und Jawed Karim. Dabei handelt es sich um ehemalige Mitarbeiter und Gründer, die nach dem Verkauf ihres Unternehmens *PayPal* an *Ebay* für rund USD 1,5 Mrd. selbst in mehr als 30 Fällen erfolgreiche Unternehmen wie Tesla, SpaceX, LinkedIn und YouTube gründeten und in weiteren knapp 450 Fällen als Wagniskapitalgeber in bestehende Start-ups investierten, vgl. *Lowitzsch*, Verbreitung der Mitarbeiterkapitalbeteiligung in Deutschland und Europa, S. 91 oder ESOPasap-Studie, S. 24, 25.

876 Mit einem ähnlichen Vorschlag für die Wiederanlage von Dividenden aus Belegschaftsaktien in weitere Aktien des Arbeitgebers, vgl. *Sieg*, NZA 2015, 784, 787. Für einen alternativen Vorschlag siehe auch die ESOPasap-Studie, im Rahmen derer ein großzügigerer Steuerfreibetrag vorgeschlagen wird, vgl. ESOPasap-Studie, S. 54.

auf die Anwendungsvoraussetzungen der Privilegierungsnorm streitanfällig. Stattdessen wird hier vorgeschlagen, die bereits bestehenden und bewährten Strukturen des staatlichen INVEST-Förderprogramms[877] zu nutzen, im Rahmen dessen Zuschüsse für Wagniskapital privater Investoren in junge innovative Unternehmen vergeben werden. In seiner derzeitigen Fassung verfügt das Förderprogramm bereits über einen „Exitzuschuss". Dabei handelt es sich um eine pauschale Erstattung der Steuern auf diejenigen Gewinne, die bei der Veräußerung von Geschäftsanteilen an einem Start-up anfallen.[878] Das Förderprogramm adressiert bisweilen aber nur Wagniskapitalgeber. So setzt die Bezuschussung unter anderem voraus, dass schon der Anteilserwerb mit einem „Erwerbszuschuss" gefördert wurde.[879] Hierbei erhalten Investoren wiederum 20 % des Ausgabepreises ihrer Anteile zurückerstattet, wenn ihre Investitionssumme unter anderem mindestens EUR 10.000 entspricht.[880] Mitarbeiter erhalten ihre Anteile jedoch unentgeltlich oder vergünstigt als Sweet Equity. Ohnehin erfüllen Angestellte eines Start-ups nicht die Voraussetzungen förderfähiger „Investoren", da sie als „mit dem Unternehmen verbunden" gelten und sie dies gemäß Abschnitt 4.1.2 i.V.m. Anlage A Abschnitt IX der Richtlinie des BMWi zur Bezuschussung von Wagniskapital privater Investoren für junge innovative Unternehmen vom 21. Dezember 2020 („INVEST-Richtlinie") aus dem Kreis der Zuwendungsempfänger ausdrücklich ausschließt.

Spürbare finanzielle Erleichterungen für Mitarbeiter, eine Gleichstellung mit Wagniskapitalgebern und Gründern sowie ein Anreiz für mehr Investitionen mit Wagniskapital in das deutsche Start-up-Ökosystem könnten durch die Aufnahme von Mitarbeitern in den Kreis der Empfänger des Exitzuschusses erzeugt werden. Dazu ist in Abschnitt 4.2 der INVEST-Richtlinie eine Regelung aufzunehmen, die eine Inanspruchnahme des Exitzuschusses auch dann ermöglicht, wenn Mitarbeiter eines jungen innovativen Unternehmens[881] die Veräußerungsgewinne aus ihrer Mitarbeiterbeteiligung in ein ebenfalls junges

---

877 https://www.bafa.de/DE/Wirtschafts_Mittelstandsfoerderung/Beratung_Finanzierung/Invest/invest_node.html.

878 Die Höhe der Zuwendung beträgt mithin 25 % des Gewinns aus der Veräußerung der Beteiligung.

879 Vgl. die INVEST-Richtlinie des BMWi vom 21. Dezember 2020, Abschn. 4.2.

880 Ausführlich zu den Voraussetzungen des Erwerbszuschuss, siehe INVEST-Richtlinie des BMWi vom 21. Dezember 2020, Abschn. 4.1.

881 Ausführlich zu den Anforderungen an „junge innovative Unternehmen", siehe INVEST-Richtlinie des BMWi vom 21. Dezember 2020, Abschn. 4.1.1 i.V.m. Anlage A Abschn. II–VII.

innovatives Unternehmen oder eine Unternehmensgründung reinvestieren. Auch die Begrenzung des Exitzuschusses bedürfte einer Überarbeitung. Derzeit ist der Exitzuschuss auf maximal 80 % des Ausgabepreises der erworbenen INVEST-geförderten Anteile begrenzt.[882] Da Mitarbeiter diesen Erwerbszuschuss regelmäßig nicht in Anspruch nehmen können, wäre eine alternative Begrenzung, zum Beispiel auf eine Summe von EUR 250.000, denkbar.

### 5. *Zusammenfassung*

Um ein kohärentes und wirkungsvolleres System zur Förderung von Mitarbeiterbeteiligungen in Start-ups zu schaffen, bedürfen die Neuerungen durch das FoStoG dringender Korrekturen. Zunächst ist der Anwendungsbereich von § 19a EStG zu erweitern. Dazu kommt nur eine Anhebung des Höchstalters der Start-up auf 15 Jahre in Betracht. Mangels geeigneter Alternativen ist jedoch an den personellen und bilanziellen Größen in § 19a Abs. 3 EStG festzuhalten. Daneben sind die sachlich nicht zu rechtfertigenden Ersatzrealisationstatbestände in Abs. 4 der Norm zu streichen. Neben einem Besteuerungs- sollte die Norm einen Sozialversicherungsaufschub herbeiführen. Ferner ist ein einheitlicher Bewertungsrahmen zu schaffen, um den Besonderheiten von Mitarbeiteranteilen gerecht zu werden. Dazu eignet sich der Einsatz einer einheitlichen Methodik, etwa durch die Einführung von Scoring-Sheets. Der Steuerfreibetrag in § 3 Nr. 39 EStG ist tatbestandlich mit § 19a EStG zu harmonisieren, indem insbesondere das Gleichheitskriterium in S. 2 ersatzlos gestrichen wird. Außerdem ist die Freibetragshöhe auf ein wettbewerbsfähiges Niveau anzuheben. Vorgeschlagen werden hier EUR 5.000.

Die vorzugswürdigere Lösung besteht aber darin, den bisherigen Dualismus aus Besteuerungsaufschub und Steuerfreibetrag zu beenden. Dazu müsste die Anfangsbesteuerung in einem ersten Schritt durch eine Überarbeitung von § 19a EStG aufgehoben, statt nur aufgeschoben werden. Infolgedessen gäbe es nur noch einen einheitlichen Besteuerungszeitpunkt bei Beendigung der Beteiligung. Dies löst sowohl die Problematik des Dry-Income als auch der Bewertung von Mitarbeiteranteilen im Einräumungszeitpunkt auf. In einem zweiten Schritt müssten Veräußerungsgewinne aus Mitarbeiterbeteiligungen an Start-ups im Wege einer Kollisionsnorm stets den Gewinnen aus Kapitalvermögen zugeordnet und mit 25 % besteuert werden.

Reinvestiert der Mitarbeiter seine Veräußerungsgewinne schließlich in den Start-up-Kreislauf, wird eine Bezuschussung durch das staatliche

882 Vgl. die INVEST-Richtlinie des BMWi vom 21. Dezember 2020, Abschn. 4.2.

INVEST-Förderprogramm vorgeschlagen. Sämtliche Änderungsvorschläge zielen auf eine Privilegierung nur von Eigenkapitalbeteiligungen ab und sollen die Beteiligungspraxis zu einer Abkehr von VSOP bewegen, die keine vergleichbare Incentivierung beim Mitarbeiter erzeugen können.

## III. Fortentwicklungen im Gesellschaftsrecht

Die geringe Beliebtheit der direkten Eigenkapitalbeteiligung von Mitarbeitern in Start-ups ist, neben ihrer nachteilhaften Besteuerung, den gesellschaftsrechtlichen Rahmenbedingungen geschuldet.[883] Im 3. Teil dieser Untersuchung wurden zahlreiche Hürden bei der Vertragsgestaltung und die vertragsgestalterischen Reaktionen der Kautelarpraxis herausgearbeitet, beispielhaft sei die Gründung von Stimmrechts-Pools genannt.[884] In diesem Zusammenhang wurde aber auch deutlich, dass sich ausgewählte Probleme trotz der weitreichenden Satzungsfreiheit im GmbH-Recht angesichts zwingender Regelungen vertragsgestalterisch nicht lösen lassen. Das betrifft einerseits den administrativen und finanziellen Aufwand der formellen Anteilsübertragung, andererseits das „Störpotential" der nunmehr mitarbeitenden Gesellschafter.[885] Um die Attraktivität der Einräumung von Geschäftsanteilen an Mitarbeiter auch unter diesen beiden Gesichtspunkten zu erhöhen, sind Deregulierungen im GmbHG unausweichlich.

Dabei geht es auch um die Reichweite der Gestaltungsfreiheit und damit um die vielleicht schwierigste Frage des Gesellschaftsrechts.[886] Die nachfolgende Untersuchung ist nicht der Versuch einer grundlegenden Auseinandersetzung mit den zwingenden Vorgaben des Kapitalgesellschaftsrechts und der Entwicklung alternativer Konzepte. Dazu wurden zahlreiche Monographien verfasst, auf die an dieser Stelle verwiesen sei.[887] Stattdessen soll ein neuer Beitrag in

883 ESOPasap-Studie, S. 45.

884 Dazu schon 3. Teil A. II. 2.

885 Hierzu oben A. II.

886 *Kuntz*, Gestaltung von Kapitalfreiheiten zwischen Freiheit und Zwang, S. 16; *Wieland, Karl*: Handelsrecht, Erster Band, Das kaufmännische Unternehmen und die Handelsgesellschaften, 1921, § 48 Fußnote 4 (S. 579).

887 *Escher-Weingart, Christina*, Reform durch Deregulierung im Kapitalgesellschaftsrecht, Habil. Tübingen 2001; *Hey, Felix*, Freie Gestaltung in Gesellschaftsverträgen und ihre Schranken, Habil. München 2004; *Kuntz, Thilo*, Gestaltung von Kapitalgesellschaften zwischen Freiheit und Zwang: Venture Capital in Deutschland und den USA, Habil. Tübingen 2016; *Teichmann, Arndt*, Gestaltungsfreiheit in Gesellschaftsverträgen, Habil. München 1970; *Wedemann, Frauke*, Gesellschafterkonflikte in geschlossenen Kapitalgesellschaften, Habil. Tübingen 2013.

der Debatte über die Notwendigkeit von Überarbeitungen im GmbHG geleistet werden, indem sie aus dem besonderen Blickwinkel der Beteiligung von Mitarbeitern in Start-ups geführt wird. Die Rechtslage sollte sich den veränderten wirtschaftlichen Umständen anpassen. Zu diesem Zweck werden punktuell gesetzgeberische Gestaltungsmöglichkeiten erarbeitet, die der staatlichen Rechtssetzung als Vorlage dienen können.

Konkret beschränkt sich die Untersuchung auf den Vorschlag zur Schaffung einer eigenen GmbH-Anteilsklasse für Mitarbeiterkapitalbeteiligungen in Start-ups. Diese Forderung ist der Praxis und dem Schrifttum vermehrt zu entnehmen, ohne dass der Vorschlag bislang konkretisiert oder auf seine rechtliche Umsetzbarkeit hin untersucht wurde.[888]

### *1. Vorschläge für Deregulierungen im GmbHG*

Die Vereinbarung verschiedener Anteilsklassen entspricht bereits der Gestaltungspraxis im Umfeld des Venture Capital. Auf vertraglicher Ebene erfolgt hier eine Unterteilung in Stamm- und Vorzugsgeschäftsanteile.[889] Die nachfolgenden Vorschläge zielen darauf ab, dieses System unterschiedlicher Anteilsklassen nunmehr gesetzlich zu verankern, indem das GmbHG neben den regulären Geschäftsanteilen ausdrücklich auch die Ausgabe von „Mitarbeiteranteilen" für Start-ups ermöglicht.[890] Im Grundsatz gelten die für die Grundform maßgeblichen Vorschriften, in ausgewählten Teilbereichen sollen aber hiervon abweichende Sonderregelungen zur Anwendung kommen. Um die Attraktivität der direkten Beteiligung von Mitarbeitern zu erhöhen, müssen die Grenzen der Gestaltungsfreiheit für Mitarbeiteranteile stellenweise neu gezogen werden. Im Vordergrund dieser Untersuchung steht die Erarbeitung von

---

888 Vgl. aus der Praxis: *Bundesverband Deutsche Startups e.V.*, Policy Paper, S. 11; ESOPasap-Studie, S. 10. Aus dem Schrifttum: *Walter*, ZRP 2019, 227, 229. Siehe auch: https://www.handelsblatt.com/finanzen/banken-versicherungen/banken/verguetung-die-neuen-regeln-fuer-die-mitarbeiterbeteiligung-enttaeuschen-die-start-up-branche/27398812.html?ticket=ST-3762825-RdsRQixbClbpLTuaYtaw-cas01.example.org.

889 Dazu bereits 2. Teil A. I. 3. b).

890 Hinsichtlich der Anwendungsvoraussetzung „Start-up" sei auf die entsprechenden Ausführungen für Reformvorschläge im Einkommensteuerrecht verwiesen. Die dort erarbeiteten Kriterien können hierhin übertragen werden, vgl. oben B. II. 1. c) aa).

Vorschlägen zur Deregulierung erstens der formellen Anteilsübertragung und zweitens der Informationsrechte jedes Gesellschafters.[891]

### *a) Deregulierung des notariellen Formzwangs*

Das erste Ziel bei der Erarbeitung von Reformvorschlägen besteht in der Reduktion etwaiger Transaktionskosten. Der Ein- und Austritt von Mitarbeitern in bestehende Mitarbeiterbeteiligungsprogramme beziehungsweise die Einräumung zusätzlicher Anteile infolge einer Verwässerung der Beteiligungsquote muss vergünstigt und beschleunigt werden. Dem steht derzeit vor allem der notarielle Formzwang bei der Anteilsübertragung entgegen. Anknüpfungspunkt des ersten Deregulierungsvorschlags ist somit § 15 Abs. 3 u. 4 GmbHG.

#### *aa) Normzweck von § 15 Abs. 3 u. 4 GmbHG*

Zunächst sollen die Zwecke des notariellen Formzwangs kurz dargestellt werden. Diese dienen als Grundlage für die daran anknüpfende Erarbeitung von Änderungsvorschlägen.

(1) Erschwerung des Anteilshandels

Primär dient § 15 Abs. 3 u. 4 GmbHG dazu, den leichten und spekulativen Handel mit Geschäftsanteilen zu unterbinden, jedenfalls aber zu erschweren.[892] Durch das notarielle Formerfordernis soll „eine ungebundene Umsetzung der Geschäftsanteile von Hand zu Hand unmöglich gemacht werden".[893] Ein spekulativer Anteilshandel würde zu einem unkontrollierbaren Ein- und Austritt von Gesellschaftern und sich ständig verändernden Beteiligungsquoten führen,

---

891 Daneben sind zahllose weitere Modifikationen des GmbH-Rechts im Kontext der Mitarbeiterbeteiligung denkbar, etwa bei der Ausgestaltung der Stimmrechte. In diesem Kontext könnte erwogen werden, die Grenzen der Gestaltungsfreiheit nicht im Wege der Deregulierung auszuweiten, sondern durch eine Standardisierung enger zu ziehen. Die Änderungsvorschläge beträfen zentrale Vorschriften des GmbHG, stellten grundlegende Annahmen des Kapitalgesellschaftsrechts in Frage und die sich daran anschließenden Rechtsfragen sprengten den Rahmen dieser Untersuchung.

892 *Ebbing* in: Michalski/Heidinger/Leible/J. Schmidt, GmbH-Gesetz, § 15 Rn. 54; *Reichert/Weller* in: MüKo GmbHG, § 15 Rn. 16; *Servatius* in: Noack/Servatius/Haas, GmbH-Gesetz, § 15 Rn. 21. Das betont auch der BGH in ständiger Rechtsprechung, vgl. Urt. v. 15.11.1979, NJW 1980, 1100; v. 21.09.1994, NJW 1994, 3227. Siehe auch die Begründung des Gesetzgebers zum MoMiG, BT-Drucks. 16/6140, S. 30.

893 BGH Urt. v. 24.03.1954, NJW 1954, 1157.

was in Widerspruch zur Struktur der GmbH steht. Danach ist die Mitgliedschaft der Gesellschafter typischerweise auf Dauer angelegt und die Satzung individuellen Bedürfnissen angepasst.[894] Im Gegensatz zur AG, in der es an einer vergleichbaren Formvorschrift fehlt, ist die GmbH nicht als Publikumsgesellschaft oder für den Börsenhandel geeignet.

(2) Beweis der Anteilsinhaberschaft
Die sekundäre Funktion der Beurkundung besteht darin, den Beweis der Anteilsinhaberschaft zu gewährleisten.[895] Im Gegensatz zu Aktien sind Geschäftsanteile nicht verbrieft, die Aufhebung des Formzwangs infolge einer Deregulierung von § 15 Abs. 3 u. 4 GmbHG könnte bei einem Mitgliedschaftswechsel zu Unklarheiten darüber führen, ob und ab wann der Veräußerer beziehungsweise der Erwerber als Gesellschafter gegenüber der Gesellschaft berechtigt ist.[896]

(3) Weitere Zwecke
Teile des Schrifttums schreiben dem notariellen Formzwang weitere Zwecke, etwa eine Warn- oder Beratungs- und Belehrungsfunktion gegenüber den Transaktionsbeteiligten, zu.[897] Anhaltspunkte dafür finden sich aber weder im Wortlaut der Norm noch in den Gesetzesmaterialien.[898] Auch aus der Rechtsprechung des BGH ist zu schließen, dass die Norm keine über die beiden dargestellten Zwecke verfolgt.[899] Vor allem aber stellt § 15 Abs. 3 u. 4 GmbHG kein Schutzgesetz zugunsten veräußerungswilliger Gesellschafter oder erwerbsinteressierter Dritte dar, wie § 15 Abs. 4 S. 2 GmbHG für den obligatorischen Veräußerungsvertrag

---

894 *Reichert/Weller* in: MüKo GmbHG, § 15 Rn. 16.

895 *Reichert/Weller* in: MüKo GmbHG, § 15 Rn. 17; BGH Urt. v. 24.03.1954, NJW 1954, 1157; v. 05.11.1979, NJW 1980, 1100; v. 19.04.1999, NJW 1999, 2594; v. 10.03.2008, NZG 2008, 377.

896 *Reichert/Weller* in: MüKo GmbHG, § 15 Rn. 17; BGH Urt. v. BGH Urt. v. 24.03.1954, NJW 1954, 1157.

897 Vgl. ausführlich: *Walz, Robert/Fembacher, Tobias*: Zweck und Umfang der Beurkundung nach § 15 GmbHG, NZG 2003, 1134 ff. Siehe auch *Ebbing* in: Michalski/Heidinger/Leible/J. Schmidt, GmbH-Gesetz, § 15 Rn. 55; *Servatius* in: Noack/Servatius/Haas, GmbH-Gesetz, § 15 Rn. 21; *Wicke* in: Wicke, GmbHG, 4. Aufl. München 2020, § 15 Rn. 12.

898 Vgl. ausführlich: *Heidenhain, Martin*: Zum Umfang der notariellen Beurkundung bei der Veräußerung von Geschäftsanteilen, NJW 1999, 3073 ff.

899 „Die Wahrung der Form des § 15 Abs. 4 GmbHG dient zwei Zielen (…)“, vgl. BGH Urt. v. 10.03.2008, NUG 2008, 377. Siehe auch BGH Urt. v. 19.04.1999, NJW 1999, 2594; Beschl. v. 27.02.1997, GmbHR 1997, 605.

verdeutlicht.[900] Positive Auswirkungen des Formzwangs auf die Interessen der Transaktionsbeteiligten sind insofern zwar zu begrüßen, gleichwohl als bloße Rechtsreflexe einzuordnen.[901]

*bb) Vorschläge für eine entformalisierte Anteilsübertragung*

Die beiden Normzwecke entfalten auch im besonderen Umfeld des Venture Capital Gültigkeit. Ein spekulativer Handel mit Geschäftsanteilen hätte schadhafte Auswirkungen auf Start-ups. Wettbewerber könnten in die Gesellschaft eindringen und die in den Finanzierungsrunden vereinbarten Beteiligungsquoten veränderten sich unentwegt. Zwar stehen Anteilsvinkulierungen und Vorkaufsrechte der freien Handelbarkeit von Geschäftsanteilen im Umfeld wagniskapitalfinanzierter Gesellschaften üblicherweise entgegen. Die Gefahr eines ungewollten, spekulativen Handels droht aber immer dann, wenn das Rechtskleid des Unternehmens oder der Mitarbeiterbeteiligung aufgrund anfänglicher Liquiditätsengpässe ohne oder mit unzureichender anwaltlicher Beratung entworfen wird und es an entsprechenden vertraglichen Mechanismen fehlt.

Auch die Beweisbarkeit über Wechsel bei der Anteilsinhaberschaft muss gewährleistet sein. Reichte bereits ein mündlicher Vertragsschluss aus, entstünden Unklarheiten und rechtliche Auseinandersetzungen darüber, wann es zu einer Anteilsübertragung gekommen ist. Schon aus diesem Grund wäre der Vorschlag einer vollständigen Abschaffung des Formerfordernisses keine ernstzunehmende Option.

(1) Substitution durch die Schriftform, § 126 BGB

Denkbar ist aber, das notarielle Formerfordernis durch die Schriftform gemäß § 126 BGB zu ersetzen.[902] Ein schriftlich fixierter, von beiden Parteien unterzeichneter Vertrag wäre als Beweis für die Anteilsinhaberschaft und -wechsel geeignet. Gleichzeitig wären Notare nicht mehr in den formalen Übertragungsvorgang involviert, was zu einem vollständigen Wegfall der Transaktionskosten führte. Es verbliebe lediglich ein administrativer Aufwand beim Entwurf

---

900 *Lutter* in: Probleme der GmbH-Reform, Heft 25 der Schriftenreihe „Rechtsfragen der Handelsgesellschaften“, 1970, S. 63, 84 ff. Siehe auch *Happ*, ZHR 169 (2005), 6, 26 ff.

901 Ausführlich: *Reichert/Weller* in: MüKo GmbHG, § 15 Rn. 18, 19. Siehe auch *Görner* in: Rowedder/Schmidt-Leithoff, GmbHG-Gesetz 6. Aufl. München 2017, § 15 Rn. 2; *Happ*, ZHR 169 (2005), 6, 26 ff.

902 Mit einem ähnlichen Vorschlag aus dem Schrifttum, vgl. ausführlich *Happ*, ZHR 169 (2005), 6, 29.

der Vertragsdokumentation, dessen Unterzeichnung sowie der abschließenden Einreichung der aktualisierten Gesellschafterliste zum Handelsregister. Zu Letzterem wäre nunmehr die Geschäftsführung anstelle des Notars verpflichtet, § 40 Abs. 1 GmbHG.

Dieser Gestaltungsvorschlag würde die Gefahr eines freien und spekulativen Handels mit Mitarbeiteranteilen erhöhen. Geschäftsanteile sind im Grundsatz frei übertagbar, § 15 Abs. 1 GmbHG. In Kombination „nur" mit einem Schriftformerfordernis könnten Mitarbeiteranteile ungebremst im Wirtschaftsverkehr zirkulieren. Vor dem Hintergrund der typischen Vertragsgestaltung im Umfeld des Venture Capital, insbesondere den Regelungen zur Anteilsvinkulierung, ist die praktische Gefahr jedoch eher gering und beschränkt sich auf die Early Stage der Unternehmen, wo es an entsprechenden vertraglichen Mechanismen fehlt.

Allerdings erhöhte sich das Manipulationsrisiko signifikant, sollten nunmehr die Geschäftsführer die aktualisierte Gesellschafterliste bei Anteilsübertragungen zum Handelsregister einreichen. Die Unterschrift eines Geschäftsführers könnte von einem Dokument oder aus dem Internet per Grafikprogramm in eine bearbeitete Gesellschafterliste hineinkopiert werden.[903] Gleichzeitig ist die Möglichkeit des gutgläubigen Erwerbs von Geschäftsanteilen an die Gesellschafterliste geknüpft, § 16 Abs. 3 GmbHG. Der Änderungsvorschlag stellte somit die Gesellschafterliste als verlässlichen Rechtsscheinträger in Frage und das Risiko des gutgläubigen Erwerbs von Geschäftsanteilen würde steigen. Vor diesem Hintergrund ist von einer Substitution des notariellen Formzwangs durch die Schriftform gemäß § 126 BGB abzusehen.

(2) Substitution durch eine notarielle Identitätsfeststellung

Um die jedenfalls in der Anfangsphase der Start-ups bestehende Gefahr eines spekulativen Handels mit Mitarbeiteranteilen zu verhindern, insbesondere aber das Manipulationsrisiko im Hinblick auf §§ 40, 16 Abs. 3 GmbHG zu reduzieren, bleibt die Einbeziehung eines Notars erforderlich. Gleichzeitig soll aber auch eine schnellere und günstigere Übertragung von Mitarbeiteranteilen ermöglicht werden. Das Gestaltungsziel besteht insofern darin, die Mitwirkung des Notars auf das notwendige Minimum zu reduzieren.

Dazu wird hier empfohlen, die Mitwirkung des Notars auf die Identitätsfeststellung von Veräußerer und Erwerber sowie die anschließende Einreichung der aktualisierten Gesellschafterliste zum Handelsregister gemäß § 40 Abs. 2

903 Vgl. die Ausführungen des Gesetzgebers zu § 40 Abs. 1 GmbHG im Rahmen des MoMiG, BT-Drucks. 16/6140, S. 67, 68.

GmbHG zu beschränken.[904] Ein Beurkundungserfordernis im Hinblick auf das Verpflichtungs- und Verfügungsgeschäft bestünde dann nicht mehr. Zwar entfielen die Transaktionskosten nicht vollständig. Sie würden aber erheblich niedriger ausfallen, da die Gebühren für die Vertragsbeurkundung nicht mehr anfielen.[905] Auch stellten sich keine komplizierten Abgrenzungsfragen zwischen formpflichtigen und -freien Geschäften, die sich vor dem Hintergrund des Vollständigkeitsgebots ergeben.[906] Gleichzeitig gewährleistet die Identitätsfeststellung durch den Notar und die anschließende Einreichung der aktualisierten Gesellschafterliste zum Handelsregister die gebotene Authentizität der Anteilsübertragung.

(3) Ermöglichung eines Online-Identitätsfeststellungsverfahrens

Darüber hinaus sollte die Identitätsfeststellung beim Notar mittels Videokommunikation im Internet ermöglicht werden. Das reduzierte neben dem finanziellen auch den administrativen Aufwand der Anteilsübertragung. Der obligatorische Gang zum Notar entfiele vollständig. Ferner stellte sich das Problem der Anerkennung ausländischer Beurkundungen nicht mehr, da die Feststellung der Identität durch den deutschen Notar online und damit unabhängig vom Aufenthaltsort der Parteien überall auf der Welt möglich wäre. Angesichts der zunehmenden Internationalisierung der Arbeitswelt kann sich das im Umfeld wagniskapitalfinanzierter Gesellschaften als ein nicht unwesentlicher Vorteil erweisen. Gleichzeitig wäre infolge dieser Digitalisierung nicht zu befürchten, dass Mitarbeiteranteile ungebremst im Wirtschaftsverkehr zirkulieren. Eine terminliche Verabredung beim Notar bleibt, wenn auch per Videokommunikation, stets erforderlich.

Das zum 1. August 2022 in Kraft tretende Gesetz zur Umsetzung der Digitalisierungsrichtlinie (DiRUG) sieht bereits ein Online-Gründungsverfahren und weitere Online-Verfahren etwa für Registeranmeldungen bei Kapitalgesellschaften vor.[907] Aus den genannten Gründen sollte das Gesetzt um die

---

904 Das empfiehlt auch *Lowitzsch*, Verbreitung der Mitarbeiterkapitalbeteiligung in Deutschland und Europa, S. 101.

905 *Lowitzsch*, Verbreitung der Mitarbeiterkapitalbeteiligung in Deutschland und Europa, S. 101.

906 Dazu: *Happ*, ZHR 169 (2005), 6, 27. Nach dem BGH unterliegt „die gesamte Vereinbarung, durch welche die Übertragungspflicht begründet wird, unter Einschluss aller mit ihr verbundenen Abreden, insbesondere derjenigen über die Gegenleistung." der Beurkundungspflicht, vgl. BGH Urt. v. 14.04.1986, NJW 1986, 2642; v. 25.09.1996, NJW 1996, 3338.

907 Vgl. Gesetz zur Umsetzung der Digitalisierungsrichtlinie (DiRUG) vom 5. Juli 2021, BGBl. 2021 Teil I Nr. 52.

Möglichkeit, die Anteilsübertragung von Mitarbeiteranteilen per Videokommunikation beim Notar abzuwickeln, ergänzt werden. Gründern dürfte nur schwer vermittelbar sein, warum die Gründung ihrer Gesellschaft im Internet möglich ist, die Einräumung einer Mitarbeiterbeteiligung aber eine physische Anwesenheit beim Notar voraussetzt.[908]

### *cc) Systematische Bedenken*

Schließlich stellen sich noch systematische Bedenken im Hinblick auf die Umsetzbarkeit des unterbreiteten Vorschlags.

#### (1) Fungibilität versus Flexibilität

So liegen dem deutschen Kapitalgesellschaftsrecht mit der AG auf der einen und der GmbH auf der anderen Seite zwei diametral entgegengesetzte Regelungsansätze zugrunde.[909] Die beiden Rechtsformen zeichnen sich entweder durch ein hohes Maß an Flexibilität bei der Ausgestaltung des Innenverhältnisses ihrer Gesellschafter zueinander oder die Fungibilität ihrer Gesellschaftsanteile aus. Beide Bezugspunkte stellen jeweils prägende Wesenseigenschaften dar, schließen sich aber auch gegenseitig aus. Gesellschafter einer GmbH können die innere Verbandsfassung den Erfordernissen im Einzelfall anpassen, § 45 GmbHG. Dafür unterliegt die Übertragung von Geschäftsanteilen einer notariellen Beurkundungspflicht, § 15 Abs. 3 u. 4 GmbHG. Die Aktien einer AG sind hingegen formfrei handelbar, dafür ordnet § 23 Abs. 5 AktG den Grundsatz der Satzungsstrenge an. Die Fungibilität von Geschäftsanteilen derjenigen von Aktien anzugleichen und gleichzeitig die Flexibilität bei der Satzungsgestaltung aufrechtzuerhalten, stellte einen echten Systemwechsel dar.

Eine kritische Auseinandersetzung mit dem vermeintlichen Widerspruch zwischen Fungibilität und Flexibilität im Kontext deutscher Kapitalgesellschaften würde den Rahmen dieser Arbeit sprengen. Eine entsprechende Untersuchung ist im Kontext der hier erarbeiteten Reformvorschläge ohnehin entbehrlich, da die bisherigen Strukturunterschiede zwischen GmbH und AG unangetastet blieben. Das liegt zum einen daran, dass beim Handel mit Geschäftsanteilen die Beteiligung eines Notars zwingend erforderlich bleibt. Die Fungibilität von Aktien wäre weiterhin ungleich höher als diejenige von Geschäftsanteilen. Zum anderen ist zu berücksichtigen, dass sich der Aktienhandel wegen des Fehlens einer mit § 15 Abs. 3 u. 4 GmbHG vergleichbaren Vorschrift in den vergangenen Jahren dem jeweiligen technischen

908 *Keller/Schümmer*, NZG 2021, 573, 577; *Schmidt*, ZIP 2021, 112, 117.
909 *Kuntz*, Gestaltung von Kapitalfreiheiten zwischen Freiheit und Zwang, S. 2.

Entwicklungsstand anpassen konnte. Aktien können mittlerweile jederzeit und überall per App auf mobilen Endgeräten gehandelt werden, die Geschwindigkeit des Aktienhandels hat dadurch in kürzester Zeit rasant zugenommen.[910] Eine vergleichbare Entwicklung blieb im Umfeld der GmbH angesichts starrer Formvorgaben aus. Die Geschwindigkeit der Übertragung von Geschäftsanteilen zu erhöhen und dem aktuellen Stand der Technik anzupassen, führt also lediglich dazu, dass der „ehemalige Abstand" zwischen der Fungibilität von Aktien und Geschäftsanteilen wiederhergestellt wird.[911]

(2) Weisungsrecht der Gesellschafterversammlung

Auf einen Prüfauftrag des Deutschen Bundestages zur „Verbesserung der Risikokapitalausstattung der deutschen Wirtschaft" hin, hat sich die Bundesregierung schon einmal mit dem Vorschlag einer entformalisierten Übertragung von GmbH-Geschäftsanteilen auseinandergesetzt.[912] Sie äußerte dabei insbesondere Bedenken wegen des im GmbHG vorgesehenen Weisungsrechts der Gesellschafterversammlung. Erleichterungen bei der Übertragbarkeit von Geschäftsanteilen im GmbHG könnten zu einer nicht mehr berechenbaren Einflussnahme von wechselnden und unbekannten Gesellschaftern führen und eine kontinuierliche und vorausschauende Geschäftsführung erschweren oder gar unterlaufen. Schließlich bestimmen die Gesellschafter die Geschicke der Gesellschaft, § 37 Abs. 1 GmbHG räumt ihnen umfassende Weisungsbefugnisse gegenüber der Geschäftsführung ein. Dem könnte wiederum nur durch eine grundlegende gesetzliche Änderung der Struktur der GmbH, insbesondere durch Abschaffung des Weisungsrechts der Gesellschafterversammlung gegenüber den Geschäftsführern, begegnet werden. Dies würde nach Ansicht der Bundesregierung aber eine so wesentliche Umgestaltung der GmbH bedeuten, dass sie im Verhältnis zu den anderen Gesellschaftsformen in Frage gestellt würde.[913]

Dass der hier unterbreitete Reformvorschlag weder mit einem Kontrollverlust über personelle Veränderungen noch über quantitative Veränderungen der Beteiligungsverhältnisse verbunden ist, wurde bereits herausgearbeitet.[914] Ein

---

910 *Keller/Schümmer*, NZG 2021, 573, 578.

911 *Keller/Schümmer*, NZG 2021, 573, 578.

912 Antwort der Bundesregierung auf den Prüfungsauftrag des Deutschen Bundestages zur „Verbesserung der Risikokapitalausstattung der deutschen Wirtschaft" (Drucksache 10/1315) vom 6. Juni 1984, BT-Drucks. 10/2881.

913 BT-Drucks. 10/2881, S. 5.

914 Dazu schon oben B. III. 1. a) bb) (2).

mit dem Aktienhandel vergleichbarer spekulativer Handel mit Geschäftsanteilen ist nicht zu befürchten. Allerdings würde sich die Anzahl der Gesellschafter erhöhen, sollten künftig mehr Mitarbeiter direkt beteiligt werden. Eine zunehmende Anzahl direkt beteiligter Mitarbeiter läuft einer kontinuierlichen und vorausschauenden Geschäftsführung gleichwohl nicht zuwider. Gründern und Wagniskapitalgebern stehen die im 3. Teil dieser Untersuchung dargelegten Möglichkeit zur Beschränkung des Einflusses auf der Gesellschafterversammlung, insbesondere in Gestalt von Stimmrechts-Pools, zur Verfügung.[915]

*dd) Verfassungsrechtliche Bedenken*

Von der hier vorgeschlagenen Entformalisierung profitieren ausschließlich Mitarbeiter eines Start-ups. Das führt einerseits zu einer Besserstellung gegenüber den übrigen Gesellschaftern innerhalb des Unternehmens, mithin den Gründern und Wagniskapitalgebern. Andererseits werden mitarbeitende Gesellschafter aber auch gegenüber sämtlichen Gesellschaftern bevorzugt, deren Gesellschaft nicht die Kriterien eines Start-ups erfüllt. Angesichts dieser zweifachen Ungleichbehandlung drängt sich die Frage nach der Vereinbarkeit mit Art. 3 Abs. 1 GG auf.

(1) Ungleichbehandlung gegenüber Gründern und Wagniskapitalgebern

Die Ungleichbehandlung gegenüber den sonstigen Gesellschaftern eines Start-ups lässt sich mit dem ungleich höheren administrativen und finanziellen Aufwand, der wegen § 15 Abs. 3 u. 4 GmbHG entsteht, sachlich rechtfertigen. Die Anzahl der Gründer und Wagniskapitalgeber ist typischerweise überschaubar. Sollen, wie hier vorgeschlagen, vermehrt direkte Mitarbeiterkapitalbeteiligungen eingeführt werden, übersteigt die zu erwartende Zahl direkt beteiligter Mitarbeiter diejenige der Gründer und Wagniskapitalgeber deutlich. Auch ist mit einer höheren Fluktuation der Mitarbeiteranteile zu rechnen. Mitarbeiter sollen flexibel aus Mitarbeiterbeteiligungsprogrammen ein- und austreten und ihre Beteiligungsquoten etwaigen Verwässerungen angepasst werden können. Gerade im praxisrelevanten Fall eines Arbeitgeberwechsels kommt es angesichts typischerweise vereinbarter Leaver-Klauseln stets zu einer Rückübertragung der Mitarbeiteranteile und der Entstehung von Transaktionskosten.

Darüber hinaus ist zu berücksichtigen, dass Gründer und Wagniskapitalgeber selbst unmittelbar von der Entformalisierung der Übertragung von Mitarbeiteranteilen profitieren. Durch den Wegfall des finanziellen und vor allem

915 Dazu bereits umfassend 3. Teil A. II.

administrativen Aufwands im Zuge einer Mitarbeiterbeteiligung werden freie Kapazitäten geschaffen, die stattdessen in das Wachstum der Gesellschaft und damit in den Wert der eigenen Beteiligung fließen.

(2) Ungleichbehandlung gegenüber Gesellschaftern anderer Unternehmenstypen

Auch die Ungleichbehandlung gegenüber anderen Unternehmenstypen der GmbH lässt sich im Hinblick auf die zu erwartende Häufigkeit der Übertragung von Mitarbeiteranteilen und der höheren Belastung der Unternehmen durch die dabei anfallenden Transaktionskosten begründen. Die Struktur von Start-ups mit direkt beteiligten Mitarbeitern weicht von der Mehrzahl der GmbHs ab. In Deutschland dominieren Zweipersonen-GmbHs, ein Gesellschafterkreis von mehr als fünf Personen stellt bereits die Ausnahme dar.[916] Anteilsübertragungen finden seltener statt als in Start-ups mit Mitarbeiterkapitalbeteiligungen. Auch können bereits etablierte Unternehmen die entstehenden Transaktionskosten eher bewerkstelligen als die liquiditätsarmen Start-ups. Gleichzeitig besteht im dortigen Umfeld aber ein gesteigertes Bedürfnis nach Mitarbeiterbeteiligungen, um die typischerweise niedrigen Festgehälter zu kompensieren. Um nicht nur national, sondern auch international Fachkräfte werben und auf dem Arbeitsmarkt wettbewerbsfähig sein zu können, sind entsprechende Sonderregelungen zugunsten der Start-ups notwendig.

*ee) Praktische Umsetzbarkeit*

Der Vorschlag müsste schließlich aber auch praktisch umsetzbar sein. Das eingangs in diesem Abschnitt formulierte Gestaltungsziel besteht insofern darin, eine eigene Anteilsklasse im GmbHG nur für Mitarbeiteranteile in Start-ups zu schaffen.

Ähnlich wie im Einkommenssteuerrecht wäre vor jeder Anteilsübertragung zu prüfen, ob die tatbestandlichen Voraussetzungen der Sonderregelungen im konkreten Einzelfall erfüllt sind. Hier müsste der Anteilserwerber „Mitarbeiter" und die Gesellschaft ein „Start-up" sein. Andernfalls käme nicht das eingeschränkte, sondern das bisherige notarielle Formerfordernis zur Anwendung. Dabei stellt sich zwangsläufig die Frage nach der Auswirkung fehlerhafter Einordnungen von regulären Geschäftsanteilen als Mitarbeiteranteil. Im Einkommenssteuerrecht wirkt sich ein vergleichbarer Fehler im Verhältnis des Steuerpflichtigen zu den Finanzbehörden aus. Fehlerhafte Angaben

916 *Wedemann*, Gesellschafterkonflikte in geschlossenen Kapitalgesellschaften, S. 12 ff.

lassen sich im Wege der Aufhebung oder Änderung des betreffenden Steuerbescheids korrigieren. Im Recht der GmbH hätte eine fehlerhafte Qualifikation von Mitarbeiteranteilen hingegen Folgen, die über das bilaterale Verhältnis zwischen dem Mitarbeiter und seiner Gesellschaft hinausgehen. Wegen § 125 BGB wären sämtliche Übertragungsakte nichtig. Infolgedessen gerieten die mit zunehmendem Unternehmenswachstum immer komplexer werdenden Beteiligungsquoten durcheinander und wirkten sich auf das umfassend in den Beteiligungsverträgen geregelte Machtgefüge unter den Gesellschaftern aus. Zwar besteht nach § 16 Abs. 3 S. 1 GmbHG die Möglichkeit des gutgläubigen Erwerbs vom Nichtberechtigten, sofern er als Gesellschafter in der Liste im Handelsregister ausgewiesen ist. Gerade im Kontext einer Mitarbeiterbeteiligung ist aber mit Szenarien zu rechnen, in denen ein gutgläubiger Erwerb nach § 16 Abs. 3 S. 2 GmbHG ausscheidet, weil die Gesellschafterliste zum Zeitpunkt des Erwerbs noch keine drei Jahre unrichtig ist.[917]

Vor diesem Hintergrund ist vom Vorschlag einer gesonderten Anteilsklasse im GmbHG abzurücken. Die erörterten Vorteile der entformalisierten Anteilsübertragung gelten allerdings nicht exklusiv für Start-ups, sondern auch im Umfeld anderer Unternehmensformen der GmbH. Insofern verbleibt jedenfalls die Möglichkeit, das notarielle Formerfordernis generell und nicht nur zugunsten von Start-ups im Recht der GmbH nach den hier erarbeiteten Lösungsvorschlägen zu lockern und dem gegenwärtigen Stand der Technik anzupassen.

### *b) Deregulierung des Auskunfts- und Einsichtsrechts*

Neben dem formellen Vorgang der Anteilsübertragung richtet sich die Kritik der Beteiligungspraxis im Kontext direkter Mitarbeiterkapitalbeteiligungen insbesondere gegen die unabdingbaren Auskunfts- und Einsichtsrechte des GmbH-Gesellschafters.[918] Um das „Störpotential" der Mitarbeiter und damit die Attraktivität dieser Beteiligungsform aus Sicht der Gründer und Wagniskapitalgeber zu erhöhen, werden nachfolgend Möglichkeiten der Deregulierung individueller Informationsrechte untersucht. Anknüpfungspunkt für die zweiten gesellschaftsrechtlichen Reformvorschläge ist somit § 51a GmbHG.

917 Dazu ausführlich: *Heidinger* in: MüKo GmbHG, § 16 Rn. 288. Der Hauptanwendungsfall einer Anteilsübertragung durch einen Mitarbeiter im Venture Capital besteht, neben dem Eintritt eines Exits, schließlich darin, dass er die Gesellschaft vorzeitig und damit gegebenenfalls vor Ablauf von drei Jahren verlässt.

918 ESOPasap-Studie, S. 45, 61. Dazu auch schon 3. Teil A. III.

### *aa) Normzweck von § 51a GmbHG*

Das jederzeitige Auskunfts- und Einsichtsrecht nach § 51a GmbHG soll den hinreichenden Informationszufluss der einzelnen Gesellschafter gewährleisten.[919] Die Vorschrift normiert das bis zur GmbH-Novelle von 1980 gesetzlich nicht fixierte, in Schrifttum und Rechtsprechung aber bereits anerkannte individuelle Informationsrecht der GmbH-Gesellschafter und ergänzt das kollektive Kontrollrecht der Gesellschafterversammlung gemäß § 46 Nr. 6 GmbHG.[920]

### *bb) Rechtfertigung zwingender Informationsrechte*

Das Auskunfts- und Einsichtsrecht des einzelnen Gesellschafters gehört zu den wenigen Bestimmungen im GmbHG, dessen zwingender Charakter festgeschrieben ist.[921] Lediglich das formale Verfahren des Informationsverlangens und der Informationserteilung[922] sowie die Ausweitung der gesetzlich vorgesehenen Informationsmöglichkeiten sind rechtlich zulässig.[923] Vertragliche Abweichungen zulasten einzelner Gesellschafter sind de lege lata hingegen ausgeschlossen, was mit der Gewährleistung der sachgemäßen Ausübung der Gesellschafterrechte gerechtfertigt wird.[924] Schließlich kann nur ein über die Angelegenheiten der Gesellschaft informierter Gesellschafter die ihm obliegenden Aufgaben im Rahmen des gemeinsamen Gesellschaftszwecks erfüllen.[925] Die Ausübung der individuellen Informationsrechte ist daher auch von keiner Mindestgröße der Beteiligung abhängig. Dadurch wird der Informationszufluss auch derjenigen Gesellschafter sichergestellt, die weder Teil der

---

919 Regierungsentwurf zur GmbH-Novelle, BT-Drucks. 8/1347, S. 44; *Hillmann* in: MüKo GmbHG, § 51a Rn. 1.

920 *Römermann* in: Michalski/Heidinger/Leible/J. Schmidt, GmbH-Gesetz, § 51a Rn. 17 ff.

921 § 51a Abs. 3 GmbHG: „Von diesen Vorschriften kann im Gesellschaftsvertrag nicht abgewichen werden."

922 BayObLG Beschl. v. 27.10.1988, NJW-RR 1989, 350; *Hillmann* in: MüKo GmbHG § 51a Rn. 93.

923 *Römermann* in: Michalski/Heidinger/Leible/J. Schmidt, GmbH-Gesetz, § 51a Rn. 243. Zur Verbesserung der Rechtsstellung der Wagniskapitalgeber mit Blick auf ihre Informationsrechte in den Start-ups vgl. ausführlich *Kuntz*, Gestaltung von Kapitalfreiheiten zwischen Freiheit und Zwang, S. 565 ff.

924 Vgl. Regierungsentwurf zur GmbH-Novelle, BT-Drucks. 8/1347 S. 44.

925 BVerfG Beschl. v. 20.09.1999, NJW 2000, 349.

Geschäftsführung sind noch über eine Mehrheitsposition auf der Gesellschafterversammlung verfügen.[926]

### *cc) Vorschläge für beschränkte Informationsrechte von Mitarbeitern in Start-ups*

Die Beschränkung der Informationsrechte von mitarbeitenden Gesellschaftern in Start-ups erweist sich insofern als Herausforderung, als dass die Norm gerade ein umfassendes, jederzeitiges und weitgehend satzungsfestes Informationsrecht jedes Gesellschafters vorsieht.[927] Indes geht aus den Gesetzesmaterialien zu § 51a GmbHG hervor, dass die Möglichkeit der Beschränkung des Auskunfts- und Einsichtsrecht ursprünglich vorgesehen war. So sah ein Absatz 5 im Regierungsentwurf zur GmbH-Novelle von 1980 noch folgende Regelung vor:

> „Eine das Auskunftsrecht ausschließende oder beschränkende Bestimmung des Gesellschaftsvertrags steht der Geltendmachung dieses Rechts nicht entgegen, wenn die Auskunft außerhalb einer Gesellschafterversammlung verlangt wird und ein wichtiger Grund oder Grund zu der Annahme unredlicher Geschäftsführung vorliegt oder wenn sie in einer Gesellschafterversammlung verlang wird. Eine das Einsichtsrecht ausschließende oder beschränkende Bestimmung des Gesellschaftsvertrags steht der Geltendmachung dieses Rechts nicht entgegen, soweit die Einsicht erforderlich ist, um den Jahresabschluß auf seine Richtigkeit prüfen zu können, oder soweit ein wichtiger Grund oder Grund zu der Annahme unredlicher Geschäftsführung vorliegt."[928]

Zweifelsohne führte eine Beschränkung des jederzeitigen Auskunfts- und Einsichtsrechts für Mitarbeiteranteile zu einem Bruch mit zentralen Grundsätzen des GmbH-Rechts. Die Überwachungs- und Kontrollmöglichkeiten des Gesellschafters wären eingeschränkt, seine Bedeutung im Machtgefüge innerhalb der GmbH würde abnehmen. Gleichwohl sind Beschränkungen individueller Informationsrechte gelegentlich geboten, um Art und Lage der Gesellschaft gerecht zu werden. Dies erkannte auch der Regierungsentwurf zur GmbH-Novelle ausdrücklich an.[929] Dass der zitierte Absatz 5 keinen Einzug in die finale Fassung von § 51a GmbHG gefunden hat, ist auf eine nicht näher

---

926 Zur Bedeutung von § 51a GmbHG als „unverzichtbarer Kernbereich" der Mitgliedschaftsrechte eines GmbH-Gesellschafters bereits 3. Teil A. III.

927 BGH Beschl. v. 06.03.1997, NJW 1997, 1985, 1986; *Hillmann* in: MüKo GmbHG § 51a Rn. 4.

928 Regierungsentwurf zur GmbH-Novelle, BT-Drucks. 8/1347 S. 12.

929 Regierungsentwurf zur GmbH-Novelle, BT-Drucks. 8/1347 S. 45.

begründete Forderung des Rechtsausschusses in seiner Beschlussempfehlung zurückzuführen.[930]

(1) Sachliche Rechtfertigung

Gerade im besonderen Umfeld von Start-ups wäre die Beschränkung der Informationsrechte mitarbeitender Gesellschafter unter Berücksichtigung der Belange der Gesellschaft sachlich gerechtfertigt. Die jungen Unternehmen sind besonders vulnerabel, wegen geringer Personalkapazitäten und fehlender Liquidität für anwaltliche Unterstützung stehen ihnen insgesamt weniger Mittel zur Verfügung, um Störungen durch einzelne Gesellschafter wirksam entgegenzutreten.

Das betrifft etwa den Fall der extensiven Geltendmachung von Auskunftsersuchen durch einzelne abtrünnige Mitarbeiter. Zwar schadet ein solches Verhalten der eigenen Mitarbeiterbeteiligung und widerspricht den persönlichen Gewinn- und Vermögensinteressen der begünstigten Mitarbeiter. Wie im 3. Teil der Untersuchung aber bereits deutlich wurde, ist mit dem Verhalten aber dann zu rechnen, wenn das Verhältnis zwischen Mitarbeiter und Gründerteam irreparabel zerstört oder die Aussicht auf eine finanzielle Beteiligung nicht mehr besteht.[931] Die Geschäftsführung würde dadurch von der Erledigung ihrer genuinen Aufgaben abgehalten und der Erfolg des unternehmerischen Vorhabens bedroht. Zwar ist in Fällen der Dauerbeschäftigung mit ständig neuen und wechselnden Fragen regelmäßig ein Verstoß gegen Treu und Glauben gegeben, § 242 BGB, womit sich entsprechende Informationsbegehren als unzulässig erweisen.[932] Indes sind die Grenzen des Informationsrechts und ihre dogmatische Herleitung höchst umstritten, sie ergeben sich insbesondere nicht aus dem Wortlaut der Norm. Stattdessen hat sich über die Jahrzehnte eine schier unübersichtliche Anzahl an Rechtsprechungen und Meinungen im Schrifttum zu § 51a Abs. 1 GmbHG herausgebildet.[933] Ohne die Hinzuziehung anwaltlicher

---

930 Beschlussempfehlung und Bericht des Rechtsausschusses, BT-Drucks. 8/3908 S. 76. Dazu auch *Hillmann* in: MüKo GmbHG, § 51a Rn. 3, 93.

931 Dazu schon 3. Teil A. III. 1.

932 BGH Beschl. v. 06.03.1997, NJW 1997, 1985; BayObLG Beschl. v. 27.10.1998, NJW-RR 1989, 359; v. 15.10.1999, NJW-RR 2000, 487; OLG Stuttgart Beschl. v. 08.02.1983, ZIP 1983, 306; OLG Karlsruhe Beschl. v. 11.12.1984, GmbHR 1985, 362; OLG Jena Beschl. v. 14.09.2004, NZG 2004, 1156; OLG München Beschl. v. 21.12.2005, NZG 2006, 597.

933 Mit einer Übersicht: *Hillmann* in: MüKo GmbHG § 51a Rn. 76 ff.; *Römermann* in: Michalski/Heidinger/Leible/J. Schmidt, GmbH-Gesetz, § 51a Rn. 120 ff. Prominent ist die von *Karsten Schmidt* vertretene Lehre von der Notwendigkeit der Geltendmachung eines Informationsbedürfnisses, vergleichbar

Beratung ist die Abwehr missbräuchlicher oder schikanöser Anfragen seitens der Geschäftsführung nicht zu bewerkstelligen.

Eine Dauerbeschäftigung der Geschäftsführung droht aber nicht nur in Ausnahmesituationen durch einzelne illoyale Gesellschafter, sondern auch durch die Geltendmachung zahlreicher und an sich legitimer Informationsbegehren der direkt beteiligten Mitarbeiter. Durch den vermehrten Einsatz direkter Mitarbeiterkapitalbeteiligungen wäre zwangsläufig mit einem wachsenden Gesellschafterkreis zu rechnen.[934] Da direkt beteiligte Mitarbeiter in Start-ups gleichzeitig weder der Geschäftsführung angehören noch über Mehrheitsverhältnisse auf der Gesellschafterversammlung verfügen, können sie Informationen nicht auf andere Weise als durch die Geltendmachung ihres Informationsrechts aus § 51a Abs. 1 GmbHG erhalten.

Start-ups unterscheiden sich nicht nur mit Blick auf die Gesellschafterzahl, sondern auch hinsichtlich der Stellung direkt beteiligter Mitarbeiter im Gesellschaftergefüge strukturell von der Mehrzahl aller GmbHs. Eine gleichberechtigte Partizipation auf Augenhöhe mit den übrigen Gesellschaftern ist weder gewollt noch zwingend geboten. Insbesondere die Kontrolle der Geschäftsführung, die § 51a GmbHG gerade sicherstellen soll, obliegt in einer wagniskapitalfinanzierten Gesellschaft vorwiegend den Wagniskapitalgebern.[935] Diese Aufgabenzuweisung ist insofern auch sachlich gerechtfertigt, als dass letztere über mehr unternehmerisches Know-How verfügen (Stichwort: informelles Wagniskapital).[936] Anders verhält es sich bei den Mitarbeitern, die typischerweise über keine Erfahrung in der Unternehmensführung und damit über weniger Überwachungskompetenz verfügen.

---

mit dem Rechtsschutzinteresse in § 253 ZPO, vgl. *K. Schmidt* in Scholz, GmbHG, 12. Aufl. 2018, § 51a Rn. 8. Die Rechtsprechung bedient sich hingegen des Kriteriums der „nicht zweckentsprechenden Wahrnehmung“, vgl. BGH Beschl. v. 27.10.1988, NJW-RR 1989, 350.

934 Start-ups unterscheiden sich dann von der Mehrzahl aller GmbHs, die über wenige Gesellschafter verfügen. Nur ein sehr kleiner Teil der GmbHs hat mehr als fünf Gesellschafter, stattdessen dominieren Zweipersonengesellschaften, vgl. *Wedemann*, Gesellschafterkonflikte in geschlossenen Kapitalgesellschaften, S. 12 ff. Auch der historische Gesetzgeber ging beim Entwurf von § 51a GmbHG davon aus, dass sich Gesellschaften mit beschränkter Haftung mit Blick auf die Zahl ihrer Gesellschafter Personengesellschaften nähern, vgl. Regierungsentwurf zur GmbH-Novelle, BT-Drucks. 8/1347 S. 44.

935 *Weitnauer*, Hdb Venture Capital, Teil A Rn. 4 u. Teil E Rn. 168, 172 ff.

936 Dazu 1. Teil A. I.

Darüber hinaus wäre die Aufhebung bisheriger Informationsasymmetrien mit zahlreichen Folgeproblemen verbunden. Erstens erhielten Mitarbeiter Einblick in das Zahlenwerk des Unternehmens und damit nicht nur in die Gehälter, sondern auch in die Konditionen der Mitarbeiterbeteiligungen ihrer Kollegen oder die Ausgestaltung von Vorzugsrechten anderer Gesellschafter, insbesondere der Wagniskapitalgeber. Die Offenlegung dieser Informationen kann erhebliche Konflikte auslösen, wenngleich Differenzierungen unter Gesellschaftern in einem Start-up wegen ihrer unterschiedlichen Bedeutung gelegentlich geboten sind.[937]

Zweitens wären Mitarbeiter stets über die Finanzlage der Gesellschaft informiert. In wirtschaftlich schwierigen Zeiten der ohnehin krisenanfälligen Start-ups wäre zu befürchten, dass Mitarbeiter „das sinkende Boot" verlassen und Krisen dadurch verschärfen.

Drittens steigt mit einem größeren Gesellschafterkreis auch die Anzahl an Personen, die Zugang zu sensiblen und wettbewerbsrelevanten Informationen haben. Das ist gleichbedeutend mit einem wachsenden Risiko der Weitergabe von Insiderinformationen an Dritte, insbesondere an Konkurrenzunternehmen. Das Geschäftsfeld eines Start-ups zeichnet sich oft durch die Entwicklung technologischer Innovationen aus, der Verlust ihres Alleinstellungsmerkmals wäre gleichbedeutend mit dem Ende des gesamten unternehmerischen Vorhabens. Zwar sieht § 51a Abs. 2 S. 1 GmbHG für diese Fälle ein Informationsverweigerungsrecht vor.[938] Indes sind die Tatsachen, die für eine Informationsverwendung zu gesellschaftsfremden Zwecken sprechen, für die übrigen Gesellschafter nicht immer objektiv erkennbar.[939] Selbst wenn dies der Fall sein sollte, entsteht ein nicht unerheblicher administrativer Aufwand durch den formellen Vorgang der Informationsverweigerung. Die Beurteilung

---

937 Dazu 2. Teil A. III. 2.

938 Ausführlich: *Hillmann* in: MüKo GmbHG § 51a Rn. 62 ff.

939 Voraussetzung der Informationsverweigerung ist die auf objektiv vorhandenen Tatsachen und objektiv vernünftige Gründe gestützte Gefahr der zweckwidrigen Informationsverwendung im konkreten Einzelfall, vgl. BayObLG Beschl. v. 01.07.1993, ZIP 1993, 1162; KG Beschl. v. 23.12.1987, NJW-RR 1989, 230; OLG Karlsruhe Beschl. v. 11.12.1984, GmbHR 1985, 362; OLG Stuttgart Beschl. v. 08.02.1983, ZIP 1983, 306; OLG München Beschl. v. 11.12.2007, NZG 2008, 199. Aus dem Schrifttum: *Hillmann* in: MüKo GmbHG § 51a Rn. 64; *Römermann* in: Michalski/Heidinger/Leible/J. Schmidt, GmbH-Gesetz, § 51a Rn. 197 ff.

der Verweigerungsgründe ist gemäß § 51a Abs. 2 S. 2 GmbHG der Geschäftsführung entzogen und stattdessen durch die Gesellschafterversammlung vorzunehmen.[940]

(2) Denkbare Gestaltungen und ihre gesellschaftsrechtliche Umsetzbarkeit

§ 51a GmbHG sieht sich wegen der unterbliebenen Begrenzung der Ausübungsmöglichkeiten und gleichzeitig nur rudimentär geregelter Verweigerungsgründe deutlicher Kritik ausgesetzt.[941] Einigkeit besteht hinsichtlich des Bedürfnisses nach einem Korrektiv. Uneinigkeit besteht hingegen darüber, wie sachliche Ausübungsschranken konkret aussehen sollten.[942] Die zu diesem Zweck bisher entwickelten Lösungsansätze unterscheiden sich nur in ihrer Begründung und Methodik, unterschiedliche Ergebnisse werden in der Praxis regelmäßig aber nicht erzielt.[943] Um aus Sicht der Gründer und Wagniskapitalgeber die notwendige Klarheit und Rechtssicherheit zu erzeugen und die Attraktivität direkter Mitarbeiterkapitalbeteiligungen zu erhöhen, ist eine eindeutige Lösung auf Gesetzesebene notwendig.

*(a) Vollständiger Ausschluss individueller Informationsrechte*

Der weitreichendste Gestaltungsvorschlag besteht darin, individuelle Informationsrechte für Mitarbeiteranteile vollständig auszuschließen. Da bei ihnen typischerweise keine Personalunion zwischen Gesellschafter und Geschäftsführer besteht, sie außerdem nicht über Mehrheitsverhältnisse auf der Gesellschafterversammlung verfügen, hätten Gründer und Wagniskapitalgeber die vollständige Kontrolle über den Informationszufluss der beteiligten Mitarbeiter.[944]

---

940 Da bei den Gründern regelmäßig Personalunion zwischen Gesellschafter und Geschäftsführer besteht, verringert sich die Belastung durch diese Kompetenzverschiebung für sie nur geringfügig. Hingegen entsteht ein zusätzlicher administrativer Aufwand aufseiten der Wagniskapitalgeber.

941 *Hillmann* in: MüKo GmbHG § 51a Rn. 4; *Römermann* in: Michalski/Heidinger/Leible/J. Schmidt, GmbH-Gesetz, § 51a Rn. 129.

942 Mit einer Übersicht: *Hillmann* in: MüKo GmbHG § 51a Rn. 76 ff.; *Römermann* in: Michalski/Heidinger/Leible/J. Schmidt, GmbH-Gesetz, § 51a Rn. 120 ff.

943 *Hillmann* in: MüKo GmbHG § 51a Rn. 4, 76.

944 Zu vergleichbaren Folgen führte der Vorschlag, den zwingenden Charakter in § 51a Abs. 3 GmbHG ausnahmsweise für Mitarbeiteranteile uneingeschränkt aufzuheben. Ob in der Praxis von der Möglichkeit des vollständigen Informationsausschlusses kommt, bliebe abzuwarten. Wegen dem vollständigen Wegfall des Störpotentials mitarbeitender Gesellschafter ist mit einem solchen Vorgehen seitens der Gründer und Wagniskapitalgeber aber zu rechnen.

Unter Prüfungs- und Überwachungsgesichtspunkten wäre ein vollständiger Ausschluss wegen der besonderen Kompetenzverteilung im Gesellschafterkreis eines Start-ups mit direkten Mitarbeiterkapitalbeteiligungen womöglich sogar hinnehmbar, die Kontrolle der Geschäftsführung in einem Start-up obliegt ohnehin den Wagniskapitalgebern. Indes stehen die Informationsrechte der Gesellschafter auch in engem sachlichem Zusammenhang zu den vermögensrechtlichen Ansprüchen, die die Gesellschaftsbeteiligung vermittelt. Die Dispositionsfreiheit über den Eigentumsgegenstand liefe praktisch leer, wenn sich ein Gesellschafter kein Bild über das Unternehmen, an dem er beteiligt ist, machen könnte. Aus diesem Grund umfasst der Schutz von Art. 14 Abs. 1 S. 1 GG auch das Recht eines Gesellschafters, Informationen über seine Gesellschaft zu erhalten.[945] Etwas anderes kann auch nicht ausnahmsweise für direkt beteiligte Mitarbeiter in Start-ups gelten. Indem sie auf höhere Festgehälter verzichten und mit Einräumung der Mitarbeiterbeteiligung stattdessen auf den wirtschaftlichen Erfolg der Gesellschaft setzen, nehmen sie unmittelbar Anteil an der Entwicklung der Gesellschaft.

Neben rechtlichen sprechen aber auch praktische Gründe gegen den vollständigen Ausschluss individueller Informationsrechte. Direkt beteiligten Mitarbeitern dürften die Vorzüge einer Mitarbeiterkapitalbeteiligung gegenüber virtuellen Beteiligungsformen nur schwer zu vermitteln sein, sollten ihnen keine Informationsrechte zustehen. Das würde sich spürbar auf die Identifikation der Mitarbeiter mit dem Start-up und damit auf die bei ihnen erzeugte Incentivierung auswirken. Der Vorteil und Grund für die Förderung direkter Mitarbeiterkapitalbeteiligungsformen besteht aber gerade in ihrer erhöhten Anreizwirkung. Die Mitwirkungsrechte der mitarbeitenden Gesellschafter sollten dem Ziel, ihr „Störpotential" aus Sicht der Gründer und Wagniskapitalgeber zu verringern, daher jedenfalls nicht vollständig weichen. Auch sollte es den Start-ups offenstehen, Mitarbeiter im Einzelfall durch uneingeschränkte Informationsrechte vollumfänglich in die Gesellschaft zu integrieren, um die größtmögliche Incentivierung zu erzeugen. Die Beschränkung des Auskunfts- und Einsichtsrechts sollte insofern nur optional, ihr vollständiger Ausschluss aber nicht zwingend sein.

---

945 BVerfG Beschl. v. 20.09.1999, NJW 2000, 349. Das Urteil bezieht sich zwar auf die Informationsrechte eines Aktionärs, indes lassen sich die dortigen Erwägungen auf Gesellschafter einer GmbH übertragen.

*(b) Beschränkung des Auskunftsrechts*

Statt des vollständigen Ausschlusses sollen nachfolgend Möglichkeiten der jedenfalls teilweisen Beschränkung individueller Informationsrechte untersucht werden. Die Darstellung konzentriert sich zunächst nur auf das Auskunftsrecht. Gestaltungsmöglichkeiten im Zusammenhang mit dem Einsichtsrecht werden anschließend untersucht.

*(aa) Informationsgegenstand*

Gegenstand des Auskunftsanspruchs sind gemäß § 51a Abs. 1 GmbHG alle „Angelegenheiten der Gesellschaft". Der Begriff wird umfassend verstanden und schließt alle rechtlichen und wirtschaftlichen Daten der GmbH ein.[946] Inhaltliche Grenzen sind erst dort erreicht, wo das Auskunftsgesuch den Privatbereich der Geschäftsführer oder Mitgesellschafter berührt.[947] Zur Vermeidung horizontaler oder vertikaler Konflikte durch diesen nahezu unbeschränkten Informationszugang der Mitarbeiter liegt die inhaltliche Verkürzung etwa auf „Angelegenheiten der Mitarbeiterbeteiligung" nahe.

Eine derartige inhaltliche Verkürzung des Informationsgegenstands erweist sich bei näherer Betrachtung jedoch als praktisch unmöglich. Eine trennscharfe Abgrenzung zu den Angelegenheiten der Gesellschaft lässt sich nicht anstellen, alle wirtschaftlichen und rechtlichen Daten der Gesellschaft tangieren zugleich die Mitarbeiterbeteiligungen. Das gilt auch für solche Informationen, die sich nur auf Kollegen beziehen, etwa die Höhe der Gehälter oder Konditionen ihrer Mitarbeiterbeteiligungen. So beeinflussen laufende Lohnzahlungen die Liquidität der Gesellschaft und wirken sich dadurch auf den Wert des Unternehmens und damit auf den der einzelnen Mitarbeiteranteile aus. Ähnliches gilt mit Blick auf die rechtliche Ausgestaltung anderer Mitarbeiterbeteiligungen. Je langfristiger und enger Schlüsselmitarbeiter an das Unternehmen gebunden werden, desto attraktiver wirkt das Start-up auf potentielle Wagniskapitalgeber

---

946 Konkret sind alle das Gesellschaftsvermögen und die Unternehmensführung betreffenden und alle für die Gewinnermittlung und Gewinnverwendung wesentlichen Tatsachen, sowie alle rechtlichen und wirtschaftlichen Verhältnisse innerhalb der GmbH und Dritten gegenüber umfasst, vgl. *K. Schmidt* in: Scholz, GmbHG, 12. Aufl. 2018, § 51a Rn. 19. Siehe auch *Hillmann* in: MüKo GmbHG § 51a Rn. 26.

947 Vgl. zu Abgrenzungsfragen *Römermann* in: Michalski/Heidinger/Leible/J. Schmidt, GmbH-Gesetz, § 51a Rn. 27 ff.

und kann den Anteilskaufpreis künftiger Finanzierungsrunden erhöhen.[948] Insofern betreffen sämtliche „Angelegenheiten der Gesellschaft“ zugleich auch „Angelegenheiten der Mitarbeiterbeteiligung“.

*(bb) Ausübbarkeit*

Statt des Gegenstands sollte daher die Ausübbarkeit des Informationsrechts in den Vordergrund der Reformvorschläge rücken. Abtrünnige Mitarbeiter können die Geschäftsführung durch eine extensive Ausnutzung des Auskunftsrechts mit Fragen regelrecht überhäufen und den Betrieb des Start-ups lahmlegen. Die nur rudimentär in Absatz 2 geregelten Verweigerungsgründe oder das Kriterium der „nicht zweckentsprechenden Wahrnehmung“, dessen sich die Rechtsprechung in den vergangenen Jahrzehnten als immanente Ausübungsschranke bedient,[949] minimieren dieses Risiko kaum. Der Vorgang der Informationsverweigerung ist komplex und die rechtlichen Hürden dabei wegen des hohen Rangs individueller Informationsrechte entsprechend hoch.[950]

Start-ups sollte daher die Möglichkeit offenstehen, die Ausübung des Auskunftsrechts direkt beteiligter Mitarbeiter einzuschränken. Dazu bieten sich etwa Verfahrensregelungen an, die die Anzahl der Fragen und die Häufigkeit oder Zeitpunkte der Auskunftsersuche begrenzen. Vergleichbare Regelungen sind de lege lata unzulässig. Sie schränken den materiellen Informationsanspruch und damit den Kernbereich des Informationsrechts unzulässig ein.[951] Eine Lösung könnte darin bestehen, den zwingenden Charakter des Auskunftsrechts für Mitarbeiter ausnahmsweise aufzuheben. Wegen der berechtigten Gewinn- und Vermögensinteressen mitarbeitender Gesellschafter darf dies aber nicht uneingeschränkt gelten.

---

948 85 % der befragten Wagniskapitalgeber gaben in einer Studie an, in Mitarbeiterbeteiligungsprogrammen einen relevanten Faktor für den Erfolg von Start-ups zu sehen, vgl. ESOPasap-Studie, S. 29.

949 BGH Beschl. v. 06.03.1997, NJW 1997, 1985; BayObLG Beschl. v. 27.10.1988, NJW-RR 1989, 350; v. 15.10.1999, NJW-RR 2000, 487; OLG Stuttgart Beschl. 08.02.1983, ZIP 1983, 306; OLG Karlsruhe Beschl. v. 11.12.1984, GmbHR 1985, 362; OLG Jena Beschl. v. 14.09.2004, NZG 2004, 1156; OLG München Beschl. v. 21.12.2005, NZG 2006, 597.

950 Dazu ausführlich *Hillmann* in: MüKo GmbHG § 51a Rn. 80 ff.

951 Das BayOblG befand z.B. eine Satzungsregelung für unwirksam, welche die Ausübung des Auskunfts- und Informationsrechts auf eine Stunde pro Monat beschränkt, vgl. Beschl. v. 27.10.1988, NJW-RR 1989, 350; *Hillmann* in: MüKo GmbHG § 51a Rn. 94.

Zur konkreten Grenzziehung bietet sich die Anlehnung an den eingangs zitierten Absatz 5 des Regierungsentwurfs zur GmbH-Novelle an.[952] Danach sollte ein Auskunftsrecht unabhängig von der individuellen Beteiligungsquote jedenfalls auf der Gesellschafterversammlung bestehen. Fragen der Mitarbeiter lassen sich auf diese Weise kanalisieren, es droht keine Überlastung durch häufige und unkoordinierte Auskunftsersuche. Da dem einzelnen Gesellschafter auch kein Einberufungsrecht zusteht, ist auch keine Überlastung der Gesellschafter infolge einer rasanten Zunahme von Gesellschafterversammlungen zu befürchten. Abseits der Gesellschafterversammlung wären Beschränkungen des Auskunftsrechts hingegen zulässig. Aus Sicht der Gründer und Wagniskapitalgeber ist damit eine erhebliche Reduktion des Störpotentials verbunden.

Um berechtigten Informationsbedürfnissen der Mitarbeiter aber auch dann gerecht zu werden, wenn mittel- bis langfristig keine Gesellschafterversammlung stattfindet, muss ein Auskunftsrecht auch in Ausnahmefällen bestehen. Ebenfalls in Anlehnung an Absatz 5 des Regierungsentwurfs zur GmbH-Novelle empfiehlt es sich, ein Auskunftsrecht abseits der Gesellschafterversammlung bei Vorliegen eines „wichtigen Grunds" zuzulassen.[953] Ein solcher läge im besonderen Umfeld von Mitarbeiterbeteiligungen in Start-ups immer dann vor, wenn rechtliche oder wirtschaftliche Umstände eintreten, die sich auf den Wert oder die Liquidation der Mitarbeiterbeteiligung auswirken. Das sind zum Beispiel der Ablauf der Vesting-Perioden oder ein bevorstehender Exit. Fraglich ist, ob die Kontrolle der ordnungsgemäßen Ausübung der Geschäftsführung seitens der Mitarbeiter ebenfalls als „wichtiger Grund" anzuerkennen ist. Trotz der bereits angesprochenen Kompetenzverteilung innerhalb des Gesellschafterkreises wagniskapitalfinanzierter Gesellschaften ist davon aber jedenfalls bei Vorliegen von Tatsachen, die eine schwerwiegende Verfehlungen der Geschäftsführung vermuten lassen, auszugehen.

Als problematisch erweist sich das Erfordernis eines „wichtigen Grunds" hingegen dann, wenn Mitarbeiter das Start-up vorzeitig verlassen wollen oder sich mit Blick auf ihr künftiges persönliches Engagement über die wirtschaftliche Lage der Arbeitgebergesellschaft unterrichten wollen. Mitarbeiter wären gezwungen, als Grund für die ausnahmsweise Auskunftserteilung

952 Regierungsentwurf zur GmbH-Novelle, BT-Drucks. 8/1347 S. 12.

953 Regierungsentwurf zur GmbH-Novelle, BT-Drucks. 8/1347 S. 45. Auch entsprach es der Rechtsprechung bis zur GmbH-Novelle, das Auskunftsrecht an das Vorhandensein besonderer Umstände oder einer besonderen Sachlage zu knüpfen, vgl. BGH Urt. v. 12.06.1954, NJW 1954, 1564.

Abwanderungsgedanken offenzulegen. Dies könnte Mitarbeitern unter dem Gesichtspunkt nicht zumutbar sein, als dass die künftige Zusammenarbeit möglicherweise nachhaltig belastet wäre, sollte sich der Mitarbeiter am Ende für einen Verbleib entscheiden. Dem ist jedoch entgegenzuhalten, dass Nachteile infolge der Offenlegung von Abwanderungsgedanken keinesfalls zwingend sind. Das genaue Gegenteil ist ebenfalls denkbar. Äußert ein Mitarbeiter seine Abwanderungsgedanken, kann das die Arbeitgebergesellschaft dazu zu veranlassen, zusätzliche Anreize für einen Verbleib zu schaffen. Dies kann Ausdruck in einem höheren Gehalt, zusätzlichen Mitarbeiteranteilen oder einer Beförderung finden.

Der hier unterbreitete Vorschlag weist Ähnlichkeiten mit den Individualrechten von Aktionären auf, die ihr Auskunftsrecht gemäß § 131 AktG ausschließlich auf der Hauptversammlung geltend machen können.[954] Auch den Gründern und Wagniskapitalgebern steht die Möglichkeit offen, das Auskunftsrecht der Mitarbeiter grundsätzlich nur auf der Gesellschafterversammlung zuzulassen. Diese inhaltliche Parallele erweist sich als logische Konsequenz der Tatsache, dass sich Start-ups mit mehr Mitarbeiterkapitalbeteiligungen strukturell von Personengesellschaften entfernen und Aktiengesellschaften mit Blick auf den wachsenden Gesellschafterkreis jedenfalls punktuell annähern.

Die Unterschiede zwischen den als GmbH organisierten Start-ups mit vermehrtem Einsatz von Mitarbeiterkapitalbeteiligungen auf der einen und Publikumsgesellschaften auf der anderen Seite bleiben insgesamt aber erheblich, was insbesondere an der unterschiedlichen Fungibilität der Gesellschaftsanteile liegt.[955] Auch stellt die Gesellschaft für die mitarbeitenden Gesellschafter kein bloßes Anlageobjekt dar, sie sind schon wegen des parallel bestehenden Beschäftigungsverhältnisses enger mit der Gesellschaft verbunden. Start-ups zeichnen sich zudem durch ein familiäres Verhältnis auf sämtlichen Hierarchieebenen aus, während die Aktionäre in einer AG weitgehend anonym sind. Diese nach wie vor bestehenden Unterschiede rechtfertigen die im Ergebnis weitreichenderen individuellen Auskunftsrechte mitarbeitender Gesellschafter in Start-ups mit Mitarbeiterkapitalbeteiligungen, die Ausdruck in einem jederzeitigen Auskunftsrecht bei Vorliegen eines „wichtigen Grunds“ finden.

*(c) Beschränkung des Einsichtsrechts*

Neben der Erteilung von Auskünften haben direkt beteiligte Mitarbeiter gemäß § 51a Abs. 1 GmbHG das Recht auf Einsicht in die Bücher und Schriften der

954 Als weitere Einschränkung ist ein Bezug zur Tagesordnung erforderlich.

955 Dazu oben B. III. 1. a) cc) (1).

Gesellschaft. Der administrative Aufwand und der Eingriff in den normalen Geschäftsbetrieb durch den Vorgang der Einsichtnahme, konkret durch die Bereitstellung der geforderten Geschäftsunterlagen, können unter Umständen sogar noch größer sein als durch die Erteilung von Auskünften.[956] Insofern besteht ein praktisches Bedürfnis, Beschränkungen mit Blick auf Mitarbeiteranteile zuzulassen.

Auch diesem Kontext bietet es sich an, Absatz 5 des Regierungsentwurfs zu § 51a GmbHG im Zuge der GmbH-Novelle als Vorlage hinzuziehen.[957] Der Gestaltungsfreiheit sind danach in zweifacher Hinsicht Grenzen zu setzen. Einerseits muss die Einsicht in den Jahresabschluss uneingeschränkt möglich bleiben. Dieser ist für die Beurteilung der Lage und Entwicklung der Gesellschaft so zentral, dass die Möglichkeit der Einsichtnahme zur Wahrung der Vermögensinteressen stets bestehen muss.[958]

Um dem Informationsbegehren der Mitarbeiter auch in Ausnahmesituationen gerecht werden zu können, sollte eine Einsichtnahme in andere Geschäftsunterlagen außerdem bei Vorliegen eines „wichtigen Grundes" möglich sein.[959] In diesem Zusammenhang sei auf Beschränkung der Ausübung des Auskunftsrechts verwiesen, die dortigen Ausführungen lassen sich uneingeschränkt hierhin übertragen.[960]

Für Start-ups von Vorteil ist in diesem Zusammenhang, dass das Auskunfts- und Einsichtsrechts nach herrschender Auffassung zwar gleichrangig nebeneinanderstehen.[961] Dabei gilt aber das Prinzip des schonendsten Mittels, weshalb der Gesellschafter auf die Erteilung einer Auskunft verwiesen werden darf, wenn damit ein geringerer Eingriff in den Geschäftsbetrieb der Gesellschaft verbunden ist.[962]

---

956 *Hillmann* in: MüKo GmbHG § 51a Rn. 84.

957 Regierungsentwurf zur GmbH-Novelle, BT-Drucks. 8/1347 S. 12.

958 Regierungsentwurf zur GmbH-Novelle, BT-Drucks. 8/1347 S. 45.

959 Regierungsentwurf zur GmbH-Novelle, BT-Drucks. 8/1347 S. 12.

960 Dazu soeben B. III. 1. b) cc) (2) (b) (bb).

961 *Hillmann* in: MüKo GmbHG § 51a Rn. 61; *Römermann* in: Michalski/Heidinger/Leible/J. Schmidt, GmbH-Gesetz, § 51a Rn. 148 ff.

962 OLG Hamm, Beschl. v. 06.02.1986, NJW-RR 1986, 1693; OLG Jena Beschl. v. 14.09.2004, NZG 2004, 1156. Voraussetzung dafür ist aber, dass die Auskunftserteilung das Informationsinteresse befriedigen kann, vgl. *Hillmann* in: MüKo GmbHG § 51a Rn. 84.

#### *dd) Praktische Umsetzbarkeit*

Sollten ausschließlich die Informationsrechte von Mitarbeitern in Start-ups disponibel sein, mithin eine eigene Anteilsklasse geschaffen werden, entstünde abermals die Problematik der irrtümlichen Annahme der Anwendbarkeit der Spezialvorschrift. Handelt es sich beim betreffenden Gesellschafter um keinen „Mitarbeiter" oder ist die Gesellschaft im Zeitpunkt der Anteilsvergabe bereits dem Stadium eines „Start-ups" entwachsen, würden seine Informationsrechte zu Unrecht beschränkt. Dadurch wäre zwar „nur" das bilaterale Verhältnis zwischen dem Mitarbeiter und der Gesellschaft betroffen. Wegen des hohen Rangs der individuellen Informationsrechte, im Schrifttum auch als „mitgliedschaftliches Grundrecht" bezeichnet,[963] wirkt sich dieser Eingriff in die Rechte des Gesellschafters aber besonders schwer aus. Er lässt sich insbesondere nicht im Wege einer nachträglichen Informationserteilung mildern. Schließlich benötigt der Gesellschafter die Information im Zeitpunkt des Auskunfts- beziehungsweise Einsichtsbegehrens.

Vor diesem Hintergrund ist nicht nur im Kontext einer deregulierten Anteilsübertragung, sondern auch der soeben erörterten Vorschläge von der Idee einer eigenen Anteilsklasse abzurücken. Spürbare Verbesserungen für Start-ups lassen sich insofern nur erreichen, wenn der zwingende Charakter gesellschaftsrechtlicher Informationsrechte nach § 51a GmbHG generell, statt ausschließlich im Kontext von Mitarbeiteranteilen legislativ überarbeitet wird.

### *2. Zusammenfassung*

Zwei der zentralen gesellschaftsrechtlichen Probleme aus der Beteiligungspraxis im Kontext der direkten Beteiligung von Mitarbeitern an Start-ups lassen sich zwar grundsätzlich lösen.

Administrative und finanzielle Entlastung im Kontext der Anteilsübertragung können erzeugt werden, indem das notarielle Formerfordernis in § 15 Abs. 3 u. 4 GmbHG durch das Erfordernis einer (digitalen) Identitätsfeststellung ersetzt wird. Vorschläge zur Substitution durch die Schriftform gemäß § 126 BGB erweisen sich hingegen als rechtlich nicht umsetzbar, da sonst der freie und spekulative Handel mit Mitarbeiteranteilen droht, insbesondere aber die Gesellschafterliste als verlässlicher Rechtsscheinträger in Frage gestellt würde.

---

963 *Kuntz*, Gestaltung von Kapitalfreiheiten zwischen Freiheit und Zwang, S. 565; *Wiedemann, Herbert:* Gesellschaftsrecht, Band I, 1980, § 7 II. 2. a) aa) (S. 374).

Daneben sollte die Einschränkung individueller Informationsrechte von Mitarbeitern ermöglicht werden. Gestaltungsvorschläge erweisen sich hier als komplizierter, da § 51a GmbHG gerade ein umfassendes und weitgehend satzungsfestes Informationsrecht des einzelnen Gesellschafters vorsieht. Es wird empfohlen den zwingenden Charakter des Auskunfts- und Einsichtsrechts aufzuheben, Einschränkungen ergeben sich dabei aus dem Regierungsentwurf zur GmbH-Novelle von 1980.

Rechtstechnisch ist zur konkreten Umsetzung dieser Reformvorschläge die Schaffung einer eigenen Anteilsklasse aber nicht geeignet. Fehlerhafte Einordnungen regulärer Geschäftsanteile als spezielle Mitarbeiteranteile hätten schadhafte Auswirkungen auf die beteiligten Akteure. Verbesserungen lassen sich insofern nur mit Wirkung für sämtliche Unternehmenstypen der GmbH erzeugen.

## C. Fazit und Ausblick

Der 4. Teil der Untersuchung hat gezeigt, dass die regulatorischen Vorgaben des GmbHG mit Blick auf die Bedürfnisse von Start-ups nicht mehr zeitgemäß sind und einer dringenden Korrektur bedürfen. Mit ersten Verbesserungen ist durch die Umsetzung des zum 1. August 2022 in Kraft tretenden Gesetzes zur Umsetzung der Digitalisierungsrichtlinie zu rechnen.[964]

Die Untersuchung hat verschiedene Möglichkeiten aufgezeigt, wie darüberhinausgehende Verbesserungen auf legislativer Ebene insbesondere unter einkommenssteuerrechtlichen Gesichtspunkten im speziellen Umfeld von Mitarbeiterbeteiligungen in Start-ups erzeugt werden können. Hinsichtlich ihrer Umsetzung bedarf es nunmehr des notwendigen politischen Willens, der den Wahlprogrammen zur Bundestagswahl 2021 auch zu entnehmen ist.[965]

964 Vgl. DiRUG vom 5. Juli 2021, BGBl. 2021 Teil I Nr. 52. Daneben wird zurzeit eine neue Rechtsformvariante der GmbH diskutiert, die unter anderem auch Start-ups adressiert (sog. „GmbH in Verantwortungseigentum"). Zwar adressieren die Vorschläge, die bereits Ausdruck in einem Gesetzesentwurf einer privaten Initiative von Wissenschaftlern gefunden haben, auch Start-ups, vgl. *Sanders, Anne*: Eine Gesellschaft in Verantwortungseigentum im GmbHG, ZRP 2020, 140 ff.; Kritisch: *Grunewald, Barbara/Hennrichs, Joachim*: Die GmbH in Verantwortungseigentum, wäre das ein Fortschritt? NZG 2020, 1201 ff. Da keine thematischen Überschneidungen zu Mitarbeiterbeteiligungen bestehen, wurden die Vorschläge in Rahmen dieser Untersuchung nicht näher behandelt.

965 Wahlprogramm der Freien Demokraten zur Bundestagswahl 2021, S. 11: „Zudem wollen wir eine eigene Anteilsklasse für Mitarbeiterkapitalbeteiligungen schaffen, um den teuren und administrativ aufwendigen Prozess der Übertragung von

Angesichts der breiten Zustimmung in Politik und Gesellschaft verwundern die verhaltenen Aussagen im aktuellen Koalitionsvertrag zur Förderung von Mitarbeiterbeteiligungen. Hier findet sich das kryptische Versprechen: „*Wir werden die Mitarbeiterkapitalbeteiligung für Start-ups attraktiver gestalten.*“[966] Ob und wie die dringend erforderlichen Verbesserungen umgesetzt werden, bleibt hingegen abzuwarten. Schon im Koalitionsvertrag der letzten Legislaturperiode findet sich die Formulierung: „*Wir werden neue Möglichkeiten der Mitarbeiterbeteiligung prüfen*“.[967] Gleichwohl sind die tatsächlich herbeigeführten Änderungen durch das FoStoG nur unzureichend, wie die Untersuchungen zum Handlungsbedarf de lege lata gezeigt haben.[968]

---

GmbH-Anteilen zu vereinfachen.“. Wahlprogramm der Union zur Bundestagswahl 2021, S. 90: „Wir wollen auch die Praktikabilität der Übertragung von Anteilen an Mitarbeiter deutlich verbessern. Dafür wollen wir eine eigene Anteilsklasse schaffen.“. Auch Bündnis 90/Die Grünen wollen Mitarbeiterbeteiligungen „breiter zugänglich machen und erleichtern“, wenngleich sich im Wahlprogramm keine über dieses allgemeine Bekenntnis hinausgehenden, konkreten Lösungsansätze finden, vgl. „Deutschland. Alles ist drin. Bundestagswahlprogramm 2021“, S. 62.

966 Vgl. Koalitionsvertrag zwischen der SPD, Bündnis 90/Die Grünen und der FDP der 20. Legislaturperiode: „Mehr Fortschritt wagen – Bündnis für Freiheit, Gerechtigkeit und Nachhaltigkeit“, S. 19.

967 Vgl. Koalitionsvertrag zwischen CDU, CSU und SPD der 19. Legislaturperiode: „Ein neuer Aufbruch für Europa – Eine neue Dynamik für Deutschland – Ein neuer Zusammenhalt für unser Land“, S. 63.

968 Dazu im Einzelnen oben A. I.

# Zusammenfassung

Die Arbeit untersucht Mitarbeiterbeteiligungen im besonderen Umfeld wagniskapitalfinanzierter Gesellschaften. Die inhaltlichen Schwerpunkte sind im Einkommensteuerrecht und Gesellschaftsrecht angesiedelt. Der Arbeit liegt die Prämisse zugrunde, dass der Einsatz und die Gestaltungsmöglichkeiten von Mitarbeiterbeteiligungen in Start-ups hierzulande unterentwickelt sind und Deutschland im globalen Wettstreit um geeignetes Personal den Anschluss zu verlieren droht. Die Ziele der Arbeit bestehen darin, einerseits die Schwachstellen des regulatorischen Rechtsrahmens herauszuarbeiten und eigene Reformvorschläge zu entwickeln. Andererseits wird die nur unzureichende Behandlung der Thematik im Schrifttum zum Anlass genommen, den gegenwärtigen Entwicklungsstand von Mitarbeiterbeteiligungen in der Praxis zum Venture Capital darzustellen und in diesem Zusammenhang offene Rechtsfragen zu klären.

Im *1. Teil* werden Terminologien und grundlegende Steuerungsmechanismen von Mitarbeiterbeteiligungen im Allgemeinen, sowie im besonderen Umfeld wagniskapitalfinanzierter Gesellschaften geklärt. Der aus dem angloamerikanischen Raum geprägte Begriff Venture Capital (hierzulande auch Wagniskapital) meint den außerbörslichen Einsatz von Eigenkapital oder eigenkapitalähnlichem Mezzaninekapital durch spezialisierte Investoren in mehreren aufeinanderfolgenden Finanzierungsrunden. Die Beteiligungsvorhaben enden mit dem Exit der Wagniskapitalgeber, womit die Veräußerung der Beteiligung nach einem Zeitraum von typischerweise vier bis acht Jahren gemeint ist. Zielgesellschaften der Investitionsvorhaben sind Start-ups. Damit sind vorwiegend junge, technologisch innovative Wachstumsunternehmen gemeint, die sich typischerweise in der Rechtsform einer GmbH organisieren.

Sodann erfolgt die Darstellung unterschiedlicher Formen der Mitarbeiterbeteiligung. Der Begriff der Mitarbeiterbeteiligung umfasst in dieser Untersuchung die schuld- oder gesellschaftsrechtliche Beteiligung eines Mitarbeiters an der ihn beschäftigenden Gesellschaft. In persönlicher Hinsicht geht der Begriff ausdrücklich über die in diesem Kontext häufig verwendeten Begriffe des Managers oder Arbeitnehmers hinaus. Er schließt sämtliche Personen ein, die sich zu Diensten im Interesse der Gesellschaft verpflichten, ohne auf darüberhinausgehende Kriterien, wie einem persönlichen Abhängigkeitsverhältnis oder der Hierarchiestufe innerhalb des Unternehmens, abzustellen.

Abschließend werden die besonderen Vorzüge des Einsatzes von Mitarbeiterbeteiligungen im Umfeld des Venture Capital herausgearbeitet. Aus Sicht der liquiditätsarmen Start-ups ist das in erster Linie die Kompensation niedriger Festgehälter. Weitere Motive sind die Akquisition und Bindung von Schlüsselmitarbeitern sowie die Steigerung der Produktivität und Innovationsfähigkeit der Gesellschaft. Für die Mitarbeiter stehen hingegen der private Vermögensaufbau und die Wertschätzung ihrer persönlichen Leistungen im Vordergrund. Mitarbeiterbeteiligung stehen zudem in Einklang mit dem Interesse der Wagniskapitalgeber, möglichst schnell eine Wertsteigerung der Zielgesellschaft und damit ihrer eigenen Beteiligung zu erzielen.

Der *2. Teil* vermittelt eine Übersicht über den Rechtsrahmen und die vertragliche Ausgestaltung der drei am häufigsten eingesetzten Beteiligungsformen im Umfeld des Venture Capital. Dabei handelt es sich um die direkte Übertragung von Geschäftsanteilen, die als Urform sämtlicher Mitarbeiterbeteiligungen beim Begünstigten die größte Anreizwirkung erzeugt. Daneben werden aber auch Anteilsoptionen (ESOP) und schließlich schuldrechtliche Nachbildungen von Vermögensrechten aus gesellschaftsrechtlichen Beteiligungen (VSOP) eingesetzt. Wenngleich VSOP derzeit am häufigsten in Start-ups vorzufinden sind, offenbaren sie sich bei genauerer Betrachtung lediglich als Notlösung der Kautelarpraxis, um die regulatorischen Nachteile der Einräumung echter Geschäftsanteile zu vermeiden. Das gilt auch für den Einsatz von ESOP.

Die Nachteile der direkten Eigenkapitalbeteiligung sind aus Sicht der Mitarbeiter vorwiegend einkommensteuerrechtlicher Natur. Hier stellt sich auch nach den jüngsten Änderungen durch das FoStoG das Problem von Dry-Income, also einer Besteuerung geldwerter Zuflüsse in der Einräumungsphase der Beteiligung ohne gleichzeitigen Liquiditätszufluss beim Steuerpflichtigen. Nachteilhaft ist neben dem Zeitpunkt aber auch die Art und damit die Höhe der Einkommensbesteuerung. Zuflüsse aus der Veräußerung der Geschäftsanteile lassen sich tatbestandsmäßig sowohl Einkünften aus nichtselbstständiger Arbeit gemäß § 19 Abs. 1 S. 1 Nr. 1 EStG als auch solchen aus Kapitalvermögen gemäß § 20 Abs. 2 S. 1 Nr. 1 EStG zuordnen. Das führt in der Praxis zu komplizierten Abgrenzungsfragen. Bei jeder Mitarbeiterbeteiligung ist gesondert zu untersuchen, ob etwaige Zuflüsse in der Halte- und Veräußerungsphase einer Sonderrechtsbeziehung oder einem Veranlassungszusammenhang durch das Dienstverhältnis zuzurechnen sind. Daneben kommt der Frage nach dem wirtschaftlichen Eigentum der Anteile gemäß § 39 AO besondere Bedeutung zu. Bei der Beantwortung sind die beteiligten Parteien auf die Einschätzung der im Einzelfall zuständigen Finanzämter angewiesen. Das führt in der Praxis zu willkürlichen Ergebnissen, unter Umständen müssen direkt beteiligte Mitarbeiter bei Anwendbarkeit der progressiven Arbeitslohnbesteuerung knapp doppelt so viele Steuern auf ihre Exit-Erlösbeteiligung zahlen wie die Wagniskapitalgeber und Gründer.

Für Letztere sind die Nachteile direkter Mitarbeiterkapitalbeteiligungen vorwiegend gesellschaftsrechtlicher Natur. Mit der direkten Eigenkapitalbeteiligung entsteht ein zusätzlicher administrativer wie finanzieller Aufwand, etwa aus dem formellen Vorgang der Anteilsübertragung. Die mit der Gesellschafterstellung einhergehenden Stimm- und Informationsrechte der nunmehr direkt beteiligten Mitarbeiter haben außerdem ein nicht unerhebliches Stör- und Konfliktpotential inne.

Die genannten Nachteile ergeben sich bei einem ESOP oder VSOP mangels direkter Einräumung einer Gesellschafterstellung nicht. Auch begründet die Einräumungsphase der Beteiligung keinen steuerbaren Vorgang beim Mitarbeiter. Greift die Arbeitgebergesellschaft hingegen auf vorformulierte Beteiligungsbedingungen zurück, unterliegen die Verträge hier dem AGB-rechtlichen Kontrollregime, die Bereichsausnahme in § 310 Abs. 4 S. 1 BGB für Verträge auf dem Gebiet des Gesellschaftsrechts greift insofern nicht. Aus Sicht der Mitarbeiter ist bei schuldrechtlichen Beteiligungsformen zudem die Anwendbarkeit der progressiven Arbeitslohnbesteuerung auf sämtliche Zuflüsse aus der Mitarbeiterbeteiligung besonders nachteilhaft.

Der *3. Teil* beleuchtet das Vertragswerk einer Mitarbeiterbeteiligung in wagniskapitalfinanzierten Gesellschaften. Zunächst wird untersucht, inwiefern sich die direkte Eigenkapitalbeteiligung von Mitarbeitern durch eine Beschränkung oder Bündelung der Möglichkeiten ihrer gesellschaftsrechtlichen Einflussnahme modifizieren lässt.

Das Störpotential von Mitarbeitern durch die Einräumung von Stimmrechten in der Gesellschafterversammlung ist gering, angesichts kleiner Beteiligungsquoten befinden sich weder einzelne noch mehrere Mitarbeiter in der Position, Entscheidungen zu blockieren oder Sperrminoritäten zu bilden. Um Meinungsverschiedenheiten unter den Mitarbeitern nicht in die Gesellschafterversammlung zu tragen, empfiehlt sich die Gründung von Stimmrechts-Pools. Die Beschränkung von Stimmrechten kann von den zuständigen Finanzverwaltungen als Indiz hinzugezogen werden, um die wirtschaftliche Zuordnung der Anteile zum Mitarbeiter und damit den vorteilhaften Abgeltungssteuersatz zu versagen.

Das Störpotential direkt beteiligter Mitarbeiter infolge des jederzeitigen Auskunfts- und Einsichtsrechts ist ungleich höher, vertragliche Beschränkungen sind wegen ihres zwingenden Charakters hingegen nicht möglich.

Anschließend widmet sich die Untersuchung dem sogenannten Pooling, womit die Bündelung nicht nur der Stimmrechte, sondern der gesamten Gesellschaftsbeteiligung in Mitarbeiter-Pools gemeint ist. Dazu kann eine Unterbeteiligungsgesellschaft gegründet werden. Wegen des überschaubaren Gründungsaufwands, der Möglichkeit der Haftungsbegrenzung und ihrer steuerlichen Transparenz bietet sich dazu die Rechtform einer UG (haftungsbeschränkt) & Co. KG an. Daneben kommen aber auch Treuhandstrukturen in Betracht, die sich durch die Anonymität der beteiligten Mitarbeiter auszeichnen. Ihre steuerliche Anerkennung setzt unter anderem aber eine Beendigungsmöglichkeit nach spätestens zwei Jahren voraus, was mit den Gestaltungszielen einer Mitarbeiterbeteiligung im Venture Capital, die typischerweise auf eine längere Bindung als zwei Jahre abzielen, nur schwer in Einklang zu bringen ist. Mittelbare Beteiligungsstrukturen durch Zwischenschaltung einer (Personen-) Gesellschaft stellen insofern die vorzugswürdigere Gestaltungsvariante dar.

Unter einkommensteuerrechtlichen Gesichtspunkten offenbaren sich in diesem Kontext weitere Schwächen der neuen Rechtslage seit Inkrafttreten des FoStoG. § 3 Nr. 39 S. 1 EStG enthält mit Blick auf mittelbare Beteiligungsstrukturen eine Regelungslücke. Nach hier vertretener Auffassung ist von einer extensiven Auslegung der Norm auszugehen, womit auch mittelbar beteiligte Mitarbeiter vom Steuerfreibetrag profitieren können.

Sodann werden Regelungen zum Vesting und Leaver untersucht. Beide Mechanismen zielen auf eine rechtliche Verknüpfung der grundsätzlich unabhängig voneinander bestehenden Beschäftigungsverhältnisse mit den Mitarbeiterbeteiligungen ab und sollen ein Trittbrettfahrertum der Mitarbeiter verhindern. Die vorzeitige Beendigung des Beschäftigungsverhältnisses ist dazu mit unmittelbaren finanziellen Nachteilen mit Blick auf die Mitarbeiterbeteiligung verbunden.

Nach der Klärung grundlegender Begriffe zum Vesting wird ein Schwerpunkt auf die bislang ungeklärte Frage nach einer zeitlichen Höchstgrenze gelegt. Die pauschale Bestimmung einer Höchstfrist erweist sich dabei als rechtlich unmöglich, die Schutzbedürftigkeit des Mitarbeiters im Rahmen der hierbei anzustellenden Interessenabwägung variiert nach Art und Ausgestaltung der konkreten Beteiligung. In Anlehnung an § 624 BGB und § 15 Abs. 4 TzBfG spricht aber vieles dafür, dass die zeitliche Grenze ungefähr bei einem Zeitraum von fünf Jahren angesiedelt ist. Als rechtlich unzulässig erweisen sich hingegen solche Bestimmungen, die in zeitlicher Hinsicht überhaupt keine Grenze vorsehen. Ist zudem AGB-Recht anwendbar, was häufig bei ESOP und VSOP der Fall ist, gilt das Verbot der geltungserhaltenden Reduktion. Überlange Vesting-Regelungen führen die Unwirksamkeit der gesamten Regelung herbei, eine nachträgliche Rückführung auf das im Einzelfall gerade noch zulässige Höchstmaß ist hier nicht möglich.

Ein weiterer Schwerpunkt wird im Kontext von Leaver Regelungen gesetzt, konkret zu den Regelungen über die Rechtsfolgen einer ordentlichen Kündigung des Mitarbeiters. Die Qualifikation seiner ordentlichen Kündigung als Bad Leaver, die mit einem vollständigen Verlust seiner Beteiligung verbunden wäre, erweist sich weder unter Einbeziehung der Rechtsprechung zu Hinauskündigungsklauseln noch zu unzulässigen Kündigungserschwerungen oder der Berücksichtigung AGB-rechtlicher Besonderheiten als unzulässig. Gleichwohl führt der vollständige Verlust der Mitarbeiterbeteiligung nicht immer zu sachgerechten Ergebnissen, weshalb der Einsatz eines Ordinary Leavers empfohlen wird. Dabei handelt es sich um einen Kompromiss aus den sehr harten Rechtsfolgen des Bad Leavers und den geringfügigeren Konsequenzen des Good Leavers in Bezug auf den Verlust seiner (virtuellen) Anteile oder Anteilsoptionen.

Die Rückführung von Geschäftsanteilen im Zuge einer Leaver-Regelung wird entweder über das Recht zur Zwangseinziehung oder dinglich wirkende Call-Options rechtlich abgesichert. Unter Einbeziehung der BGH-Rechtsprechung zum Managermodell ist der vollständige Verlust aller Geschäftsanteile nicht nur bei Eintritt eines Bads, sondern auch bei einem Good oder Ordinary Leaver zulässig, obgleich der Eintritt des Leaver-Szenarios hier im Ermessen der übrigen Gesellschafter liegt. Das wird am Beispiel der ordentlichen arbeitgeberseitigen Kündigung deutlich. Die Einräumung der Gesellschafterstellung erfolgt schließlich in Hinblick auf die Mitarbeit im Unternehmen und die vollständige Rückführung dient dem legitimen Zweck, ein Trittbrettfahrertum von Mitarbeitern zu vermeiden. Um in der Vergangenheit erbrachte Leistungen angemessen zu vergüten, ist in diesem Fällen aber zwingend eine Abfindung zu zahlen.

Letzteres gilt hingegen nicht für die Fälle des Bad Leavers, da der Mitarbeiter hier durch sein Fehlverhalten den wirtschaftlichen Erfolg des Start-ups in besonderer Weise gefährdet. Bestimmungen, die bei Einsatz von Sweet Equity Konstruktionen zu einem vollständigen Abfindungsausschluss führen, sind hingegen rechtlich zulässig.

Unter steuerlichen Gesichtspunkten besteht bei Zwangseinziehungen das Risiko eines schenkungssteuerrechtlichen Vorgangs, weshalb der Einsatz einer Call-Option die insgesamt vorzugswürdigere Gestaltungsvariante darstellt.

Schließlich werden Regelungen zur Antidilution untersucht. Dabei handelt es sich um vertragliche Schutzmechanismen der Wagniskapitalgeber vor einer Verwässerung der eigenen Beteiligungsquote. Bereits bei der Berechnung des

Anteilskaufpreises wird regelmäßig eine fully-diluted-Betrachtung hinzugezogen. Diese berücksichtigt eine spätere Verwässerung infolge der Einräumung von Mitarbeiterbeteiligungen. Wird aber gleichzeitig ein Mitarbeiter-Pool vereinbart, dessen Volumen einem festgelegten Prozentsatz des Post-Money-Stammkapitals der Gesellschaft entsprechen soll, ist der Eintritt einer rechnerischen „Abwärtsspirale“ festzustellen, die im Ergebnis zu einer höheren Beteiligungsquote der Wagniskapitalgeber zulasten der Gründer führt.

Sodann erfolgt die Untersuchung verschiedener Schutzmechanismen bei Eintritt einer Downround. Dabei handelt es sich um eine Finanzierungsrunde, deren zugrundeliegender Anteilskaufpreis geringer ist als derjenige der vorherigen Finanzierungsrunde. Hierbei erweisen sich Full Ratchet-Klausel aus Sicht der verwässerungsschutzberechtigten Wagniskapitalgeber von Vorteil. Sie berechtigten zur Nachzeichnung der meisten Geschäftsanteile. Hingegen legen Narrow Based Weighted Average-Klauseln bei der Berechnung der nachzuzeichnenden Anteile einen gewichteten Durchschnittspreis zugrunde, wodurch Wagniskapitalgeber im Ergebnis weniger Anteile nachzeichnen. Mitarbeiterbeteiligungen fließen nur im Rahmen der Broad Based Weighted Average-Klausel in die Ermittlung des Durchschnittspreises ein und wirken sich dort zulasten des verwässerungsgeschützten Wagniskapitalgebers aus, indem sie die Anzahl seiner nachzuzeichnenden Anteile verringern. Sämtliche Downround Protections führen in Kombination mit einer fully-diluted-Betrachtung bei der Anteilskaufpreisberechnung zu einer rechnerischen Abwärtsspirale zulasten der nicht-verwässerungsgeschützten Gesellschafter. Die Vereinbarung eines Pools zu schaffender Mitarbeiteranteile auf Post-Money-Basis verkompliziert das Berechnungsverfahren und erhöht die Beteiligungsquoten der verwässerungsgeschützten Beteiligungen zusätzlich, indem es die Abwärtsspirale um eine dritte Komponente verstärkt.

Mitarbeiterbeteiligungen verfügen über keine Verwässerungsschutzmechanismen. Gesetzliche Bezugsrechte direkt beteiligter Mitarbeiter werden typischerweise im Wege schuldrechtlicher Stimmbindungsvereinbarungen ausgeschlossen, was zur Vermeidung eines Trittbrettfahrertums nicht gemäß § 138 Abs. 1 BGB sittenwidrig ist.

Full Ratchet-Klauseln erweisen sich unter Einbeziehung der Belange direkt beteiligter Mitarbeiter und Gründer als unzulässig. Sie führen nicht nur zu einer Überkompensation der Wagniskapitalgeber, sondern nehmen Mitarbeitern auch die Möglichkeit, eine Entlohnung für bereits verrichtete Dienste zu erhalten.

Im *4. Teil* richtet sich der Blick in die Zukunft. Im Kontext von Mitarbeiterbeteiligungen in Start-ups werden zunächst die Schwächen de lege lata herausgearbeitet, wobei der Schwerpunkt auf den Neuerungen durch das FoStoG liegt. Darauf aufbauend erfolgt die Entwicklung eigener Lösungsvorschläge de lege ferenda, die wegen ihrer hohen Anreizwirkung beim Mitarbeiter nur direkte Eigenkapitalbeteiligungen adressieren.

In steuerrechtlicher Hinsicht richten sich Kritik und Verbesserungsvorschläge zunächst gegen den Besteuerungsaufschub in § 19a EStG. Obwohl die Norm die Problematik ausdrücklich adressiert, kommt es auch nach dessen Inkrafttreten in zahlreichen Szenarien zum Eintritt von Dry-Income. Zur Lösung wird eine Extension des Anwendungsbereichs empfohlen. Das Höchstalter der förderungswürdigen Start-ups ist dazu auf 15 Jahre anzuheben. Ferner sind die Ersatzrealisationstatbestände in § 19a Abs. 4 S. 1 Nr. 2–3 EStG mangels sachlicher Rechtfertigung ersatzlos zu streichen. Um die nach § 17 Abs. 1 S. 2 SGB IV gebotene Übereinstimmung zwischen steuer- und sozialversicherungsrechtlichen Regelungen mit Blick auf Mitarbeiterbeteiligungen herzustellen, ist der Sozialversicherungsbeitrag ebenfalls nachgelagert zu erfassen. Außerdem besteht ein dringendes praktisches Erfordernis nach einem standardisierten Bewertungsrahmen für Mitarbeiteranteile, wozu exemplarisch das Modell eines innovativen Scoring-Sheets vorgestellt wird.

Auch der Steuerfreibetrag in § 3 Nr. 39 EStG weist trotz inhaltlicher Überarbeitungen durch das FoStoG erhebliche Schwächen auf. Tatbestandliche Inkohärenzen zu § 19a EStG, wie das Gleichheitskriterium, sind zu beseitigen. Außerdem ist seine Höhe auf ein wettbewerbsfähiges Niveau anzuheben, wozu ein Freibetrag von EUR 5.000 empfohlen wird.

Erstaunlicherweise adressierte das FoStoG die Problematik der Besteuerungshöhe überhaupt nicht. Diesem gesetzgeberischen Versäumnis ist entgegenzuwirken, wozu verschiedene Gestaltungsvarianten untersucht werden. Empfohlen wird die Herbeiführung eines einheitlichen Besteuerungszeitpunkts im Wege des vollständigen Wegfalls der Anfangsbesteuerung. Dadurch entfallen etwaige Bewertungsproblematiken im Zeitpunkt der Einräumung. Mit Blick auf die Endbesteuerung ist die Besteuerung mit der Kapitalertragsteuer durch den Einsatz einer Kollisionsnorm am geeignetsten. Die Lösung ist der Schaffung einer neuen Einkunftsart mit zusätzlichem Steuertarif vorzuziehen, da diese der einkommensteuerrechtlichen Regelungssystematik zuwiderliefe. Reinvestiert der Mitarbeiter seine Veräußerungsgewinne schließlich in den Start-up-Kreislauf, wird eine Bezuschussung durch das staatliche INVEST-Förderprogramm vorgeschlagen.

Schließlich werden auch Fortentwicklungen im Gesellschaftsrecht untersucht. Sonderregelungen lassen sich regelungstechnisch jedoch nicht als eigene

Anteilsklassen hinzufügen, sondern müssten generell für sämtliche Unternehmensformen der GmbH eingeführt werden.

Lösungsvorschläge adressieren erstens den formellen Vorgang der Anteilsübertragung. Zur Reduktion des erheblichen administrativen wie finanziellen Aufwands werden Deregulierungen empfohlen. Konkret soll die Anteilsübertragung im Wege eines Online-Identitätsfeststellungsverfahrens ermöglicht werden. Vorschläge zur Substitution des notariellen Formerfordernisses durch die Schriftform gemäß § 126 BGB sind rechtlich hingegen nicht umsetzbar. Andernfalls drohte ein freier und spekulativer Handel mit Mitarbeiteranteilen und die Gesellschafterliste würde als verlässlicher Rechtsscheinträger in Frage gestellt.

Zweitens wird die Einschränkung individueller Informationsrechte adressiert. Gestaltungsvorschläge erweisen sich hier als rechtlich anspruchsvoller, da § 51a Abs. 1 GmbHG gerade ein umfassendes und weitgehend satzungsfestes Informationsrecht des einzelnen Gesellschafters vorsieht. Um die Attraktivität der direkten Beteiligung von Mitarbeitern zu erhöhen, ist die Disponibilität des jederzeitigen Auskunfts- und Einsichtsrechts stellenweise aufzuheben. Hierbei zwingend einzuhaltende Grenzen sollten sich an § 51a Abs. 5 GmbHG des Regierungsentwurfs zur GmbH-Novelle von 1980 orientieren.

Insgesamt ist festzustellen, dass sich zentrale Probleme aus Sicht der Start-ups bei der Einführung einer Mitarbeiterbeteiligung durch eine Modifikation des Rechtsrahmens, insbesondere im Einkommenssteuerrecht, lösen lassen. Die Umsetzung obliegt nunmehr dem Gesetzgeber, der dazu erforderliche politische Wille ist dem aktuellen Koalitionsvertrag auch zu entnehmen.

# Literaturverzeichnis

Das Literaturverzeichnis umfasst nur diejenigen Beiträge, die nicht schon in den Fußnoten mit vollständigem Autorennamen und vollständiger Quellenangabe gekennzeichnet sind. Der letzte Abruf aller Verweise auf Fundstellen im Internet erfolgte am 3. Mai 2023.


*Achleitner*, Ann-Kristin: Start-up-Unternehmen: Bewertung mit der Venture-Capital-Methode, BB 2001, S. 927–933.

*Bank*, Stephan/*Möllmann*, Peter: Venture Capital Agreements in Germany – Englischsprachige VC-Verträge nach deutschem Recht, 1. Aufl. 2017 (zitiert: *Bank/Möllmann*, VC Agreements in Germany, Rn.).

*Bieder*, Marcus: Gesellschaftsvertragliche Inhaltskontrolle und AGB-Recht, ZHR 174 (2010), S. 705–737.

*Binnewies*, Burkhard: Steuerrechtliche Fragestellungen zur Mitarbeiterbeteiligung in der GmbH, GmbH-StB 2019, S. 239–246.

*Binnewies*, Burkhard/*Finke*, Jan: Steuerrechtliche Fragen im Zusammenhang mit sog. Vesting-Klauseln im Rahmen von Managementbeteiligungsprogrammen, AG 2018, S. 780–791.

*Bloß*, Henning: Managementbeteiligungen bei Private-Equity Transaktionen, GmbHR 2016, S. 104–113.

*Blümke*, Heinz-Dieter/*Böke*, Christian/*Heißenberg*, Sven/*Kelm*, Wolfgang/*Knühmann*, Elke/*Wolf*, George Alexander (Hrsg.): Aktuelles Steuerrecht – Gestaltung der Gegenwart als Ausgangspunkt der Rechtsentwicklung: Festschrift für H.-Michael Korth zum 70. Geburtstag, 2016 (zitiert: *Bearbeiter* in: Festschrift für H. Korth, S.).

*Bork*, Reinhard/*Schäfer*, Carsten: GmbHG Kommentar, 5. Aufl. 2022 (zitiert: Bearbeiter in: Bork/Schäfer, GmbHG, § Rn.).

*Breithaupt*, Joachim/*Ottersbach*, Jörg: Kompendium Gesellschaftsrecht, 2010 (zitiert: Bearbeiter in: Breithaupt/Ottersbach, Kompendium Gesellschaftsrecht, [Teil] [Kapitel] [§] [Abschnitt] [Unterabschnitt] [Rn.]).

*Brinck*, Stefan: Mitarbeiterbeteiligung – Ein Weg zu höherer Produktivität, Innovation, Beschäftigung und Rentabilität, AGP 2003. Online abrufbar unter: http://www.csr-mittelstand.de/pdf/artikelstudienzurmabii.pdf.

*Bundesverband Deutsche Startups e.V.* (Hrsg.): Deutscher Startup Monitor 2021 – Nie war mehr möglich, Berlin 2021. Online abrufbar unter: https://www.deutschestartups.org/wp-content/uploads/2021/10/Deutscher-Startup-Monitor_2021.pdf.

*Ders.*: Policy Paper – Bessere Rahmenbedingungen für Mitarbeiterbeteiligungen in Startups, Berlin 2019. Online abrufbar unter: https://startupverband.de/presse/pressemitteilungen/wie-deutschland-tech-talente-gewinnen-und-halten-kann-25-04-2019/.

*Bundesverband Deutsche Startups e.V./Internet Economy Foundation* (Hrsg.): #ESOPasap, Faire Mitarbeiterbeteiligungen in Startups – mit Unternehmergeist Innovation und Wachstum beschleunigen, Berlin 2020 (zitiert: ESOPasap-Studie S.). Online abrufbar unter: https://startupverband.de/fileadmin/startupverband/mediaarchiv/Politik/200701_IEF_BGC_ESOPasap.pdf.

*Däubler*, Wolfgang (Hrsg.): Tarifvertragsgesetz, 5. Aufl. 2022 (zitiert: *Bearbeiter* in: Däubler, TVG, § Rn.).

*Ders.*: Die Auswirkungen der Schuldrechtsmodernisierung auf das Arbeitsrecht, NZA 2001, S. 1329–1337.

*Drinhausen*, Florian/*Eckstein*, Hans-Martin (Hrsg.): Beck'sches Handbuch der AG, 3. Aufl. 2018 (zitiert: *Bearbeiter* in: Drinhausen/Eckstein, Beck'sches Hdb der AG, § Rn.).

*Esskandari*, Manzur: „Naked in–naked out" und dennoch Steuern zahlen nach § 7 Abs. 7 ErbStG, DStR 2016, S. 1251–1255.

*Fleischer*, Holger/*Goette*, Wulf (Hrsg.): Münchener Kommentar zum GmbHG, Band 1 (§§ 1–34), 4. Aufl. 2022 (zitiert: *Bearbeiter* in: MüKo GmbHG, § Rn.).

*Dies.* (Hrsg.): Münchener Kommentar zum GmbHG, Band 2 (§§ 35–52), 4. Aufl. 2023 (zitiert: *Bearbeiter* in: MüKo GmbHG, § Rn.).

*Dies.* (Hrsg.): Münchener Kommentar zum GmbHG, Band 3 (§§ 53–88), 4. Aufl. 2022 (zitiert: *Bearbeiter* in: MüKo GmbHG, § Rn.).

*Fox*, Thomas/*Hüttche*, Tobias/*Lechner*, Florian: Mitarbeiterbeteiligung an der GmbH – Aktuelle Entwicklung, steuerliche Aspekte, Gestaltungsmöglichkeiten, GmbHR 2000, S. 521–534.

*Frey*, Johannes/*Schmid*, Florian: Besteuerung von Exit-Boni im Kontext der neueren Rechtsprechung zu Managementbeteiligungen, DStR 2015, S. 1094–1097.

*Grever*, Sebastian: Disquotale Ausgestaltung von Gesellschafterrechten – zivilrechtliche Gestaltungsmöglichkeiten und steuerrechtliche Folgen, RNotZ 2019, S. 1–18.

*Grisar*, Daniel/*Zantopp*, Mirco: Liquidationspräferenzen in Mitarbeiterbeteiligungsprogrammen, DStR 2020, S. 1768–1776.

*Grobys*, Isabella/*Panzer-Heemeier*, Andrea (Hrsg.): SWK Arbeitsrecht, 4. Aufl., Edition 1 2023 (zitiert: *Bearbeiter* in: Grobys/Panzer-Heemeier, SWK Arbeitsrecht, [Stichwort] Rn.).

*Gublitz*, Daniel/*Hüttinger*, Johannes: Unternehmenskauf – Einfluss von Liquidationspräferenzen auf die Garantiehaftung, NZG 2018, S. 370–373.

*Habersack*, Mathias/*Casper*, Matthias/*Löbbe*, Marc (Hrsg.): GmbHG Großkommentar, Band I (Einleitung, §§ 1–28), 3. Aufl. 2019 (zitiert: Bearbeiter in: Habersack/Casper/Löbbe, GmbHG § Rn.).

*Dies.* (Hrsg.): GmbHG Großkommentar, Band II (§§ 29–52), 3. Aufl. 2020 (zitiert: Bearbeiter in: Habersack/Casper/Löbbe, GmbHG § Rn.).

*Happ*, Wilhelm: Deregulierung der GmbH im Wettbewerb der Rechtsformen, ZHR 169 (2005), S. 6–32.

*Heckschen*, Heribert/*Glombik*, Peggy: Erscheinungsformen der Mitarbeiterbeteiligung an der GmbH, GmbHR 2013, S. 841–853.

*Dies.*: Unmittelbare oder mittelbare Beteiligung des Mitarbeiters an einer GmbH – Gestaltungsfragen, GmbHR 2013, S. 1009–1020.

*Hefner*, Felix/*Ostermann*, Leon: Einführung eines neuen § 19a EStG im Zuge des Fondsstandortgesetzes, DStR 2021, S. 689–693.

*Hohaus*, Benedikt: Die atypische Unterbeteiligung an einer GmbH – Wirtschaftliches Eigentum nach § 39 Abs. 2 AO?, GmbHR 2002, S. 883–890.

*Ders.*: Die steuerliche Anerkennung von Treuhandvertragsklauseln im Rahmen von Mitarbeiterdirektbeteiligungen, DStR 2002, S. 789–828.

*Hohaus*, Benedikt/*Inhester*, Michael: Rahmenbedingungen von Management-Beteiligungen, DStR 2003, S. 1765–1768.

*Hohaus*, Benedikt/*Weber*, Christoph: BB-Rechtsprechungsreport zu Managementbeteiligungen in Private-Equity-Transaktionen 2010/2011, BB 2012, S. 23–28.

*Hölters*, Wolfgang (Hrsg.): Handbuch Unternehmenskauf, 9. Aufl. 2019 (zitiert: *Bearbeiter* in: Hölters, Hdb Unternehmenskauf, Rn.).

*Holzner*, Florian/*Felix*, Mantke/*Stenzel*, Roman: Handbuch Managementbeteiligung, 2017 (zitiert: Bearbeiter in: Holzner/Mantke/Stenzel, Hdb Managementbeteiligung, Rn.).

*Hoppe*, Axel: Zustimmungspflichten der Hauptversammlung bei der Ausgabe von Phantom Stocks und anderen virtuellen Beteiligungsformen, NZG 2018, S. 811–816.

*Hornung*, Christian: Virtuelle Mitarbeiterbeteiligung: Leaver- und Vesting-Klauseln und das AGG, DB 2019, S. 1566–1570.

*Hübler*, Olaf: Produktivitätssteigerung durch Mitarbeiterbeteiligung in Partnerschaftsunternehmen? MittAB 2/1995, S. 214–223.

*Index Ventures*: Rewarding Talent: A Guide to Stock Options for European Entrepreneurs, 2018. Online abrufbar unter: https://www.indexventures.com/rewardingtalent/handbook.

*Jehlin,* Alexander/*Kaufhold,* Tim: Bericht zum 13. Münchener Unternehmenssteuerforum: „Die Besteuerung von (Management-)Vergütungsmodellen?“, DStR-Beih 2014, S. 49–53.

*Jellinghaus*, Lorenz/*Eickmann*, Marco: Start-ups und Rechtsform – GmbH und sonst nichts?, VC Magazin Start-up 2018, S. 44–45.

*Jesch*, Thomas/*Striegel*, Andreas/*Boxberger*, Lutz: Rechtshandbuch Private Equity, 2. Aufl. 2020 (zitiert: Bearbeiter in: Jesch/Striegel/Boxberger: Rechtshandbuch PE, [Teil] [§] [Abschnitt] [Unterabschnitt] [Rn.]).

*Kahsnitz*, Martin: Gestaltung von Mitarbeiterbeteiligungen – eine ertrags- und schenkungssteuerrechtliche Betrachtung, KÖSDI 2020, S. 21899–21919.

*Kawka,* Lukas/ *Vocke,* Maximilian/*L'habitant*, Benno: Zivil- und schenkungssteuerrechtliche Behandlung von (Rück-)Übertragungsverpflichtungen bei Mitarbeiterbeteiligungsprogrammen („Vesting“), BB 2017, S. 1694–1700.

*Keller*, Tobias/*Schümmer*, Kevin: Digitale GmbH-Gründung, NZG 2021, S. 573–578.

*Kirchhof*, Gregor/*Kulosa*, Egmont/*Ratschow*, Eckart (Hrsg.): Beck'scher Online-Kommentar EStG, 15. Edition, Stand: 01.03.2023 (zitiert: Bearbeiter in: Kirchhof/Kulosa/Ratschow, BeckOK EStG, § Rn.).

*Kreutzinger*, Stefan: Schenkungsteuerliche Auswirkungen beim Ausscheiden eines Gesellschafters aus einer Freiberuflerpraxis, ZEV 2013, S. 252–254.

*Kuntz*, Thilo: Kapitalgesellschaften zwischen Freiheit und Zwang: Venture Capital in Deutschland und den USA, Habil. Tübingen 2016.

*Kuntz*, Thilo/*Engelhard*, Janosch: Negative Liquidationspräferenzen oder: Weniger ist mehr – Gestaltungen der Mitarbeiterbeteiligung an Wachstumsunternehmen unter steuerrechtlichen Gesichtspunkten nach FoStoG, insbes. dry income, ZGR 2021, S. 348–394.

*Kutsch*, Alexander/*Kersting*, Anna-Lena: Mitarbeiterbeteiligung zur Finanzierung und Sanierung, BB 2011, S. 373–382.

*Küttner*, Wolfdieter/*Röller*, Jürgen (Hrsg.): Personalbuch, 29. Aufl. 2022 (zitiert: *Bearbeiter* in: Küttner/Röller, Personalbuch, [Stichwort] Rn.).

*Lembke*, Mark: Die Ausgestaltung von Aktienoptionsplänen in arbeitsrechtlicher Hinsicht, BB 2001, S. 1469–1477.

*Lowitzsch*, Jens (Hrsg.): Studie im Auftrag des BMWi: „Verbreitung der Mitarbeiterkapitalbeteiligung in Deutschland und Europa – Entwicklungsperspektiven“, 2020.

*Lüdicke*, Jochen/*Sistermann*, Christian (Hrsg.): Unternehmenssteuerrecht, 2. Aufl. 2018 (zitiert: Bearbeiter in: Lüdicke/Sistermann, Unternehmenssteuerrecht, § Rn.).

*Mahr*, Benedikt/*Niemann-Fritsch*, Alice: Das Fondsstandortgesetz – Chancen für Mitarbeiterbeteiligungsmodelle, GWR 2021, S. 61–64.

*Maletzky*, Martin: Verfallklauseln bei Aktienoptionen für Mitarbeiter NZG 2003, S. 715–717.

*Martinius*, Philip/*Stubert*, Julia: Venture-Capital-Verträge und das Verbot der Hinauskündigung, BB 2006, S. 1977–1984.

*Mehrens*, Klaus/*Stracke*, Stefan/*Wilke*, Peter: Expertise im Auftrag der Abteilung Wirtschafts- und Sozialpolitik der Friedrich-Ebert-Stiftung: Die finanzielle Mitarbeiterbeteiligung praxistauglich weiterentwickeln, Bonn 2011.

*Meyer-Sparrenberg*, Wolfgang /*Jäckle*, Christof (Hrsg.): Beck'sches M&A-Handbuch, 2. Aufl. 2022 (zitiert: *Bearbeiter* in: Meyer-Sparrenberg/Jäckle, Beck'sches Hdb M&A, § Rn.).

*Michalski*, Lutz/*Heidinger*, Andreas/*Leible*, Stefan/*Schmidt*, Jessica (Hrsg.): Kommentar zum GmbH-Gesetz, Band I: Systematische Darstellungen, §§ 1–34 GmbHG, 4. Aufl. 2023 (zitiert: *Bearbeiter* in: Michalski/Heidinger/Leible/J. Schmidt, GmbHG § Rn.).

*Dies.* (Hrsg.): Kommentar zum GmbH-Gesetz, Band II: §§ 35–88 GmbHG, EGGmbHG, 4. Aufl. 2023 (zitiert: *Bearbeiter* in: Michalski/Heidinger/Leible/J. Schmidt, GmbHG § Rn.).

*Milatz*, Jürgen/ *Sax*, Miriam: Transparenz der vermögensverwaltenden Personengesellschaft, DStR 2017, S. 141–145.

*Mohr*, Randolf: Ausgestaltung von Mitarbeiterbeteiligung bei GmbH, GmbH-StB 2005, S. 305–310.

*Möller*, Iris: Produktivitätswirkung von Mitarbeiterbeteiligung, MittAB 4/2000, S. 565–582.

*Möller*, Matthias: Rechtsform der der Wagnisfinanzierung: eine rechtsvergleichende Studie zu den USA und zu Deutschland, Diss. Osnabrück 2002.

*Möllmann*, Peter/*Zantopp*, Mirco: Reform der Besteuerung von Mitarbeiterkapitalbeteiligungen durch das „Fondsstandortgesetz", DStR 2020, S. 2817–2824.

*Müller-Göge*, Rudi/ *Preis*, Ulrich/*Schmidt*, Ingrid: Erfurter Kommentar zum Arbeitsrecht, 23. Aufl. 2023 (zitiert: ErfK/*Bearbeiter*, [Gesetz] § Rn.).

*Nerdinger*, Friedemann/*Stracke*, Stefan/*Wilke*, Peter: Chancen und Risiken finanzieller Mitarbeiterbeteiligung: Ergebnisse einer repräsentativen Betriebsrätebefragung, Düsseldorf 2010.

*Noack*, Ulrich/*Servatius*, Wolfgang/*Haas*, Ulrich: GmbH-Gesetz, 23. Aufl. 2022 (zitiert: *Bearbeiter* in: Noack/Servatius/Haas, GmbHG, § Rn.).

*Noever*, Maximilian/*Schaumann*, Kai/*Schölzel*, Simon/*Warm*, Saskia: Unternehmensbewertung von Start-ups – ein qualitatives Scooring-Sheet als Alternative zu traditionellen Bewertungsverfahren, DB 2020, S. 2081–2085.

*Pulz*, Fabian: Personalbindung bei Aktienoptionen, BB 2004, S. 1107–1114.

*Rapp*, David/ *Eickes*, Stefan: zur Bewertung von Startup-Anteilen im Lichte der Reform der Besteuerung von Mitarbeiterkapitalbeteiligungen durch das Fondsstandortgesetz, FR 2021, S. 691–694.

*Risse*, Jörg/*Kästle*, Florian (Hrsg.): M&A und Corporate Finance von A–Z, 3. Aufl. 2018 (zitiert: *Bearbeiter* in: Risse/Kästle, M&A und Corporate Finance von A–Z, [Stichwort]).

*Rupp*, Christoph: Möglichkeiten der Mitarbeiterbeteiligung, EStB 2006, S. 192–196.

*Sachs*, Michael (Hrsg.): Grundgesetz Kommentar, 9. Aufl. 2021 (zitiert: Bearbeiter in: Sachs, GG, Art. Rn.).

*Säcker*, Franz Jürgen/*Rixecker*, Roland/*Oetker*, Hartmut/*Limperg*, Bettina (Hrsg.): Münchener Kommentar zum BGB, Band 2 (§§ 231–310), 9. Aufl. 2022 (zitiert: Bearbeiter in: MüKo BGB, § Rn.).

*Saenger*, Ingo/*Inhester*, Michael (Hrsg.): GmbHG, 4. Aufl. 2020 (zitiert: Bearbeiter in: Saenger/Inhester, GmbHG § Rn.).

*Salamon*, Erwin (Hrsg.): Entgeltgestaltung, 1. Aufl. 2019 (zitiert: Bearbeiter in: Salamon, Entgeltgestaltung, [Kapitel] Rn.).

*Schanz*, Kay-Michael: Mitarbeiterbeteiligungsprogramme, NZA 2000, S. 626–635.

*Schmidt*, Jessica: DiRUG-RefE: Ein Digitalisierungs-Ruck für das deutsche Gesellschafts- und Registerrecht, ZIP 2021, S. 112–123.

*Schmidt*, Ludwig (Hrsg.): Einkommensteuergesetz, 42. Aufl. 2023 (zitiert: Bearbeiter in: Schmidt, EStG, § Rn.).

*Schniepp*, Steffen/*Giesecke*, Cordula: Virtuelle Anteile und AGB, NZG 2017, S. 128–133.

*Schockenhoff*, Martin: Managerbeteiligung und das Verbot der Hinauskündigung, NZG 2018, S. 201–208.

*Schönhaar*, Tobias: Ausgestaltung von virtuellen Mitarbeiterbeteiligungsprogrammen, GWR 2017, S. 293–296.

*Ders.*: Incentivierung von Gründern durch E[2]inräumung von Zero-Shares, GWR 2020, S. 313–316.

*Schrade*, Jörg/ *Denninger*, Isabella: Besteuerung von Managementbeteiligungsprogrammen – Umwandlung von Boni in virtuelle Beteiligungen, DStR 2019, S. 2615–2622.

*Schüppen*, Matthias/*Schaub*, Bernhard (Hrsg.): Münchener Anwaltshandbuch Aktienrecht, 3. Aufl. 2018 (zitiert: Bearbeiter in: Schüppen/Schaub, Aktienrecht, § Rn.).

*Sieg*, Rainer: Renaissance der Mitarbeiter-Kapitalbeteiligung, NZA 2015, S. 784–788.

*Staake*, Marco: Der Verfall von Aktienoptionen bei Mitarbeiterbeteiligungsprogrammen, NJOZ 2010, S. 2494–2500.

*Stenzel*, Roman: Grundlagen von Managementbeteiligungen an AG und GmbH (Teil I), DStR 2018, S. 82–86.

*Ders.*: Grundlagen von Managementbeteiligungen an AG und GmbH (Teil II), DStR 2018, S. 139–144.

*Stiegler*, Sascha: Erdienung (virtueller) Geschäftsanteilsoptionen in Mutterschutz und Elternzeit, NZA 2019, S. 1116–1120.

*Strotmann*, Harald: Zur Bedeutung materieller Mitarbeiterbeteiligung in Baden-Württemberg – eine empirische Analyse mit dem IAB-Betriebspanel, IAW Tübingen 2002.

*Thelen*, Martin: Beteiligungsverträge in der notariellen Praxis, RNotZ 2020, S. 121–148.

*Wagner*, Klaus: Formen der Mitarbeiterbeteiligung, BB 2000, S. 42–46.

*Ders.:* Innovative Wege der Mitarbeiterbeteiligung – Kreativität ist gefordert, DStR 2000, S. 1707–1712.

*Walter*, Felix: Perspektiven der Mitarbeiterkapitalbeteiligung, ZRP 2019, S. 227–230.

*Walz*, Robert (Hrsg.): Beck'sches Formularbuch Zivil-, Wirtschafts-, und Unternehmensrecht, Deutsch–Englisch, 5. Aufl. 2022 (zitiert: *Bearbeiter* in: Beck'sches Fb Zivil-, Wirtschafts- und Unternehmensrecht D–E, [Kapitel] [Abschnitt] [Unterabschnitt] [lit]).

*Waschbusch*, Gerd/ *Beyer* Heinrich/ *Sendel-Müller*, Markus: Erscheinungsformen und Verbreitung der Mitarbeiterbeteiligung in Deutschland – Ein Überblick – Teil I, StB 2019, S. 375–381.

*Dies.*: Erscheinungsformen und Verbreitung der Mitarbeiterbeteiligung in Deutschland – Ein Überblick – Teil II, StB 2020, S. 41–46.

*Waschbusch*, Gerd/ *Sendel-Müller*, Markus: Erscheinungsformen und Einsatzmöglichkeiten von Mitarbeiterbeteiligungsgesellschaften, StB 2020, S. 246–255.

*Wedemann,* Frauke: Gesellschafterkonflikte in geschlossenen Kapitalgesellschaften, Habil. Tübingen 2013.

*Weitnauer,* Wolfgang: Handbuch Venture Capital: Von der Innovation zum Börsengang, 7. Aufl. 2022 (zitiert: Weitnauer, Hdb Venture Capital, Teil Rn.).

*Ders.*: Mitarbeiterbeteiligung: „Echt“ oder virtuell?, GWR 2022, S. 39–45.

*Ders.*: Mitarbeiterbeteiligung: Einige Gedanken zur optimalen Gestaltung, GWR 2017, S. 391–393.

*Ders.*: Der Beteiligungsvertrag, NZG 2001, S. 1065–1073.

*Weitnauer,* Wolfgang/ *Dunkmann,* Carsten: Strukturierung von Mitarbeiterbeteiligungsmodellen – Teil 1, GWR 2013, S. 349–352.

Dies.: Strukturierung von Mitarbeiterbeteiligungsmodellen – Teil 2, GWR 2013, S. 371–376.

*Westermann,* Benjamin/ *Thor,* Helena: Die geplante Reform der Besteuerung von Mitarbeiterkapitalbeteiligungen durch das Fondsstandortgesetz – eine Synopse zu § 3 Nr. 39 und § 19a EStG-E, FR 2021, S. 198–204.

*Wiese,* Götz Tobias/ *Leo,* Hubertus: Die Ausgestaltung von Management-Beteiligungsmodellen, GmbHR 2017, S. 690–695.

*Wilhelm,* Sebastian: Das Schicksal virtueller Mitarbeiterbeteiligungen bei Abspaltung und Ausgliederung, NZG 2013, S. 1211–1217.

*Windeln,* Norbert/ *Riemer,* Verena: Virtuelle Optionspläne bei der GmbH – Ein Mitarbeiterbeteiligungsmodell für den Mittelstand, ArbRB 2015, S. 52–54.

*Winkler,* Christoph: Rechtsfragen der Venture Capital-Finanzierung, 2004, Diss. Mainz 2002/2003.

*Wolf,* Elke/ *Zwick,* Thomas: Produktivitätswirkung von Mitarbeiterbeteiligung: Der Einfluss von unbeobachteter Heterogenität, MittAB 1/2002, S. 123–132.

*Wolff,* Michael/ *Zschoche,* Ulrike: Studie zur Wirkung der Mitarbeiterbeteiligung am Beispiel der Siemens AG, Georg August-Universität Göttingen 2015.

*Zirngibl,* Nikolas/*Kupsch,* Andreas: Erlöspräferenzen für Venture Capital-Investoren – ein neuer Gestaltungsvorschlag für Gesellschaftervereinbarungen, BB 2011, S. 579–585.

www.ingramcontent.com/pod-product-compliance
Ingram Content Group UK Ltd.
Pitfield, Milton Keynes, MK11 3LW, UK
UKHW021931290926
8980IPUK00016B/1566